SP
Bio   Gibson, Ian.
Gar   EL Asesina de
             Garcia Lorca

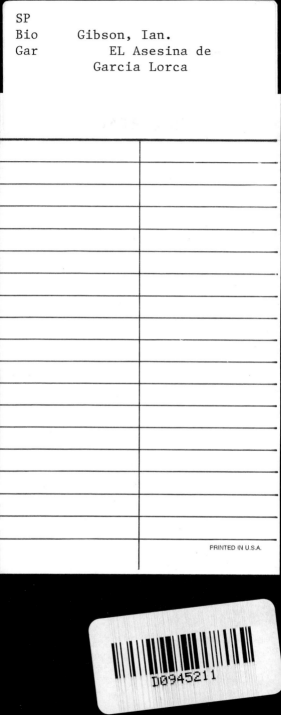

EL ASESINATO
DE GARCÍA LORCA

EL ASESINATO
DE GARCÍA LORCA

Ian Gibson

Primera edición: abril de 2018

© 1971, 2018, Ian Gibson

© 2018, Penguin Random House Grupo Editorial, S. A. U.
Travessera de Gràcia, 47-49. 08021 Barcelona

La editorial no ha podido contactar con los autores o propietarios
de las imágenes 3, 9 y 11 del cuadernillo, pero reconoce su titularidad de los derechos
de reproducción y su derecho a percibir los royalties que pudieran corresponderles.

Printed in Spain – Impreso en España

ISBN: 978-84-666-6287-1
Depósito legal: B-2.923-2018

Compuesto en Infillibres S. L.

Impreso en Liberdúplex
Sant Llorenç d'Hortons (Barcelona)

BS 6 2 8 7 1

Penguin
Random House
Grupo Editorial

ÍNDICE

In memoriam, ex corde

Edward C. Riley
Owen Sheehy Skeffington
Gerald Brenan
Claude Couffon
Miguel Cerón Rubio
Herbert R. Southworth
Marcelle Auclair
Clotilde García Picossi
Antonio Pérez Funes
Antonio Mendoza de la Fuente
Manuel Castilla Blanco
Hugh Thomas
Juan de Loxa

AGRADECIMIENTOS

No puede ser cuestión de reimprimir aquí los nombres de los centenares de personas que a lo largo de medio siglo me han ayudado con mi investigación sobre la muerte del poeta, y que han ido apareciendo sucesivamente en las distintas ediciones del libro. Les ruego que me perdonen si están todavía entre nosotros, y, si no, desde el otro lado (el caso, por desgracia, de la mayoría de ellos). Para la presente edición estoy profundamente en deuda con Inmaculada Hernández Baena, archivera del Museo-Casa Natal Federico García Lorca, de Fuente Vaqueros, que me ha suministrado, con su habitual eficacia y amabilidad, cuanto necesitaba, que era mucho. Le prometo desde aquí que no le voy a molestar más. Víctor Fernández, gran indagador de cosas lorquianas y dalinianas, ha sido, como siempre, muy generoso a la hora de compartir conmigo sus últimos hallazgos. Que siga muchos años con sus pesquisas, que queda todavía bastante por saber. María del Carmen Montero López, del diario granadino *Ideal*, tan citado en mi texto, nunca me ha fallado, enviándome enseguida los *pdf* solicitados, algunos de los cuales se reproducen en el libro. Sin ella mi tarea habría sido mucho más onerosa, y se lo agradezco de verdad. Con Rafael Inglada, otro ratón de hemeroteca —hoy de hemeroteca digital, no como antes—, ha sido muy provechoso poder intercambiar opiniones, así como con Eutimio Martín, y lo mismo digo de mis amigos granadinos Juan Antonio Díaz López, Francisco Vigueras, Eduardo Castro,

Antonio Durán Úbeda y Juan de Loxa (que por desgracia acaba de dejarnos). Gracias a todos. No olvido tampoco mis visitas al Palacio de los Córdova, tan cerca del río Darro, donde consultar los padrones municipales es una auténtica gozada que me recuerda las felices horas pasadas hace décadas en la Hemeroteca Municipal de la madrileña plaza de la Villa. Y, sobre todo, una vez más, mi agradecimiento a Carole, por su paciencia y su buen hacer de «editor» en casa, pescadora infalible de tics y palabras repetidas.

Asesinato

Dos voces de madrugada en Riverside Drive

¿Cómo fue?
Una grieta en la mejilla.
¡Eso es todo!
Una uña que aprieta el tallo.
Un alfiler que bucea
hasta encontrar las raicillas del grito.
Y el mar deja de moverse.
¿Cómo? ¿Cómo fue?
Así.
¡Déjame! ¿De esa manera?
Sí.
El corazón salió solo.
¡Ay, ay de mí!

GARCÍA LORCA,
Poeta en Nueva York (1929)*

---

* García Lorca, *OC*, I, p. 530.

«Yo creo que el ser de Granada me inclina a la comprensión simpática de los perseguidos. Del gitano, del negro, del judío... del morisco, que todos llevamos dentro.»

García Lorca, 1931*

«Fue un momento malísimo, aunque digan lo contrario en las escuelas. Se perdieron una civilización admirable, una poesía, una astronomía, una arquitectura y una delicadeza únicas en el mundo, para dar paso a una ciudad pobre, acobardada; a una "tierra del chavico", donde se agita actualmente la peor burguesía de España.»

García Lorca, junio de 1936, sobre la «Toma» de Granada en 1492**

«Desde entonces no sabemos nada, sino su propia muerte, el crimen por el que Granada vuelve a la Historia con un pabellón negro que se divisa desde todos los puntos del planeta.»***

Pablo Neruda, 1947

---

* Entrevista con Rodolfo Gil Benumeya, titulada «Estampa de García Lorca», *La Gaceta Literaria*, Madrid, 15 de enero de 1931; García Lorca, *OC*, III, pp. 377-380.

** Entrevista, contestada por escrito, con Luis Bagaría, titulada «Diálogos de un caricaturista salvaje», *El Sol*, Madrid, 10 de junio de 1936; García Lorca, *OC*, III, pp. 634-639.

*** Pablo Neruda, *Viajes: Al corazón de Quevedo y Por las costas del mundo*, Santiago de Chile, 1947, *Obras completas*, Buenos Aires, Losada, 1968, II, p. 17.

PRÓLOGO

He contado en *Aventuras ibéricas* (Barcelona, Ediciones B, 2017) cómo nació en Granada, en 1965, mi indagación sobre el asesinato del autor de *Bodas de sangre* y el contexto en que se llevó a cabo. No es cuestión de volver aquí sobre aquel año apasionante... y los cuatro siguientes. El resultado de mis pesquisas fue *La represión nacionalista de Granada en 1936 y la muerte de Federico García Lorca*, publicado en París por la editorial Ruedo Ibérico, hoy mítica, en 1971. Se prohibió enseguida en España, pero miles de ejemplares cruzaron la frontera, máxime a raíz de recibir el Premio Internacional de la Prensa en la Feria del Libro de Niza en 1972. Se comentó el acontecimiento en la prensa española —notablemente por José María Pemán en *ABC*—* y el libro se tradujo al francés, inglés y otros idiomas.

Con la evidencia de que al régimen de Franco le quedaba poco tiempo, el mundo editorial español iba abonando ya para entonces el terreno para la explosión de títulos sobre la República y la Guerra Civil que se avecinaba. Por lo que le tocaba al poeta granadino, signo de los tiempos fue el oportunismo de la publicación por Planeta, en marzo de 1975 —siete meses antes de la muerte del Caudillo—, del libro de José Luis Vila-San-Juan *García Lorca, asesinado. Toda la verdad.*

* José María Pemán, «Las razones de la sinrazón», *ABC*, Madrid, 23 de septiembre de 1972.

En abril de 1979 la editorial Crítica de Barcelona publicó una nueva edición revisada y ampliada de mi estudio. Ello me permitió incorporar aportaciones no solo de la mencionada obra de Vila-San-Juan sino de muchos trabajos —libros, artículos de prensa, ensayos— aparecidos alrededor del mundo a partir de la muerte del dictador. Tuvo numerosas reediciones con la inclusión de más documentación. Pero no procedente de una obra cuya publicación se demoraba, al parecer, eternamente. Me refiero a *Los últimos días de García Lorca*, del periodista y escritor granadino Eduardo Molina Fajardo, que, por desgracia, solo vería la luz en 1983, editado por Plaza y Janés, cuatro años después de la muerte repentina de su autor a finales de 1979.

En la edición de mi libro publicada por Círculo de Lectores en 1986 (luego reimpresa por Punto de Lectura en 2005) ya se notaba la presencia del de Molina Fajardo. Hoy, en esta nueva de Ediciones B, mucho más. Solo tuve un breve encuentro con él en 1965 mientras iniciaba mi investigación. Ocurrió en su despacho del diario *Patria*, ya para entonces agonizante (y hoy museo del pintor granadino Juan Guerrero). Alguien, no recuerdo quién, me dijo que Molina poseía muchos datos sobre la muerte de Lorca y que debería hablar con él. Me recibió amablemente. Lo que yo no sabía es que preparaba un libro sobre el trágico suceso.

Como falangista —durante un tiempo jefe provincial del «Movimiento»—[1] y director de *Patria*, Molina Fajardo tenía acceso a documentos inalcanzables para mí, así como a muchas personas implicadas en los acontecimientos de 1936 que jamás habrían hablado con un extranjero. En algunas ocasiones sus confidentes así lo declaran. El 7 de abril de 1969, por ejemplo, un antiguo falangista que estaba en el pueblo de Víznar cuando allí mataron a García Lorca le relata cómo fue la última noche del poeta. Se llama Pedro Cuesta Hernández. El hombre hubiera preferido no hablar, pero Molina Fajardo, que va acompañado de un cura de ideología afín, es quien es, y Cuesta apenas tiene más remedio que colaborar. «Insistimos en escucharle —nos informa el autor— y teniendo en cuenta nuestra identidad falangista, acepta a narrar lo ocurrido.»[2] En otra ocasión, en 1975, almuerza con una persona llamada Miguel Serrano Ocaña, que se incorporó al alzamiento en los primeros días. Y nos cuenta: «Coloco una cinta en el *cassette* y comenzamos a hablar, no sin antes decirme: "No te creas que me gusta comentar estas cosas, estos recuerdos, pero lo hago por gusto por tratarse de ti. Con otro no hablaría."»[3]

Providencial, pues, el tenaz empeño de Molina Fajardo, y encomiable su laboriosa recopilación de declaraciones y datos, a menudo nada halagüeños para la Falange Española Tradicionalista de las JONS, a la cual él mismo pertenece.

Los testimonios de los entrevistados por Molina nos meten en la plena «intrahistoria» de lo ocurrido en la ciudad en 1936. Muchas de las conversaciones —unas cincuenta, desarrolladas entre 1968 y 1979, sobre todo en 1969— fueron grabadas, y es de esperar que, con el resto de los copiosos materiales reunidos por el escritor y periodista, sean accesibles a futuros estudiosos cuando sus herederos los entreguen al Museo-Casa Natal de Federico García Lorca en Fuente Vaqueros, como se acordó en su momento. Allí formarían, junto con las numerosas grabaciones nuestras, un archivo sonoro único.[4]

Al margen de las entrevistas, el texto preliminar de Molina Fajardo —unas sesenta páginas impresas de un total de 424— estaba, por desgracia, sin terminar cuando murió tan a deshora. Fue preparado para la imprenta por su viuda, Ángeles González, e hijos, adoptándose «un estilo sencillo, totalmente distinto al de la pluma que lo pensó escribir». Según ella, la muerte de su marido convirtió la obra «en boceto de lo que pudo ser».[5] Pero el conjunto es muy enjundioso, insustituible. Lo he releído con lupa e incorporado muchos de sus datos, siempre con el debido reconocimiento. Sin el paciente y minucioso trabajo del escritor granadino, aunque truncado, se habría perdido para siempre, en resumidas cuentas, una riquísima información sobre las circunstancias que rodearon el asesinato de Lorca.

El libro de Molina Fajardo, dignamente reeditado por la editorial Almuzara en 2011, tiene otro gran mérito: la inclusión de un cuidadoso índice «toponomástico» que lo convierte en herramienta de trabajo extraordinaria. En un país donde demasiado a menudo, por pereza, se siguen publicando libros de investigación sin índice alguno, es de elogiar el buen hacer de Plaza y Janés en 1983.

Otros muchos libros y artículos han enriquecido mi trabajo de los últimos años. En particular *La verdad sobre el asesinato de García Lorca*, de Miguel Caballero Pérez y Pilar Góngora (Madrid, Ibersaf, 2007) —exhaustivo estudio sobre el trasfondo social de la familia del poeta en la Vega de Granada, con implicaciones para su persecución y muerte—, y *Lorca, el último paseo*, de Gabriel Pozo Felguera (Granada, Ultramarina, 2009), que brinda nuevos datos sobre el diputado de la CEDA, Ramón Ruiz Alonso, principal delator responsable del atroz crimen. También me ha hecho reflexionar el estudio de Miguel Caballero Pérez, *Las trece últimas horas en la vida de García Lorca* (Madrid, La Esfera de los Libros, 2011), pese a discrepar con algunas de sus aseveraciones, omisiones y conclusiones.

Todo lo relacionado con la vida, obra y muerte de García Lorca suscita ya un interés mundial. En vísperas del 120 aniversario de su nacimiento en el corazón de la Vega de Granada, algunos no podremos descansar hasta no conocer, por fin, el paradero exacto de sus últimos restos, escamoteados desde hace más de ochenta años.

Ian Gibson
Madrid, 15 de diciembre de 2017

1

GARCÍA LORCA
Y LA SEGUNDA REPÚBLICA

Solo por ignorancia total de las actividades de Federico García Lorca durante los años de la República, máxime bajo el Frente Popular, o por la determinación de silenciarlas, se podría seguir alegando la «apoliticidad» del poeta. Su compromiso social e identificación con quienes sufren era ya evidente en su primer libro, *Impresiones y paisajes* (1918), y no hizo más que agudizarse durante el resto de su breve vida. Hay que tener en cuenta, además, que por aquellos años, cuando el fascismo amenazaba con destruir las mismas bases de la democracia europea, era difícil, si no imposible, que un joven de tendencias liberales no se situara políticamente, aunque sin ser militante de un partido, como fue su caso.

Dos años antes de la llegada de la República en 1931, él y otros varios escritores de su generación habían negado de manera explícita ser apolíticos, publicando un documento que demostraba su insatisfacción con el régimen dictatorial del general Miguel Primo de Rivera, su deseo de buscar nuevos senderos políticos y su intuición de que nacería pronto la España tan largamente esperada. El texto, fechado en abril de 1929 y olvidado hasta su reimpresión en 1969 en las *Obras completas* de José Ortega y Gasset, puede parecernos hoy ingenuo. Pero en su día significaba una importante toma de conciencia por parte de un grupo de jóvenes que creían que, sin unos profundos cambios políticos, España se desmoronaría (véase Apéndice I, 1, pp. 309-314).

Dos meses después García Lorca se fue a Nueva York, donde entró por vez primera en contacto con la vida de una metrópoli (Madrid era un pueblo en comparación con «aquel inmenso mundo»).[1] Siempre se había identificado con los pobres y los marginados, pero en Nueva York —la Nueva York de la depresión— pudo contemplar el sufrimiento humano sin paliativos. La experiencia fue crucial y confirmó su rebeldía contra la injusticia y su fe en la misión redentora del arte. Ahí están los poemas del ciclo neoyorquino para testimoniarlo.

Cuando desembarcó en Cuba después de su temporada en el «Senegal con máquinas»,[2] un periodista habanero subrayó el intenso interés que le suscitaban los problemas sociales y políticos:

> García Lorca, además de gran poeta, es, como José María [Chacón y Calvo] me afirmó, «un muchacho encantador», lo más lejos posible de esos artistas encasquillados en el arte por el arte, curioso por cuanto a su alrededor ocurre, apasionado, mejor diría exaltado, por los problemas políticos y sociales de España, de Cuba, del mundo [...] Su interés por los problemas político-sociales se revela en estos hechos: que espontáneamente y sin conocerlo fue a felicitar al doctor Cosme de la Torriente porque leyó «que había ganado un pleito en que defendía los derechos individuales y políticos», y está más entusiasmado con la celebración del mitin nacionalista que el propio Mendieta o Carlos Manuel Álvarez Tabío.[3]

No perdería nunca su preocupación por las dificultades de América Latina, y en muchas ocasiones expresaría su solidaridad con los revolucionarios de distintos países del continente.

Regresó a España en el verano de 1930. Al año siguiente es la llegada de la Segunda República. Para el poeta, como para los otros firmantes del documento dirigido a Ortega, suponía la epifanía de la España soñada.

En 1932 Fernando de los Ríos, ministro de Instrucción Pública del Gobierno de Manuel Azaña, nombró a García Lorca director del teatro universitario La Barraca. Como se sabe, uno de los propósitos del mismo era llevar el drama clásico español a las aldeas y los pueblos de provincias. Bajo la inspiración del poeta, La Barraca fue un éxito rotundo, la expresión, como él mismo decía, «del espíritu de la juventud de la España nueva».[4] «Toda esta modesta obra —explicó en otra ocasión— la hacemos con absoluto desinterés y por la alegría de poder colaborar en la medida de nuestras fuerzas con esta hermosa hora de la Nueva España.»[5]

Desde el primer momento La Barraca tuvo sus enemigos entre los que concebían una Nueva España muy distinta de la de Azaña, Fernando de los Ríos y García Lorca. Se dijo que se iba a gastar demasiado dinero público (cargo que rechazó De los Ríos en un apasionado discurso pronunciado en las Cortes el 23 de marzo de 1932).[6] Y, a partir del acceso de las derechas al Gobierno en el otoño de 1933, el presupuesto sería reducido de manera drástica.[7]

Entretanto, el 30 de enero de 1933 Hitler fue nombrado canciller de Alemania. En marzo le dieron plenos poderes todos los partidos representados en el Parlamento, con la excepción de los socialdemócratas (los comunistas estaban ya fuera de la ley). Luego firmó un concordato con el Vaticano, y en julio se promulgó una ley aboliendo los pocos partidos políticos que no habían aceptado ya disolverse «voluntariamente». A partir de entonces solo existía de manera legal en Alemania el Partido Nacional Socialista. Comenta Gabriel Jackson:

> La subida de Hitler al poder, con el claro apoyo de la derecha tradicional, mostró lo rápidamente que podían los conservadores [españoles] colaborar en la destrucción de una República cuya Constitución estaba inspirada sobre todo en la de la Alemania republicana.[8]

La prensa española seguía de cerca el desarrollo de la situación alemana y proporcionaba información sobre las persecuciones de que eran objeto, con creciente intensidad, los judíos de aquel país, algunos de los cuales empezaron a huir a España, llevando consigo relatos de primera mano de las atrocidades que cometían los nazis.

A principios de abril de 1933 García Lorca rubricó, con otros muchos intelectuales y artistas, el manifiesto de la Asociación de Amigos de la Unión Soviética, organización promovida por el catedrático de Derecho Romano y militante comunista Wenceslao Roces (véase Apéndice I, 2, pp. 314-317).

Sintomática de la toma de conciencia del peligro que suponía el crecimiento del fascismo fue la publicación en Madrid, el 1 de mayo de 1933, del adelanto de una nueva revista comunista, *Octubre. Escritores y Artistas Revolucionarios.* El entusiasmo expresado en sus cuatro páginas hacia la Rusia soviética (por André Gide, Waldo Frank y María Teresa León entre otros) era ilimitado. Un poema de Rafael Alberti, «S.O.S.», protestaba contra la crueldad capitalista:

> *Y hay un medio planeta sin cultivo*
> *y hay barreras que impiden la posesión común del sol*
>   *agrario de las granjas*
> *y hay ríos que quisieran desviarse,*
> *erguirse hasta regar el lecho de los trigos.*
>
> *No hay trabajo*
> *y hay manos.*
>
> *El capital prefiere dar de comer al mar.*
> *En Brasil el café se quema y es hundido entre las algas,*
> *el azúcar en Cuba arrojada en las olas se disuelve*
>   *salada,*
> *las balas de algodón en Norteamérica*
> *y los trenes de harina son volcados en la prisa invasora*
>   *de los ríos.*

La segunda página del adelanto llevaba un manifiesto contra el hostigamiento de los nazis de los escritores alemanes, firmado por un grupo de intelectuales españoles de izquierdas. García Lorca encabezaba la lista (véase Apéndice I, 3, pp. 317-320). Es importante subrayar, sin embargo, que su rechazo del fascismo no implicaba su aceptación del marxismo. No se afiliaría nunca al PC y no publicó ningún texto en *Octubre* (siete números aparecidos entre junio de 1933 y abril de 1934), a diferencia de Emilio Prados y Luis Cernuda, por ejemplo, que proclamaron allí su adhesión al partido. A pesar de ello, su presencia en el adelanto de la revista como firmante de la proclama antifascista no dejaba lugar a malentendidos: Lorca era un «intelectual de izquierdas».

El 14 de julio de 1933 tres miembros de las JONS (Juntas Ofensivas Nacional Sindicalistas) allanaron la oficina de la recién fundada Asociación de Amigos de la Unión Soviética, situada en la Avenida de Eduardo Dato, número 7, y se llevaron las fichas de los afiliados. Entre ellas, posiblemente, la del poeta.[9]

En octubre de 1933 Lorca embarcó para Buenos Aires, con lo cual se perdió las elecciones de noviembre que dieron el triunfo a las derechas. En la capital argentina se montaron sus obras de teatro con éxito apabullante: éxito seguido con orgullo desde España por sus muchos amigos y admiradores (y, cabe suponerlo, con envidia por sus detractores, que tampoco escaseaban). Al regresar a casa a mediados de abril de 1934, era, sin duda alguna, el poeta y dramaturgo español más famoso en América.

Durante los seis meses de su ausencia se había acentuado la tensión política. En Granada las elecciones habían sido ganadas por las derechas, y la situación de los obreros y campesinos se había deteriorado de manera notable. El poeta tuvo ocasión de comprobar el cambio durante los días que pasó en la ciudad a su vuelta,* que casi coincidieron con la celebración allí de un multi-

---

* En *El Defensor de Granada*, 23 de abril de 1934, p. 3, se publicó la siguiente nota: «García Lorca, en Granada. – A su regreso de América, ha venido a Granada nuestro paisano el gran poeta Federico García Lorca. Por tierras americanas ha realizado el autor de *Bodas de sangre* su viaje triunfal. En Buenos Aires, donde se han estrenado con éxito clamoroso todas las obras teatrales, el poeta granadino ha sido reiteradamente aclamado, rindiéndosele por el público y por la crítica los homenajes más fervientes. García Lorca ha quedado consagrado en América como el más alto representante de la moderna lírica española. Vuelve lleno de emoción y de gratitud. Sea bienvenido.»

tudinario acto de la JAP (Juventud de Acción Popular), la organización de la CEDA (Coalición Española de Derechas Autónomas), durante el cual los oradores expresaron sin rubor su admiración por Hitler y Mussolini.[10]

Hemos señalado que La Barraca tuvo desde los primeros momentos sus enemigos. García Lorca se encontró con que las críticas se habían recrudecido mientras estaba en Argentina. El 10 de febrero de 1934, por ejemplo, la revista satírica *El Duende* había lanzado el rumor de que mantenía relaciones homosexuales con los chicos del teatro estudiantil: «También el Estado da dinero para "La Barraca" donde Lorca y sus huestes emulan las cualidades que distinguen a Cipriano Rivas Cherif, su "protector".* ¡Qué vergüenza y qué asco!»[11] Luego, el 5 de julio de 1934, la revista falangista madrileña *F.E.*, principal órgano del partido, acusó a los «barracos» no solo de llevar una vida inmoral, de corromper a los campesinos y de practicar «el marxismo judío», sino de malgastar su presupuesto. Es un documento que expresa sin ambages la opinión de la Falange sobre la iniciativa y sus promotores, y, aunque el nombre de García Lorca no aparece explícitamente citado, nadie como el poeta podía sentirse aludido en cuanto director del teatro protegido por el ex ministro socialista de Instrucción Pública, Fernando de los Ríos (véase Apéndice I, 4. pp. 320-321).

En relación con el ataque de *F.E.* a La Barraca, creemos que vale la pena recordar un artículo aparecido en *ABC* de Sevilla el 6 de junio de 1937, es decir, diez meses después de la muerte del poeta. Puede observarse en él hasta dónde llegaba el odio que suscitaban entre las derechas Fernando de los Ríos, La Barraca y, en consecuencia, García Lorca (véase Apéndice I, 5. pp. 321-322).

El 1 de octubre de 1934 cayó el Ejecutivo radical, privado del apoyo proporcionado por la CEDA durante diez meses. José María Gil Robles, su líder, exigió la participación de la coalición en el nuevo Gobierno. El presidente de la República, Alcalá Za-

---

* Cipriano Rivas Cherif, el conocido director teatral, era cuñado de Manuel Azaña y tildado, como él, de homosexual por las derechas.

mora, encargó a Lerroux la formación del mismo. La CEDA recibió las carteras de Agricultura, Trabajo y Justicia. La reacción hostil de la clase obrera era previsible, pues, como comenta Gabriel Jackson, la presencia de aquel partido en el Ejecutivo «parecía, tanto a los liberales de la clase media como a la izquierda revolucionaria, como un equivalente a la implantación del fascismo en España».[12]

La revolución de los mineros asturianos, que estalló cuatro días después, el 4 de octubre de 1934, era una respuesta directa a la entrada de la CEDA en el Gobierno. La represión llevada a cabo en Asturias fue brutal, con numerosas ejecuciones y torturas además de multitudinarios encarcelamientos. Los detalles de lo ocurrido no llegaron al público debido a la estricta censura de los medios de comunicación impuesta por el Gobierno, y solo serían revelados al ganar las elecciones de 1936 el Frente Popular. Pero García Lorca se enteraría muy temprano de la realidad de la situación asturiana, toda vez que su amigo y maestro Fernando de los Ríos era miembro de la comisión parlamentaria que investigaba el asunto.

La rebelión asturiana coincidió con la proclamación en Barcelona del Estat Català, de diez horas de duración. Manuel Azaña había llegado a la Ciudad Condal a finales de septiembre y proyectaba volver a Madrid el 4 de octubre. Los acontecimientos se lo impidieron. El 7 de octubre fue detenido, al dar por descontado las autoridades que había estado implicado en ellos. Su inocencia solo sería reconocida el 6 de abril de 1935, por el Tribunal de Garantías Constitucionales, y desde la fecha de su encarcelamiento hasta entonces las derechas no cesaron de calumniarle. El 14 de noviembre de 1934 un nutrido grupo de intelectuales liberales e izquierdistas dirigió una carta de protesta al Gobierno quejándose del intolerable tratamiento a que se le sometía. Entre sus firmantes volvemos a encontrar a García Lorca. La censura impidió su publicación en la prensa. Aparecería por primera vez al principio del libro de Azaña *Mi rebelión en Barcelona* (véase Apéndice I, 6, pp. 322-325).[13]

El 15 de diciembre de 1934 *El Sol* de Madrid publicó una entrevista con el poeta en la cual expresó sin titubeos su solidaridad con los pobres. Cuando se tiene en cuenta la tensión imperante entonces en todo el país, el desarrollo del fascismo dentro y fuera, la represión de los mineros asturianos llevada a cabo unos pocos meses antes y los sucesos de Barcelona, sus palabras adquieren una evidente significación política y de compromiso social:

> «Yo sé poco, yo apenas sé» —me acuerdo de estos versos de Pablo Neruda—, pero en este mundo yo siempre soy y seré partidario de los pobres. Yo siempre seré partidario de los que no tienen nada y hasta la tranquilidad de la nada se les niega. Nosotros —me refiero a los hombres de significación intelectual y educados en el ambiente medio de las clases que podemos llamar acomodadas— estamos llamados al sacrificio. Aceptémoslo. En el mundo ya no luchan fuerzas humanas, sino telúricas. A mí me ponen en una balanza el resultado de esta lucha: aquí, tu dolor y tu sacrificio, y aquí la justicia para todos, aun con la angustia del tránsito hacia un futuro que se presiente, pero que se desconoce, y descargo el puño con toda mi fuerza en este último platillo.[14]

El meollo de la entrevista se reprodujo el 21 de diciembre en *El Defensor de Granada*, órgano netamente republicano que seguía de cerca, y con orgullo, la carrera ascendente del poeta. Podemos estar seguros, por ello, de que la actitud del autor de *Mariana Pineda* ante la injusticia social se conocía bien en la ciudad.[15]

El 29 de diciembre de 1934, después de semanas de expectación, tuvo lugar el estreno de *Yerma* en el Teatro Español de Madrid. El coliseo estaba a tope y entre el público había muchas personalidades republicanas. Antes de que se levantara el telón se produjeron varios disturbios en la sala (jóvenes derechistas gritaron eslóganes contra Azaña y su amiga Margarita Xirgu, la gran actriz que representaba el papel de la protagonista), pero expulsados los alborotadores siguió la representación.[16]

El estreno fue un sonoro éxito, pero los críticos de derechas condenaron de modo casi unánime la obra, tildándola de inmoral, blasfematoria, anticatólica y poco realista. Típica de esta reacción fue la reseña de Jorge de la Cueva en *El Debate*, el diario católico más importante del país, órgano de la CEDA y adulador de los regímenes de Hitler y de Mussolini. Algunas frases de la reseña, publicada el 30 de diciembre, habían sido suprimidas debido a falta de espacio, de modo que el ataque resultó menos feroz de lo que se proponía el periodista. El 3 de enero de 1935 *El Debate* explicó:

> De la [crítica] de *Yerma* desaparecieron las líneas en que nuestro crítico hacía resaltar su protesta indignada ante la odiosidad de la obra, ante su inmoralidad, ante las blasfemias y ante todo el falso pastiche de arte fácil y de audacia al alcance de cualquier despreocupado, que son las notas salientes de la desdichada producción.[17]

Para las derechas *Yerma* constituía una inaceptable crítica de la España tradicional-católica y de sus costumbres sociales y sexuales. A consecuencia de su éxito (con más de cien representaciones hasta el 2 de abril de 1935), García Lorca se creó numerosos enemigos.[18]

Desde los primeros días de octubre de 1935, y durante los meses siguientes, la prensa española publicó muchos detalles sobre la invasión fascista italiana de Abisinia y los inútiles esfuerzos de Gran Bretaña y la Liga de Naciones para intervenir en favor de los atropellados. Confirmó a las izquierdas en su convicción de que Hitler estaba decidido a emprender una expansión de la misma índole.

El Gobierno español, tan reaccionario, no tenía el menor interés, claro está, en criticar ni a los italianos ni a los alemanes. Es más: en octubre de 1935 el fiscal del Estado demandó al escritor Antonio Espina por haber osado publicar un artículo en el cual arremetía contra el Führer. Aunque parezca mentira, Espina estuvo encarcelado durante un mes y un día, y García Lorca (entonces en Barcelona con Margarita Xirgu) mandó, junto con la actriz, su adhesión al banquete ofrecido al escritor por sus colegas y amigos cuando fue puesto en libertad.[19]

Poco antes había hablado repetidas veces de un proyectado viaje a Italia con Margarita. Pero, el 12 de octubre, la actriz anunció que había cancelado la visita en protesta por la invasión de Abisinia.[20] Lorca estuvo de acuerdo y, el 6 de noviembre, durante una breve escapada a la capital, firmó un segundo manifiesto antifascista con Antonio Machado, Fernando de los Ríos y otras destacadas personalidades. Parece ser que *Diario de Madrid* fue el único periódico que se arriesgó a publicarlo enseguida, el 9 de noviembre (véase Apéndice I, 7, pp. 325-327).[21]

En enero de 1936 recibió una inesperada notificación. Le explicó después al periodista Alejando Otero:

> No lo vas a creer, de puro absurda que es la cosa; pero es verdad. Hace poco me encontré sorprendido con la llegada de una citación judicial. Yo no podía sospechar de lo que se tratara porque, aun cuando le daba vueltas a la memoria, no encontraba explicación a la llamada. Fui al juzgado, y ¿sabes lo que me dijeron allí? Pues nada más que esto, que un señor de Tarragona,* al que, por cierto, no conozco, se había querellado por mi «Romance de la Guardia Civil española», publicado hace más de ocho años en el *Romancero gitano*. El hombre, por lo visto, había sentido de pronto unos afanes reivindicatorios, dormidos durante tanto tiempo, y pedía poco menos que mi cabeza. Yo, claro, le expliqué al fiscal minuciosamente cuál era el propósito de mi romance, mi concepto de la Guardia Civil, de la poesía, de las imágenes poéticas, del surrealismo, de la literatura y de no sé cuántas cosas más.
>
> —¿Y el fiscal?
>
> —Era muy inteligente y, como es natural, se dio por satisfecho.[22]

---

* En realidad, como nos informa nuestro amigo Víctor Fernández, que ha investigado el caso, un señor de Barcelona.

En diciembre de 1935 habían vuelto Rafael Alberti y María Teresa León a España tras una prolongada visita a América y Moscú. Durante los dos meses siguientes, previos a las elecciones de febrero de 1936, desplegaron una actividad infatigable en favor del Frente Popular.

El 5 de febrero, dos días antes de los comicios, la pareja organizó en el Teatro de la Zarzuela un homenaje popular a Ramón del Valle-Inclán, fallecido en enero. El acto, patrocinado por el Ateneo de Madrid, y al que se dio una contundente significación republicana, se comentó en la mayoría de los periódicos de la capital. El programa se dividió en dos partes. En la primera, tras un discurso de María Teresa León, García Lorca leyó el prólogo de Rubén Darío a *Voces de gesta*, la conocida obra de Valle-Inclán («Del país del sueño, tinieblas, brillos...»), y los dos sonetos del poeta nicaragüense dedicados a la persona y la obra del escritor (el que empieza «Este gran don Ramón, de las barbas de chivo» y el «Soneto autumnal del marqués de Bradomín»).[23]

Los amigos de Alberti y María Teresa León decidieron homenajearlos el 9 de febrero de 1936, último domingo antes de los comicios. Entre la pléyade de firmantes de la convocatoria figuraban Antonio Machado, Luis Buñuel, Ramón J. Sender y García Lorca (véase Apéndice I, 8, pp. 327-328).

Habría sido imposible encontrar una fecha más apropiada para festejar a la pareja. Durante el ágape, celebrado en el Café Nacional (calle de Toledo, 19), García Lorca dio lectura a un manifiesto de los intelectuales en apoyo al Frente Popular. La descripción más completa del homenaje se publicó en el diario comunista *Mundo Obrero* (véase Apéndice I, 9, pp. 329-330).

Hay una interesante fotografía sacada mientras Lorca leía el documento (ilustración 3).

A finales de 1935 el poeta había fundado la Asociación Auxiliar del Niño con otras personas de buena voluntad (entre ellas el psiquiatra Gonzalo R. Lafora y el dibujante Ángel Ferrant).[24] En una reunión de la misma, celebrada el 11 de febrero de 1936, leyó algunos poemas del *Romancero gitano*, comentándolos a continuación con los niños y luego subastando un ejemplar de su libro más famoso.* Estuvo presente el arquitecto Luis Lacasa, atento a la evidente significación política de las comparecencias públicas del poeta en aquellos meses. Sus palabras —poco conocidas— merecen ser citadas:

> Federico estaba decididamente del lado del pueblo y su camino era claro y ascendente, pero de lento movimiento; sabía su responsabilidad y que no podía dar un paso inconsciente; no podía hacer lo que no dominaba profundamente. Además, aún no le habían alcanzado los acontecimientos que precipitaron a nuestra generación en el fuego.
>
> Sin embargo, en los últimos tiempos de su vida en Madrid, la fuerza de los hechos iba también envolviéndole a él. Comenzó a aparecer en los actos políticos, y recordamos cómo, en un mitin obrero al que asistía, fue reconocido por el público y se vio obligado a pronunciar unas palabras. Le vimos participar en un acto que organizó en el Hotel Ritz la Asociación Auxiliar del Niño con el fin de recoger fondos para las bibliotecas populares de Madrid. Federico recitó algunos poemas y luego, con un ejemplar de su *Romancero* en la mano, hizo que la puja en la subasta del libro alcanzara varios cientos de pesetas. Sabía muy bien Federico que este era un acto político, sabía muy bien qué finalidad tenía. Nunca se hubiera prestado a hacer algo semejante para nuestros enemigos.
>
> Los obreros madrileños repetían ya su nombre. Y los panaderos le nombraron miembro honorario de su sindicato, según él mismo nos dijo con sincera satisfacción.[25]

El reportaje de *Mundo Obrero* sobre el banquete ofrecido a Alberti y María Teresa León adelantaba que, una vez firmado el manifiesto leído por García Lorca, sería hecho público. Nos parece probable, pues, que el texto reproducido por el diario comunista el sábado 15 de febrero de 1936, víspera de las elecciones, fuera sustancialmente el mismo. El hecho de que el granadino

---

* El programa se reproduce fotográficamente en Inglada, p. 199.

encabezara el documento es una prueba irrefutable de su apoyo al Frente Popular. Que sepamos, el manifiesto solo se dio a conocer en *Mundo Obrero*:

Los intelectuales, con el Bloque Popular

Partidos a quienes separan considerables divergencias de principios, pero defensores todos de la libertad y la República, han sabido sumar sus esfuerzos generosos en un amplio Frente Popular. Faltaríamos a nuestro deber si en esta hora de auténtica gravedad política, nosotros —intelectuales, artistas, profesionales de carreras libres— permaneciésemos callados sin dar públicamente nuestra opinión sobre un hecho de tal importancia. Todos sentimos la obligación de unir nuestra simpatía y nuestra esperanza a lo que sin duda constituye la aspiración de la mayoría del pueblo español: la necesidad de un régimen de libertad y de democracia, cuya ausencia se deja sentir lamentablemente en la vida española desde hace dos años.

No individualmente, sino como representación nutrida de la clase intelectual de España, confirmamos nuestra adhesión al Frente Popular, porque buscamos que la libertad sea respetada, el nivel de vida ciudadano elevado y la cultura extendida a las más extensas capas del pueblo.

Federico García Lorca, poeta; *Rafael Alberti*, poeta; *Luis Alaminos*, inspector de Primera Enseñanza; *José Navas García*, músico; *José Domínguez Luque*, médico; *Serafín Linares*, maestro de Primera Enseñanza; *Cayetano L. Trescastro*, periodista; *Luis Torreblanca*, pintor; *Antonio Martínez Virel*, pintor; *Antonio Ramos Acosta*, médico; *Enrique Rebolledo*, médico; *Domingo Fernández Barreiro*, periodista; *Rafael Verdier*, director de Graduada; *Luis Sánchez Asensio*, médico; *E. Baeza Medina*, abogado; *Vicente Sarmiento*, médico; *Francisco Martín*

Lodi, maestro; *Francisco Salas*, maestro; *Emilio Prados*, escritor; *Gonzalo Sánchez Vázquez*, estudiante; *Francisco Saval*, farmacéutico; *Enrique Sanín*, dibujante; *María Teresa León*, escritora. (Siguen más firmas hasta 300.)[26]

Los padres del poeta también apoyaban el Frente Popular. Poco antes de las elecciones el periodista argentino Pablo Suero, a quien Federico había conocido en Buenos Aires, los visitó en su espacioso piso de la calle de Alcalá (número 96, hoy 102). No olvidaría, al volver a su país, aquel ambiente impregnado de «socialismo cristiano»:

> En la casa de Federico todos son partidarios de Azaña y Fernando de los Ríos es amigo venerado de la familia de García Lorca [...] Los padres de Federico son agricultores ricos de la vega de Granada. No obstante, están con el pueblo español, se duelen de su pobreza y anhelan el advenimiento de un socialismo cristiano. En la vega granadina los adoran. Son muy caritativos y buenos. A Federico lo miran con una ternura conmovedora a la que él corresponde con un gran amor. Habla de sus hermanos, de sus padres y de sus sobrinos como si fueran dioses tutelares. Era en vísperas de las elecciones, y la madre de Federico, que tiene un gran carácter, me decía:
> —Si no ganamos, ¡ya podemos despedirnos de España!... ¡Nos echarán, si es que no nos matan!...[27]

El 21 de febrero de 1936, a los pocos días del triunfo del Frente Popular, el poeta asistió al estreno de *Hierro y orgullo*, obra de Felipe Ximénez de Sandoval y Pedro Sánchez Neyra. El primero sería después autor de una biografía de José Antonio Primo de Rivera. En ella dice que Lorca se negó a saludar al jefe de Falange Española, también presente en el estreno.[28] En otro lugar hemos investigado la supuesta amistad de ambos, llegando a la conclusión de que, pese a lo que se ha alegado, solo se conocían de modo muy superficial.[29]

El 23 de febrero se publicó en *El Sol* el manifiesto de la Unión Universal de la Paz. Entre la larga lista de adhesiones publicadas por el gran diario madrileño figuraba otra vez el nombre de García Lorca (véase Apéndice I, 10, pp. 330-332).

Pablo Suero, acabada su tarea de cubrir las elecciones, prepara su regreso a Buenos Aires. Lorca y sus amigos deciden ofrecerle una comida de despedida. En ella se brinda por la reciente «recuperación» de la República, el avance social de España, la cultura. Allí están, entre otros, con Federico como maestro de ceremonias, Vicente Aleixandre, sonriente bajo su bigote rubio; el malagueño Manuel Altolaguirre, poeta e impresor, de tez morena y humor chispeante; el musicólogo Adolfo Salazar, que hace casi morirse de risa a todos con sus retruécanos; Rafael Alberti y la radiante María Teresa León. Suero está conmovido. «Aquella cordialidad —recordará en su libro *España levanta el puño*, editado a finales de año en Argentina—, aquel afectuoso respeto de unos con otros, aquella hermandad en gustos y en ideas, le daban un gusto nuevo al vivir. Y cada uno de ellos vibraba con cada pulsación de España. La literatura no obliteraba en ellos el sentimiento de su obligación de servir al país, al pueblo, a la humanidad.» Antes de que los amigos se separen, ya avanzada la tarde, María Teresa León propone que hagan una fotografía de grupo para que Suero se la lleve como recuerdo de su estancia entre ellos en días tan señalados. Y se retratan con el puño en alto (ilustración 4). «¡Qué pena me da ahora —escribió el periodista con la guerra ya en marcha— pensar en esos puños, crispados de angustia o sobre las armas! ¡Qué dolor me da pensar en mis poetas...!» Ante todo en Federico, el más grande, el más «rico de aventura», el más generoso.[30]

Hacia finales de marzo llegó a España la noticia de que Luis Carlos Prestes, el líder comunista brasileño, había sido encarcelado por el dictador Getulio Vargas, así como varios miles de trabajadores, y que corría el peligro de ser fusilado. El Socorro Rojo Internacional, cuya sección española había sido muy hostigada entre octubre de 1934 y la subida al poder del Frente Popular, decidió organizar un acto de solidaridad con Prestes en la Casa del

Pueblo de Madrid. Se pidió la colaboración de García Lorca y durante varios días se anunció su participación. El acto tuvo lugar el sábado 28 de marzo y, al día siguiente, *El Socialista* publicó un amplio informe sobre la velada (véase Apéndice I, 11, pp. 333-336).

Aunque María Teresa León y Esteban Vega recordaban años después que durante ella Lorca había recitado composiciones de *Poeta en Nueva York*, no sabemos por desgracia cuáles.[31] Según Vega, también declamó su archifamoso y provocador «Romance de la Guardia Civil española», que, en aquellas circunstancias, debió de entusiasmar a un público tan predispuesto. Entre las conclusiones del acto, sigue Vega, salió un cable dirigido al presidente de Cuba, Miguel Mariano Gómez, que decía: «En nombre Amigos de América Latina, rogamos conceda, como prometió, libertad a 3.000 presos antiimperialistas, sin distinción de partidos ni clases.» Y otro para el presidente de Brasil, Getulio Vargas, pidiendo la libertad de Luis Carlos Prestes, que se encontraba enfermo. Cables al pie de los cuales, entre otras firmas, iba la de Lorca.[32]

Queda un histórico, aunque algo borroso, testimonio fotográfico de la velada, publicado en *Mundo Obrero*, en el cual se aprecia al poeta recitando con las manos expresivamente levantadas (ilustración 5).

Tres días después, el mismo diario dio a conocer un nuevo manifiesto a favor de Prestes, firmado, entre otros, por el granadino (véase Apéndice I, 12, pp. 336-337). Fue reproducido en parte, el 1 de abril de 1936, por *La Voz*,[33] que el 5 publicó una larga y enjundiosa entrevista concedida por Lorca al periodista Felipe Morales. En ella su toma de conciencia social, y su concepto de la responsabilidad del artista en aquellos momentos dramáticos, se hicieron explícitos:

> Ahora estoy trabajando en una nueva comedia. Ya no será como las anteriores. Ahora es una obra en la que no puedo escribir nada, ni una línea, porque se han desatado y andan por los aires la verdad y la mentira, el hambre y la poesía. Se

me han escapado de las páginas. La verdad de la comedia es un problema religioso y económico-social. El mundo está detenido ante el hambre que asola a los pueblos. Mientras haya desequilibrio económico, el mundo no piensa. Yo lo tengo visto. Van dos hombres por la orilla de un río. Uno es rico, otro es pobre. Uno lleva la barriga llena, y el otro pone sucio el aire con sus bostezos. Y el rico dice: «¡Oh, qué barca más linda se ve por el agua! Mire, mire usted, el lirio que florece en la orilla.» Y el pobre reza: «Tengo hambre, no veo nada. Tengo hambre, mucha hambre.» Natural. El día en que el hambre desaparezca, va a producirse en el mundo la explosión espiritual más grande que jamás conoció la Humanidad. Nunca jamás se podrán figurar los hombres la alegría que estallará el día de la Gran Revolución. ¿Verdad que te estoy hablando en socialista puro?[34]

Aunque el grupo de Amigos de América Latina había surgido inmediatamente después del acto de la Casa del Pueblo madrileña de finales de marzo, parece ser que su existencia no se dio a conocer en la prensa hasta finales del mes siguiente. El 30 de abril *La Voz* publicó una nota donde volvemos a encontrar la firma de Lorca (véase Apéndice I, 13, pp. 338).

Muchos de sus amigos —entre ellos Esteban Vega, Alberti y María Teresa León— pertenecían a Socorro Rojo Internacional, organización dedicada a la defensa de los obreros. León dirigía la revista de la organización, *¡Ayuda!*, y es probable que fuera ella quien le pidió que les escribiera algo para el número correspondiente al 1 de mayo de 1936, Día del Trabajo. Sea como fuere, aquel número de *¡Ayuda!* llevaba en una misma página sendos mensajes dirigidos a los trabajadores de España por Alberti, Eduardo Ortega y Gasset, Julio Álvarez del Vayo, José Díaz y García Lorca. Este había escrito: «Saludo con gran cariño y entusiasmo a todos los trabajadores de España, unidos el Primero de Mayo por el ansia de una sociedad más justa y más unida.»[35]

Dada su preocupación por la represión de los obreros que se llevaba a cabo en varios países de América, no podía permanecer indiferente tampoco ante el caso más cercano de Portugal y su régimen fascista. Y no nos puede sorprender su presencia entre los nombres que aparecen en la nota publicada por *El Socialista* el 6 de mayo de 1936 (véase Apéndice I, 14, p. 338-339).

Unos días después llegaron a España la madre y la hermana de Luis Carlos Prestes. Durante todo el mes de mayo se organizaron numerosos mítines de apoyo al líder brasileño y a las demás víctimas de los dictadores americanos. El poeta no dudó en firmar otras declaraciones y manifiestos en relación con el encarcelamiento del líder brasileño y sus compañeros. En primer lugar una carta dirigida por los Amigos de América Latina a la madre de Prestes, publicada en un suelto de *¡Ayuda!* (véase Apéndice I, 15, p. 339).

El 21 de mayo el *Heraldo de Madrid* recogía otro texto de la agrupación en el cual expresaba su rechazo del fascismo a la vez que su apoyo incondicional a la República, «reconquistada por el sacrificio popular». La primera firma del texto era de García Lorca (véase Apéndice I, 16, pp. 340-341).

Entretanto, en este mayo de 1936 tan preñado de tensiones políticas, cuando los periódicos republicanos comentaban a diario los atropellos cometidos por los italianos en Abisinia, la persecución de los judíos alemanes por los nazis y el crecimiento del fascismo español, habían llegado a Madrid, en representación del Frente Popular francés, tres conocidos escritores del país vecino: André Malraux, el dramaturgo Henri-René Lenormand y el hispanista (y amigo de Lorca) Jean Cassou. Fue una semana de intensa actividad política e intelectual (conferencias de Malraux y Cassou en el Ateneo, representación de *Asia*, de Lenormand, en el Teatro Español, entrevistas con la prensa). Terminó con un impresionante banquete celebrado el 22 de mayo en los salones altos del Restaurante Luckys, en el imponente edificio Madrid-París (Gran Vía, 32). La convocatoria, firmada por un nutrido grupo de intelectuales, entre ellos el autor de *Bodas de sangre*, se publicó en *El Sol* el 20 de mayo (véase Apéndice I, 17, p. 341-342).

El acto, al que acudieron más de doscientas personas, incluidos varios ministros, tuvo una marcadísima significación izquierdista, aunque muchos de los comensales no eran militantes políticos. Es más: el historiador Américo Castro leyó unas cuartillas en francés para explicar «por qué los intelectuales que no pertenecían a ningún partido político concurrían a este homenaje». En lo que todos estaban de acuerdo, militantes y no militantes, era en subrayar el peligro mundial que suponía el fascismo. Jean Cassou declaró que «España y Francia son las dos civilizaciones occidentales que han de oponerse al paso del bárbaro fascismo». Al principio y al final del banquete la orquesta tocó *La Marsellesa*, el *Himno de Riego* y *La Internacional* y, durante la ejecución de esta, «la mayoría saludó con el puño en alto».[36]

García Lorca, aunque presente, no habló, pensando acaso que Américo Castro había dicho lo necesario. No así interpretó su silencio Guillermo de Torre, en un tendencioso pasaje de su libro *Tríptico del sacrificio*:

> Federico no había tenido jamás la menor relación activa con la política. Incluso —podemos afirmarlo— era perfectamente ajeno a la utilización que de su nombre y de su obra hubieran hecho las banderías políticas en ciertas ocasiones; por ejemplo, cuando el estreno de *Yerma*. Rehuía igualmente participar en actos de sentido político, aunque tuviesen matiz literario: así recuerdo, como testigo presencial del hecho, su negativa absoluta a hablar o recitar, en cierto banquete, a varios escritores parisienses de paso en Madrid, festejados no tanto como literatos, sino en cuanto representantes del Frente Popular francés. Si sus amistades eran liberales, si los medios en que se movía eran republicanos, inclusive avanzados, es porque en ese lado habían estado sus amigos de siempre y a ese sector correspondía con preferencia el público que le festejaba. Por lo demás, jamás había pensado en inscribirse en un partido, ni en suscribir ningún programa político.[37]

En vista de los textos que aportamos aquí, firmados por Lorca sin que nadie le forzara a ello —¡incluida la convocatoria al banquete ofrecido a «varios escritores parisienses de paso en

Madrid»!—, hay que considerar las palabras de Guillermo de Torre con sumo escepticismo. El compromiso del poeta con el Frente Popular ha quedado demostrado, aunque ello no quiere decir que se sintiera obligado cada día a hacer declaraciones públicas en contra del fascismo o a leer versos en actos políticos.

Es más, parece ser que empezaba a cansarse de las presiones que ejercían sobre él, o pretendían hacerlo, ciertos amigos comunistas con la finalidad de que se afiliara al partido o se declarara marxista.

Tenemos, en primer lugar, el testimonio del poeta José Luis Cano:

> Yo le llevé a Federico un documento, no fue espontáneo mío, fue un encargo de Alberti, que me dijo: «Mira, pásale este papel a Federico para que lo firme.» Posiblemente se trataría de aquella cosa del saludo a los obreros que firmó en *¡Ayuda!* el 1 de mayo de 1936. No me acuerdo exactamente, pero sí recuerdo que había allí una persona del Partido Comunista, no sé quién, que quería que Federico firmara un manifiesto explícitamente partidista. Y Federico se apoyó en mí para no firmarlo, preguntándome: «¿Es verdad que no debería firmar esto y en cambio el tuyo sí?» Y yo le contesté: «Hombre, yo creo que tienes razón.» Y no firmó la cosa partidista del PC. En eso de apoyar el PC no estaba Federico ni mucho menos. Vicente Aleixandre me ha confirmado que, en los últimos tiempos, Federico ya estaba un poco molesto por tanta presión de sus amigos comunistas.[38]

Además, hay unas palabras al respecto de Juan Ramón Jiménez. El 28 de mayo de 1936 el moguereño le comunicó a Juan Guerrero («el cónsul de la poesía», en palabras de Lorca) que Isabel, la hermana del poeta, le acababa de decir que Federico «está harto del grupo que acaudilla Pablo Neruda y que no quiere nada con ellos, deseando marcharse una temporada a Granada para que lo dejen tranquilo».[39]

Interesantísima, en relación con ello, es la entrevista de Lorca con el caricaturista Luis Bagaría, publicada en *El Sol* de Madrid, uno de los diarios más leídos del país, el 10 de junio de 1936. En ella el poeta rechaza tajantemente, por lo que a él le atañe, el arte por el arte, solidarizándose otra vez con los sufrimientos del proletariado:

> Ningún hombre verdadero cree ya en esta zarandaja del arte puro, arte por el arte mismo.
>
> En este momento dramático del mundo, el artista debe llorar y reír con su pueblo. Hay que dejar el ramo de azucenas y meterse en el fango hasta la cintura para ayudar a los que buscan las azucenas. Particularmente, yo tengo un ansia verdadera por comunicarme con los demás. Por eso llamé a las puertas del teatro y al teatro consagro toda mi sensibilidad.

Al preguntarle Bagaría por su opinión sobre la caída de Granada en manos de Fernando e Isabel en 1492, el poeta contestó sin vacilaciones:

> Fue un momento malísimo, aunque digan lo contrario en las escuelas. Se perdieron una civilización admirable, una poesía, una astronomía, una arquitectura y una delicadeza únicas en el mundo, para dar paso a una ciudad pobre y acobardada; a una «tierra de chavico» donde se agita actualmente la peor burguesía de España.[40]

Al decir esto Lorca se enfrentaba con uno de los mitos primordiales de la España «esencialista». *El Sol* se leía, desde luego, en Granada, y allí estas palabras fueron muy comentadas y criticadas, así como su firma de manifiestos antifascistas.[41] La Granada suya, a diferencia de la simbolizada por el palacio de Carlos V o la catedral, era la íntima, oculta, mestiza, la destruida por los Reyes Católicos. «Yo creo —había dicho en 1932— que el ser de Granada me inclina a la comprensión simpática de los perseguidos. Del gitano, del negro, del judío..., del morisco, que todos llevamos dentro.»[42]

Después de preguntarle por su opinión sobre el colapso de la civilización de Granada, Bagaría había llevado la conversación hacia un tema de más actualidad:

> —¿No crees, Federico, que la patria no es nada, que las fronteras están llamadas a desaparecer? ¿Por qué un español malo tiene que ser más hermano nuestro que un chino bueno?
>
> —Yo soy español integral, y me sería imposible vivir fuera de mis límites geográficos; pero odio al que es español por ser español nada más. Yo soy hermano de todos y execro al hombre que se sacrifica por una idea nacionalista abstracta por el solo hecho de que ama a su patria con una venda en los ojos. El chino bueno está más cerca de mí que el español malo. Canto a España y la siento hasta la médula; pero antes que esto soy hombre del mundo y hermano de todos. Desde luego no creo en la frontera política.[43]

El descubrimiento de una carta dirigida por Lorca a su amigo Adolfo Salazar en relación con la entrevista revela que, a pesar de su identificación con los anhelos del Frente Popular y de su rechazo de la patriotería nacionalista española, se daba perfecta cuenta ya de la necesidad de hablar con prudencia de sus ideas políticas. La carta demuestra que Bagaría le había hecho una pregunta directa sobre el fascismo y el comunismo y que, tras entregar su respuesta, empezó a inquietarse por su contenido. A Salazar (como Bagaría, asiduo colaborador de *El Sol*) le pidió un favor muy especial y comprometedor:

> Me gustaría que si tú pudieras, y sin que lo notara Bagaría, quitaras la pregunta y la respuesta que está en una página suelta escrita a mano, página 7 (bis), porque es un añadido y es una pregunta sobre el fascio y el comunismo que me parece indiscreta en este preciso momento, y además está ya contestada antes.[44]

Creemos que Mario Hernández está en lo cierto al opinar que, con la supresión de su respuesta a la pregunta de Bagaría (seguramente favorable a la izquierda), Lorca quería «evitar el que pareciera que adoptaba una opción política concreta, fiel a su postura de radical independencia».[45] Al decir que la pregunta «está ya contestada antes», consideraba, al parecer, que sus declaraciones sobre el arte por el arte y el nacionalismo español bastaban para explicar su compromiso tanto social como político.

A mediados de junio murió el escritor ruso Máximo Gorki. La Alianza de Intelectuales para la Defensa de la Cultura y la Asociación de Amigos de la Unión Soviética, a las cuales pertenecía el poeta, decidieron organizar en su memoria un acto de homenaje. Se anunció en la prensa:

Un acto en memoria de Gorki

La Alianza de Intelectuales para la Defensa de la Cultura, al enterarse de la muerte del gran novelista ruso Máximo Gorki, maestro y compañero nuestro en la Asociación Internacional, hace un llamamiento a todos los lectores de sus obras, a todas las organizaciones obreras, a todos aquellos que lo admiren y estimen, para que estén con nosotros en un gran acto que en su honor y memoria celebraremos próximamente. Las organizaciones que quieran participar en él deberán dirigirse al Ateneo de Madrid a nombre de José Benito.

Pésame al gobierno soviético

La Alianza ha dirigido el siguiente telegrama:
«Pravda. Moscú. U.R.S.S.:
Alianza Intelectuales Españoles expresa su dolor Gobierno y pueblo rusos pérdida gran Máximo Gorki. Rafael Alberti, Baeza, García Lorca, Arconada, María Teresa León, Sender, Wenceslao Roces.»[46]

El acto tuvo lugar en el Teatro Español la noche del 30 de junio de 1936. El *Mundo Obrero* de aquella mañana dijo que iban a intervenir en el mismo «representaciones del Ateneo de Madrid, en cuyo nombre hablará el catedrático don José Benito; el escritor don Ricardo Baeza, por la A.I.D.C. [Alianza de Intelectuales por la Defensa de la Cultura]; don José Díaz Fernández, por el Consejo Nacional de Izquierda Republicana; la camarada Dolores Ibárruri (Pasionaria) por el Partido Comunista; el camarada Julio Álvarez del Vayo, por el Comité Internacional de los A.U.S. [Amigos de la Unión Soviética], el gran poeta Federico García Lorca y, en nombre de la Ejecutiva del Partido Socialista, María Lejárraga de Martínez Sierra. Presidirá el acto Wenceslao Roces. Están invitados su excelencia el Presidente de la República, el Gobierno y el Ayuntamiento de Madrid».

En un cartel de la Asociación de Amigos de la Unión Soviética, el «gran poeta» Federico García Lorca encabezaba la lista de quienes iban a participar.[47]

Decidió a última hora no asistir. Según Edgar Neville, bastantes años después, le diría: «La otra noche me han organizado una encerrona en el Teatro Español, con ministros, etc. Yo no quiero eso, soy amigo de todos y lo único que deseo es que todo el mundo trabaje y coma.»[48]

El último manifiesto político rubricado por el poeta del cual tenemos conocimiento se publicó el 4 de julio. Se trataba de una «enérgica protesta» dirigida al dictador Salazar por el Comité de Amigos de Portugal (véase Apéndice I, 18, pp. 342-344).

Los datos y documentos aportados demuestran, nos parece, que García Lorca se sentía afín al socialismo liberal, más de Indalecio Prieto y Fernando de los Ríos que de Francisco Largo Caballero. Hijo de una familia acomodada, consciente de ser un privilegiado, se había solidarizado, desde sus primeros escritos, con las víctimas de la injusticia social, y, llegada la República, no podía por menos de ser hombre de izquierdas, enemigo del fascismo y frentepopulista.[49] Todo aquello era compatible con no estar afiliado a un partido político concreto y sentir un profundo desinterés por los mecanismos de la vida política (sería difícil concebirle como miembro, por ejemplo, de una comisión parlamentaria). Consideramos, en definitiva, que hubiera podido hacer suyas las palabras de Antonio Machado, a cuyo lado había firmado varios de los documentos que reproducimos en apéndice:

> Desde un punto de vista teórico, yo no soy marxista, no lo he sido nunca, es muy posible que no lo sea jamás. Mi pensamiento no ha seguido la ruta que desciende de Hegel a Carlos Marx. Tal vez porque soy demasiado romántico, por el influjo, acaso, de una educación demasiado idealista, me falta simpatía por la idea central del marxismo: me resisto a creer que el factor económico, cuya enorme importancia no desconozco, sea el más esencial de la vida humana y el gran motor de la historia. Veo, sin embargo, con entera claridad, que el Socialismo, en cuanto supone una manera de convivencia humana, basada en el trabajo, en la igualdad de los medios concedidos a todos para realizarlo, y en la abolición de los privilegios de clase, es una etapa inexcusable en el camino de la justicia; veo claramente que es esa la gran experiencia humana de nuestros días, a que todos de algún modo debemos contribuir. [50]

2

ÚLTIMAS SEMANAS EN MADRID Y LA VUELTA A GRANADA

A comienzos de junio de 1936, en la carta dirigida a Adolfo Salazar a raíz de la entrevista concedida a Bagaría, García Lorca aludió a una rápida visita que iba a hacer de inmediato a su patria chica: «Me voy dos días a Granada para despedirme de mi familia. Como me voy en auto, por eso ha sido cosa precipitada y nada te dije.»[1] Puesto que los padres del poeta estaban entonces en Madrid, se trataba de su hermana Concha, casada con el doctor Manuel Fernández-Montesinos, y sus tres niños. Pero ¿por qué la necesidad de *despedirse* de ellos? La respuesta es que tenía el proyecto de embarcar pronto para México, donde Margarita Xirgu había llegado a mediados de abril, después de su triunfal temporada en Cuba, y representaba con enorme éxito *Yerma* y pondría pronto *Bodas de sangre*. La prensa mexicana anunciaba con entusiasmo la inminente presencia del poeta.[2]

Aquel abril había hablado públicamente de su intención de emprender el viaje, con escala previa en Nueva York. En México, además de ver las puestas en escena de sus obras, daría una conferencia sobre la poesía de Quevedo («porque Quevedo es España»).[3] No sabemos si la breve visita a Granada se realizó (creemos más bien que no), pero lo seguro es que, requerido con insistencia por Margarita Xirgu, había dudado a lo largo de mayo si ir o no a México. El hecho es que estaba inmerso en tantos proyectos que le resultaba casi imposible moverse de Madrid. Quizá también le retenía su relación amorosa de varios años con Rafael Rodríguez Rapún, antes secretario de La Barraca, relación que entonces estaría pasando por momentos difíciles debido a la aparición en la vida del poeta de un hermoso joven manchego de nombre Juan Ramírez de Lucas.[4]

Vivió sus últimas dos semanas madrileñas con gran intensidad y tremenda inquietud.

En 1933 sus padres se habían trasladado a Madrid, donde, siempre hijo obediente y tras unos años de libertad, había vuelto a vivir con ellos (en un amplio piso de la calle de Alcalá). Cada verano el matrimonio regresaba a Granada para pasar unos meses en su finca, la Huerta de San Vicente, con su hija Concha y su familia. Su llegada no solía pasar inadvertida para la prensa local. El 10 de julio de 1936 *El Defensor de Granada* la celebró en una nota de primera plana:

> Se encuentra en Granada, donde pasará la temporada de verano acompañado de su familia, nuestro querido amigo el propietario don Federico García Rodríguez.

Entre quienes los despidieron en la estación estuvo el antiguo maestro de escuela de Fuente Vaqueros, el pueblo natal del poeta en la Vega de Granada, Antonio Rodríguez Espinosa. Creía recordar que Federico le dijera, al preguntarle por qué no se marchaba con ellos: «Tengo citados a unos cuantos amigos para leerles una obra que estoy terminando, *La casa de la Bernarda*, porque me gusta oír el juicio que a mis amigos les merece.»[5]

En realidad, llevaba ya varias semanas terminada. A finales de mayo de 1936 el *Heraldo de Madrid* había publicado el rumor de que el poeta, además de tener en marcha otros proyectos literarios, esperaba acabar en ocho días *La casa de Bernarda Alba*, «drama de la sexualidad andaluza».[6] La remató muy pronto, en efecto, y, muy satisfecho con lo logrado, empezó a leerla a todo aquel que se le ponía por delante. No tardó en saberse en Granada, así las cosas, que no solo había acabado una pieza sobre «la sexualidad andaluza» sino que su acción se situaba en una vivienda inspirada por la que en Asquerosa, el segundo pueblo del poeta, poseía una terrateniente de nombre Frasquita Alba, fallecida en 1924. Terrateniente, vecina de los García Lorca, muy autoritaria que había mandado con mano férrea en sus numerosas hijas. Es casi seguro que los familiares de la difunta se enteraron durante las siguientes semanas, y con el consiguiente escándalo, de que Lorca había escrito un drama «sobre ellos», para más inri con el apellido de Frasquita incluido en el título.

Por estas mismas fechas, tal vez el 9 de julio, cena en casa de su gran amigo el diplomático chileno Carlos Morla Lynch. Asiste Fernando de los Ríos, que, de acuerdo con lo apuntado por el anfitrión en su diario, se muestra «visiblemente inquieto» ante la situación política. «El Frente Popular se disgrega —diría— y el fascismo toma cuerpo. No hay que engañarse. El momento actual es de gravedad extrema e impone ingentes sacrificios.» Como diputado, aunque no ya ministro, De los Ríos está muy al tanto de los rumores que pululan acerca de un golpe militar inminente. Y sabe, seguramente, que el presidente del Gobierno, el gallego Santiago Casares Quiroga, del partido de Azaña (Izquierda Republicana), se está negando a tomárselos en serio, opinando que, caso de producirse un levantamiento, será sofocado con tanta facilidad como el del general Sanjurjo en 1932.* Lorca ha llegado tarde a la cena, y pese a traer la buena nueva de que su hermano Francisco, en estos momentos secretario de la Legación Española en El Cairo, está sano y salvo —según los periódicos había sido herido por la bala de un asesino—, se muestra deprimido y apenas abre la boca en toda la noche:

> Federico hoy ha hablado poco; se halla como desmateria
> lizado, ausente, en otra esfera. No está como otras veces, bri
> llante, ocurrente, luminoso, pletórico de confianza en la vida
> y rebosante de optimismo.

---

* Para una apreciación particularmente hostil de Casares Quiroga desde el punto de vista de un político socialista militante, véase Largo Caballero, pp. 157-158.

Por fin murmura su profesión de fe habitual: «él es del partido de los pobres». Pero esta noche —como pensando en voz alta— agrega una frase más: «él es del partido de los pobres... *pero de los pobres buenos*».

Y, no sé por qué, su voz me parece distinta —como lejana— al pronunciar estas palabras.[7]

Marcelle Auclair recoge en su libro sobre el poeta la angustia de estos últimos días antes de que estallara la sublevación militar contra la República que todos preveían. El pintor José Caballero le dijo que una tarde, preocupado al no haber visto a Federico, se presentó en el piso de la calle de Alcalá:

—Poco ha faltado para que me encontraras muerto —le dijo [el poeta] arrastrándole a la sombra (las persianas estaban cerradas aunque era mediodía) para enseñarle, sobre el dintel de una puerta, el impacto de una bala.

—¿Estabas tú en este cuarto?

—No, pero ¿y si llego a estar?

Y contó a Pepe que había prohibido salir a la criada, la cual hacía el pan en la casa... Se escondía, huía de los amigos, no respondía al teléfono y solo aparecía raramente en casa de los Morla.[8]

Otro día Lorca estaba en una cervecería del pasaje de Matheu (entre la calle de la Victoria y la de Espoz y Mina) con Santiago Ontañón, Rafael Rodríguez Rapún, el capitán Francisco Iglesias y Jacinto Higueras. Ontañón contaría años después:

De repente nos vinieron unos amigos que nos dijeron: «¡Están quemando el Teatro Español!» Entonces a nosotros eso nos parecía monstruoso, y salimos corriendo a ver qué pasaba. Y al desembocar en la plaza de Santa Ana, allí cerca, vimos que el teatro estaba intacto, que no pasaba nada y no salía humo ni nada, pero que sí salía humo de esa iglesia que está entre la calle del Prado y la de Huertas. La gente corría hacia esa iglesia, la Iglesia de San Ignacio de Loyola. Y entonces nos calmamos un poco, porque para nosotros hubiera sido mucho más trágico, claro, que se quemara el Español, donde todos habíamos vivido muchos años, estrenando comedias y decorados y tal. Entonces recuerdo que nos quedamos viendo la cosa, aunque no nos acercamos hacia la iglesia porque había mucha gente. Y allí empezamos a decir: «¡Qué barbaridad! ¿Cómo pueden hacer esto?» Estaba Madrid entonces muy inquieto, y se notaba que iba a pasar algo.

Entonces nos fuimos separando, y yo recuerdo que me quedé con Federico. Íbamos bajando por la calle del Príncipe y al llegar a este sitio donde hay dos mojones de piedra,* pues sobre uno de esos, como si eso fuera un monumento a la memoria mía, ¿no?, me despedí de él. «¡Qué barbaridad! ¡Qué barbaridad!», me dice. «Esto se va a armar. ¡Me voy a Granada! ¡Me voy a Granada!» «Pero ¿por qué te quieres ir a Granada?», le contesté. «Estás mejor aquí en Madrid, pase lo que pase.» «No, no, no, yo en Granada tengo amigos. Me voy. Me voy.» Y nos despedimos. Y Federico decía: «¡Pobrecicos obreros, ay, pobrecicos obreros», y se marchó hacia la calle de Echegaray. Esta fue la última vez que le vi.[9]

El sábado 11 de julio Lorca y otros amigos, entre ellos el diputado socialista por Extremadura, Fulgencio Díez Pastor, cenaron en casa de Pablo Neruda. Díez Pastor estaba muy preocupado por la situación política, y Federico no cesaba de hacerle preguntas. «¡Me voy a Granada!», exclamaría finalmente. «Quédate aquí —repondría el diputado—, en ningún sitio estarás más seguro que en Madrid.»[10] Luis Buñuel, en sus memorias, cuenta que, cuatro días antes del golpe, le había dicho lo mismo.[11] El escritor falangista Agustín de Foxá abogaría en el mismo sentido: «Si tú quieres marcharte, no vayas a Granada sino a Biarritz.» A lo cual el poeta contestaría: «¿Y qué haría yo en Biarritz? En Granada, trabajo.»[12]

---

* Quizá se trataba de la entrada a la calle, muy pequeña, de Manuel Fernández y González.

Fue probablemente la noche del domingo 12 de julio cuando leyó *La casa de Bernarda Alba* en el domicilio del doctor Eusebio Oliver. Estuvieron presentes, entre otros, Jorge Guillén, Guillermo de Torre, Pedro Salinas y Dámaso Alonso. Este último diría recordar que, al salir de la casa, se hablaba de «uno de los muchos escritores que por entonces ya estaban entregados a actividades políticas». Y pone en boca de Lorca las siguientes palabras: «¿Has visto, Dámaso, qué lástima? ¡Ya no va a hacer nada!... [Aquí, señala Alonso, se omite una frase.] Yo nunca seré político. Yo soy revolucionario, porque no hay verdaderos poetas que no sean revolucionarios. ¿No lo crees tú así? Pero político, ¡no lo seré nunca, nunca!»[13] Hay que suponer que estas palabras, citadas hasta la saciedad por quienes propugnan, o hasta hace poco propugnaban, el «apoliticismo» de Lorca, expresaban tan solo su resolución de no militar jamás en un partido político determinado. Y de no hacer versos como Rafael Alberti, a quien la alusión es obvia.*

Ya anciano, Dámaso Alonso añadiría que en su lista de poetas «revolucionarios» Federico había incluido a Jesucristo.[14]

Unas horas después, alrededor de las tres de la madrugada del 13 del julio, fue secuestrado y muerto en Madrid José Calvo Sotelo, en la ausencia del encarcelado José Antonio Primo de Rivera la voz antirrepublicana más virulenta del Parlamento. Se trataba de una represalia por el asesinato, aquella misma noche, de un conocido teniente de la Guardia de Asalto, José Castilla. El crimen perpetrado por los compañeros del mismo en la persona de Calvo Sotelo convenció a todos de la inminencia de un golpe militar.

«Fecha fatídica», consignó Morla Lynch en su diario aquella noche: «Federico no ha venido y nos extraña su ausencia. Hace días que no le vemos, pero no debe de haber partido todavía para Granada.»[15]

---

* Estamos de acuerdo con el comentario que hace José Luis Cano a estas palabras del poeta: «Sin duda quería decir que no tenía la menor vocación de político, de político actuante y profesional, y que estaba decidido a no doblegarse jamás a la actividad política» (Cano, 1961).

Pero sí había partido. Luis Cernuda, que había estado con Lorca unos días antes, también asistió a la cena en casa de los Morla Lynch. Su testimonio al respecto, publicado en 1938 —veinte años antes de que se editara el diario de Morla—, añade un detalle de gran relieve a las palabras del chileno:

> Pensaba encontrarle pocos días más tarde. Yo me marchaba a París y debíamos reunirnos en casa de unos amigos como despedida. Llegó ese día y por la mañana ocurrió la muerte de Calvo Sotelo. Al anochecer estuvimos comentando el suceso mientras aguardábamos a Federico García Lorca. Alguien entró entonces y nos dijo que no le esperásemos porque acababa de dejarlo en la estación, en el tren que salía para Granada.[16]

El «alguien» no podía ser sino Rafael Martínez Nadal, quien —lo sabemos por el diario de Morla— también estuvo en la cena y que, en 1963, publicaría un artículo, luego célebre, titulado «El último día de Federico García Lorca en Madrid».[17]

Lo que sí parece fuera de duda es que el poeta estuvo acompañado durante buena parte de aquel último día por Martínez Nadal. Este le había recogido a eso de las dos de la tarde y le había llevado a comer a su casa. Luego fueron en taxi a la Puerta de Hierro, en las afueras de Madrid, y allí, de repente, Lorca resolvió partir enseguida para Granada, exclamando: «Rafael, estos campos se van a llenar de muertos. Está decidido. Me voy a Granada y sea lo que Dios quiera.» De acuerdo con Nadal, fueron a continuación a la agencia Cook a sacar el billete y volvieron luego al piso de la calle de Alcalá para preparar las maletas.[18]

Martínez Nadal no menciona en su relato una posible visita del poeta aquella noche a Antonio Rodríguez Espinosa, que escribiría en sus memorias:

> La noche del día 13 del mismo [es decir, de julio] vino a casa a las 9 de la noche; llamó, y cuando le abrió la muchacha le preguntó: «¿Está don Antonio?» «Sí, señor.» «Pues dígale

usted que está aquí don Homobono Picadillo.» Yo, que conocía sus bromas y además conocí su voz, salí y le dije: «¿Qué se le ocurre al sinvergüenza de don Homobono?» «Nada más que darle a usted un sablazo de 200 pesetas; porque esta misma noche a las diez y media me voy a Granada. Hay visos de tormenta y me voy a mi casa, donde no me alcancen los rayos.»[19]

Tampoco menciona Martínez Nadal otra visita de despedida de aquella noche: la hecha por el poeta a la Residencia de Señoritas en la calle de Miguel Ángel, número 8, donde vivían su hermana Isabel y la hija de Fernando de los Ríos, Laura. Mientras se despedía de ellas, Martínez Nadal le esperó en el taxi.[20]

¿Y el testimonio del escritor alicantino Juan Gil-Albert? Si su memoria no le fallaba, también habló con Lorca aquel día: «Cuando le vi por última vez, en Madrid, estaba, literalmente, espantado. El asesinato de Calvo Sotelo pareció indicarle que el fin se acercaba. "¿Qué va a pasar?", me dijo, como quien conocedor intuitivo de los suyos espera lo peor.»[21]

Martínez Nadal acompañó al poeta a la estación y le instaló en su coche cama. Entonces ocurrió algo desagradable:

Alguien pasó por el pasillo del coche cama. Federico, volviéndose rápidamente de espaldas, agitaba en el aire sus dos manos con los índices y meñiques extendidos:

—¡Lagarto, lagarto, lagarto!

Le pregunté quién era.

—Un diputado por Granada. Un gafe y una mala persona.

Claramente nervioso y disgustado, Federico se puso en pie.

—Mira, Rafael, vete y no te quedes en el andén. Voy a echar las cortinillas y me voy a meter en cama para que no me vea ni me hable ese bicho.

Nos dimos un rápido abrazo y por primera vez dejaba yo a Federico en un tren sin esperar la partida, sin reír ni bromear hasta el último instante.[22]

No sabemos quién fue el siniestro diputado granadino cuya presencia en el tren tanto perturbara al poeta. Es probable, de todos modos, que *ex diputado*, ya que los de derechas, como se verá, habían perdido sus escaños aquel marzo, con la anulación (en Granada y Cuenca) de los resultados del mes anterior, y luego la abstención en los nuevos comicios parciales de mayo. Como posibles candidatos se han sugerido los nombres de Manuel Torres López —que conocía al poeta— y José Fernández-Arroyo Caro, ambos integrados en la lista electoral de la CEDA en febrero de 1936.[23] ¿Pudo haberse tratado de algún diputado del Frente Popular? Quizá no habría que descartar la posibilidad, aunque es menos verosímil.

Lorca vio a otra persona inquietante en el tren. A José María García Carrillo, íntimo amigo suyo, le contó que había coincidido allí con un poeta granadino muy antipático que ni siquiera le había saludado.[24] ¿Manuel de Góngora? ¿José Sánchez-Reina, especializado en versos patrioteros y colaborador del *Noticiero Granadino*? No lo sabemos.

Cuando llegó a la Huerta de San Vicente la mañana del 14 de julio le esperaba su habitación de siempre en el segundo piso, con el balcón que daba al frondoso jardín.

Federico García Rodríguez había comprado la propiedad en 1925. Se trataba de una pintoresca vivienda campestre, con una hectárea de terreno, situada en la linde de la Vega y la ciudad, a la que se accedía rápidamente por los llamados callejones de Gracia. Antes Huerta de los Mudos, el padre le había cambiado el nombre en homenaje a su mujer Vicenta.

En 1936 estaba rodeada de maizales y hazas de tabaco. Hoy, convertida en Casa-Museo del poeta, con un parque alrededor, sus inmediaciones han sido destrozadas por el inmenso e implacable muro de altos bloques de pisos y otras construcciones levantados a lo largo de los cinco kilómetros del rectilíneo «Camino de Ronda». El desmadre urbanístico ha cortado brutalmente la espléndida vista —con la Alhambra, el Generalife y la Sierra al fondo— que hacía las delicias del poeta.

El 15 de julio *El Defensor de Granada* anunciaba en primera plana su vuelta (ilustración 6):

García Lorca, en Granada

> Se encuentra en Granada, desde ayer, el poeta granadino don Federico García Lorca.
>
> El ilustre autor de «Bodas de sangre» se propone pasar una breve temporada con sus familiares.

Constantino Ruiz Carnero, director del diario, era íntimo amigo suyo. Cabe suponer que fue quien redactó la nota después de hablar con él. El tren de Madrid llegaba a las 08:20 (de acuerdo con la prensa local), de modo que hubo tiempo de sobra durante el 14 de julio para que los dos se viesen y, si no, hablasen por teléfono (se acababa de instalar uno en la Huerta). Además, el pequeño pero significativo detalle de que se proponía pasar solo una «breve temporada» en Granada, y no el verano entero, llama la atención. ¿De quién podía proceder la información sino del propio poeta?

Francisco García Lorca le contó a Juan Larrea en 1951 que, al llegar a Granada, su hermano llevaba el pasaje de México en el bolsillo.[25]

Una carta de Vicenta Lorca a su hija Isabel, datada el 15 de julio, confirma la fecha del regreso del poeta: «Queridísima hija: Ayer por la mañana tuvimos la alegría de que llegara Federico...»[26]

El 16 de julio el diario católico *Ideal* recogía en su «Carnet mundano» —con menos efusividad, por supuesto, que *El Defensor*— la noticia de su presencia en la ciudad:

> Se encuentra en Granada el poeta granadino Federico García Lorca.[27]

Y al día siguiente, 17 de julio, el *Noticiero Granadino* anunciaba en primera página:

> Pasa una temporada en Granada con sus familiares el ilustre poeta, nuestro querido paisano, Federico García Lorca.

Toda Granada sabía, pues, que había vuelto a su «patria chica» el ya famosísimo autor del *Romancero gitano* y *Yerma*.

Disponemos de pocos datos acerca de sus actividades durante los seis días que precedieron al alzamiento de la guarnición granadina, pero consta que subió varias veces a la ciudad.

«Vi a Federico una vez después de su regreso de Madrid —nos dijo su amigo Miguel Cerón—. Me topé con él en la calle. Se nos acercaron unas chicas y nos pidieron para Socorro Rojo Internacional. Federico les dio algo y me dijo medio en broma: "¿Qué te parece si hacemos un viaje a Rusia, Miguel?" No le volví a ver nunca.»[28]

Contento al encontrarse otra vez entre sus íntimos granadinos, leyó *La casa de Bernarda Alba* para un grupo reunido en el carmen albaicinero de su viejo amigo Fernando Vílchez.[29] ¿Alguien comentaría allí su polémica entrevista en *El Sol* de unas semanas antes, con su mordaz referencia a la clase media de la ciudad, calificada como «la peor burguesía de España»? No sería sorprendente.

Clotilde García Picossi, su prima, le encontró muy inquieto, muy ensombrecido. El 16 de julio, festividad de la Virgen del Carmen, se iba a celebrar el santo de su hermana en la Huerta del Tamarit, propiedad de su padre Francisco García Rodríguez ubicada muy cerca de la de San Vicente. Invitaron a Federico y a varios amigos suyos, entre ellos el joven poeta Luis Rosales Camacho (que, como él, había regresado unos días antes desde Madrid), pero no acudió, alegando una indisposición.[30]

¿Una indisposición? Más bien, quizás, una negra premonición de la tragedia que se iba a desencadenar en cualquier momento.

3

GRANADA BAJO EL FRENTE POPULAR.
LA CONSPIRACIÓN

Para poder formar una idea de la situación con la cual se encontró el poeta al regresar a Granada en julio de 1936 es necesario un *flashback*.

Las derechas locales habían hecho lo posible, durante las semanas previas a las elecciones de febrero, para impedir que el Frente Popular lograra celebrar actos políticos en la provincia. Se distribuyeron armas, y muchos alcaldes no permitieron que se abriesen las Casas del Pueblo. Un telegrama enviado al presidente del Gobierno por la minoría parlamentaria granadina, y publicado por el *Heraldo de Madrid* el 7 de febrero, expuso algunas de las quejas:

> Consideramos un deber hacer llegar a V. E. los siguientes hechos que indican la actitud ilegal de las autoridades: continúan cerradas las Casas del Pueblo de Güéjar-Sierra, Montejícar, Béznar, Lanjarón, Salobreña, Bérchules, Cortes, Graena, Pinos del Valle, Pinos Genil, Benalúa de Guadix, Torre Cárdela, Cástaras, Cúllar Baza y otras muchas de la provincia.
>
> Se llega a impedir todo acto de las izquierdas y tal acontece en Puebla de Don Fadrique, Albondón y Güéjar, y la fuerza pública hace objeto de vejaciones a nuestras Comisiones de propaganda.

Seguros de su sentido de justicia acudimos a V. E. – Fernando de los Ríos, José Palanco, Emilio Martínez Jerez.[1]

Cuando el país fue a las urnas el 16 de febrero, la jornada se había desarrollado con bastante tranquilidad en Granada, así como en las demás capitales de provincias, aunque en uno de los diez colegios electorales municipales un elemento derechista, apodado «El Sabañón», rompió la urna.[2]

En la votación provincial hubo numerosos atropellos, y *El Defensor de Granada* describe minuciosamente las maniobras de ciertos caciques. En el mencionado pueblecito de Güéjar-Sierra, por ejemplo, muchos electores fueron obligados a abandonar sus hogares bajo la amenaza de las armas,[3] y abusos parecidos se registraron en Motril, las Alpujarras y otros distritos donde la población dependía, para ganarse la vida, de los grandes terratenientes.[4] Cuando se reunieron las nuevas Cortes, los diputados de la minoría granadina describieron ante la Cámara otros desmanes que habían tenido lugar en la provincia.[5]

Los resultados finales de los comicios en todo el país dieron al Frente Popular una estrechísima mayoría numérica. Las cifras comúnmente aceptadas como más correctas son:

Frente Popular	4.700.000
Frente Nacional	3.997.000
Centro	449.000
Nacionalistas vascos	130.000[6]

Al ponderar estas cifras conviene tener en cuenta que la distribución de escaños en las Cortes, de acuerdo con la Ley Electoral de 1932, no se adecuaba de modo estrictamente proporcional a los votos conseguidos, y que el vencedor, por el mero hecho de serlo, obtenía una representación aumentada. Así, el Frente Popular obtuvo 267 escaños en las nuevas Cortes y las derechas solamente 132, del mismo modo que en noviembre de 1933 la CEDA había conseguido muchos más que las izquierdas pese a obtener menos votos.[7]

El 21 de febrero de 1936 *El Defensor de Granada* e *Ideal* dieron a conocer los resultados definitivos de las elecciones en toda la provincia. La derecha había ganado la contienda, es decir, los diez escaños granadinos reservados a la mayoría:

Número de electores de la provincia	333.263
Número de votantes	248.598
Francisco González Carrascosa (Agrario)	148.649
Manuel Torres López (CEDA)	148.304
José Fernández Arroyo (CEDA)	148.196
Natalio Rivas Santiago (Independiente)	148.171
Julio Moreno Dávila (CEDA)	148.168
Ramón Ruiz Alonso (CEDA)	148.074
Gonzalo Muñoz Ruiz (Progresista)	147.889
Francisco Herrera Oria (CEDA)	147.792
Melchor Almagro Sanmartín (Progresista) . . .	147.291
José María Arauzo de Robles (Tradicionalista) .	145.934
Emilio Martínez Jerez (Frente Popular)	100.013
Fernando de los Ríos (Frente Popular)	99.749
José Palanco Romero (Frente Popular)	99.005

Los diputados del Frente Popular, alegando que estas cifras no reflejaban los verdaderos deseos electorales de la población granadina —coaccionada por las derechas—, pedirían su anulación (y los de Cuenca) cuando se reuniesen las nuevas Cortes.

Aunque los resultados de las elecciones parlamentarias no habían sido satisfactorios para las izquierdas granadinas, el Frente Popular ya controlaba por lo menos la administración municipal. El 20 de febrero de 1936 el gobernador civil, Torres Romero, había dimitido. Su puesto fue ocupado al día siguiente por Aurelio Matilla García del Campo, teniente coronel de Ingenieros, abogado, periodista y miembro del partido de Martínez Barrio, Unión Republicana.[8] De modo semejante el Consejo municipal se vio obligado a dimitir en bloque, siendo reemplazado el mismo 20 de febrero por los republicanos destituidos por orden gubernativa en octubre de 1934. Su vuelta al poder en 1936 fue acogida con gran entusiasmo por el pueblo llano de Granada, aunque no por la clase media.

La breve alocución pronunciada en la sesión de apertura del repuesto Ayuntamiento por el alcalde interino, Constantino Ruiz Carnero (director de *El Defensor de Granada*, brillante e irónico periodista político, destacado miembro de Izquierda Republicana y gran amigo de García Lorca), exteriorizó el júbilo de aquellos momentos:

> Señores concejales. Pueblo granadino: Sin más autoridad que la de ocupar interinamente este cargo, yo quiero dirigir ante todo un saludo emocionado a Granada. Aquí estamos otra vez después del paréntesis a que se nos ha obligado. No es una toma de posesión, es una reposición, es una reanudación de funciones. Ha quedado restablecida la legalidad republicana con el triunfo del pueblo. Hace dieciséis meses, los concejales elegidos por el pueblo de Granada fuimos despojados de nuestra función arbitrariamente no por haber dilapidado los fondos públicos, sino porque nuestro título de concejales era de republicanos, y por eso se nos arrojó, al mismo tiempo que se proporcionaba el espectáculo bochornoso de que vinieran a este salón de sesiones los «esquiroles» de concejales que se ponían a jugar graciosamente con los intereses de la ciudad.
>
> En este momento yo no quiero pronunciar más que palabras de paz y orden. Yo recomiendo mucho orden y mucha serenidad, porque la República tiene que ser orden y serenidad.
>
> En este momento solemne, decimos a la ciudad que aquí estamos para defender sus intereses, para ocuparnos de sus problemas y para procurar su engrandecimiento.
>
> Y al pueblo granadino queremos decirle que venimos a esta Casa con más fervor republicano que nunca y que estamos dispuestos en todo instante a defender la República.
>
> ¡Granadinos! ¡Trabajemos por Granada y por la República![9]

Dada la situación de conflictividad social existente, el idealismo de Ruiz Carnero y sus colegas serviría de poco.

La irritación frentepopulista por los procedimientos electorales utilizados por las derechas granadinas llegó a su colmo el domingo 8 de marzo de 1936 con la celebración de un multitudinario mitin político en el estadio de los Cármenes. Según la cifra dada por *El Defensor*, acaso exagerada, se habían reunido allí 100.000 personas. Durante el acto hablaron Fernando de los Ríos, ya otra vez ministro; Ramón González Peña, dirigente de la UGT (Unión General de Trabajadores); el abogado granadino José Villoslada, militante de Unión Republicana; y el sindicalista granadino José Alcántara García. Terminado el mitin se formó una imponente manifestación que, atravesando las principales calles de la ciudad —Avenida de la República, Gran Vía, Reyes Católicos, Puerta Real—, se dirigió al Gobierno Civil. Allí se entregó una petición en la que, entre otras cosas, se reclamaba la anulación de las elecciones granadinas. Luego los manifestantes se disolvieron.[10]

Era la mayor manifestación de izquierdas jamás vista en Granada, y no es difícil imaginar el efecto producido en la clase media católica.

Al día siguiente, lunes 9 de marzo, hubo varios choques entre falangistas y miembros del Frente Popular. Al anochecer un grupo de pistoleros abrieron fuego contra una concurrida reunión de trabajadores y sus familias en la Plaza del Campillo, y varios niños y mujeres resultaron heridos. Los sindicatos decidieron actuar sin pérdida de tiempo, y fue declarada una huelga general de veinticuatro horas en Granada a partir de aquella misma medianoche.[11]

El Defensor del 10 de marzo traía un llamamiento dirigido a los obreros por los jefes locales de la Confederación Nacional del Trabajo (CNT, 15.000 miembros), de la UGT (10.000 miembros), del Partido Comunista (1.500 miembros) y del Partido Sindicalista.[12] El documento explicaba por qué se había declarado la huelga, y pedía a la vez la disolución de las organizaciones derechistas y la destitución de todos los elementos militares «subversivos».

La huelga exacerbó al máximo una situación ya de por sí peligrosa, y aquel día se produjeron disturbios sin precedentes en la ciudad.

Según *El Defensor* del 11 de marzo, que publicó una amplísima información sobre los acontecimientos del día anterior, la primera acción de los trabajadores fue quemar el local de Falange Española, situado en la Cuesta del Progreso, número 3, a dos pasos de la plaza de Mariana Pineda.

Eran las nueve y media de la mañana. Poco después otro grupo incendiaba el cercano Teatro Isabel la Católica, que durante muchos años había desempeñado un papel importante en la vida cultural granadina. A las diez y cuarto se saqueó el «burgués» Café Colón. Se hizo una hoguera con mesas y sillas y, a continuación, se incendió el edificio. Otro café, el Royal, sufrió igual suerte, sin duda por la misma razón. En este momento parece ser que elementos derechistas aprovecharon el desorden para disparar desde azoteas y balcones sobre los manifestantes y los policías. *El Defensor* relata que tanto los agentes como los trabajadores fueron tiroteados durante todo el día por pistoleros antirrepublicanos.

Otro edificio quemado fue el del periódico católico *Ideal*, odiado por los partidarios granadinos del Frente Popular. Las máquinas fueron destrozadas y el local, inundado de gasolina e incendiado ante la pasividad de veinte guardias de Asalto al mando de un sargento. *El Defensor* alegó que la policía había sido rodeada por mujeres que le «impidieron intervenir», pero la excusa no parece muy convincente.

Mientras ardía *Ideal*, otros edificios sufrían la cólera de la multitud. Pronto fueron pasto de las llamas los locales de Acción Popular y los de Acción Obrerista, la organización obrera católica de la CEDA; la fábrica de chocolates de San Antonio, propiedad del dirigente provincial de Acción Popular, Francisco Rodríguez Gómez; y varias tiendas pertenecientes a familias de derechas. No se libró tampoco el pabellón del Tenis Club de Granada, símbolo para los trabajadores, cabe deducirlo, de la burguesía adinerada de la ciudad.

Ante la destrucción de sus propiedades, se comprende que dicha burguesía reaccionara con temor, rabia y el deseo de venganza.

Al final de la jornada se incendiaron también dos iglesias del Albaicín: el convento de San Gregorio el Bajo y la iglesia de El Salvador, de la cual solo quedaron los muros. ¿Quiénes fueron los responsables de estos actos vandálicos? Según *El Defensor*, los bomberos no pudieron llegar a las iglesias atacadas a causa de los disparos que recibían al tratar de subir por las escarpadas y estrechas calles del Albaicín. Los enemigos de la República sabían que la quema de una iglesia podía tener una rentabilidad política inmediata. Sea como fuere, al día siguiente *El Defensor* publicó un aviso del Comité del Frente Popular a los trabajadores de Granada, poniendo en guardia a los partidos de izquierdas contra la infiltración de «agentes provocadores al servicio de la reacción».

En relación con los tiroteos se detuvo a más de 300 personas, y en los registros domiciliarios practicados por la policía se encontró gran cantidad de armas de fuego.[13] Se recogieron además en la provincia, a raíz de los sucesos de marzo, unas 14.000 armas, la mayoría de ellas escopetas, que se depositaron en el cuartel de Artillería y serían utilizadas por los rebeldes al estallar el Movimiento.[14]

La guarnición granadina no intervino el 10 de marzo, pero parece seguro que el gobernador militar de la plaza, el general Eliseo Álvarez Arenas, visitó al gobernador civil durante el día, declarándole que, de no terminar la huelga aquella noche como estaba previsto, saldrían las tropas a la calle.[15] Álvarez Arenas fue reemplazado poco después, probablemente debido a esta intervención.*

Su sucesor fue el general Manuel Llanos Medina, hombre de

---

* El 22 de enero de 1937, Álvarez Arenas volvería de paso a Granada, siendo recibido como huésped de honor. Según exageró el cronista oficial de la villa, «su digno comportamiento frente a las autoridades marxistas durante los vergonzosos sucesos de marzo de 1936 evitó la destrucción de la ciudad por las hordas rojas» (Ortiz de Villajos, p. 116).

derechas «dispuesto a secundar, al frente de la guarnición granadina, cualquier intento de salvar a España».[16]

También fue destituido a consecuencia de los sucesos el gobernador civil, Aurelio Matilla. Le tomó el relevo otro miembro de Unión Republicana, Ernesto Vega, descrito luego por Ángel Gollonet y José Morales, ultraderechistas periodistas de *Ideal*, como «fiel intérprete de los altos dirigentes de la masonería y del judaísmo, personificados en Granada por Alejandro Otero, a quien el gobernador tenía orden de obedecer ciegamente».[17]

Con Fernando de los Ríos, el ginecólogo Alejandro Otero, militante del PSOE, era una de las personas más odiadas por las derechas granadinas. Por suerte, no estarían ni el uno ni el otro en la ciudad cuando estallara la sublevación.

Parecía evidente a todo el mundo que una reconciliación entre izquierdas y derechas en Granada iba a ser ahora muy difícil, por no decir imposible. Gollonet y Morales lo ven así:

> La lucha revolucionaria del mes de marzo dejó profunda huella en la ciudad. Durante muchos días la desanimación en las calles fue extraordinaria. Solo circulaban las fuerzas de orden público y grupos de obreros encargados de perseguir a quien llevara cuello y corbata. Era el signo, por lo visto, de honradez y hombría de bien incompatible con las desvergüenzas de los marxistas.[18]

Cuatro días después de estos acontecimientos, el Gobierno proscribió la Falange y encarceló a sus líderes, incluido José Antonio Primo de Rivera.[19]

La organización había sido numéricamente débil hasta las elecciones de 1936, y sus métodos violentos desagradaban a la burguesía católica. Pero el triunfo electoral del Frente Popular había radicalizado a la clase media, desilusionada por la ineficacia de la CEDA. Las filas falangistas, y los fondos puestos a disposición del partido por las derechas, habían aumentado proporcionalmente.

Comenta Herbert R. Southworth:

El gran momento de los fascistas españoles había llegado. Por primera vez en España la coyuntura favorecía el desarrollo fascista. Los elementos conservadores estaban aterrorizados por el triunfo del Frente Popular y, en cuarenta y ocho horas, perdieron su fe en la eficacia de los grupos políticos que antes habían defendido sus intereses. Jóvenes católicos que, unos pocos días antes, gritaban «¡Jefe! ¡Jefe! ¡Jefe!» cada vez que aparecía en público Gil Robles, ya abandonaban en masa la organización católica de juventudes, las JAP y, por primera vez, miraban con interés y asombro la solución fascista de «la dialéctica de los puños y las pistolas», porque su «justicia» y su «Patria» habían sido insultadas por la victoria de la izquierda.[20]

Otro historiador del fascismo español, Stanley G. Payne, cita el testimonio del antiguo jefe local de la Falange en Sevilla, Patricio González de Canales:

Después de las elecciones de febrero yo tuve fe ciega en el triunfo de la Falange porque estimamos a las derechas, nuestro enemigo más difícil, arruinadas y eliminadas. Su derrota constituyó para nosotros una fabulosa ventaja, y heredamos a sus mejores jóvenes. Además estábamos absolutamente convencidos de que el Frente Popular fracasaría, por su desorganización interna y por su posición francamente antinacional, claramente opuesta esta a los sentimientos de una gran masa de españoles.[21]

Por lo que respectaba a Granada, no cabe duda de que los disturbios de marzo estrecharon las relaciones entre la clase media y la Falange.

Otro factor importante en este proceso fue la anulación por las Cortes, el 31 de marzo de 1936, de los resultados de las elecciones de febrero (también en Cuenca). El 1 de abril *El Defensor* publicó un amplio reportaje sobre el debate en el Parlamento que había desembocado en la decisión mayoritaria a favor de la iniciativa, debate en el cual había descollado Fernando de los Ríos. El diario señalaba la furiosa reacción de los diputados de derechas (muchos de los cuales abandonaron la Cámara sin votar) e informaba a sus lectores que se había convocado una nueva consulta para el 3 de mayo.

El 15 de abril los republicanos, enardecidos por la anulación de las elecciones, ofrecieron un banquete a *El Defensor de Granada* en el cual hablaron el concejal de Izquierda Republicana, Francisco Rubio Callejón, el catedrático de la Universidad de Granada, Joaquín García Labella, y, al final, el director del periódico, Constantino Ruiz Carnero.

En abril, el Frente Nacional —coalición derechista— presentó su lista de candidatos para Granada: un «nacionalista independiente» (el general José Enrique Varela), cinco miembros de la CEDA (José María Pérez de Laborda, Avelino Parrondo Parrondo, Francisco Herrera Oria, Julio Moreno Dávila y Ramón Ruiz Alonso) y cuatro falangistas (Julio Ruiz de Alda, Manuel Valdés Larrañaga, Augusto Barrado Herrero y Raimundo Fernández Cuesta). Los cuatro últimos se encontraban en aquellos momentos en la cárcel, de donde, en caso de elección, los habría sacado la inmunidad parlamentaria.[22] Al unirse en esta lista con la Falange, la CEDA granadina perdió el ya escaso respeto que todavía merecía a los republicanos.

Como era de prever, la campaña electoral del Frente Nacional topó con constantes obstáculos. Sus candidatos recibieron amenazas y en ocasiones fueron objeto de agresión física. Las autoridades del Frente Popular censuraron su propaganda. Según Gil Robles, el gobernador civil hizo presión sobre los candidatos para que se retirasen de la campaña, alegando que su presencia en ella no tardaría en provocar graves disturbios.[23]

De todos modos, el Frente Nacional comprendió pronto que no tenía ninguna posibilidad de ganar. Cuando se hicieron públicos los resultados, era evidente que se había producido una abstención casi total por parte de los votantes de derechas. Según el *Noticiero Granadino* del 8 de mayo, ningún candidato de la lista derechista recibió más de 700 votos, lo cual dio lugar a que el Frente Popular obtuviera no solamente los diez escaños de la mayoría sino también los tres de la minoría, situación apenas concebible.*

La comentó algunos años después, a su manera, la franquista *Historia de la Cruzada Española*: «El último intento de resistencia legal en Granada ha fracasado. El enemigo solo quiere guerra: la guerra con todas sus consecuencias.»[24]

Sería un error, sin embargo, atribuir el fracaso del Frente Nacional en Granada únicamente a la intimidación de las izquierdas. El Frente Popular estaba en el poder, y era natural que las elecciones granadinas de mayo favoreciesen más a las izquierdas que a las derechas, especialmente en las zonas rurales, donde los caciques ya no podían atemorizar tanto como antes a los campesinos ni forzarlos a votar por una lista derechista.

La situación política y social granadina era ya muy tensa, con las relaciones entre la autoridad civil y la militar cada día más enconadas. Parece ser que el Gobierno, conocedor de los sentimientos antirrepublicanos de varios oficiales de la guarnición, había ordenado al gobernador civil, Ernesto Vega, vigilar de cerca los movimientos de los militares sospechosos, con la previsible reacción adversa de los mismos.[25]

Vega fue cambiado a otro destino el 25 de junio. Le sustituyó el gallego César Torres Martínez, uno de los gobernadores civiles más jóvenes de España, que durante el primer bienio de la República estuvo destinado en Almería y Ávila. Abogado, católico sincero, miembro de Izquierda Republicana e íntimo amigo del presidente del Gobierno, Casares Quiroga, Torres había sido gobernador civil de Jaén desde abril de 1936. El día antes de su llegada a Granada le había llamado desde Madrid el subsecretario de Casares Quiroga, Ossorio Tafall. «Oye, César —le había

* *Noticiero Granadino*, 5 de mayo de 1936, p. 1: «La contienda quedó reducida [...] a los tres puestos de la minoría que se disputaban dos socialistas, un comunista, uno de Izquierda Republicana, dos de Unión Republicana y los señores Barriobero, Ortega y Gasset y Sánchez Roca.» Fueron elegidos Ricardo Corro Moncho (Izquierda Republicana), Antonio Pretel (comunista) y Francisco del Toro (socialista).

dicho—, te mandamos a Granada. Vega se va, y hay un follón tremendo que tienes que resolver.»[26]

Se trataba, en primer lugar, de la doble huelga de tranvías y de basureros que desde hacía semanas dificultaba la vida granadina. La intervención de Torres fue eficaz. Luego, enterado de que en varios pueblos de la provincia elementos izquierdistas prohibían al cura decir misa, o que se tocasen las campanas de la iglesia, intervino con la misma energía.[27]

No reinaba precisamente la armonía en el Ayuntamiento, donde desde hacía meses los concejales se mostraban incapaces de decidir quién de entre ellos ocuparía la alcaldía. No llegarían a un acuerdo hasta el 10 de julio, cuando sería elegido el socialista Manuel Fernández-Montesinos, marido de Concha García Lorca, hermana del poeta.[28]

Torres Martínez conocía a poquísimas personas en Granada y descubrió que todos los diputados a Cortes estaban fuera, con dos excepciones: su amigo José Palanco Romero —militante, como él, de Izquierda Republicana— y el comunista Antonio Pretel.[29]

El 1 de julio de 1936 reapareció *Ideal*, después de tres meses y medio de forzosa ausencia del escenario granadino. Dentro de los límites impuestos a la vez por la censura y la prudencia, el diario expresó con bastante claridad sus aspiraciones políticas, declarando entre otras cosas:

> No llegamos tarde para incorporarnos a las huestes de los que han emprendido la meritoria tarea de sacar al país de las actuales horas dramáticas. Todavía es tiempo de unirnos a quienes luchan para salvar los principios tradicionales de España y volver a una organización donde el espíritu ocupe el cénit de la Jerarquía.[30]

Los directivos de *Ideal* sabían perfectamente que la conspiración contra la República estaba ya muy avanzada. Es más, algunos de ellos estaban implicados de manera activa en los preparativos de la sublevación.

¿Qué papel desempeñaron en los mismos los falangistas granadinos? Con el partido ilegalizado y José Antonio Primo de Rivera y otros directivos presos en la Cárcel Modelo, solo difícilmente podían los «camisas viejos» locales estar en contacto con ellos. Hacia finales de abril de 1936, sin embargo, algunos lograron ver al Jefe y recibir instrucciones. Los acompañó en su visita el ex diputado de la CEDA por Granada, Ramón Ruiz Alonso, ahora cerca de la organización e involucrado en la conspiración contra la República. Nos explicó José Rosales Camacho:

> Nos queman el centro de Falange y la Falange se deshace totalmente. Entonces el jefe local de Falange en Granada delegó en mí. Nos vamos a Madrid José Díaz Pla y yo, Ramón Ruiz Alonso, Enrique de Iturriaga y alguno más, porque en Granada la Falange ya la habían estropeado por completo y había que ir a recibir instrucciones nuevas. Entonces nos vamos a verle a José Antonio en la cárcel y me manda a mí, nos manda, a su casa. Entonces la Falange la llevaba un tal Andrés de la Cuerda —lo matarían o lo que fuera porque no sé, no volví a oír más de él— y este Andrés de la Cuerda dijo: «No os preocupéis que os mandaremos un enlace a Granada.» Y nos manda a José Luis de Arrese.[31]

Arrese llegó a Granada a finales de mayo y, asesorado por José Rosales Camacho, nombró los siguientes cargos:[32]

Jefe Provincial	Antonio Robles Jiménez
Jefe de la Milicia	José Valdés Guzmán
Secretario Provincial	Luis Gerardo Afán de Ribera
Tesorero Provincial	Antonio Rosales Camacho
Jefe Local	José Díaz Pla
Secretario Local	Julio Alguacil González

Arrese volvió a la ciudad el 25 de junio para tomar las medidas definitivas tocantes a la intervención de la Falange en la sublevación militar que ya estaba en vísperas.[33] José Valdés Guzmán aceptó el encargo de organizar a «los elementos de orden», es decir, los paisanos granadinos dispuestos a apoyar la insurrección. Según Gollonet y Morales, «no le fue difícil encontrar en pocos días, debido a sus numerosas amistades, hombres dispuestos a colaborar en la noble causa». Y siguen los mismos autores:

> Los primeros pasos fueron para nombrar los jefes de distrito, encargados de buscar afiliados a Falange. Cada jefe de grupo tenía contacto solamente con los falangistas que mandaba y con el señor Valdés. Desde esa fecha se celebraban reuniones, casi a diario, con los jefes de grupo para cambiar impresiones y organizar el movimiento civil. En pocos días se contaba con unos cuatrocientos afiliados de primera línea, dispuestos a dar el pecho.[34]

La *Historia de la Cruzada Española* afirma que en Granada la Falange tenía entonces 575 miembros, 300 de ellos de primera línea.[35] Esta cifra abarcaba seguramente a toda la provincia, ya que en la capital es improbable que tuviese el partido más de 400 miembros antes del comienzo de la guerra.

Los jefes de distrito (o sector) nombrados a consecuencia de la segunda visita de Arrese a Granada fueron Enrique de Iturriaga, Cecilio Cirre y José Rosales Camacho. De los jefes falangistas mencionados hay que señalar especialmente a José Valdés Guzmán, pues fue él quien asumiría el mando del Gobierno Civil al apoderarse los rebeldes de Granada.

Había nacido en Logroño en 1891. Su padre era general de la Guardia Civil y el hijo optó por una carrera militar, participando entre 1918 y 1923 en la guerra de Marruecos. Gravemente herido, tuvo que pasar siete meses en un hospital de Sevilla. Fue operado en 1929 de una úlcera de duodeno, y seguiría sufriendo hasta su muerte en 1939 dolencias de estómago o intestino.[36]

Cuando llegó la República en 1931, Valdés fue destinado a Granada en calidad de comandante comisario de Guerra. Es decir, como jefe de la administración de la guarnición. Conservaría este puesto hasta el estallido de la sublevación. Mientras gobernadores civiles y militares se sucedieron en Granada con monótona regularidad entre 1931 y 1936, Valdés no se movió de la ciudad en cinco años, lo cual le permitió conocer bien no solo a los demás oficiales de la guarnición sino a mucha gente, sobre todo de derechas, entre la población civil. Está claro que la ciudad y su configuración política y social no tenían para él secretos.[37]

El 14 de julio Valdés logró que le diesen dos meses de licencia por enfermo en el pueblo granadino de Padul, a pocos kilómetros de la ciudad, en la carretera de Motril. Se trataba de un engaño. No se trasladó hasta allí y así pudo dedicarse sin trabas a la conspiración en los días inmediatos al golpe militar.[38]

El hecho de que fuera «camisa vieja» de la Falange, además de oficial militar especializado en administración —pudiendo así servir eficazmente de enlace entre las dos ramas de la conspiración—, explica en gran parte la preponderancia de Valdés durante la preparación del alzamiento y el puesto que asumió a partir del inicio del mismo.

Parece indudable que el comandante, a pesar de ser nombrado por José Luis de Arrese jefe de las milicias falangistas granadinas, no fue en su fuero interno totalmente adicto a las ideas de José Antonio Primo de Rivera. Marcelle Auclair, y luego José Luis Vila-San-Juan, llegaron a esta conclusión a través de conversaciones con el destacado jerarca falangista Narciso Perales, presente en Granada cuando empezó el levantamiento.[39] Nosotros también acudimos a él. Nos habló de su primer encuentro con Valdés, ocurrido uno o dos días antes de la sublevación:

> Yo conocí a Valdés en un bar de la Gran Vía de los Reyes Católicos. Creo que se llamaba el Jandilla, pero no recuerdo exactamente.* Era un hombre más bien seco, desagradable. Y para él, claro, lo de la Falange era una cosa extraña, aunque él pertenecía al directivo de Falange nombrado por Arrese, como tal encargado de milicias. Y le digo yo: «Bueno, yo estoy aquí por una serie de circunstancias familiares», le explico, «pero en

---

* Se llamaba, efectivamente, Bar Jandilla, pero estaba en la pequeña calle de Puente del Carbón.

realidad, pues, yo tengo que estar al tanto de todo, y yo soy Fulano», y le digo cuál es mi personalidad. Y entonces él me dice: «Sí, sí», con muy gran desconfianza, dice: «Usted permanece en contacto» —usted, eso entre nosotros era insólito— «usted permanece en contacto con Aureliano Castilla, que él le transmitirá mis instrucciones».* Es decir, me pone a mí —fundador de la Falange, Palma de Plata de José Antonio (sabe usted que eran muy pocos, ¿no?), y era una personalidad que ha desarrollado distintas funciones de relativa importancia en Falange, entre ellas jefe provincial de Valladolid accidentalmente, cosa que le digo, ¿entiende?—, me pone a las órdenes de un advenedizo, de derechas.

Entonces yo trato de sondearle acerca de su ideología. Y entonces es cuando le hablo de nacionalsindicalismo, de la revolución, etc. Y me corta. Me dice: «Mire usted, a mí lo de nacionalsindicalismo me da tres patadas en la boca del estómago, y lo tengo enfermo, sabe usted.» Muy demostrativo. Me digo: «¿Qué clase de hombre está aquí? ¿Y cómo puede ser falangista un tío que dice esto? ¡Es imposible! ¿Pero adónde acudo yo, cómo puedo decir que ese hombre no puede ser nada en Falange?»[40]

El poeta granadino Luis Rosales Camacho, amigo de García Lorca, también tuvo un roce con Valdés poco antes de la sublevación. Al regresar desde Madrid por aquellos días, sin saber lo que se tramaba, su hermano José le pidió que llevara un paquete de documentos comprometedores a Valdés, que vivía en la calle de San Antón. El joven no era conocido en Granada por los del Frente Popular —llevaba varios años estudiando en la capital y solo volvía a la ciudad para las vacaciones— y así corría menos riesgo que sus hermanos de ser interceptado. Pero al llegar a casa de Valdés este le recibió muy fríamente, mostrando bien clara-

* Según le contó Perales a Molina Fajardo, Castilla era juez del pueblo de Alhendín y hombre de confianza de Valdés muy perseguido por los «extremistas» (*Los últimos días de García Lorca*, pp. 226-227).

mente que no se fiaba de él y haciendo como si no comprendiera de qué se trataba. Luis, enojado, arrojó el paquete sobre la mesa y se fue. «Mi torpeza —le dijo a Marcelle Auclair—, tan poco adaptada a las costumbres de la acción clandestina, me valió el desprecio de Valdés, y la viveza de mis palabras su enemistad.»[41]

José Rosales Camacho nos habló de sus reuniones con los otros conspiradores durante las últimas semanas antes de la sublevación. Se celebraban unas veces en el piso de Valdés, otras en cafés y bares de la capital, en el campo, en pueblos cercanos o en un piso vacío de una casa de la calle de San Isidro, número 29, perteneciente a su hermano Antonio, nombrado por José Luis Arrese, como vimos, tesorero provincial de la Falange.[42]

Los del Frente Popular no tardaron en sospechar, con razón, de Valdés. Siguen contando Gollonet y Morales:

> Había la dificultad de la falta de armas. Solo disponía el señor Valdés de unas treinta pistolas, que guardaba en su domicilio. Unos días antes del Movimiento, los del Frente Popular tenían montada una vigilancia permanente en la casa de la calle de San Antón donde vivía el comisario de Guerra. Una de estas guardias de sicarios fue observada, cuando precisamente estaban en el domicilio del señor Valdés varios de sus amigos conspiradores. No había más remedio que salir a la calle y así se hizo. Pero antes, dos o tres de los reunidos tuvieron que despejar a la chusma [...].
>
> Se esperaba que hicieran algún registro en la casa del señor Valdés y por ello la documentación comprometedora se albergó en lugar seguro. Para ocultar las armas se buscó un truco, en colaboración con un vecino de la casa. El señor Medina, que habitaba el segundo piso, recogió las pistolas y las tenía preparadas en una cesta. En caso de que se llegara a efectuar el registro y se pretendiera hacer lo mismo en el segundo piso, la cesta sería descolgada por el ojo de patio con una cuerda. Por una ventana del primero sería recogida, burlando así la acción de los agentes del Gobierno.[43]

El papel desempeñado por Valdés en la conspiración granadina había adquirido aún más importancia al ser destituido, el 10 de julio de 1936, el comandante militar de la plaza, general Llanos Medina. Este, desde su llegada a la ciudad en marzo, había conspirado activamente contra la República. A principios de julio recibió una visita del general Queipo de Llano, quien le informó «de la marcha de sus trabajos conspiratorios».[44] El Gobierno, enterado por lo visto de la reunión, decidió trasladar sin demora a Llanos, dando de este modo un golpe inesperado a los conspiradores. «Granada —comenta la *Historia de la Cruzada Española*— ha perdido la cabeza directora de su Alzamiento.»[45]

El nuevo comandante militar, general Miguel Campins Aura, tomó posesión el 11 de julio.[46] Tenía un brillante historial militar, y, como no tardaron en comprender los oficiales rebeldes, era un republicano convencido. La conspiración continuó a espaldas suyas.[47]

Entre los oficiales facciosos hay que citar al coronel Basilio León Maestre, jefe del Regimiento de Infantería Lepante (300 hombres); al comandante Edmundo Rodríguez Bouzo, también de Infantería; y, especialmente, al coronel Antonio Muñoz Jiménez, jefe del Regimiento de Artillería número 4 (180 hombres).[48]

León Maestre, Rodríguez Bouzo y Muñoz Jiménez contaban con el apoyo de otros oficiales rebeldes, entre los cuales cabe destacar al capitán de Infantería José María Nestares Cuéllar, amigo de José y Antonio Rosales y, como ellos y Valdés, «camisa vieja» de la Falange. Cuando llegó al poder el Frente Popular en febrero de 1936, Nestares ocupaba el puesto de capitán jefe de las Fuerzas de Seguridad y Asalto de Granada y, según parece, las nuevas autoridades no sospechaban al principio de su lealtad.[49] Durante los sucesos del 10 de marzo de 1936, sin embargo, fue enviado con una escuadra de guardias de Asalto a contener a los falangistas y su comportamiento motivó su destitución.[50]

La experiencia de Nestares en aquellas fechas le sería sumamente útil al producirse la sublevación militar pocos meses después. ¿Cómo no iba a saber perfectamente quiénes en Granada eran enemigos del Movimiento? ¿Máxime siendo Granada entonces poco más que un pueblo, donde todo el mundo se conocía? El mismo 20 de julio de 1936 asumiría el mando de la Delegación de Orden Público, y es innegable que fue uno de los mayores responsables de la represión granadina en los momentos iniciales. Dicen de su actuación Gollonet y Morales:

> Eficaz colaboración de la primera autoridad civil fue la del delegado de Orden Público capitán don José Nestares Cuéllar. Conocedor de los elementos peligrosos de la población y hombre de gran actividad, organizó en los primeros días los servicios necesarios para la captura de los extremistas complicados en la trama revolucionaria.[51]

Mencionemos, para terminar, al teniente Mariano Pelayo de la Guardia Civil. El jefe de la Benemérita local, teniente coronel Fernando Vidal Pagán, era leal a la República. Pelayo conspiró a espaldas suyas. Hombre duro, decidido y enérgico, su aportación a la sublevación fue importantísima.[52]

Estos eran los principales artífices del alzamiento en Granada. Una vez tomada la ciudad, se mostrarían implacables contra las personas consideradas enemigos de la España tradicional y católica.

4

GRANADA EN MANOS
DE LOS SUBLEVADOS

Entretanto, en la Huerta de San Vicente —según le contó en una carta desde allí a su joven amigo de Albacete, Juan Ramírez de Lucas—, Lorca empezaba a «trabajar de nuevo», aunque no sabemos en qué obra o proyecto. La misiva, quizá redactada el 14 o 15 de julio y que sigue aún hoy inédita (menos unos párrafos muy borrosos reproducidos en *El País*), no parece aludir a la inquietante situación política, tampoco a la anunciada visita del poeta a México. Cabe deducir que tenía la intención de volver primero a Madrid.[1]

La sublevación militar se inició el viernes 17 de julio de 1936 en Melilla, donde un pequeño grupo de oficiales, apoyados por las tropas de la Legión, se hicieron pronto dueños de la plaza. Sendos levantamientos de las guarniciones de Ceuta y de Tetuán tuvieron igual éxito, y llegada la medianoche los insurrectos controlaban ya todo el Protectorado.[2]

Se pusieron inmediatamente en marcha los preparativos previstos para lanzar la ofensiva al otro lado del Estrecho.

Lo que nos interesa aquí es seguir el desarrollo de los acontecimientos en Granada.

Sábado 18 de julio de 1936

En las primeras horas del 18 de julio se apoderaron los generales Franco y Orgaz Yoldi de Las Palmas de Gran Canaria, y a las 05:15 horas el primero lanzó desde las emisoras canarias y marroquíes su luego famoso manifiesto anunciando el Movimiento Nacional y pidiendo la colaboración de todos los españoles «patriotas».[3]

Poco después el Gobierno informó por radio que había estallado una sublevación contra la República en Marruecos, pero que todo estaba tranquilo en la metrópoli.[4] La noticia llegó demasiado tarde para poder ser recogida por la prensa granadina de la mañana. Además, los periodistas no habían podido hablar con Madrid por teléfono porque estaban cortadas las líneas. Indicio de que ocurría algo anormal era la nota publicada por *Ideal* en primera plana: «Causas ajenas a nuestra voluntad nos han impedido recibir la acostumbrada información general. Por esta circunstancia el presente número consta solo de ocho páginas.» En la cuarta el diario refería que, el día antes, se habían reforzado los servicios de vigilancia de la ciudad, sobre todo en algunos centros oficiales, y que por las calles patrullaban guardias de Asalto. Uno de sus redactores había visitado al gobernador civil de madrugada para pedir informes «sobre los rumores que circulaban». Torres Martínez se había limitado a decir que la tranquilidad era «absoluta».

A pesar de las afirmaciones del Gobierno, no todo estaba tranquilo en el territorio peninsular, ni mucho menos, y aquella mañana el general Gonzalo Queipo de Llano se hizo con la guarnición de Sevilla. Queipo, que se encontraba allí en viaje de servicio oficial, como director general de Carabineros, había detenido, casi sin ayuda, al capitán general de la región, el general Villa-Abrille, y al coronel del regimiento, y, con solo un centenar de soldados y quince falangistas, dominaba al anochecer el centro de la ciudad. Se le unieron casi enseguida la Guardia Civil y una batería de Artillería. Los obreros, sin armas, levantaron barricadas en los barrios populares a la espera de que los salvara el Gobierno.[5]

Durante todo el día 18 de julio Madrid siguió transmitiendo por radio imprecisos boletines en los cuales se negaba a admitir que se estaba produciendo una insurrección militar en toda regla.

El Gobierno daba la impresión de no saber qué hacer y se resistía tercamente a armar al pueblo. Más aún, el presidente del Consejo y ministro de la Guerra, Santiago Casares Quiroga, anunció que todo dirigente que lo hiciera sería fusilado. A la orden, respetada por la gran mayoría de los gobernadores civiles, entre ellos el de Granada, se debieron, más que a otra cosa, los éxitos de los militares rebeldes en los primeros momentos de la contienda.[6]

El 18 de julio era San Federico y se solía festejar por todo lo alto en la Huerta de San Vicente, ya que se trataba de la onomástica no solo del padre sino del primogénito. Esta vez llegaron menos amigos y familiares de lo habitual por la intensa preocupación que cundía a raíz de las confusas noticias acerca de la sublevación militar. Entre los que hicieron acto de presencia había un joven amigo del poeta, Eduardo Rodríguez Valdivieso, con quien había coincidido el día antes en un establecimiento estrella de Puerta Real, el Café Imperial.[7]

Hay que suponer que en la Huerta escuchaban ansiosos la radio. A las 19:20 horas el Gobierno admitió que Queipo de Llano había proclamado el estado de guerra en Sevilla, pero insistió en que la situación había sido ya normalizada:

> Se produjeron actos de rebeldía por parte de los elementos militares, que fueron reducidos por las fuerzas al servicio del Gobierno. En este momento ha entrado ya en la capital [es decir, en Sevilla], como refuerzo, un regimiento de caballería al grito de «Viva la República». El resto de España continúa fiel al Gobierno que domina en absoluto la situación.[8]

Hora y media después, Unión Radio de Sevilla transmitió la primera de una larga serie de intervenciones del general Queipo de Llano, notables por su retórica desmesurada, su sanguinario fanatismo y sus abultadas mentiras propagandísticas. Queipo afirmó que el alzamiento militar había triunfado en toda España salvo en Madrid y Barcelona; que las tropas de África estaban llegando a la península; que columnas militares avanzaban sobre Granada, Córdoba, Jaén, Extremadura, Toledo y Madrid y que la canalla —su palabra preferida para designar a todos los que no estaban de acuerdo con los sublevados— sería cazada como «alimañas».[9]

La descripción de la situación era intencionadamente inexacta. La sublevación había quedado por el momento limitada a Andalucía, donde la resistencia de los republicanos había sido aplastada en Sevilla, Córdoba y Cádiz. Pero Málaga estaba en manos del Frente Popular y en Granada no había pasado todavía nada.[10]

El primer discurso nocturno de Queipo de Llano llenó de zozobra a la población civil granadina y, se infiere, a los García Lorca. ¿Eran leales a la República los oficiales de la guarnición? ¿Continuarían siéndolo? ¿O seguirían las directrices de la Capitanía General de Andalucía, ahora en abierta rebeldía?

El Comandante Militar, general Miguel Campins Aura, que solo llevaba seis días en la ciudad, era un republicano fiel. No se dio cuenta de lo que se tramaba a su alrededor —habría sido difícil— y creía firmemente en la lealtad de sus oficiales, a quienes por otro lado apenas conocía. Según los citados periodistas Gollonet y Morales, había reunido a todos los jefes y oficiales de la guarnición la mañana del 18 de julio para exponerles su criterio:

> El ministro le había autorizado a tomar cuantas medidas creyera oportunas para impedir cualquier intento de unirse a los «sublevados». Él, por su parte, sería inflexible con quien pretendiera un levantamiento contra «el poder legalmente constituido». Pero tenía «la seguridad» de que ningún jefe ni oficial de la guarnición granadina secundaría el movimiento y que cada uno sabría «cumplir con su deber». (Así habría de ocurrir, en efecto, pero con su deber de español, de patriota.)[11]

Los mismos autores apuntan que, durante todo el día 18 de julio, se registró en el Gobierno Civil una actividad febril, reuniéndose Torres Martínez repetidas veces con los dirigentes de los sindicatos y partidos políticos de izquierdas.

Torres hablaba constantemente con el general Campins. «A partir de la muerte de Calvo Sotelo —nos contó—, cuando ya se empezó a enrarecer un poco el ambiente y la situación, estuvimos en un contacto continuo, es decir, que había días que hablábamos tres y cuatro veces por teléfono. Y él venía al Gobierno Civil, vino tres o cuatro veces en estos días también, no sé si dos o tres pero, en fin, por teléfono continuamente estuvimos hablando.»[12]

Torres Martínez enfatizaba que Campins (a quien no había conocido antes de la llegada de este a Granada) tenía una confianza absoluta en la lealtad de sus oficiales:

> Yo no sé las promesas que tuvo Campins de los dos coroneles porque no las conozco. Lo que sí es evidente es que el general Campins creía que la guarnición no se sublevaría si no se le daban motivos de desorden público, de que la gente saliese a la calle, de que se armase algo gordo en Granada, que no saldrían. Y esto lo pensó hasta el final. A mí me dijo que él respondía del Ejército si nosotros garantizábamos que el pueblo no se desbordara.[13]

Ya se indicó que, siguiendo las órdenes de Casares Quiroga, Torres Martínez se negó a la demanda de distribuir armas al pueblo. Vale la pena hacer hincapié en ello ante las mentiras propagadas después por los sublevados para justificar la represión. No solo no existe prueba alguna de que las autoridades granadinas repartiesen armas, sino que todos los supervivientes de aquellos días con quienes hablamos —y fueron numerosos— criticaban al gobernador civil por haber obedecido las órdenes de Casares Quiroga. La mejor prueba, además, de que los obreros no estaban armados es que no hubo apenas oposición a los militares cuando empezó la sublevación. Sigue contando Torres Martínez:

> Sí, hablé varias veces por teléfono con Casares. Me dijo que no había de ninguna manera que distribuir armas, que la

sublevación sería cosa de ocho días y que armar al pueblo en tales circunstancias sería una locura. Además todos los dirigentes republicanos y de izquierdas de Granada que se reunían conmigo en el Gobierno Civil estaban de acuerdo. Campins nos había convencido a todos de que podíamos fiarnos de él y de la guarnición y de que no había ninguna razón para armar al pueblo. Todo el mundo estaba contento creyendo que todo iba bien, y nadie me pidió allí que se distribuyesen armas. Además, ¿cómo hubiera podido yo pedir armas a los militares para dárselas al pueblo cuando, según Campins, los mismos oficiales se declaraban leales al Gobierno? Y otra cosa, de haber sido distribuidas armas, ¿quiénes entre la población civil hubieran sido capaces de manejarlas adecuadamente en el caso de una sublevación militar?[14]

Torres Martínez y los dirigentes del Frente Popular tenían la convicción, además, de que la Guardia de Asalto, que, al mando del capitán Joaquín Álvarez, comprendía unos ciento cincuenta hombres bien armados y entrenados, cumpliría con lealtad su misión de defender el poder legalmente establecido:

Cuando yo me hago esta reflexión ahora, a posteriori, de cómo hemos confiado en los de Asalto, me digo «pero ¿cómo no íbamos a confiar, si la fuerza de Asalto era la única fuerza creada por la República y de una lealtad absoluta?». Era un cuerpo creado por la República. Entonces, que teníamos amigos allí no hay duda alguna, y que los jefes debían serlo, también, porque si no, no los hubieran nombrado. Y además este capitán de Asalto que había en Granada, capitán Álvarez, había venido a Granada después de dejarlo Nestares, porque si siguiera siendo Nestares capitán de Asalto nosotros no hubiéramos intentado siquiera defender el Gobierno Civil con las fuerzas de Asalto. Esto es seguro, porque el Frente Popular nos hubiera dicho «cuidado, este es un enemigo, es un falangista, es un hombre del Movimiento, es un hombre que se va a sublevar». Pero de Álvarez nadie del

Frente Popular me dijo a mí que era un hombre que pudiese ofrecernos ninguna desconfianza, no hubo nadie que me lo dijera.[15]

Torres Martínez también creía firmemente en la honradez de la Guardia Civil de Granada. Este cuerpo, como el de Asalto, dependía de la autoridad civil, no de la militar, y Torres, en su experiencia como gobernador en varias provincias, no había tenido nunca el menor problema con él. Además, ¿no le había declarado personalmente su lealtad el teniente coronel de los civiles, Fernando Vidal Pagán?

A mí en el Frente Popular nadie me dijo que tenía que desconfiar de los de Asalto. El Frente Popular sí desconfiaba de la Guardia Civil. Yo pensaba lo contrario, yo pensaba que la Guardia Civil sería una fuerza leal. Porque tienen una disciplina tan tremenda, son tan fieles a la obediencia al mando, que yo no creí nunca que la Guardia Civil se levantase. Y además es verdad que no se levantaron en casi ningún lado de España.[16]

Pero en los dos cuerpos había oficiales facciosos que conspiraban contra la República. El capitán Álvarez resultaría un traidor. Y, a espaldas de Vidal Pagán, como sabemos, el teniente Mariano Pelayo preparaba la participación de la Guardia Civil.

Durante la noche del 18 de julio pocos granadinos pudieron dormir tranquilos. Radio Granada retransmitía los boletines de noticias del Gobierno, así como llamamientos de diferentes oradores del Frente Popular local, mientras Radio Sevilla aseguraba que los militares rebeldes estaban obteniendo victoria tras victoria en todo el país.

¿Qué iba a pasar en la ciudad? ¿Se sublevaría la guarnición contra la República? Con tales pensamientos los granadinos esperaban llenos de inquietud el nuevo día.

Domingo 19 de julio de 1936

A la mañana siguiente llegó la confirmación oficial de que Queipo de Llano tenía en sus manos Sevilla. Los titulares de la primera página de *Ideal* declaraban: «El Gobierno denuncia la existencia de una sublevación militar», y, debajo, «Dice que está circunscrita a Marruecos y Sevilla». Lo que equivalía a reconocer que la situación era mucho más seria de lo que estaba dispuesto a admitir el Gobierno. *Ideal* no había podido obtener información alguna de Madrid ni por teléfono ni por teletipo y, para poder dar cuenta de lo que pasaba en el país, se había visto obligado a depender de los boletines de noticias radiados por el Gobierno. Además, había sido visado por la censura. Pero, a pesar de la escasez de datos fidedignos, nadie podía dudar ya de que España estaba al borde de la guerra civil.

Ideal había vuelto a entrevistar a Torres Martínez. Afirmó que, según sus noticias, la situación en la ciudad era completamente normal: «El orden en Granada era absoluto [...] estaban tomadas todas las medidas para evitar cualquier alteración del mismo.»[17]

Pero los conspiradores ya daban los últimos toques a sus planes. Según la *Historia de la Cruzada Española*, a las 4 de la madrugada el coronel Antonio Muñoz Jiménez, del regimiento de Artillería, había visitado al coronel Basilio León Maestre, del de Infantería, para acordar los detalles. Hubo algunas discrepancias, y las conversaciones entre los oficiales rebeldes seguirían durante todo el día 19 y parte del 20.[18]

La misma fuente indica que el general Campins recibió una llamada telefónica urgente del Gobierno a las 11 de la mañana. Debía organizar una columna para recuperar Córdoba, que había caído en poder de los insurrectos al mando del coronel Cascajo. Convocó a sus dos coroneles, Muñoz Jiménez y León Maestre, traidores ambos, y les puso al tanto. Se encontraban ahora con un imprevisto dilema. Si obedecían las instrucciones del Gobierno, la guarnición granadina, ya de por sí reducida a causa de la concesión de numerosos permisos, no estaría en condiciones de asegurar el triunfo de la sublevación en la ciudad. Decidieron engañar a Campins con diversos pretextos: los oficiales se mostraban reacios a abandonar Granada, el material se estaba revisando...[19]

También hacia las 11 de la mañana tuvo lugar en los locales de Izquierda Republicana una reunión urgente. Uno de los asistentes, el doctor José Rodríguez Contreras, recordaba:

> Era un domingo. Y me enteré, quizá me citarían, aunque yo no pertenecía a Izquierda Republicana, porque yo ya me había borrado desde que se deshizo el viejo Partido Radical-Socialista y no volví yo a actuar afiliándome a ningún partido. Yo estaba en mi casa, colaboraba y aconsejaba, pero sin actuar como militante de ningún partido. Bueno. Pero me citaron, yo no sé si sería Paco Escribano, que era el secretario de Izquierda Republicana, que era un cliente y además muy amigo, que me dijo que fuera.
>
> Y fui. Serían las once de la mañana. Y allí estaba, pues, la plana mayor de Izquierda Republicana. Estaba el alcalde, que era Fernández-Montesinos, estaba también Virgilio Castilla, que era presidente de la Diputación; total, muchos había allí. Torres Martínez, el gobernador, no estaba, no. Y ya, pues, me dirigí yo a Montesinos y le dije: «Mira, es necesario tomar medidas aquí, porque estáis con los brazos cruzados, sois imbéciles todos, inactivos, incapaces, y esto es muy serio.» Dice: «No, tú, ya veremos...» «No», dije, «no, hombre, es menester tomar medidas, porque lo mismo vosotros que yo, y que yo que vosotros, sabemos (y generalmente se conoce en Granada) quiénes son los dirigentes del posible alzamiento aquí, que son Mariano Pelayo» —que entonces era teniente de la Guardia Civil—, «el capitán Fernández [Sánchez], el capitán Nestares y algunos más». «Tal y cual...», empezaron a dudar, dudar, dudar, dudar y dije: «Miren, esta noche se puede detener a todos y se acaba y no se hacía el levantamiento pese al alzamiento militar en Sevilla.» Y no me hicieron caso.[20]

A primeras horas de aquella tarde, el capitán Nestares visitó los cuarteles de Artillería e Infantería para convencer a los jefes y oficiales comprometidos de que urgía tomar rápidamente la iniciativa. Sus movimientos fueron observados y notificados a Torres Martínez, que llamó enseguida a Campins para preguntarle por la razón de las idas y venidas de Nestares. Torres, que había recibido llamadas telefónicas contradictorias de Madrid durante todo aquel largo día y que se encontraba cansadísimo, recibió del no menos agotado Campins la respuesta de que trataría de averiguar lo que había en el asunto. Llamó al cuartel de Artillería, sin conseguir más que una vaga explicación.[21]

Mientras tanto la inquietud aumentaba entre los obreros. Gracias a las noticias que daban las radios, sabían que se combatía en todo el país. Parece, sin embargo, que todavía confiaban en la lealtad de la guarnición granadina, porque tomaron la decisión de formar su propia columna para liberar a Córdoba y enviaron en este sentido una petición de ayuda al Gobierno. Poco después el teniente coronel de la Guardia Civil, Fernando Vidal Pagán —quien, como hemos dicho, era republicano leal—, recibió un telegrama de Madrid que le transmitía la orden de equipar dicha columna con las armas depositadas en el parque de Artillería. Pero el coronel Muñoz Jiménez, el jefe de los artilleros, estaba resuelto a no soltar ni una sola de las que obraban en su poder. Nuevas llamadas telefónicas en ambos sentidos entre Granada y Madrid. Por fin, a las 9 de la noche, Campins se decidió a visitar los cuarteles.[22]

Allí reunió a los oficiales y les ordenó que entregasen las armas necesarias a la Guardia Civil. Volvió entonces a la Comandancia Militar sin haberse enterado —¡todavía!— de que los coroneles le traicionaban.[23]

Aquella noche Vidal Pagán recibió nuevas instrucciones del Gobierno que confirmaban la orden de recoger las armas del parque de Artillería. Encargó su cumplimiento al teniente Mariano Pelayo, de quien, evidentemente, no sospechaba.[24]

A partir de este momento la situación en Granada empeoraría rápidamente para los republicanos.

Lunes 20 de julio de 1936

A la 01:30 horas del 20 de julio Pelayo llegó al cuartel de Artillería. Llevaba una orden del Gobierno para la entrega de 3.000 fusiles para la columna que se disponía a marchar sobre Córdoba. Decididos los conspiradores militares más que nunca a no acatarla, se le dijo otra vez a Campins que no estaban todavía listas.[25]

José Valdés Guzmán y sus colaboradores pasaron la noche en la Comandancia Militar dando el toque final a sus planes:

> La madrugada no fue estéril para el señor Valdés y demás jefes y oficiales que compartían la tertulia. No podía girar la conversación nada más que sobre los momentos que comenzaban a vivirse en España, y se proyectaba la forma en que iba a declararse el estado de guerra en Granada.
>
> Se convino en que la acción del elemento civil tendría más eficacia realizada al lado de las fuerzas del Ejército [...]. A las 7 de la mañana del lunes marchaba en automóvil el señor Valdés desde la Comandancia al cuartel de Artillería.[26]

Poco después el comandante Rodríguez Bouzo del regimiento de Artillería fue enviado por el coronel Muñoz Jiménez a sondear al capitán Álvarez de la Guardia de Asalto. Este prometió su apoyo.[27]

Fue un momento decisivo y casi garantizaba el triunfo de la sublevación en Granada. Recordaba Torres Martínez:

> Digo que, si los de Asalto hubieran ofrecido resistencia, si no se hubieran puesto al lado del Movimiento, creo que el Movimiento no hubiera transpirado en Granada. Es más. Creo que si las fuerzas de Asalto, los jefes de Asalto, no se hubieran comprometido con las personas que dicen (nosotros no conocíamos esas visitas, claro), si los militares no hubieran tenido la seguridad de que los de Asalto se pondrían a su lado, no habrían salido a la calle. No hubieran salido a la

calle porque no tenían fuerzas; yo creo que no llegarían a los 200 hombres.[28]

Los militares ya sabían que iban a poder hacerse sin mucha dificultad con la ciudad. Era evidente, sin embargo, que había que actuar con rapidez, pues existía la posibilidad de que los obreros se lanzasen en masa a la ofensiva, pese a no tener armas, y que por su simple fuerza numérica estrangulasen el alzamiento.

Se decidió que a eso de las 5 de la tarde saldrían las tropas de los cuarteles.

Estaban reunidos con Torres Martínez en el Gobierno Civil varios dirigentes republicanos, entre ellos Virgilio Castilla, presidente de la Diputación Provincial, y Antonio Rus Romero, secretario del Comité del Frente Popular, acompañados del teniente coronel de la Guardia Civil, Vidal Pagán, que había dado a Torres su palabra de permanecer leal. A eso de las 4:30 de la tarde alguien había telefoneado a Rus Romero. «La tropa está formada en el patio del cuartel de Artillería —le dijo—. Van a salir pronto, hay que hacer algo.»[29]

Torres Martínez llamó enseguida a Campins:

> Cuando le dijimos el día 20 que, en el cuartel de Artillería, teníamos noticias de que estaban preparados para salir, él me dijo a mí personalmente por teléfono que no, que no era posible eso, porque desconocía semejante cosa, que él tenía la palabra de que los militares no se moverían y que saldría para el cuartel de Artillería y que antes de media hora me llamaría desde allí para desmentir la cosa.[30]

Pero no lo llamó... y Torres Martínez no volvió a verle nunca.

Cuando llegó Campins al cuartel de Artillería se quedó asombrado al encontrar que, efectivamente, el regimiento estaba formado en el patio y listo para salir a la calle. Con los soldados había unos 60 paisanos armados, la mayoría de ellos falangistas, al mando del comandante Valdés. Tuvo lugar enseguida el enfrentamiento inevitable entre Campins y el coronel Muñoz Jiménez. El general debió de quedar anonadado al darse cuenta de que su subordinado había estado conspirando a sus espaldas. Informado de que el regimiento de Infantería, la Guardia Civil y la de Asalto se habían unido también a los sublevados, el desesperado e incrédulo Campins, ya prisionero, fue llevado por Muñoz al cuartel de Infantería. Allí también encontró a las tropas formadas en el patio de armas. Poco después fue conducido bajo escolta a la Comandancia Militar, donde se le obligó a firmar un bando preparado por los oficiales rebeldes y en el cual se proclamaba el estado de guerra en Granada:[31]

Bando Don Miguel Campins Aura, General de Brigada y Comandante Militar de esta plaza. Hago saber:

Artículo 1.º En vista del estado de desorden imperante en todo el territorio de la nación, desde hace tres días, ausencia de acción del Gobierno central y con el fin de salvar a España y a la República del caos existente, se declara desde este momento en todo el territorio de la provincia el Estado de Guerra.

Artículo 2.º Todas las autoridades que no aseguren por todos los medios a su alcance el orden público, serán en el acto suspendidas en sus cargos y responsables personalmente.

Artículo 3.º El que con propósito de perturbar el orden público, aterrorizar a los habitantes de una población o realizar alguna venganza de carácter social, utilizara sustancias explosivas o inflamables o empleare cualquier otro medio o artificio proporcionado y suficiente para producir graves daños, originar accidentes ferroviarios o en otros medios de locomoción terrestre o aérea, serán [sic] castigados [sic] con las máximas penalidades que establecen las leyes vigentes.

Artículo 4.º El que sin la debida autorización, fabricare, tuviere o transportare materias explosivas o inflamables, o aunque las poseyera de un modo legítimo las expediere o facilitare sin suficientes previas garantías a las que luego las emplearen para cometer los delitos que define el artículo anterior, será castigado con las penas de arresto mayor en su grado máximo a presidio mayor.*

Artículo 5.º El que sin inducir directamente a otros a ejecutar el delito castigado en el artículo primero, provocase públicamente a cometerlo o hiciese la apología de esta infracción o de su autor, será castigado con las penas de arresto mayor en su grado máximo a prisión menor.**

Artículo 6.º El robo con violencia o intimidación en las personas ejecutado por dos o más malhechores, cuando alguno de ellos llevare armas y del hecho resultase homicidio o lesiones de las que se refiere el número 1 del artículo 1 de esta ley, será castigado con la pena máxima.

Artículo 7.º Todo individuo que tuviese en su poder armas de cualquier clase o explosivos debe entregarlas antes de las veinte horas de hoy en el puesto militar o de Guardia Civil más próximo.

Artículo 8.º Los grupos de más de tres personas serán disueltos por la fuerza con la máxima energía.

Granadinos: Por la paz perturbada, por el orden, por amor a España y a la República, por el restablecimiento de las leyes del trabajo, espero vuestra colaboración a la causa del orden.

Viva España. Viva la República
Granada, 20 de julio de 1936[32]

---

   * Condenas de cuatro a doce años de prisión.
 ** Condenas de cuatro meses a seis años de prisión.

Gollonet y Morales, al hablar de la redacción del bando, dicen que Campins «opuso algunos reparos e introdujo numerosas modificaciones, principalmente en lo que se refería a las penas, que aparecieron irrisoriamente moderadas».[33] Como el general era ya prisionero de los oficiales rebeldes, parece difícil que hubiese podido introducir modificaciones de cualquier tipo en el bando, redactado horas antes. Según la *Historia de la Cruzada Española*, publicada dos años después de terminada la guerra, el bando —con su patriótica «¡Viva la República!»— reflejaba la confusión en que se encontraba en aquellos momentos el general Campins.[34] Creemos, al contrario, que tenía el propósito de engañar al pueblo granadino, haciéndole creer durante las primeras y críticas horas del alzamiento que el Ejército se había sublevado en defensa de la República y no para destruirla.

Hubo, en efecto, una gran confusión entre la población cuando, a las 5 de la tarde, salieron las tropas a la calle, y mucha gente creía que los soldados habían abandonado sus cuarteles para defender la legalidad republicana y garantizar el orden público. Comentan Gollonet y Morales, no sin desdén:

> Un grupo de extremistas contempla desde una esquina el paso de las fuerzas. Están desconcertados. No contaban con esto. Alguno dice que las fuerzas han sido sacadas por el general para batir a los fascistas. Y el grupo de revolucionarios inicia un saludo a las tropas con el puño izquierdo en alto.[35]

La *Historia de la Cruzada Española*, con el sarcasmo que le caracteriza, describe así la escena:

> Hasta los rojos, víctimas de la ilusión de que las fuerzas han salido «para confraternizar con el pueblo», aplauden el desfile. Pronto conocen su error. La fuerza cargó contra ellos y Carrera del Darro arriba hacia los aledaños del Paseo de los Tristes la caravana roja, maltrecha y desorientada, va aturdiendo con su pánico las calles que le dan salida. Unos trepan por las pinas callejuelas o buscan refugio en la Plaza Larga;

quienes esconden su pavor bajo las bóvedas del Arco de las Pesas o bajo los muros insignes de Santa Isabel la Real.[36]

Todo fue muy rápido. Una batería se dirigió hacia el centro de la ciudad y se colocaron piezas de artillería en la plaza del Carmen, frente a la puerta principal del Ayuntamiento; en Puerta Real, epicentro de Granada; y en la plaza de la Trinidad, cerca del Gobierno Civil.[37]

Otra subió detrás de la ciudad «con el fin de escoger posiciones estratégicas que dominen la población».[38]

Delante del cuartel de la Guardia de Asalto, en la Gran Vía, se detuvo un camión con soldados, y «todos los guardias salen al encuentro de las tropas con los brazos abiertos y dando vivas a España».[39] Parece evidente que el capitán Joaquín Álvarez, que por la mañana había dado su palabra de adhesión al comandante Rodríguez Bouzo, había convencido a una mayoría de sus oficiales para que se uniesen a los sublevados.

Una sección de Artillería se dirigía, entretanto, al aeródromo militar de Armilla, situado a unos pocos kilómetros de la ciudad. Los rebeldes lo tomaron sin que hubiera resistencia, pues casi todos los oficiales se habían dado a la fuga.[40]

El aeródromo tendría una importancia de primera magnitud durante la guerra, permitiendo a los rebeldes granadinos mantener el contacto con Sevilla y el resto de la España sublevada y sirviendo de base para los aviones que atacaban las posiciones republicanas.

Al mismo tiempo otro grupo armado tomaba la fábrica de explosivos de El Fargue —la mayor de Andalucía— situada a cuatro kilómetros de Granada en la carretera de Murcia. Durante la guerra produciría gran cantidad de municiones para los sublevados y desempeñaría un papel decisivo en el curso de los acontecimientos.

Torres Martínez seguía reunido con Virgilio Castilla, Rus Romero y el teniente coronel Vidal Pagán de la Guardia Civil cuando se enteró de que los soldados habían abandonado sus cuarteles:

Nosotros estábamos esperando a que Campins llamase, pero, claro, no llamó. En esta espera ya supimos que las tropas salieron a la calle. No sabíamos en ese momento si Campins se habría unido a ellos o no se habría unido a ellos.

Custodiaba el Gobierno Civil una sección de guardias de Asalto, unos 20 o 25 hombres, al mando del teniente Rafael Martínez Fajardo. Torres habló enseguida con este al recibir la llamada telefónica que le advertía de que las tropas de Artillería estaban formadas en el patio del cuartel. «Nosotros dimos órdenes —nos siguió declarando— a los soldados de abajo, a los guardias de Asalto, de que nos defendiesen y de que disparasen. E incluso con las tropas en la puerta, en la puerta misma del Gobierno Civil, dimos la orden de que disparasen.»[41]

Un poco antes de las seis de la tarde se presentó el capitán Nestares en la Comisaría de Policía, situada en la calle Duquesa justo enfrente del Gobierno Civil. Los agentes se unieron enseguida a los rebeldes.[42]

En el momento de llegar allí Nestares seis republicanos de Jaén, que habían acudido aquella mañana a Granada con una orden oficial para que en la Comisaría les entregaran una consigna de dinamita, cargaban su vehículo con los explosivos. Dándose cuenta de que los policías se habían sublevado, los «extremistas» abrieron fuego sobre ellos, siendo heridos y detenidos a continuación. Serían los primeros fusilados de la represión granadina.[43]

Unos minutos después llegó a la entrada del Gobierno Civil una sección de soldados de Artillería al mando del capitán García Moreno y del teniente Laínez. Los acompañaban Valdés y sus falangistas. Se les unió Nestares. Luego se presentó una sección de Infantería con ametralladoras.[44]

Los guardias de Asalto encargados de la defensa del edifico se echaron atrás. Luego se sabría que su jefe, el teniente Rafael Martínez Fajardo, estaba entre los conspiradores, así como su superior, el capitán Álvarez. No hubo disparos y los facciosos franquearon la puerta del edificio sin el menor obstáculo.

«La sorpresa mayor —nos comentó Torres Martínez al recordar el episodio— fue cuando vimos que los propios soldados, los propios guardias de Asalto, que nos iban a defender en el Gobierno Civil, fueron los primeros que nos enfocaron con sus fusiles y que nos detuvieron.»

Solo ofreció resistencia Virgilio Castilla, el presidente de la Diputación Provincial, que sacó una pistola y fue detenido enseguida.

El teniente coronel de la Guardia Civil, Vidal Pagán, se comportó con una nobleza que Torres Martínez nunca olvidaría:

> Cuando los de Asalto me apuntaron a mí, y entró ya la tropa, yo creo que era Valdés, sí, Valdés, y otros más, entraron allí, en el Gobierno Civil, en mi despacho, el teniente coronel Vidal dijo: «Yo correré la misma suerte, yo quiero correr la misma suerte, que el gobernador civil.» No es que fuera personalmente una adhesión a mí, sino que él quería demostrar que era leal a la palabra que había dado de defensa de la República.[45]

Vidal Pagán, Castilla y Rus Romero fueron conducidos a la Comisaría de Policía, mientras que a Torres le encerraron en su pabellón particular del Gobierno Civil.

Entretanto, en la plaza del Carmen, la Policía Urbana había salido del Ayuntamiento, poniéndose a las órdenes de los sublevados. Varios funcionarios republicanos que se encontraban en el edificio consiguieron fugarse por la puerta trasera del local, pero el alcalde, Manuel Fernández-Montesinos, fue detenido en su despacho, siendo sustituido en el acto por el teniente coronel de Infantería Miguel del Campo.[46]

Simultáneamente, otra sección de militares, al mando del comandante Francisco Rosaleny Burguet y los capitanes Miranda y Salvatierra, ocupaba el edificio de Radio Granada, situado en la Gran Vía, 27, enfrente del cuartel de la Guardia de Asalto.[47] A las 6:30 de la tarde Rosaleny leyó por el micrófono de la emisora el bando firmado por Campins. La lectura se repitió cada media hora a partir de entonces.[48]

Al caer la noche del 20 de julio todo el centro de Granada estaba en manos de los facciosos. Cientos de «revolucionarios», «marxistas», «extremistas» y demás «indeseables» habían ido ya a parar a la Cárcel Provincial o a la Comisaría de Policía, y empezaba a reinar el pánico en Granada.

A la mañana siguiente *Ideal*, al hablar del gran número de paisanos que se habían puesto a disposición de la Comandancia Militar, recogió que «se comentaba la absoluta normalidad con que se habían tomado todos los centros oficiales, sin la menor resistencia y sin necesidad de hacer uso alguno de la violencia». Y añadía:

> Ni un solo herido por la fuerza pública ha ingresado en los centros benéficos, no obstante haberse hecho en distintos lugares de la capital algunos disparos, unas veces contra sospechosos que no hicieron caso al requerimiento de levantar las manos para transitar por las calles y otras para contestar a las agresiones que con pistolas se han hecho, muy aisladamente, contra la fuerza.[49]

Son detalles contundentes confirmados por Gollonet y Morales:

> La noche transcurre tranquila. Solo algún disparo se oye de vez en cuando. No hubo más víctima en esta jornada gloriosa que un guardia de Seguridad que fue muerto por un disparo, cuando iba en un coche con otros compañeros y el capitán Nestares.[50]

Solo en el barrio popular del Albaicín, con su laberinto de calles pinas y estrechas, había habido alguna resistencia a los insurgentes. Para los obreros el significado de lo que sucedía no dejaba lugar a dudas, y, en consecuencia, con sus filas engrosadas por gente que había logrado huir del centro de la ciudad, se preparaban ahora febrilmente a enfrentarse con el enemigo. Se levantaron barricadas y, en particular, se hizo todo lo posible para impedir que el enemigo pudiese subir por el acceso principal al barrio, la Carrera del Darro, y, luego, por la Cuesta del Chapiz. Al pie de esta se abrió una profunda zanja para imposibilitar el paso de vehículos.

Viendo estos preparativos, los sublevados comprendieron que el Albaicín iba a intentar resistir. Emplazaron, pues, una batería de artillería al pie de la iglesia de San Cristóbal, en la carretera de Murcia, detrás de la ciudad, desde donde se domina el barrio; y otra en el «cubo» de la Alhambra, exactamente enfrente. Puesto que ya oscurecía, decidieron aplazar el ataque hasta la mañana. Solo habían cruzado algunos tiroteos con los republicanos, que les causaron dos muertos. Probablemente tuvieron más bajas los resistentes.[51]

Aquella noche una nota atribuida al general Campins y leída por Radio Granada aseguraba que la guarnición estaba «dispuesta a servir en todo momento los intereses de España y de la República, expresión de la voluntad popular». Otro cruel engaño. A continuación, el supuesto Campins añadía una severa admonición a los que se negasen a cumplir las órdenes de la autoridad militar:

> Si algún obcecado no hiciese todo lo que esté a su alcance para la consecuencia de que en nada sea alterada la vida de esta población, los máximos rigores del Código Militar caerán sobre él. Igualmente exijo que todos los intentos de perturbación sean denunciados a mi autoridad y aseguro que tengo todas las medidas tomadas para que en nada sea notada la declaración del estado de guerra, que ha de ser inflexible para los contraventores de mis órdenes.[52]

Los «obcecados» del Albaicín ya sabían a qué atenerse.

Martes 21 de julio de 1936

Por la mañana las dos baterías mencionadas abrieron fuego sobre el Albaicín. Estalló al mismo tiempo un violento tiroteo entre los bien armados rebeldes y los obreros que, desde balcones y tejados, disparaban desesperadamente con las pocas pistolas y escopetas de que disponían. Los sublevados no tardaron en abrir varias brechas en las improvisadas defensas del barrio y practicaron numerosas detenciones. Las fuentes impresas no dan una relación de las bajas habidas, pero hay que suponerlas considerables.

Cuando llegó la noche del 21 de julio el Albaicín no se había rendido todavía.[53]

Mientras tanto el coronel León Maestre se había hecho cargo de la Comandancia Militar de Granada, reemplazando así al desafortunado general Campins. Este fue llevado en avión a Sevilla tres días después, juzgado en sumarísimo y fusilado en la mañana del 16 de agosto. Según el testimonio de Francisco Franco Salgado-Araujo, primo hermano de Franco, este hizo todo lo posible para conseguir que Queipo de Llano indultara a Campins, amigo suyo. Pero el «virrey de Andalucía» se había negado en redondo a la petición, posiblemente por razones de despecho hacia quien pronto sería Caudillo de la España Nacional.*

León Maestre firmó enseguida un nuevo bando militar, mucho más duro que el anterior:

> Don Basilio León Maestre, coronel comandante militar de esta plaza y, en el presente momento, única autoridad de Granada y su provincia:
>
> Hago un llamamiento a todos los patriotas granadinos

---

* Barrios, pp. 233-234. Al parecer un hijo de Campins, militar como su padre, decidió vengarle. Según un evadido de Sevilla se presentó con tal propósito en el despacho de Queipo de Llano. Cuenta el *Heraldo de Madrid* (20 de octubre de 1936, p. 7): «"Campins —le dijo el grotesco Queipo—; tú eres un militar digno; no tu padre, que se puso al servicio de la canalla marxista." La pistola del oficial respondió a la crueldad, y una bala —desafortunada en trayectoria— hirió a Queipo levemente en un brazo. El hijo del general Campins volvió el arma contra sí y se suicidó en el mismo despacho. El atentado fue ocultado a la publicidad bajo pena de muerte al que lo divulgara.»

que sientan la España única, noble y gloriosa para que pongan su alma entera y serena disciplina en el cumplimiento de todo lo que ordeno y mando:

1.° En esta capital y en su provincia regirá como única ley el Código de Justicia Militar, sometiéndose todo hecho delictivo a conocimiento de estos tribunales.

2.° Será juzgado en juicio sumarísimo y pasado por las armas todo el que realice agresiones y hostilidades en contra del Ejército o de la fuerza pública.

3.° Será juzgado en juicio sumarísimo y pasado por las armas todo el que sea sorprendido con las armas en la mano y los que en el plazo de tres horas no hayan entregado las armas de todas clases que tuviesen en las comandancias de la Guardia Civil, Asalto o Policía.

4.° Quedan terminantemente prohibidos los grupos de más de tres personas, que serán disueltos por la fuerza pública, sin previo aviso.

5.° A partir de la promulgación de este bando, queda terminantemente prohibida la circulación de vehículos de todas clases que no vayan conducidos por la fuerza pública.

6.° Queda abolido el derecho de huelga y serán pasados por las armas los comités.

7.° Los que realicen actos de sabotaje de cualquier índole y en especial contra las comunicaciones, serán juzgados en juicio sumarísimo y serán ejecutados inmediatamente.

Dado en Granada para su más estricto y riguroso cumplimiento a veintiuno de julio de mil novecientos treinta y seis.

Viva España. Viva la República. Viva Granada.[54]

Radio Granada divulgó el nuevo bando y lanzó frecuentes llamamientos a la «lealtad» y «buen sentido» de los granadinos. Se advirtió claramente a los resistentes del Albaicín que serían aplastados si no se rendían:

La conducta criminal de unos forajidos que, desde el Albaicín, perturban la vida de Granada en los últimos estertores de su fracasado intento de devorar a nuestra España va a tener fin; siguiendo las normas del último bando, del que Granada ya tiene conocimiento, nuestras valientes fuerzas de Asalto, Infantería y Artillería han hecho acto de presencia para acosarlos en sus cubiles de fieras. Espero de la serenidad de los granadinos no se alarmen ante nuestros propósitos de que Granada disfrute, al fin, de la calma de sus incomparables noches.

Vuestro comandante militar vibra con vosotros en un ¡Viva España! ¡Viva la República! ¡Viva Granada![55]

Miércoles 22 de julio de 1936

En las primeras horas del 22 de julio un ultimátum fue dirigido por Radio Granada a los habitantes del Albaicín. En el plazo de tres horas las mujeres y niños deberían abandonar sus hogares y concentrarse en los lugares señalados; los hombres permanecer en la puerta de sus domicilios con los brazos en alto, después de dejar en medio de la calle sus armas; y colocarse en los balcones de las casas dispuestas a rendirse banderas blancas. De no ser obedecidas estas órdenes, la artillería procedería a bombardear el barrio a partir de las 2:30 de la tarde. También actuaría la aviación.[56]

Poco después largas filas de mujeres, acompañadas de niños atemorizados, empezaron a bajar por las estrechas calles del barrio en dirección a los puntos de reunión indicados en el ultimátum. Allí eran registradas, interrogadas y conducidas a un campo de concentración provisional en las afueras de la ciudad.

Los hombres del Albaicín se negaron a rendirse, pensando sin duda que más valía morir luchando que fusilados, y no tardaron en reanudarse los tiroteos. Luego los facciosos se retiraron para permitir que la artillería pudiese cañonear sin trabas el barrio. También participaron tres aviones de caza capturados aquella mañana cuando aterrizaron en Armilla creyendo que el aeropuerto estaba todavía en manos de los republicanos.[57] Sobrevolaron el barrio, ametrallando los focos de resistencia. También lanzaron granadas de mano.[58] Pero, pese a todo, los «forajidos» seguían en sus «cubiles de fieras» al caer la noche.

Jueves 23 de julio de 1936

A la mañana siguiente se intensificó la acción de la artillería y, al poco tiempo, empezaron a aparecer en balcones y ventanas banderas improvisadas.

Las escasas municiones de que disponían los republicanos se habían agotado.

Los soldados y falangistas, que esperaban este momento, invadieron ahora el Albaicín y pronto terminó todo.[59] Los más afortunados de entre los defensores del barrio lograron escaparse por detrás de la ciudad, llegando después a las líneas republicanas cerca de Guadix. Otros, con menos suerte, fueron detenidos al tratar de huir o cazados como ratas en sus propias casas. Cientos de hombres fueron llevados enseguida a la Cárcel Provincial, a la Comisaría de Policía u otros centros, donde fueron sometidos a interrogatorios y toda clase de brutalidades. Muchos de ellos serían fusilados poco después.

Ideal anunció a la mañana siguiente, 24 de julio, que la resistencia del barrio había sido aplastada, publicando a continuación una descripción detallada de su estado tras la rendición: «La fuerza de las armas modernas ha dejado en el Albaicín huellas de su irresistible eficacia. En muchas casas las fachadas presentan numerosos impactos de fusil, pistola, ametralladora y cañón.» Varios edificios habían quedado completamente destrozados, y el periodista se burla de los, a su juicio, patéticos esfuerzos de los obreros por protegerse con defensas inadecuadas contra el armamento superior de los militares. *Ideal* mostraba por fin su verdadero rostro.

La resistencia había terminado. Otros pequeños focos de oposición habían sido fácilmente reducidos horas antes, y al caer la noche del 23 de julio los rebeldes podían congratularse de haberse apoderado de la ciudad con poquísimas bajas propias.

Los «rojos» granadinos, como ya se vio, no tenían prácticamente armas. Y las de que disponían no estaban provistas de munición adecuada. *Ideal* confirma que, aunque los obreros tenían algunas pistolas, apenas había balas. El 22 de julio de 1936 el diario comenta: «Como se tuviera la sospecha de que en algunas dependencias del Ayuntamiento había armas de fuego, de las repartidas en días anteriores entre los elementos marxistas, el propio alcalde [Miguel del Campo], acompañado de varios soldados, procedió a recorrer los distintos departamentos del edificio. En el cajón de un armario del despacho del asesor jurídico se encontraron, efectivamente, gran cantidad de armas de fuego cortas y algunas municiones.» Una «gran cantidad» de armas de fuego cortas no cabe en un cajón de armario. La verdad es que los obreros disponían de muy pocas armas y menos municiones. De haber sido de otra forma habría habido muchas más bajas entre los sublevados.

En resumen, un puñado de pistolas y fusiles, estos sin municiones, difícilmente pueden oponer resistencia a metralletas, cañones, granadas y demás armamento militar. Granada cayó en manos de los sublevados porque estos tenían armas y sabían manejarlas. La resistencia aplastada con tanta facilidad por los rebeldes no pudo ser, en realidad, tal resistencia, y este hecho innegable nos lleva a afirmar que la represión de Granada, iniciada acto seguido, fue uno de los mayores crímenes de la guerra.

Un crimen de cuya envergadura no tardarían en enterarse el poeta y su familia, pese a su relativo aislamiento en la Huerta de San Vicente.

5

EL TERROR

Aunque los insurgentes se habían apoderado de Granada sin dificultades y casi sin bajas, sabían que era menester actuar con rapidez y determinación para consolidar su éxito inicial, pues estaban rodeados de territorio republicano. La línea entre ambas zonas pasaba, en los primeros días de la guerra, aproximadamente, por Güéjar-Sierra, Sierra Nevada, Órgiva, Venta de las Angustias, La Malahá, Santa Fe, Láchar, Íllora, Cogollos Vega, Huétor-Santillán, Beas, Dúdar y Quéntar. En algunos sitios los «rojos» estaban a solo unos ocho kilómetros de la ciudad. Todo indicaba que en cualquier momento podía o podría producirse un contundente contraataque.[1]

En vista de esta situación, los rebeldes decidieron crear de inmediato nuevas milicias y engrosar las que ya existían; emprender sin perder tiempo la sumisión de la provincia; y detener y fusilar a todos los enemigos de la sublevación identificados o conceptuados como tales.

Para supervisar la creación de las milicias llegó a Granada en un Junker alemán desde Tetuán, el 25 de julio —día de Santiago Apóstol—, el general Luis Orgaz Yoldi.[2]

El 29 de julio tuvo lugar el primer bombardeo de Granada por aviones republicanos, bombardeo ineficaz, como los que le siguieron, y que no alcanzó ningún objetivo militar.[3] Las incursiones aéreas, de hecho, obraron solo en beneficio de los insurrectos, pues causaron varias bajas entre la población civil e incluso destrozos en la Alhambra, de lo que se sacó el partido correspondiente.

Al día siguiente, 30 de julio, una fuerte concentración de milicianos leales del Gobierno trató de entrar en Granada por Huétor-Santillán. Fue rechazada por las tropas sublevadas al mando del comandante Villalba, a quienes apoyaban unos guardias civiles del teniente Mariano Pelayo. Los milicianos dejaron en su retirada numerosos muertos y una considerable cantidad de armas.[4] Fue el único intento serio de reconquistar la ciudad. De haber organizado la República una operación militar concertada en las primeras semanas de la guerra habría sido difícil que la plaza no se rindiera. Pero después del 18 de agosto de 1936, con la recuperación de Loja y el restablecimiento de la comunicación ferroviaria con Sevilla, tal posibilidad se alejaba. Comentan Gollonet y Morales en su libro *Rojo y azul en Granada* (1937):

> El cerco de Granada duró un mes. Lo rompió la columna del glorioso general Varela, en una operación combinada con la guarnición granadina. El dos veces laureado general trazó una línea de victorias a través de las provincias de Cádiz, Sevilla y Málaga. Pueblo tras pueblo fueron cayendo todos ante su empuje, hasta llegar a Loja. En la tarde calurosa del 18 de agosto estrechaba la mano del coronel León Maestre, jefe de la columna granadina, en la Venta del Pulgar. Desde entonces Granada quedó unida materialmente al resto del territorio español [...]. No tardaron en restablecerse las comunicaciones ferroviarias con Sevilla y bien pronto un tren militar llevaba a la capital andaluza muestras del material de guerra fabricado en Granada.[5]

Veamos ahora los organismos militares y civiles granadinos involucrados en la represión de la población granadina:

1) *La Comandancia Militar*. Ubicada en la Plaza de las Descalzas, cerca del inicio de la Gran Vía. La guarnición, como hemos visto, estaba integrada por dos regimientos, uno de Artille-

ría y otro de Infantería, los dos bastante reducidos cuando estalló la sublevación a causa de los numerosos permisos concedidos. Al ser detenido el general Campins el 20 de julio de 1936, asumió interinamente el mando de la Comandancia Militar, como vimos, el coronel Basilio León Maestre. Este, a su vez, fue reemplazado el 29 de julio por el coronel Antonio González Espinosa, que llegó en avión desde Sevilla enviado por Queipo de Llano, con instrucciones, de acuerdo con su bando del 24 de julio, de aplicar el máximo rigor contra los «desafectos al Alzamiento». Parece ser que los compañeros de León Maestre le consideraban demasiado blando. González Espinosa, al contrario, «es el hombre al que no le temblarán las manos antes de firmar las penas de muerte».[6]

La Comandancia se ocupaba principalmente de la guerra, dejando a las autoridades «civiles» (aunque con el militar Valdés a la cabeza) el grueso de la represión de la población. Ello no impedía que también se preparasen listas en la Comandancia de los que debían ser detenidos y fusilados. Un juez, Francisco Angulo Montes, dirigía estas actividades en los días iniciales de la sublevación, asistido por el sargento Romacho de la Guardia Civil. Angulo pasaría luego a ser director de la Prisión Provincial de Granada. Los dos serían recordados en la ciudad por su crueldad.

En la Comandancia Militar tuvieron lugar, al principio de la represión, varios consejos de guerra que, en juicio sumarísimo, condenaron a muerte a decenas de republicanos, entre ellos a dos oficiales, Antonio Fenoll Castell y Francisco Oterino, que se habían negado a sublevarse.[7] Uno de los militares «no afectos al Movimiento» que tuvo la suerte de evitar la pena capital fue el gallego Bonifacio Jiménez Carrillo, amigo del comandante Valdés, que intervino —caso insólito— en su favor. Lo cual no impidió que fuera condenado a reclusión perpetua.[8]

En la noche del 31 de julio de 1936 fue juzgado el gobernador civil, César Torres Martínez. Con él comparecieron dos miembros del Frente Popular que se encontraban en su despacho cuando entraron los rebeldes: Virgilio Castilla Carmona, presidente de la Diputación de Granada, y Antonio Rus Romero, secretario del Comité del Frente Popular. Los acompañaban en el juicio el sindicalista José Alcántara García, uno de los oradores que se habían dirigido a la multitud el 10 de marzo de 1936 durante el multitudinario acto celebrado en el estadio de los Cármenes; el abogado Enrique Marín Forero; y el ingeniero Juan José de Santa Cruz.

La sentencia dictada contra Torres Martínez (reproducida íntegramente en el Apéndice 4, pp. 353-358) es esperpéntica. Se le acusaba de haber abusado de su cargo y posición social para poner en marcha, con otros elementos nocivos, «un amplio movimiento subversivo como preparación del que se estaba preparando en toda España, tendente en implantar en nuestra ciudad y por medio del terror las doctrinas ruso-marxistas más avanzadas»; de haber distribuido armas a los marxistas; de haber instado a los mismos a que abrieran fuego contra las tropas sublevadas; de haber contribuido a la organización de la columna que iba a marchar sobre Córdoba; y de otros delitos de «rebelión militar».

La referencia al proyectado terror «rojo» no se amplió en la sentencia, pero sí en el mencionado libro de Gollonet y Morales. Nada más iniciada la sublevación, según este, se ocuparon papeles que demostraban que los marxistas tenían decidido asesinar a miles de derechistas en la ciudad. Tengamos en cuenta que, cuando se editó el libro, los sublevados ya habían fusilado en el cementerio a unos 2.000 «extremistas» (sin incluir a las muchas víctimas de los «paseos»). Al hablar de los primeros días del Movimiento en Granada escriben:

> La Justicia dio comienzo a su actuación. Y se descubrieron muchos horrores desconocidos para el público. Pronto cundió la noticia de los millares de asesinatos que tenían proyectados las hordas rojas. Condenas a muerte, que habían fraguado antes los cabecillas, de toda clase de elementos de orden [...] Pasan de cinco mil las personas que estaban sentenciadas en firme, en Granada, para ser asesinadas por el

«Tribunal del Pueblo», que ya tenían nombrado. Y en el cálculo más bien nos quedamos cortos, pues solo nos limitamos a consignar el número que aparecía en las relaciones ocupadas.[9]

Todo mentira. Las «relaciones ocupadas» nunca se dieron a conocer, por la sencilla razón de que no existían. Siguen los autores:

> Declaraciones de muchos de los detenidos coincidieron en que tenían la consigna de matar, cuando estallase la revolución, a todos los religiosos y sacerdotes, sin distinción de dignidades, monjas, jefes y oficiales del Ejército, además de los cientos de guardias de todas clases, agentes de policía y demás personas que serían señaladas por los comités de cada distrito.
> De llegar a consumarse tanto crimen, no hubiera parado en el número de víctimas que se calcula. Ya sabemos que en todos los lugares donde la furia roja se ha desbordado, traspasó, en monstruosidades, todo cálculo.[10]

Así escribían en la Granada de 1937 los dos periodistas de *Ideal*, conscientes de que cada amanecer caían ante las tapias del cementerio municipal nuevas tandas de víctimas inocentes. En la *Historia de la Cruzada Española* (1941) se multiplicaron las calumnias e incluso se publicó un documento falso atribuido al socialista Alejandro Otero. Documento en el cual se recomendaba, una vez en marcha la Revolución Roja, la eliminación rigurosa de todos los elementos de derechas en la ciudad.[11]

Los jueces, sabiendo que los cargos contra Torres Martínez eran todos falsos, y admitiendo tácitamente que era inevitable que un gobernador civil republicano actuara como tal, decidieron no dictar pena de muerte. También intervino a su favor el arzobispo de Granada, Parrado García. Fue condenado, «con la concurrencia de la atenuante de obediencia debida», a reclusión militar perpetua. Pasaría ocho años en la cárcel.

Según numerosos testimonios, los consejos de guerra granadinos solo actuaron en las primeras semanas de la contienda. Después fueron excepcionales y se fusilaba a los presos sin tomarse la molestia de formarles ni un simulacro de juicio. Era mucho más fácil. Al optar por proceder así es casi seguro que los rebeldes seguían directivas de Queipo de Llano, que ya había fusilado a centenares de obreros y republicanos en Sevilla.*

2) *El Gobierno Civil y las «escuadras negras»*. El comandante Valdés Guzmán estaba rodeado de un abigarrado grupo de falangistas, militares, policías, amigos personales, matarifes y asesores que se dedicaban a la represión. Entre ellos el policía Julio Romero Funes, quizá su cómplice más estrecho; el ex diputado de la CEDA, Ramón Ruiz Alonso, y otros miembros de la coalición de Gil Robles; los hermanos Manuel, José y Antonio Jiménez de Parga; el policía José Mingorance; el capitán Antonio Fernández Sánchez, organizador de la caza de «rojos» en Sierra Nevada; Antonio Godoy Abellán, «el Jorobeta», rico terrateniente y «camisa vieja» de la Falange; Andrés Sánchez Rubio, jefe de sector de Falange Española; y un capitán de la Guardia Civil apellidado Casinello. De algunos de ellos se tratará más adelante.[12]

Varias dependencias del Gobierno Civil fueron habilitadas como celdas provisionales y allí se encerraba de manera provisional a los «indeseables» llevados al edificio para ser interrogados por los colaboradores de Valdés.

Hubo a veces escenas atroces. En los interrogatorios se recurría a menudo a la tortura, y se había instalado en una de las salas un instrumento conocido como «el aeroplano»: con los brazos atados a la espalda las víctimas eran izadas hasta el techo por las muñecas, desarticulándoseles los omóplatos. Los porteros del

---

* Según un documento del Colegio de Abogados de Madrid, publicado en la prensa republicana a finales de septiembre de 1936, se había asesinado ya en la capital andaluza a más de 9.000 obreros, cifra casi seguramente exagerada. Véase «Un importante documento sobre la insurrección. El Colegio de Abogados de Madrid expone los casos de barbarie fascista que se han registrado en las poblaciones ocupadas por los facciosos», *Heraldo de Madrid*, 30 de septiembre de 1936, p. 5.

edificio, con algunos de los cuales hablamos, oían los gritos de los torturados, y hubo ocasiones en que estos trataron de suicidarse arrojándose por las ventanas al colindante Jardín Botánico.

Cuando los del Gobierno Civil habían «terminado» con un prisionero, lo entregaban a los especialistas de los «paseos»: los componentes de las infames «escuadras negras».

No se trataba de una organización claramente definida. La integraba un grupo más o menos amorfo de individuos —quince o veinte— que mataban por gusto y a quienes Valdés, con la finalidad de sembrar el pánico entre la población civil, había otorgado una gran libertad de acción, prácticamente carta blanca.

Se conocen los nombres de varios de ellos: Francisco Jiménez Callejas («El Pajarero»), que tenía entonces 20 años y murió en Granada el 24 de mayo de 1977, rico propietario de una fábrica de maderas; José Vico Escamilla, dueño de una hojalatería en la calle de San Juan de Dios quemada durante los disturbios del 10 de marzo de 1936;[*] Perico Morales, sereno que había sido miembro de la CNT antes de la sublevación; los hermanos Pedro y Antonio Embiz; los hermanos López Peralta, uno de los cuales, Fernando, se suicidó después de la guerra; Cristóbal Fernández Amigo; Miguel Cañadas y Miguel Hórquez, otros veinteañeros; Manuel López Barajas; Carlos Jiménez Vílchez (empleado del Ayuntamiento granadino en 1966); y los individuos apodados «El Chato de la Plaza Nueva» (Luis Ruiz Casas), cuya madre tenía un prostíbulo en la calle de San Juan de los Reyes,[**] «El Cuchillero del Pie de la Torre», «El Afilaor», «El Motrileño»[***] y «El Panaero».[****]

***

[*] «También fue destruida una hojalatería modesta de la Calle de San Juan de Dios, porque su dueño, el señor Vico, era fascista» (Gollonet y Morales, p. 36).

[**] Molina Fajardo, *Los últimos días de García Lorca*, p.173.

[***] Según el masón Antonio Mendoza de la Fuente se trataba de un tal José Rodríguez (Molina Fajardo, *ibíd.*, p. 259).

[****] Según un informante de Molina Fajardo, este individuo, hijo de un guardia civil, fue fusilado después en Málaga por los propios sublevados (*ibíd.*, p. 232).

Las escuadras de asesinos actuaban sobre todo —de ahí lo de «negras»— por la noche, utilizando coches que habían sido requisados y que a veces llevaban un banderín con una calavera y dos tibias cruzadas. Claude Couffon ha descrito gráficamente sus métodos:

> Las operaciones de limpieza practicadas por la «Escuadra Negra» tienen un nombre evocador: el paseo. Se desarrollan siguiendo un procedimiento tan característico que bien se puede hablar de método. Para el hombre puesto en la mira de los verdugos, todo comienza con la frenada brusca de un vehículo en la puerta de su casa, generalmente a altas horas de la noche. Después gritos, risas, insultos, y pasos en las escaleras, cuando se vive, como sucede en los barrios populares, amontonados en todos los pisos. Finalmente una andanada de puñetazos contra la puerta. Y es la escena atroz: la madre que se pega al hijo e implora a los torturadores, quienes la rechazan a culatazos; los hijos y la mujer que lloran sobre el pecho en que apuntan los fusiles. El hombre, vestido a la ligera, es empujado, brutalmente precipitado en la escalera. Un motor ronca, el vehículo parte. Detrás de las persianas cerradas de la casa, vecinos y vecinas espían y piensan que mañana les puede tocar el turno... A veces la salva de fusiles estalla en la misma esquina, o simplemente en la acera. Y la madre o la esposa pueden descender, saben que solo encontrarán el cadáver. Pero que no salgan demasiado pronto, pues en tal caso puede suceder que suenen otros disparos, haciendo rodar su cuerpo sobre el cadáver que venían a buscar.[13]

Todas las mañanas había que recoger los cuerpos de muertos o moribundos, que a menudo iban a parar al Hospital de San Juan de Dios. Estaba al cargo de la «sala de heridos detenidos» el doctor Rafael Jofré García. Frecuentemente se personaban allí miembros de las escuadras de asesinos y se llevaban a la fuerza a alguien, sin hacer caso de las protestas del personal médico, para abatirlo en la misma calle. Jofré se acordaba, sobre todo, de las visitas de un sádico sargento de la Guardia Civil. Un día este mató a un padre y a su hijo internados en el hospital varios meses antes de la sublevación. También recordaba Jofré la llegada de un grupo de presos extranjeros heridos durante la célebre batalla del barranco del Buco: todos fueron sacados y fusilados enseguida, así como un muchacho de unos catorce años que había sido herido y detenido cuando defendía el Albaicín.[14]

3) *La Guardia Civil*. Según la *Historia de la Cruzada Española*, no había más de 40 guardias civiles en Granada cuando empezó el alzamiento.[15] Su jefe, el teniente coronel Fernando Vidal Pagán, era leal a la República, como ya vimos. El papel de conspirador principal le tocó al teniente Mariano Pelayo, a quien también hemos mencionado, quien, al poco tiempo de iniciarse el Movimiento, sería nombrado delegado de Orden Público. Era un hombre duro y ferozmente antirrepublicano, muy amigo de sus amigos e implacable con sus adversarios.

Los civiles, tiradores de primera, tomaban parte a menudo en los fusilamientos del cementerio.

4) *La Guardia de Asalto*. Esta fuerza, que contaba en Granada con unos 300 efectivos, era considerada como especialmente leal a la República, lo cual no impidió que su jefe, el capitán Álvarez, decidiera, como sabe el lector, ponerse al lado de los facciosos. Algunos de los que no siguieron su ejemplo fueron fusilados. Los demás se doblegaron, y a veces, como castigo por sus dudas iniciales, se les forzaba a actuar en los pelotones de ejecución tanto en Granada como en lugares circundantes.

5) *La Policía*. La Comisaría de Policía se encontraba en la calle Duquesa, frente al Gobierno Civil. Durante la represión había un constante ir y venir entre ambos y los calabozos de la Comisaría fueron escenario de inauditas violencias. Entre ellos los dos edificios constituyeron el epicentro del Terror impuesto en Granada por los sublevados.

6) *Falange Española de las JONS.* Tenía pocos afiliados antes de la sublevación. Una vez tomada la ciudad, la situación cambió dramáticamente. Según una nota publicada el 22 de julio por *Ideal*, la organización estaba dispuesta a alistar a todos aquellos que fueran avalados por un «camisa vieja».

La oficina de reclutamiento, instalada en el Gobierno Civil, se inundó de solicitudes de admisión: la *Historia de la Cruzada Española* afirma que se enrolaron 900 personas en unos pocos días, mientras Gollonet y Morales dan la cifra mucho más alta de 2.000 en veinticuatro horas.[16]

No cabe duda de que, gracias a una amistad personal, más de un «rojo» logró ingresar en la Falange en el intento de salvar la vida. Por algo se llegaría a hablar de la formación como *refugium peccatorum.*

Los nuevos afiliados eran organizados en dos «líneas»: la primera destinada a luchar junto al Ejército en el frente, la otra encargada del buen funcionamiento de los servicios de abastecimiento de la capital.

La segunda línea se dedicaba también a actividades menos inocentes. En un artículo publicado en *Ideal* el 1 de septiembre de 1936 se dice de ella: «Esta sección está obligada a dar cuenta a la organización de todos aquellos casos que conozcan y que vayan en contra de la Patria o de Falange Española.»

Los falangistas granadinos fueron directamente responsables de la muerte de muchos cientos de sus conciudadanos. Para su siniestro cometido podían contar con la inapreciable ayuda del capitán Manuel Rojas Feigenspan, el culpable de la matanza de anarquistas andaluces en el pueblo gaditano de Casas Viejas, tres años antes. Cuando estalló la sublevación, Rojas estaba desterrado en Granada. Se sumó enseguida al Movimiento y fue nombrado jefe provincial de las milicias joseantonianas. Siniestro y vesánico, desempeñó un papel destacado en la represión granadina.

7) *Milicias de Acción Popular.* Hemos señalado que, a consecuencia del triunfo del Frente Popular en las elecciones de febrero de 1936, muchos miembros de las Juventudes de Acción Po-

pular (JAP) pasaron a la Falange. No todos, sin embargo, y en Granada, como en otros sitios, se procuró formar unas milicias del partido. El intento, impulsado por el ex diputado de la CEDA, Ramón Ruiz Alonso, fracasó, integrándose luego sus militantes en otras formaciones.

8) *Los Requetés* (milicias de la Comunión Tradicionalista). Tuvieron más suerte que las de Acción Popular. Anunciaron en *Ideal* el 22 de julio de 1936 que apoyaban de buen grado el Movimiento Salvador: «Nuestra Comunión ofrece sus servicios al Ejército, que es el servicio de España, pidiendo a Dios y a su Madre Santísima protejan nuestras banderas.» Se ordenó a todos los requetés locales que se pusieran inmediatamente en contacto con el cuartel general de la Comunión «para hacer listas y organizar servicios de la manera que sea más útil». Aunque había pocos «boinas rojas» en Granada, se logró al poco tiempo formar un tercio completo.[17]

9) *Los Españoles Patriotas*. Fueron creados por el general Orgaz Yoldi a finales de julio de 1936. En pocos días había 5.175 afiliados mandados por 29 oficiales y 150 clases. Su cuartel se estableció en la plaza de toros.[18] Los Españoles Patriotas actuaron al principio de Policía Municipal, tomando parte en la represión, pero más tarde varias de sus secciones lucharon en el frente. El 29 de diciembre de 1936 *Ideal* anunció que la organización se fundía con la Falange.

10) *Defensa Armada de Granada*. Se creó a comienzos de septiembre de 1936. Una semana después tenía 2.086 afiliados y 4.000 solicitudes de admisión. Conocidos popularmente como «Mangas Verdes» por sus brazaletes de este color, eran paisanos considerados inútiles para el servicio militar por ser demasiado viejos, enfermos u ocupados en otros quehaceres. Su misión se reducía a espiar a sus vecinos y denunciar cualquier actividad o antecedente izquierdista que descubriesen.[19]

Defensa Armada dividió la ciudad en tres sectores, cada uno

con un jefe que, a su vez, nombraba a los «de calle» o «de zona».
Todos los edificios debían tener por lo menos un miembro. En
un ambiente digno del *1984* de George Orwell, Defensa Armada
fue responsable de la muerte de cientos de granadinos inocentes,
en muchos casos eliminados por razones de enemistad, envidia,
celos, deudas económicas u otros motivos personales.

				*　*　*

	Dada la saña con la cual se perseguía a todos los enemigos del
G. M. P. (Glorioso Movimiento Nacional), reales o imaginados,
no es de extrañar que, a los pocos días de producirse el alzamiento, la Cárcel Provincial de Granada, situada casi en las afueras de
la ciudad en la carretera de Jaén, estuviera abarrotada. Allí, en un
edificio destinado a contener como máximo a unos 400 prisioneros, se amontonaron pronto unos 2.000 en condiciones realmente espantosas. Cada noche se leían públicamente las listas de los
presos que habían sido seleccionados para el «paseo». Los infor-
tunados pasaban sus últimas horas en capilla y podían confesarse
si querían. Luego, unas horas antes del amanecer, eran llevados
en camiones al cementerio municipal de San José, detrás de la
Alhambra, y fusilados contra las tapias. Puede imaginarse la moral de los presos en un espacio físico estrechísimo, comiendo mal
y durmiendo peor, y con el temor continuo de ser eliminados.
Escuchemos el testimonio de César Torres Martínez:

	Aquello fue un momento tan tremendo, tan brutal, tan
colosal, que no se puede olvidar, y la personalidad nuestra en
general quedó anulada. Hubo casos excepcionales de hombres de un temple superior —los hay siempre, claro— pero en
general estábamos todos con el alma metida en un puño, y
con un temor incesante, con una preocupación continua. No
había manera de que un hombre fuese como es. Aquello estaba todo dislocado, estaba todo distorsionado completamente.
	Sí, se dieron unos casos excepcionales. Contaban un caso
allí de un chico jovencillo, no sé si tendría 21 años o 20 años, a

quien fusilaron una noche. Coincidía con el día en que su madre le había mandado un melón. Esto es verdad. Es anecdótico, pero es verdad. Y el tío en capilla, el hombre en capilla y tal dice: «¿Me hacen el favor de que vayan a mi brigada a buscarme el melón? Porque este melón me lo mandó mi madre para mí y voy a comérmelo antes de que muera.» Esto es verdad, auténticamente verdad. Y se comió el melón en capilla.

Yo estoy completamente convencido de que el 99 por ciento de la gente estaba aterrada, totalmente aterrada. Porque si no, no me explico que, siendo miles de personas allí, sabiendo que podían matarnos a todos, no hubiéramos hecho algo para salir de allí. Aunque fuera matando, y aunque fuera muriendo la mayor parte —¡si ibas a morir igual!—, pero en realidad había siempre la duda de si ibas a morir o no ibas a morir. Y había el temor. Y que la gente estaba aterrorizada para mí no ofrece la menor duda.

Según Torres Martínez —y esto nos lo decía también el abogado socialista Antonio Pérez Funes, con él en la cárcel—, la mayoría de los funcionarios era buena gente que hacía todo lo posible por los presos. Pero tenían que proceder con suma prudencia pues tampoco estaban a salvo de la brutalidad de los sublevados. Sigue recordando Torres Martínez:

Los propios funcionarios de prisiones, en su mayoría, estaban asombrados, verdaderamente asombrados. Yo estoy hablando por mí y por mis amigos, pero en general se portaron muy humanamente y sentían, no sé si alguno sentiría otra cosa distinta, pero sentían aquello de una manera brutal, brutal. Estaban asombrados de aquello. Eran funcionarios y todos no tenían más remedio que hacer aquello porque, si no, se los cargaban a ellos también, pero lo hacían con verdadero dolor los que yo conocía. En general todos tenían bondad. No había manera de no tener bondad, si aquello era disparatado, tan loco, tan brutal, tan sanguinario, que no había manera, siendo un hombre, de no sentir compasión.[20]

Además de las «sacas» nocturnas oficiosas, a veces llegaba a la cárcel algún que otro miembro de las «escuadras negras» en busca de una víctima particular a quien o bien se llevaba consigo o dejaba tumbado en la celda. Hubo también varios intentos, muy comprensibles, de suicidio. Un caso notorio fue el del abogado José Villoslada —uno de los oradores del mitin de marzo de 1936—, quien se abrió las muñecas con un alambre. No logró matarse y fue fusilado poco después.[21]

En la cárcel se hablaba mucho de las actividades de una delatora conocida como «La Dama (o Tía) del Abanico». Su nombre real era Alicia Herrero Vaquero. Había sido mandada a Granada desde Jaén como espía de los republicanos con la consigna, por lo visto, de organizar un alzamiento popular contra los sublevados. Pero la desenmascaró Mariano Pelayo, ya delegado de Orden Público, que le perdonó la vida a cambio de hacer contraespionaje y delatar a elementos izquierdistas.

A estos efectos le montó un local en la calle de Puentezuelas, el Bar Eladio, donde empezaron a reunirse bastantes «rojos». Antes de que se diesen cuenta de la trampa, muchos de ellos fueron detenidos y fusilados. «"La Tía del Abanico" llenó de gente la cárcel», nos aseguró el mencionado Antonio Pérez Funes.[22]

Entre sus víctimas figuraban las dos chicas conocidas como «Las Niñas de la Fuente», hijas de Jesús Peinado, arrendatario del Carmen de la Fuente, situado en un paraje aislado a orillas del río Darro no lejos de la Fuente del Avellano. Las «Niñas» estaban en contacto con los republicanos huidos a Sierra Nevada, que a menudo bajaban por la noche al carmen. También participaban en las reuniones del bar de la calle de Puentezuelas. Al ser denunciadas por «La Tía del Abanico» no tardaron en ser llevadas al paredón.*

---

* A principios de octubre de 1938 mandaron a «La Tía del Abanico» un paquete con un aparato explosivo. Pelayo, que la vigilaba de cerca, lo interceptó y abrió. Estalló y perdió la mano izquierda. En represalia fusilaron a 60 presos en el cementerio. El futuro historiador Rafael Abella se encontraba entonces en Granada. Tenía 21 años. Un día le dijo un miembro de las «escuadras negras», comentando el accidente de Pelayo: «La explosión le ha arrancado la mano izquierda. No importa, porque le queda la mano derecha para firmar sentencias de muerte» (declaración de Rafael Abella al autor, Barcelona, 9 de mayo de 1980).

Había otros muchos delatores en Granada que trataban de salvar el pellejo haciendo la misma sucia faena. Y muchos que, sin estar en peligro alguno, ponían denuncias por el gusto de acabar con un «rojo».

Un día Torres Martínez recibió una visita inesperada, la del capitán José María Nestares Cuéllar, como sabemos uno de los principales dirigentes rebeldes:

> Me dijeron que quería hablar conmigo Nestares en el locutorio. Y como yo tampoco podía negarme, yo no podía hacer lo que hizo Ossorio y Gallardo en la cárcel, en una época en que estuvo en la dictadura, que fue a verle un señor y él no quería recibirlo y entonces le dijo al funcionario de prisiones: «Dígale usted que no estoy en casa como se diga esto en la cárcel.» De modo que no tuve más remedio que salir y hablar con él. Era un hombre bajo, de complexión bastante fuerte me pareció, y me saludó. La razón de que viniese a verme no sé cuál era porque no había ninguna razón para que me viese. Supongo que querría conocer a quien había sido gobernador civil antes de la sublevación. No sé. Me saludó, hablamos un poco y luego él empezó a hablar del liberalismo, de los intelectuales, de las equivocaciones que se cometían en contra de la Patria. Dijo que estábamos equivocados, que la Patria necesitaba que se la sirviese con entera dedicación, y que no se cometiesen errores de los intelectuales como este de don Antonio Maura que dijo en un discurso que el pensamiento no delinque. «Claro que delinque», decía Nestares. Dijo que él pensaba que los cerebros de los intelectuales deberían estar al servicio de la Patria, de lo que él consideraba Patria, claro. ¡Y yo no le podía decir, claro, que nosotros éramos tan patrióticos como él![23]

A pesar de ser muy duro con sus enemigos, Nestares —que tenía entonces 36 años— trató de salvar la vida a varios «rojos» relevantes, en particular a Joaquín García Labella, joven y brillante catedrático de Derecho Administrativo de la Universidad de Granada y dirigente de Izquierda Republicana; al concejal

Francisco Rubio Callejón, que había sido gobernador civil de Jaén antes que Torres Martínez; a Jesús Yoldi Bereau, catedrático de Farmacia de la Universidad; y al concejal Manuel Salinas. Los cuatro fueron detenidos en los primeros momentos de la represión, pero en agosto logró Nestares sacarlos de la Cárcel Provisional y llevárselos con él al cercano pueblo de Víznar, donde mandaba el destacamento falangista. Sus esfuerzos resultaron inútiles. Recuerda Torres Martínez:

> El 15 de agosto se despidió de mí en la cárcel García Labella y me dijo que salía gracias a Nestares para que pasase el día de su santo con su familia, y que luego se iría para Víznar. Pero, a los pocos meses,* volvió una tarde a ingresar en la cárcel y me vio. Estuvo conmigo y me dijo que «no sé, no sé, me traen para aquí, no sé para qué, no sé por qué». Estaba preocupado, como era natural. Se marchó para su celda. Y a las dos horas, por ahí, a las ocho de la noche, a las ocho y media, abrieron mi celda y vino Labella a despedirse de mí. Y aquella noche lo fusilaron.
>
> Era una escena tremendamente emotiva, enternecedora. Lloramos los dos, nos abrazamos. Yo tenía un recuerdo extraordinario de Joaquín García Labella, que entre los primeros alumnos que tuvo él como catedrático en Santiago, era muy joven, fui yo. Yo, desde aquel día en que lo tuve por catedrático mío, tuve con él una amistad íntima y entrañable. Me trató siempre de una manera afectuosísima y cariñosa, para mí era una persona encantadora, buena, un hombre ponderado. En fin, ha sido un golpe tremendo. Y aquella noche lo fusilaron.[24]

El mismo día, el 24 de agosto, habían traído también a la cárcel desde el pueblo de Víznar a Francisco Rubio Callejón. No le vio Torres Martínez, pero se lo contó García Labella. Y a la mañana siguiente fusilaron también a Rubio.

---

* En realidad, unos nueve días después.

Vale la pena subrayar el episodio, pues demuestra que Nestares —una de las piezas clave en esta historia—, a pesar de su innegable peso dentro de la jerarquía de los sublevados granadinos, no siempre podía salvar a sus propios protegidos, máxime de haber sido republicanos con cargos importantes en la política o el sistema educativo. ¿Quién se oponía a que los salvase? En este caso concreto el responsable fue el gobernador civil rebelde, Valdés Guzmán. Había visitado el domingo 23 de agosto la zona de Víznar y, al pasar por el pueblo de Alfacar, se había enfrentado con él un teniente coronel de la Guardia Civil retirado que vivía allí. Se llamaba Isidro Torres Soto. Su hijo, Francisco Torres Monereo, había sido fusilado poco tiempo antes en Granada. Torres Soto protestó ante Valdés de que a Nestares se le permitiese proteger a varios «rojos» en Víznar mientras que a elementos menos peligrosos, como su hijo, se les fusilaba en el cementerio de Granada. *Ideal* recogió a la mañana siguiente el encuentro, durante el cual Valdés elogió a Torres Soto, fiel a la Causa pese a que hubiesen ejecutado a su hijo. Se comprometió a ocuparse del asunto. Y lo hizo, aprovechando que Nestares estaba ausente de Víznar.[25]

Las condiciones en la cárcel eran atroces. Estaba totalmente abarrotada: «En los dormitorios, colchones. En cada colchón, pues dos tíos. Como estaban todos juntos, allí se llegaba cuando las sacas: "Fulano de tal", al principio. Luego, ya llegaban, y como había mucha gente, entraba el oficial de prisiones, con otro, hasta los pies de las camas: "¿Usted cómo se llama?" "Fulano de tal." Y decían: "Pues vístase usted." "Hombre —decía el que fuera—, que si tal..." "¡Que se vista usted!" Y ya se marchaba. Al que le tocaba, pasaba un rato a la capilla, y el cura de la prisión le decía lo que fuera, y acto continuo, para arriba.»[26]

Se produjo entre los reclusos una extraordinaria epidemia de religiosidad. Como los sublevados se declaraban cruzados cristianos contra los enemigos de Dios, era sumamente prudente, además de psicológicamente comprensible, hacer profesión de fe católica. Torres Martínez nunca lo olvidaría:

Lo que salió, por lo menos en Granada y creo que en toda España, fue una floración de fe, una cosa no sé si era interna pero por lo menos externamente era una cosa verdaderamente colosal. Una cosa que impregnaba toda la vida de los ciudadanos entre el temor, entre el deseo de salvarse, y como además ellos consideraban que estaban defendiendo la religión en contra de unos ataques que les habían hecho en la República, pues aquello fue cada día más fuerte, más potente. Parecía que era todo el mundo de un catolicismo tremendo. Realmente después el conducto no era así. La cosa externa lo era. Era extraordinario aquello. Desde luego estaba la gente enfervorizada. Y todo el mundo andaba con «detentes».[27]

A propósito de los detentes («¡Detente, bala!»), Torres Martínez recordaba unos detalles que expresaban gráficamente la superstición religiosa que imperaba en la cárcel y el temor a la muerte que atenazaba a los presos:

La primera vez que oí hablar de los detentes fue después de tomarme declaración el juez. El secretario, el que escribió a máquina, era un chico joven, muy agradable, vestido con una camisa azul, pero muy buena persona, muy agradable, porque, al marcharse —primero salió el juez, yo me quedaba allí para marcharme a mi celda después—, este señor, al recoger la máquina, me dice: «¿A usted le molestaría mucho llevar un detente, llevar este detente?» Yo dije: «No, claro, ¿cómo me va a molestar este detente?» Y me lo puse. Y, claro, ¡se dio la casualidad que de los que fuimos al consejo de guerra el único que se salvó fui yo! El segundo consejo de guerra se celebró calculo yo el día 6 a 8 de agosto, contra seis elementos militares que consideraban como contrarios al Movimiento e izquierdistas. ¡Y se volvió a dar la misma historia! Porque el único que se salvó era el capitán, o comandante, don Bonifacio Jiménez, que era de Intervenciones Militares, y que llevaba también un detente dado por la misma persona. Claro, yo después he visto que los detentes tuvieron una floración extraordinaria, extraordinaria. Porque todo el mundo andaba con detentes.

Entonces vino, pasados unos meses, vino un padre, el padre Rubio, a verme a la cárcel, y me dijo: «Mire usted, es que yo estoy investigando sobre la conducta de una monjita, mejor dicho, sobre las virtudes de una monjita, sor Cristina, que nosotros consideramos que es santa, es una mujer tan buena, y parece que usted llevaba un detente, ¿es verdad esto?» «Sí, pues lo llevaba y es este, claro», y se lo enseñé. Dice: «Pues este detente lo hizo sor Cristina.» Dije: «Pues muy bien», pero yo no sabía ni quién era sor Cristina. Dijo él: «Y da la circunstancia notable de que el otro que se salvó en el segundo consejo de guerra también llevaba un detente de sor Cristina.» Pues aquel padre me dice esto. Y a las pocas semanas esta propia sor Cristina me mandó una imagen, escrita de su puño y letra, diciendo «orar, rezar y sufrir» o un lema parecido, y yo la tenía en mi celda, y me parece que la conservo todavía.[28]

La Granada católica decidió por estas fechas organizar un «apoteósico homenaje» a su patrona, la Virgen de las Angustias, llevando su imagen en triunfal recorrido por las calles en gratitud por su eficaz intervención contra los diabólicos designios de las «hordas marxistas» locales. Hordas «apercibidas y preparadas para producir en nuestra hermosa y apacible ciudad todos los sangrientos desmanes que en otros lugares han realizado». Menos mal que María había extendido su «manto protector» sobre ella, «amparándola y poniéndola a salvo», porque, si no, los bárbaros habrían matado a mansalva.[29]

Como ya hacían los sublevados. Impunemente.

El cementerio de San José se encuentra detrás de la Alhambra, mirando hacia Sierra Nevada. Los camiones de la muerte, para llegar, debían cruzar por el centro de la ciudad hasta alcanzar la empinada Cuesta de Gomérez, la principal vía de acceso a los palacios árabes.

En lo alto de la colina, detrás del hotel Alhambra Palace, vivían en una hermosa casa el vicecónsul británico de Granada, William Davenhill, y su hermana Maravillas. Cada madrugada oían el chirrido de los camiones en la esquina. Un día Maravillas se atrevió a mirar cautelosamente por la ventana. «Era horrible —nos dijo en 1966—, en cada camión había 20 o 30 hombres y mujeres amontonados unos sobre otros, atados como cerdos para el mercado. Diez minutos después oímos disparar en el cementerio. Sabíamos que todo había terminado.»

Se dio la casualidad de que, al estallar la insurrección, se encontraba en Granada un grupo de viajeros norteamericanos, entre ellos el cronista de bridge del famoso *New York Herald Tribune*, Robert Neville. Hombre liberal y amigo de España y su República, Neville apuntó en su diario —minuciosa y cotidianamente— sus experiencias de aquellos días, desde el 18 de julio, fecha de su llegada a la ciudad, hasta el 12 de agosto cuando, con el resto del grupo, fue evacuado por avión a Sevilla.

Hacia finales de agosto Neville estaba ya de regreso en Nueva York, donde, el día 30, publicó íntegro su diario en el *Herald Tribune*.

Se había hospedado en la Pensión América, cerca de la Alhambra, y veía cada día a sus compatriotas instalados en el célebre Hotel Washington Irving, situado justamente en la esquina donde la calle tuerce a la derecha para seguir hasta el cementerio. El 29 de julio consignó en su diario:

Ya hemos desentrañado la significación de la ráfaga de disparos que oímos cada mañana al amanecer y cada tarde al anochecer. También hemos podido relacionarlo con los camiones de soldados que suben por el Washington Irving unos pocos minutos antes de que oigamos los disparos y que bajan otros pocos minutos después. Hoy cuatro de nosotros jugábamos al bridge en una habitación de la segunda planta del hotel cuando pasaron dos camiones. Desde abajo habría parecido que todos los hombres en aquellos enormes camiones fuesen soldados, pero hoy los vimos desde arriba y observamos que en el centro de cada camión había un grupo de paisanos.

El camino que pasa por el Washington Irving va al cementerio. No va a otro sitio. Hoy los camiones subieron con aquellos paisanos. En cinco minutos oímos los disparos. A los cinco minutos bajaron los camiones, y esta vez no había paisanos. Aquellos soldados eran el pelotón y aquellos paisanos iban a ser fusilados.[30]

La tarde del 30 de julio Neville pudo arreglárselas, no sabemos cómo, para visitar el cementerio. Se encontró con doce enterradores «trabajando duro».[31]

Otro testigo norteamericano de las idas y venidas de los camiones de la muerte fue la escritora Helen Nicholson, que veraneaba aquel julio con su yerno Alfonso Gámir Sandoval —conocido historiador y anglófilo— en su casa, Villa Paulina, situada un poco más arriba que el Washington Irving, al otro lado de la carretera del cementerio (y hoy desaparecida). Gámir estaba casado con Asta, hija de la escritora. En su libro publicado en Londres en 1937, con el título apto de *Death in the Morning* (*Muerte al amanecer*), Nicholson describió su experiencia en la ciudad durante el primer mes y medio de la contienda. Su testimonio es importantísimo porque, a pesar de ser declaradamente a favor de los alzados, no calla lo que sabe de las ejecuciones del cementerio:

El domingo 2 de agosto tuvimos nuestro primer bombardeo aéreo a las 4:30, y el segundo a las 8. Después bajamos a desayunar a la planta baja, en bata. Recuerdo que estuvimos todos de bastante mal humor, pues cuatro horas y media de sueño es bien poco en tiempo de guerra, cuando uno está bajo un nerviosismo constante. Después de desayunar nos arrastramos penosamente escaleras arriba, y mi hija y su marido dijeron que iban a misa. Como yo no soy católica, me fui a mi habitación con la esperanza de recuperar una hora de sueño, pero parecía que pasaba delante de nuestra casa un mayor número de camiones militares que de costumbre, y con el estrépito que hacían, pitando a cada momento, y el ruido que subía del patio de las criadas, era difícil dormitar más de unos pocos minutos seguidos. Además, me atormentaba un inquieto recuerdo de la noche. A eso de las 2 me había despertado el ruido de un camión y de varios coches que subían por la cuesta hacia el cementerio, y poco después había oído una descarga de fusilería y luego los mismos vehículos que volvían. Después llegué a familiarizarme ya demasiado con estos ruidos y aprendí a temer hondamente la llegada del alba, no solamente porque era la hora escogida con preferencia por el enemigo para lanzarnos sus bombas, sino a causa de las ejecuciones que tenían lugar entonces.[32]

El libro de registros del camposanto demuestra que, desde el 20 de julio de 1936 hasta que se fuera Helen Nicholson a finales de aquel septiembre, solo hubo tres días en que no se inscribieran entierros de fusilados.[33] Se comprende la impresión que le hiciera su estancia en Granada. En otro párrafo de *Muerte al amanecer* abunda:

> Desde hacía bastante tiempo las ejecuciones habían ido aumentando a un ritmo que alarmaba y asqueaba a toda la gente ponderada. El guardián del cementerio, que tenía una pequeña y modesta familia de 23 hijos, nada menos, le rogó a mi yerno que le encontrara algún sitio donde su esposa, y sus 12 hijos más pequeños, que todavía vivían con ellos, pudiesen recogerse. Su casa en la portería —situada en la misma entrada del cementerio— les resultaba ya intolerable. No podían evitar el oír los tiros y a veces otros sonidos —los lamentos y quejidos de los agonizantes— que hacían de su vida una pesadilla, y temía el efecto que pudiesen producir en sus niños más pequeños.[34]

Robert Neville también recogió unos datos en relación con el conserje. Anotó en su diario el 4 de agosto:

Hoy se volvió loco el conserje del cementerio y hubo que llevarle al manicomio. Su familia huyó a la Pensión Alhambra, cerca de nosotros. Ayer por la tarde vimos a 37 paisanos que hacían su último viaje al cementerio. Esta mañana el periódico [*Ideal*] admite que hubo 30 ejecuciones, 15 de ellas en represalia contra los bombardeos.[35]

Al llegar al cementerio, los camiones torcían a la izquierda de la entrada y se paraban, sin entrar en el recinto propiamente dicho. Las ejecuciones se efectuaban contra las tapias. Solían componer el pelotón una mezcla de guardias civiles, soldados, falangistas y voluntarios al mando de un militar. Había dos filas (la primera arrodillada) y la señal de disparar la daba el oficial bajando el sable. Aunque de acuerdo con las leyes castrenses vigentes hubiese sido correcto fusilar a los presos de frente, parece ser que se les mataba por la espalda, de cara a la tapia, como último insulto.[36]

El guarda del cementerio en los primeros meses de la represión se llamaba José García Arquelladas. Nos aseguró que, además de los fusilamientos «oficiosos» que tenían lugar al amanecer y al anochecer, llegaban también hasta las tapias, a cualquier hora, coches con víctimas de las «escuadras negras». Al no proceder de la Cárcel Provincial, los condenados no llevaban la tarjeta de identificación que en la prisión se colocaba en su bolsillo antes de salir camino de las tapias con las manos atadas, tarjeta que luego entregaban los enterradores al personal de la oficina del cementerio para que se inscribiesen los nombres en el libro de registros. Así se explica que se inhumasen en el camposanto granadino a muchos más «rojos» de los que figuraban en el libro.

Arquelladas nos contó, sin ocultar su emoción treinta años después de los hechos:

Los enterradores llegaban a las 9 de la mañana, o sea que desde que se producían las ejecuciones a las 6 de la madrugada, o antes, quedaban solos los cadáveres. Quedaban solos, abandonados allí. Las puertas del cementerio estaban cerradas, el cementerio no lo abrían hasta las 9. Un desastre. Y a todas horas. Todo el día subiendo y bajando coches ligeros y todo. Yo he visto allí coger a los hombres al ir al trabajo, bueno, usted no sabe, yo sí lo sé; uno con un taleguillo, otro con su pañuelo, con la comida, allí los subían los camiones con su merienda y con todo. Y como los iban pillando por allí por los caminos, pues ¡al camión!

Los primeros meses estuve allí, luego me tuve que incorporar a la guerra. Aquello era, día y noche, un chorro. Coches subiendo, coches bajando, de día y de noche. Mujeres y todo, las criaturas allí andando de rodillas y no tenían perdón de nadie, allí llegaban —pim, pan, pin, pam— y se acabó. Unos decían: «¡Viva la República!», otros: «¡Viva el comunismo!» Había de todo, otras criaturas iban muertas, no todos tenían el mismo espíritu, arrastrándose de rodillas, pidiendo perdón.

En los primeros meses allí no había nada más que guardias civiles subiendo gente, luego otros, y Dios y su Madre, matando y se terminaba, los subían en los coches y los mataban enseguida. Era un chorro de día y de noche. Por la noche, con los mismos faros de los coches, en las mismas tapias, los ponían allí y ya está. Hay que darse cuenta de lo que es día y noche, no había regla, lo mismo subían 8, que 9, que 15, que 14, un lío, en los primeros meses más de 50 cada día, el día igual que la noche, era un chorro. Ya le digo, en los primeros meses que yo estuve eso era un chorro de día y de noche, un chorro de día y de noche y se ha terminado, y una chillería allí de mujeres y de todo y allí nosotros allí asustados, y Dios y su Madre...[37]

Que quede claro que las ejecuciones se llevaban a cabo fuera del cementerio, contra o cerca de las tapias, nunca dentro. Ni al fascista más fascista se le habría ocurrido fusilar a alguien en un recinto sagrado. ¿Cuántas personas cayeron? Un sepulturero le dijo a Gerald Brenan en 1949 que «la lista oficial de los fusilados tenía 8.000 nombres.»[38] Pero no creemos que existiera nunca tal «lista oficial».

Otra cosa era el libro de registros de los entierros. En 1966 logramos consultarlo sigilosamente en la oficina del camposanto, gracias a los buenos oficios del doctor José Rodríguez Contreras. Allí, al lado de las defunciones «naturales», estaban los nombres de los fusilados (aunque había muchas inscripciones sin identificación). Era por desgracia imposible conseguir una fotocopia del documento, por lo cual tuvimos que apuntar a mano los detalles que nos interesaban. Según nuestro cómputo, contenía los nombres de 2.102 hombres y mujeres, cada uno con su fecha de muerte, fusilados entre el 26 de julio de 1936 y el 1 de marzo de 1939. En la columna «causa de muerte» figuraba, para las primeras víctimas, el eufemismo «disparo de arma de fuego», luego sustituido por la fórmula «orden de tribunal militar». Vale la pena insistir en que esta cifra se extrajo del registro *oficial* de entierros, por lo cual podemos tener la absoluta seguridad de que se fusiló como mínimo a 2.102 personas en el cementerio de Granada.

El testimonio de José García Arquelladas, que acabamos de leer, demuestra que también se enterraba en el cementerio a muchas víctimas de las «escuadras negras», sin que sus nombres apareciesen en los registros. A estos desconocidos habría que sumar los numerosos cadáveres recogidos en las calles o afueras de Granada y luego subidos al cementerio. Además, hay que tener en cuenta que la cifra de 2.102 ajusticiados no incluye tampoco a los fusilados y asesinados de Víznar y otros pueblos cercanos a Granada. En nuestra opinión, el número de víctimas de la ciudad y sus inmediaciones no pudo ser inferior a 5.000 o 6.000. Si se considera la provincia en su conjunto, incluyendo a las poblaciones que no cayeron en manos rebeldes hasta el final de la guerra, como Baza y Guadix, parece seguro que el total fue muy superior.[39]

El mínimo es, pues, de 2.102 fusilamientos en el cementerio de Granada. Según el libro de registros, el mayor número de ejecuciones tuvo lugar en el mes de agosto de 1936, es decir, en las primeras semanas de la represión, cuando se apuntan los nombres de 562 víctimas.[40]

Hay que añadir que dicho libro desapareció a raíz de la publicación de nuestra monografía *La represión nacionalista de Granada en 1936 y la muerte de Federico García Lorca* (París, Ruedo Ibérico, 1971), cuando subieron a la oficina del cementerio unos policías y se lo llevaron. Según el testimonio de varias personas que trabajaban entonces en el Ayuntamiento, el alcalde, José Luis Pérez Serrabona, ordenó que se destruyera. Pero no fue así, pues lo tuvo en sus manos posteriormente el periodista y escritor granadino Eduardo Molina Fajardo, autor del trabajo póstumo *Los últimos días de García Lorca* (1983), que contiene una exhaustiva recopilación de los datos allí inscritos. Según esta, hubo 1.929 fusilamientos hasta octubre de 1938, cifra solo ligeramente inferior a la apuntada por nosotros en 1966. Es muy posible, además, que el libro exista todavía y que aparezca en cualquier momento, con lo cual la demostración de lo cometido en el cementerio de Granada será contundente.[41]

Las ejecuciones daban muchísimo trabajo al personal del cementerio, como constató Robert Neville, pues no solo tenían que abrir cientos de fosas sino recoger los cadáveres amontonados en las tapias y llevarlos dentro al patio de San José, situado al fondo del recinto y destinado a los fusilados. Los cuerpos eran enterrados en grupos de dos o tres, sin ataúdes, sin cruces, sin identificación, y pronto hubo que ensanchar el patio. Varias veces, según algunos testimonios. Muchos granadinos no sabían dónde estaba el cadáver de su padre, su hermano, su novio, sepultado sin caja en un desconocido rincón del patio. Se les vedaba el acceso al cementerio y exteriorizar su dolor. Incluso se les prohibía vestir de luto.

A los simpatizantes de los sublevados se les dejaba a veces presenciar las ejecuciones. Hablamos en agosto de 1966, en casa del mencionado vicecónsul británico, William Davenhill, con un farmacéutico que nos explicó, con toda tranquilidad, que había subido al cementerio varias veces con sus hijos pequeños para que viesen cómo «los enemigos de España pagaban sus crímenes».

Los «rojos» que tuvieron la suerte de escapar del infierno granadino contaban a los periodistas de la zona republicana lo que habían visto y oído. Así, por ejemplo, leemos en el diario madrileño *La Libertad* del 26 de octubre de 1936:

> *El terror fascista*
> *En Granada han sido fusiladas muchas personas*
>
> Procedentes de Granada llegan numerosas familias al frente de Guadix para librarse del terror que, impuesto por los fascistas, sigue dominando en la capital andaluza.
>
> Los fusilamientos son en su mayoría de obreros; pero también han sido pasados por las armas maestros nacionales, un inspector de Primera Enseñanza y otras personas de carrera y de profesiones liberales. Las órdenes dimanan del jefe de Falange, quien en su sed de sangre ha dispuesto que se fusile a los niños hasta los 15 años, «para acabar —según frase suya— con la simiente roja».
>
> Los señoritos fascistas salen a las afueras y regresan a la ciudad en camiones cargados con las personas que poco después son sus víctimas. A los izquierdistas significados se los asesina, sin perjuicio de luego llevar sus cuerpos ante el templo para rezar en súplica de que desaparezca toda influencia del espíritu de los «rojos».

Las víctimas de mayor categoría social gozaban de un tratamiento privilegiado, permitiéndose a sus familiares (quizá pagando) que los inhumaran en tumbas de su propiedad. En la actualidad solo se puede localizar con relativa facilidad el nicho de Manuel Fernández-Montesinos, el malogrado alcalde de Granada, cuñado del poeta (ilustración 20).

Mencionemos a algunas de las más descollantes víctimas del Terror fascista en Granada.

En primer lugar, los concejales del Ayuntamiento, 24 cuando empezó el Alzamiento. Señalamos con asterisco a los ejecutados. Se escaparon poquísimos, y es posible que algunos —como ocurrió con Ricardo Corro Moncho, fusilado por Queipo de Llano en Sevilla— fuesen abatidos en otros lugares:

* Manuel Fernández-Montesinos (PSOE)
Francisco Gómez Román (independiente)
* Rafael Gómez Juárez (PSOE)
* Juan Fernández Rosillo (PSOE)
* Constantino Ruiz Carnero (Izquierda Republicana)
* Rafael Baquero Sanmartín (Izquierda Republicana)
* Antonio Dalmases Miquel (PSOE)
* Francisco Ramírez Caballero (PSOE)
* José Valenzuela Marín (PSOE)
Miguel Lozano Gómez (Izquierda Republicana)
* Enrique Marín Forero (Izquierda Republicana)
Antonio Ortega Molina (independiente)
* Jesús Yoldi Bereau (Izquierda Republicana)
Alejandro Otero (PSOE)
* Maximiliano Hernández (PSOE)
* Francisco Rubio Callejón (Izquierda Republicana)
* Virgilio Castilla (PSOE)
* Juan Comino (PSOE)
* José Megías Manzano (Izquierda Republicana)
Cristóbal López Mezquita (independiente)
* Manuel Salinas (Izquierda Republicana)
* Wenceslao Guerrero (PSOE)
Rafael Jiménez Romero (independiente)
* Luis Fajardo (Izquierda Republicana)
* Rafael García Duarte (PSOE)
Antonio Álvarez Cienfuegos (derechas)
Federico García Ponce (PSOE)
José Martín Barrales (Izquierda Republicana)
José Pareja Yébenes (Izquierda Republicana)
Eduardo Moreno Velasco (derechas)
Alfonso López Barajas (derechas)
Claudio Hernández López (Izquierda Republicana)
Juan Félix Sanz Blanco (derechas)
Ángel Saldaña (independiente)
Carlos Morenilla (derechas)
José Antonio Tello Ruiz (derechas)

Indalecio Romero de la Cruz (derechas)
* Ricardo Corro Moncho (Izquierda Republicana)
* José Palanco Romero (Izquierda Republicana)
* Francisco Menoyo Baños (PSOE)
* Pablo Cortés Fauré (PSOE)
Eduardo Molina Díaz (derechas)
Germán García Gil de Gibaja (derechas)
Fermín Garrido Quintana (derechas)

Hemos mencionado a Constantino Ruiz Carnero, concejal de Izquierda Republicana, director de *El Defensor de Granada*, brillante columnista y amigo íntimo de García Lorca (ilustración 2). Por su filiación republicana y antifascista era un hombre marcado desde tiempo atrás por los que preparaban la sublevación en la ciudad. Lo detuvieron en los primeros momentos de la misma. Era corto de vista y llevaba gafas de cristales gruesos, sin las cuales apenas veía. La noche antes de su fusilamiento le rompieron los cristales de un culatazo, incrustándosele en los ojos unas púas de vidrio. De madrugada lo subieron a un camión con otros condenados, pero, al llegar al cementerio, estaba ya muerto.⁴²

Al ingeniero Juan José de Santa Cruz, constructor de la carretera de la Sierra, que llega hasta el Pico de la Veleta, le acusaron de haber minado el río Darro donde pasa bajo las calles de Granada. Acusación grotesca, que se creyó la ingenua Helen Nicholson.*

La noche antes de su fusilamiento —el 2 de agosto de 1936—, Santa Cruz se casó en la cárcel con su compañera de muchos años, una gitana.

---

* Nicholson, p. 34: «Asta siguió diciendo: "[Santa Cruz] tenía el proyecto de volar la ciudad, y había minado el cauce del río Darro donde pasa bajo los Reyes Católicos [la calle más importante de ciudad]. Encontraron en su poder papeles que le acusaban de modo irrefutable. Tenía amigos muy influyentes y su culpabilidad no debió de dejar duda alguna, pues estos no pudieron salvarlo. Para todos lo que le conocíamos ha sido un golpe espantoso".» La ingenuidad política de Helen Nicholson solo era comparable, por lo visto, a la de su hija.

Al despedirse de César Torres Martínez, parece ser que le dijo: «Usted, que queda vivo, cumplirá el encargo de sacar el sumario a la luz para que se vea la justicia que se nos ha hecho.»[43]

Se recuerda en Granada, o se recordaba, que Santa Cruz «murió como un hombre». También el presidente de la Diputación Provincial, Virgilio Castilla Carmona. José García Arquelladas, el guarda del cementerio, habló con él segundos antes de la descarga. Castilla sabía que trabajaba con Arquelladas un tal Paco Muñoz, que había hecho el jardín del político en su casa del Camino Bajo de Huétor. «¿Está Muñoz?», le preguntó a Arquelladas. «No, señor, que no viene hasta las 9.» «Pues le da un saludo fraternal de Virgilio Castilla.» Según su partida de defunción, redactada el 16 de agosto de 1936, y con el eufemismo habitual, Castilla «falleció en la demarcación de este distrito el día 2 del actual a las 6, a consecuencia de disparo de arma de fuego».[44]

En 1949 Gerald Brenan vio en el cementerio de Granada la tumba de «un famoso especialista de enfermedades de niños».[45] Se trataba de Rafael García Duarte, catedrático de Pediatría de la Universidad de Granada, presidente de la Academia de Medicina y muy respetado, sobre todo por los pobres, a quienes trataba gratuitamente. Parece ser que fue condenado por masón, condición que les costó la vida a numerosos granadinos.

A propósito de los masones, vale la pena citar un artículo publicado el 22 de septiembre de 1936 en *La Voz* de Madrid, titulado «Los facciosos han fusilado a los masones de Granada después de hacerles cavar sus tumbas». A pesar de contener bastantes errores, estaba en lo cierto su autor al afirmar: «En Granada había dos logias. Las asaltaron, se apoderaron de las listas donde constaban los nombres de los pertenecientes a ellas y los prendieron en masa. Muchos de ellos no eran ya masones activos, y casi todos formaban parte de la clase media granadina.»

Entre los demás médicos eliminados por los rebeldes figuraban Eduardo Ruiz Chena, José Megías Manzano —profesor auxiliar de la Facultad de Medicina de la Universidad— y Saturnino Reyes Vargas. Este último era padre de 11 o 12 hijos, socialista de toda la vida y miembro de Socorro Rojo Internacional.

Otros destacados profesores y maestros cayeron ante las tapias del cementerio. Hemos mencionado a Joaquín García Labella, catedrático de Derecho Administrativo de la Universidad de Granada, y a Jesús Yoldi Bereau, catedrático de Farmacia. También sucumbieron Salvador Vila Hernández, catedrático de Árabe y rector de la Universidad desde abril de 1936, detenido por los sublevados en Salamanca y llevado a Granada para ser eliminado; José Palanco Romero, catedrático de Historia de España, vicerrector de la Universidad, concejal y diputado a Cortes por Izquierda Republicana; Agustín Escribano, director de la Escuela Normal de Granada; Plácido Vargas Corpas, profesor de la misma; y el maestro nacional Francisco Revéllez Gómez.

Murieron numerosos abogados, entre ellos Enrique Marín Forero, concejal de Izquierda Republicana; el ya mencionado José Villoslada, que había tratado de suicidarse en la cárcel; Antonio Blasco Díaz y Ángel Jiménez de la Plata.

Hay que recordar también a Manuel Lupiañes, presidente de la Casa del Pueblo; José García Fernández, pastor protestante, y su esposa; José Raya, tío del escritor «Fabián Vidal», fusilado, según *El Sol* del 20 de octubre de 1936, «por el delito de ser teósofo»; Eufrasio Martín, periodista de *El Defensor de Granada*, y su esposa; el juez municipal Antonio Lafuente Vinuesa, hombre de derechas que se opuso al Movimiento; los hermanos Manuel, Arturo y Julio Porcel; Carlos y Evaristo Cervilla y su padre; y el comerciante Luis Ariza.

Creemos que lo constatado demuestra que en Granada —así como en el resto de la España «nacional»— los intelectuales tachados de «rojos» eran perseguidos con saña metódica. En un ambiente de vesania represiva todos los matices se confundían y los rebeldes eran ya incapaces de distinguir entre un «comunista», un «anarquista», un «socialista», un «sindicalista» o un simple «republicano». Además les daba igual, todos eran «rojos» y a todos había que liquidar como enemigos de la gloriosa Cruzada Nacional que iba a salvar a España de los «sin Dios».

Pocos indicios se pueden encontrar hoy, dentro del cementerio, de los miles de fusilados. Un lustro después de las ejecuciones, los restos de la gran mayoría de las víctimas fueron sacados de sus fosas anónimas y depositados en el osario, situado en la ladera oeste del camposanto.

Cuando Brenan visitó el tétrico recinto en 1949, un sepulturero le mostró las calaveras de las víctimas, agujereadas por el tiro de gracia. Pero en 1966, cuando nosotros lo hicimos, los despojos de los fusilados habían sido ya cubiertos por nuevas capas de esqueletos y mortajas (ilustración 18).

Después de la muerte de Franco las derechas locales obstaculizaron una y otra vez la colocación de una placa recordatoria en el lugar de las ejecuciones. Hoy, gracias a una decisión tajante al respecto del Tribunal Supremo de Andalucía, un rótulo de gran tamaño proclama: «LUGAR DE MEMORIA HISTÓRICA DE GRANADA. Tapias del cementerio de Granada. "A las víctimas del franquismo asesinadas en esta tapia por defender la legalidad democrática".»

Ya era hora.

6

EN LA HUERTA DE SAN VICENTE

La tarde del martes 20 de julio de 1936, con la guarnición ya en la calle, apoyada por los falangistas y otras fuerzas civiles, el alcalde de diez días, el socialista Manuel Fernández-Montesinos, marido de Concha García Lorca, fue detenido en su despacho del Ayuntamiento de Granada y llevado, con otros concejales municipales «rojos», a la Cárcel Provincial.

Había empezado el calvario de la familia.

Una vecina, Aurora de la Cuesta Garrido, que pasaba el verano en la colindante Huerta de la Virgencica, contaba años después que, según le había dicho la criada de los Fernández-Montesinos, Angelina Cordobilla González, el poeta se trasladó a la prisión aquella misma tarde con un cesto de comida para su cuñado. Y que, sin poder entregarlo siquiera, volvió llorando y se metió en la cama. Se infiere, si realmente fue así, que sería testigo allí de escenas desgarradoras.[1]

Acerca de lo que pasó en la Huerta de San Vicente durante los siguientes días y semanas nuestra información es escasa. Que se sepa, nadie apuntó fechas, nombres o conversaciones, ya fuera durante el transcurso de los acontecimientos o inmediatamente después. El sobresalto y la angustia terrible ante los sucesos que ocurrían no propiciaban su fijación por escrito.

A pesar de ello, los recuerdos de varios testigos presenciales hacen posible reconstruir con bastante exactitud algunos momentos decisivos del drama.

Tenemos, en primer lugar, el relato de la mencionada criada Angelina Cordobilla. Aunque no sabemos a ciencia cierta si el poeta se presentó realmente el 20 de julio de 1936 en la Cárcel Provincial con un cesto para su cuñado, es seguro que la tarea le fue encomendada luego a Angelina, que haría el trayecto a pie cada mañana al otro lado de la ciudad y lograría hasta el último momento dejar la comida de Fernández-Montesinos en la puerta del presidio.

Cuando la conocimos en agosto de 1966 tenía 53 años.[2] Conservaba muy bien sus facultades físicas y mentales, entre ellas una memoria clarísima, según se desprende del cotejo de sus recuerdos con los de otros testigos. Vencido el temor que sentía al principio, cuando abordamos el tema de la muerte del poeta, nos habló largo y tendido de lo sucedido en la Huerta y, posteriormente, en Granada. Durante nuestra entrevista estuvo sentada junto a ella su hija, que la animó a hablar sin miedo y colaboró activamente en la conversación, grabada en cinta magnetofónica.

Angelina nos habló del terror que padecía el «señorito Federico» cuando empezaron a caer bombas republicanas sobre puntos de la ciudad, bombas poco eficaces pero estruendosas:

> *Angelina:* Este señorito Federico, sí, él era muy gallina.
> *Hija:* Que era muy cobarde.
> *Angelina:* Cobarde. Él no tenía espíritu. Sabe usted que sabía tanto; él, cuando golpeaban y fusilaban, nos decía a nosotros: «Si me mataran a mí, ¿lloraríais vosotros mucho?» Y yo le decía: «¡Ande usted, que siempre está usted con lo mismo!».
> *Nosotros:* «Si me mataran a mí, ¿les dolería mucho?»
> *Angelina:* Sí, que si llorábamos nosotros mucho.
> *Hija:* Era muy buena persona.
> *Angelina:* Era muy buena persona. A orilla de él no había hambre. Y cuando se sentían las bombas, era de noche, la señorita Concha y yo bajábamos y pillábamos un sitio debajo del piano de cola y allí nos metíamos.
> *Hija:* Debajo del piano se metían.

Angelina: Debajo del piano nos metíamos cuando sentía-
mos los aparatos. Y él, pues, pobrecico, bajaba con el albornoz y decía: «Angelina, me da mucho miedo, yo me meto
con vosotras que me da mucho miedo», y se metía allí con
nosotras.[3]

La familia trataba de averiguar el curso de los acontecimientos escuchando la radio de ambos bandos y, podemos estar seguros de ello, leyendo cada mañana *Ideal.* Las visitas a la Huerta se
habían reducido a un absoluto mínimo. Fueron una excepción
las del joven amigo del poeta, Eduardo Rodríguez Valdivieso,
que había acudido a la Huerta el 18 de julio para celebrar el día
de padre e hijo. Recordaba que una tarde el poeta bajó de su habitación después de dormir, o tratar de dormir, la siesta y les contó que acababa de tener una pesadilla muy inquietante. Había
soñado que le rodeaban un grupo de mujeres enlutadas —vestidos negros, velos negros— enarbolando unos crucifijos, también negros, con los cuales le amenazaban. La expresión de la
madre, al escuchar tan escalofriante relato, era de espanto. No
era para menos en vista de lo que ocurría en la ciudad, con los
fusilamientos día y noche en el cementerio.[4]

Muy pronto las premoniciones oníricas de García Lorca se
convirtieron en justificadas.

Fue casi seguramente el 6 de agosto cuando una escuadra al
mando del capitán Manuel Rojas Feigenspan, el asesino de Casas
Viejas ahora convertido en Jefe de Milicias de la Falange, practicó un registro en la vivienda. Resultó «infructuoso» y Rojas le
diría al poeta que, en consecuencia, no existía acusación alguna
contra él.[5]

El día 7, y por elementos distintos, se llevó a cabo otro registro, igualmente «infructuoso», en busca de un amigo de Federico, Alfredo Rodríguez Orgaz, arquitecto municipal de Granada
hasta poco antes de la sublevación.[6] Había llegado huyendo a la
Huerta, temiendo por su vida, después de varios días escondido.
El padre, muy amable, le dijo que no estaría seguro ni mucho
menos con ellos y le prometió que dos campesinos de su conoci-

miento le pasarían por la noche a la zona republicana. Aceptó muy agradecido.

Federico parecía optimista. Acababa de tener noticias por la radio de un discurso de Indalecio Prieto, o quizá de escucharlo. «Esto va rápido —le aseguró—. Granada está cercada por los republicanos y la sublevación fracasará pronto.»

Era cierto. Granada estaba rodeada de territorio leal y en cualquier momento se podía producir un contraataque.

Al poco tiempo vieron acercarse por el camino a un grupo de falangistas. «Alfredo, escápate, vete, porque vienen a por ti», le instó el poeta. No se hizo de rogar y desapareció por detrás de la vivienda. Aquella noche se fue a campo traviesa en dirección a Santa Fe y se salvó.[7]

La familia vivía sumida en una profunda angustia, sabiendo que en cualquier momento podía ser fusilado Manuel Fernández-Montesinos.

El 1 de agosto *Ideal* había llevado un titular estremecedor: «SI VUELVEN A VENIR AVIONES ENEMIGOS SE TOMARÁN REPRESALIAS CON LOS INDIVIDUOS DEL FRENTE POPULAR.» El diario reproducía la durísima advertencia de la Comandancia Militar emitida la noche antes por Radio Granada. En ella, entre otras lindezas, se puntualizaba: «Por cada avión que aparezca sobre Granada de los titulados rojos, aunque no bombardeen lugar alguno de la provincia, serán tomadas represalias sobre individuos pertenecientes a lo que se llamó Frente Popular.» El siguiente artículo especificaba: «Si arrojasen bombas o tiroteasen desde los aparatos cualquier lugar de la provincia, a los individuos comprendidos en el apartado anterior se les aplicará el máximo rigor.»[8]

Represalias puras y duras, brutales. No se trataba de una vaga amenaza. La orden procedía del vesánico Queipo de Llano y se había empezado a aplicar enseguida.[9]

No ayudó a levantar el ánimo de los «rojos» granadinos, ni mucho menos, la llegada al aeropuerto de Armilla, la mañana del 3 de agosto de 1936, de un trimotor Junker que hora y media antes había despegado en Tetuán. Llevaba a los primeros 20 hombres del sexto batallón de la Legión Extranjera. Lo siguieron otros trimotores y por la tarde desfiló una compañía completa por el centro de la ciudad. Al cabo de unos días habría una bandera completa. Además llegaría un contingente de Regulares.[10]

Quizá fue por esas fechas cuando Lorca recibió una llamada telefónica muy inquietante. Nos contó su amigo José García Carrillo:

> Federico tenía mucho miedo, mucho. Sabía que lo buscaban. Pocos días después de que empezara el Movimiento le di un susto tremendo. Yo vivía en la Acera del Darro, en el hoy número dos, y el tío de Federico, Francisco García Rodríguez, el padre de su prima Clotilde, vivía en el número seis.* Unas noches después de empezar el Movimiento yo me hallaba en el balcón de mi casa. La calle estaba muy oscura, no había nadie. De repente llegaron dos coches, con fusiles asomando por las ventanillas de ambos lados. Estaban erizados de fusiles. Me entró un miedo terrible pensando que venían por mí. Me quedé allí, mirando. Dieron la vuelta y se pararon ante la casa que estaba al lado de la mía. La oscuridad era muy intensa. Salieron todos de los coches, corriendo. Tuve la sensación de que eran un centenar. Parecía una escena de película cómica en la que sale de un coche mucha más gente de la que puede caber. Con una lámpara que llevaban iluminaron la puerta de mi casa. Oí una voz que dijo: «No, aquí no es.» Luego, fueron a la puerta de la casa de Francisco García y llamaron. Intuí enseguida que buscaban a Federico. No contestó nadie. Entonces, con los fusiles, rompieron el cerrojo y entraron. Estuvieron allí cierto tiempo, oía el ruido que hacían dentro destrozando cosas. Al cabo de unos quince minutos, salieron. Escuché decir a alguien:

---

* Según el padrón municipal de diciembre de 1935 (hoja 21250), García Carrillo vivía con su familia en la Acera del Darro, número 64, 1.° derecha, y Francisco García Rodríguez (hoja 21241) en el número 60, piso 2.°.

«Bueno, aquí no es.» Cuando se fueron, llamé enseguida a Federico por teléfono. No me atreví a ir yo. Contestó una criada, y al cabo de largo rato se puso Federico. Le temblaba la voz. «¿Quién es? ¿Quién es?», preguntó muy nervioso. «Soy yo, Pepito», contesté. Oí un suspiro de alivio. «No sabes el susto que nos has dado a todos», me dijo. Tuve que hablar con cuidado, porque un amigo mío me había dicho que escuchaban mi teléfono. De modo que le dije: «Unos señores han estado en casa de tu tío Francisco, creo que buscándote a ti.» No me atreví a decirle que eran de Falange, con sus camisas azules, porque sabía que escuchaban mi teléfono. Pero Federico se dio cuenta de lo que le quería decir. Me lo agradeció. Se hallaba aterrado.[11]

No era por nada, pues el ritmo de asesinatos y de ejecuciones en el cementerio se aceleraba brutalmente. El 8 de agosto *Ideal* titulaba: «Fusilamientos en represalia por los bombardeos.» La Comandancia Militar había facilitado otra nota a Radio Granada. «En la madrugada de hoy —decía—, y como represalia de guerra por el bombardeo que sufrió esta en la tarde de ayer, han sido fusilados veinte individuos presos en la Prisión Provincial. Así estaba ordenado en el bando del día 31 del pasado mes de julio.»[12]

El mismo número de *Ideal* daba a conocer una estremecedora carta firmada por un grupo de encarcelados, entre ellos Manuel Fernández-Montesinos (ilustración 15):

> *Por Radio Granada se leyeron ayer, entre otras, las siguientes notas:*
>
> Excelentísimo señor comandante militar de Granada:
> Los abajo firmantes por sí y en nombre de todos los presos políticos detenidos en esta prisión provincial, a V. E. respetuosamente exponen:
> Que protestan enérgicamente contra los repetidos bombardeos aéreos de que está siendo objeto Granada.
> Esta protesta la hemos hecho patente desde el primer día que los aviadores causaron víctimas inocentes en la pobla-

ción civil, ajena en absoluto a esta contienda que por desgracia padecemos, y testigo de ello es el señor director de este establecimiento, a quien repetidamente hemos manifestado nuestra indignación.

Nuestro dolor ha llegado a su colmo cuando por la prensa de esta mañana nos hemos enterado del imperdonable atentado artístico que supone el bombardear la Alhambra, el más inapreciable tesoro de Granada, y de las víctimas producidas.

Contra tales actos de destrucción y exterminio estamos los que suscribimos la presente, enemigos de toda violencia y crueldad y así queremos hacerlo público desde esta cárcel donde vivimos días de angustia, serenamente confiados en la caballerosidad de los militares españoles. Por todo lo expuesto, Excmo. señor, nos dirigimos a V. E. autorizando con nuestra firma el presente escrito, del que puede V. E. hacer el uso que estime oportuno, incluso radiarlo para que conste a todo el mundo que en modo alguno nos solidarizamos con tales actos.

¡Ojalá que todos los españoles se hagan eco de nuestros sentimientos y cese ya de derramarse tanta sangre inocente por bien de España! Viva V. E. muchos años.

Granada, 7 de agosto de 1936

Firmado: Francisco Torres Monereo, Pablo Casiriai Nieva, José Villoslada, Fernández-Montesinos, Joaquín García Labella, José Megías, Luis Fajardo, Melchor Rubio, Arturo Marín Forero, Miguel Lozano, José Valenzuela, Rafael Vaquero, Maximiliano Hernández, Plácido E. Vargas Corpas (y otras varias ilegibles).*

---

* Sabemos a ciencia cierta que fueron fusilados Torres Monereo, Villoslada, Fernández-Montesinos, García Labella, Megías Manzano, Fajardo, Valenzuela, Baquero [sic], Hernández y Vargas Corpas. Manuel Marín Forero nos informó que su hermano, Arturo, se salvó, teniendo así más suerte que su otro hermano, Enrique, fusilado el 2 de agosto de 1936.

Tres días después, y cuando varios firmantes de la carta habían sido ya fusilados, a pesar de su protesta contra los bombardeos y de su confianza en «la caballerosidad de los militares españoles», Fernández-Montesinos, horrorizado por lo que pasaba, le escribió una carta urgente a su hermano Gregorio, médico como él, y que hay que suponer llegó enseguida a la Huerta de San Vicente:

> Queridísimo Gregorio:
>
> Hoy te escribo impresionadísimo por lo que está ocurriendo aquí desde hace varios [días] y que esta noche ha continuado: El fusilamiento de presos como represalia por las víctimas de los bombardeos. Con los de esta noche van ya sesenta, escogidos no sé cómo, pero de entre los presos gubernativos, es decir, aquellos que no sufren proceso. Hay imposibilidad de comunicación, y por eso te escribo por conducto seguro, para que llegue a ti esta llamada angustiosa. Las primeras ejecuciones fue algo tan monstruoso que no creíamos nunca que se repitiera, pero esta noche se ha repetido a pesar de todo.* No sé lo que pedirte que hagas. Solo te anuncio que de seguir así todos iremos cayendo más o menos rápidamente, y no se sabe qué desear, pues si es terrible acabar de una vez es más angustioso esta espera trágica sin saber a quién le tocará esta noche. Es necesario que hagáis algo para ver si termina este suplicio. Ponte de acuerdo con Diego** y busca a tío Frasquito*** para ver si hablan con Rosales**** que es uno de los dirigentes de F. E. A Del Campo***** le hablas de esto sin

---

* El 12 de agosto de 1936, según el libro de registros del cementerio de Granada, fueron enterrados allí por lo menos doce fusilados.

** Manuel Fernández-Montesinos García, hijo del alcalde Fernández-Montesinos Lustau y Concha García Lorca, nos informó que no había logrado identificar a esta persona.

*** Francisco García Rodríguez, hermano del padre del poeta.

**** Se trata, con casi absoluta seguridad, de José («Pepiniqui») Rosales Camacho.

***** Casi seguramente el alcalde rebelde, el teniente coronel de Infantería Miguel del Campo.

decirle que yo he escrito. Este no es un caso en el que influya el grado de peligrosidad del detenido, pues hasta ahora a los que les ha tocado ninguno se distinguió de manera precisa. El último ha sido Luis Fajardo.* Con esto te lo digo todo.

A mamá y a Conchita no les digas estas cosas. No quisiera que se enteraran de esta situación angustiosa por la que pasamos. Yo ya estoy resignado a no volveros a ver más y desearía que su sufrimiento fuera el más llevadero posible.

Adiós. Un fuerte abrazo de tu hermano

MANOLO

11. VIII. 36
Prisión Provincial[13]

Entretanto, el 9 de agosto, había llegado otro grupo de energúmenos a la Huerta de San Vicente. Buscaban a los hermanos del casero de la finca, Gabriel Perea Ruiz, a quienes se acusaba de haber matado a dos personas en Asquerosa. Varios testimonios concuerdan en que procedían en su mayor parte de aquel pueblo, anejo de Pinos Puente, y que, entre ellos, iban un tal Enrique García Puertas, conocido como «El Marranero», y dos terratenientes, Horacio y Miguel Roldán Quesada, militantes de la CEDA y lejanos parientes de Federico García Rodríguez, con quien habían tenido roces por asuntos de tierras, lindes y dinero.[14]

Horacio Roldán vivía en la misma casa que Valdés Guzmán, en la calle de San Antón, 81. Además, una de sus hermanas estaba casada con el capitán Antonio Fernández Sánchez, otro de los conspiradores granadinos más destacados. Se infiere que Roldán había estado muy al tanto del desarrollo de los preparativos para la sublevación en Granada.[15]

El 20 de julio Horacio Roldán «tomó» para los rebeldes el pueblo de Pinos Puente, después de un breve intercambio de disparos con la Casa del Pueblo.[16]

---

* Concejal granadino de Izquierda Unida.

Según Carmen, la hermana de Gabriel Perea —que recordaría hasta su muerte la llegada de «aquel tropel de gente» a la Huerta—, Miguel Roldán (conocido en Asquerosa y Pinos Puente como «El Marquesito») iba vestido aquella tarde con uniforme militar.[17]

Isabel Roldán García, prima a la vez de Federico y de Horacio y Miguel Roldán, vivía cerca de la Huerta de San Vicente y la visitaba todos los días. Nos puntualizó en 1978:

> Es que en Asquerosa hubo dos muertes, de dos personas que eran dos cuñados del «Marranero». Iban buscando al «Marranero», se lo querían cargar. Se atrincheró en su casa, y entonces los otros hombres, que venían del campo, asomaron por la calle y se los cargaron a ellos. Una cosa absurda, porque eran sus cuñados y dicen que eran unas bellísimas personas. Iban buscando al «Marranero» porque era un matón. Él era un matón. Y era un protegido, un guarda jurado, un protegido de los Roldanes. Y entonces, como habían matado a los cuñados del «Marranero», y entre ellos estaba el hermano de Gabriel (este hombre huyó, huyó a la zona roja, no lo pudieron coger), pues, por si acaso se había escondido en la Huerta donde estaba Gabriel, pues lo fueron a buscar, unos cuantos de ellos.[18]

El relato de Angelina Cordobilla, testigo presencial de los hechos, amplía muchos detalles del de Isabel Roldán, al tiempo que añade otros. Confirma que los que llegaron a la Huerta en busca del hermano de Gabriel eran de Pinos Puente y Asquerosa, dándose la casualidad de que la madre del casero Gabriel Perea, Isabel, había sido nodriza de uno de ellos:

> Vinieron en busca de un hermano del casero, un hermano de Gabriel. Vinieron en busca de él y estuvieron registrando la casa de los caseros y estuvieron mirando. Uno de Pinos, de Pinos era; ellos eran de Pinos. Y luego a la Isabel, a la madre de Gabriel, y a él, les pegaron con la culata. Hechos

polvo estaban, de rodillas. Entonces fueron a la casa de la
señorita Concha, al lado. ¿No ha visto usted que allí hay una
gran terraza? Pues allí había un poyo, con muchas macetas y
todo. Allí cenaban y comían y todo. Y entonces fueron estos
y azotaron a Gabriel. Y a Isabel, la madre de ellos, la pegaron y la tiraron por la escalera; y a mí. Y, luego, nos pusieron
en la placeta aquella en fila, para matarnos allí. Y, entonces,
la Isabel, la madre de ellos, le dice: «Hombre, siquiera mira
por la teta que te he dado, que a usted le he criado con mis
pechos.» Y dice él: «Si me ha criado usted con sus pechos,
con tus pechos, ha sido con mi dinero. Vas a tener martirio,
porque voy a matar a todos.» Al señorito Federico le dijeron
allí dentro maricón, le dijeron de todo. Y lo tiraron también
por la escalera y le pegaron. Yo estaba dentro y todo, y le
dijeron maricón. Al viejo, al padre, no le hicieron nada. Fue
al hijo.[19]

Manuel Fernández-Montesinos García, hijo de Concha García Lorca y Manuel Fernández-Montesinos, tenía entonces cuatro años. No olvidó aquella visita:

Me acuerdo perfectamente que una tarde estaba yo durmiendo la siesta en el piso de arriba [...] cuando me despertó
un ruido de coches que pararon en la puerta. Como aquello
entonces era algo verdaderamente raro, me asomé por las ra-
jas de la persiana del balcón y me acuerdo que vi a varias personas uniformadas bajarse de los coches. Cogieron al casero,
Gabriel, lo ataron a un cerezo que había más o menos donde
hoy está la palmera y luego le dieron de latigazos, sin que yo
llegara realmente a comprender lo que pasaba. Me acuerdo
también, aunque no sé si fue ese mismo día, que nos hicieron
bajar a todos a este piso* y la emprendieron a empujones con
mi abuelo y otro hombre, al que incluso llegaron a derribar al

* Es decir, el salón donde Fernández-Montesinos nos concedió la
entrevista, en la misma Huerta de San Vicente.

suelo, y que no podía ser otro más que mi tío. Después, cuando ya se iban, uno de los que había con uniforme le dijo a mi abuelo: «¿Qué, don Federico, no nos echa usted un vaso de vino?» Y mi abuelo le cerró la puerta en las narices.[20]

Disponemos, finalmente, del testimonio de Carmen Perea Ruiz, hermana del casero. Ratifica los de Isabel Roldán, Angelina Cordobilla y Manuel Fernández-Montesinos García. Carmen se acordaba perfectamente de que Miguel Roldán y García Puertas, «El Marranero», estuvieron entre los que allanaron la casa, y añadía un pormenor interesante. Según ella, «El Marranero», al ver al poeta, que se asomó a un balcón, le espetó: «¡Aquí tenemos al amigo de Fernando de los Ríos!» A lo cual contestaría Lorca que sí, pero que también de otras muchas personas y sin que le importasen un comino sus ideas políticas.[21]

Angelina, asustada por «sus niños» (Tica, Manolo y Conchita), se las arregló durante el desorden para escaparse con ellos por detrás de la casa y buscar refugio en la colindante Huerta de San Enrique, propiedad de Francisco Santugini López. Concurre Isabel Roldán:

> Cogió los niños y se fue a casa de Encarnita. Encarnita era una chiquita que vivía detrás, que entonces era soltera. La huerta de ella estaba inmediatamente detrás. Angelina, en ese momento, se fue a la huerta de atrás, la huerta de Encarnita, que estaba a un paso, a quitar a los niños de en medio. Es que el espectáculo aquel fue, vamos, terrible.[22]

Estos datos fueron corroborados en su momento por la propia Encarnación Santugini Díaz.[23]

Gracias a una nota publicada por *Ideal* a la mañana siguiente —nota de relevancia trascendental en medio de tantas versiones orales de lo ocurrido—, tenemos la certidumbre de que el violento episodio desarrollado en la Huerta de San Vicente tuvo lugar el 9 de agosto de 1936 (ilustración 16):

Detenido por supuesta ocultación

Por sospecharse pudiera ocultar el paradero de sus hermanos José, Andrés y Antonio, acusados por haber dado muerte a José y Daniel Linares, hecho ocurrido en un pueblo de la provincia el día 20 del pasado, un sargento de la Benemérita, retirado, detuvo ayer a Gabriel Perea Ruiz, en su domicilio, callejones de Gracia, huerta de don Federico García. Después de interrogado fue puesto en libertad.[24]

Ángel Saldaña, concejal independiente del Ayuntamiento de Granada en 1936, fue advertido por esas fechas que no se le ocurriera bajo ningún concepto visitar a Federico en la Huerta de San Vicente, porque estaba vigilada. Había oído el rumor persistente de que el poeta era un «espía ruso» y que escondía en la finca una radio clandestina —nada menos— con la que estaría en contacto con los republicanos.[25]

A Eduardo Rodríguez Valdivieso también se le avisó de que no se volviera a presentar en la Huerta.[26]

En vista de las amenazas, golpes e insultos de que había sido objeto, el poeta comprendió que era imprescindible tomar inmediatamente una decisión. ¿A quién acudir? ¿A qué persona de derechas, influyente y con capacidad para intervenir, pedir socorro? ¿Dónde esconderse, en último término? Entonces se acordó del joven poeta granadino Luis Rosales Camacho, con quien tenía amistad desde 1930. ¿No eran sus hermanos, José y Antonio, falangistas militantes?

Aquella misma tarde le llamó. Luis prometió ir inmediatamente a verle. Así lo hizo, llegando poco después en un coche oficial.

Nos describió la visita. No recordaba la fecha exacta de la misma, pero sabemos, gracias a la nota de *Ideal*, que fue el 9 de agosto:

A mí me llamaron como el día 5, así, ¿no?, no recuerdo con precisión, pero me llamaron como el día 5 de agosto por teléfono, me llamó Federico por teléfono. Me dijo que estaba preocupado, total, que fuera a su casa. Y fui, fui con mi hermano Gerardo. Yo creo que Gerardo vino conmigo, creo, no estoy seguro, no sé, y el caso es que allí fuimos y entonces me informó Federico; lo que me explicó él fue que ya habían ido por segunda vez aquel día a su casa, que le habían amenazado, que le habían incluso golpeado, que habían revuelto los papeles, que le habían tratado con desconsideración.

En vista de esto, y para evitar, más que nada, pues nunca, nunca creímos nadie, vamos, si hubiéramos creído que lo mataban hubiéramos hecho algo para [...] en fin, nunca creímos, ni yo, ni usted ni nadie creímos que lo iban a matar. Entonces lo que creímos era, más bien, la intención nuestra era ponerle al abrigo de malos tratos, de consideraciones, esto era realmente nuestro deseo, era lo único que nos pasó por las mientes. Entonces se celebró (eso también se ha descrito en muchas ocasiones), se celebró allí un consejo de familia [...].

Yo creo que yo soy ya el único, sí, yo soy ya el único testigo presencial de ese consejo. Conchita ha muerto, han muerto los padres, y Federico. Actualmente no queda más que la tradición ya de la familia, de lo que haya dicho Conchita en torno a esto.

Entonces, pues, aquel día se habló, se dijeron las distintas posibilidades que tenía Federico, y yo me puse a su disposición para hacer y para tomar cualquier decisión que ellos juzgaran conveniente. Se dijeron varias, incluso la de pasar a Federico a la zona roja. A mí me era relativamente fácil hacer eso, yo ya lo había hecho con otras personas, sí, ya sabe usted que yo, dentro de lo que pude —vamos, yo no tenía ningún poder allí, a mí ya no me conocían en Granada—, pues, dentro de eso, pues, algo se pudo hacer allí, algo sí hicimos algunas personas [...].

Eran realmente tres las soluciones que se dijeron allí sucesivamente y que se fueron descartando por ellos mismos. Una fue la de pasarle a zona roja, que yo lo hubiera podido pasar con facilidad, con mucha facilidad. He pasado a otros, y he traído también a muchos, era relativamente fácil. Y la de llevarle a casa de don Manuel de Falla, cosa que se abandonó inmediatamente porque Federico había tenido con él un disgusto a cuenta de cosas literarias, y esto a Federico le parecía violento, y en vista de ello prefirió venir a mi casa.* Y así se hizo. Aquel mismo día, vino él a mi casa. Aquel mismo día estuvo ya en mi casa, y estuvo allí, pues, como ocho días.[27]

Según le contó Rosales a Eduardo Molina Fajardo en 1969, la reunión con Federico y su familia duró unas tres horas.[28]

Aunque Rosales no estaba seguro de ello, su hermano Gerardo le acompañó a la Huerta. En 1955 le contó al investigador Agustín Penón que encontraron a Federico «muy asustado»:

> Tenía un cardenal en la cadera. La Guardia Civil había registrado la casa y lo había tratado muy mal.** No le habían dado una paliza propiamente dicha (las palizas dejaban medio muerto a un hombre), pero lo habían maltratado y lo habían golpeado con las culatas de sus fusiles. Dijo que quería irse enseguida a un sitio seguro. Hablamos de si debía ir a casa de Manuel de Falla o a nuestra casa. Federico prefirió ir a la nuestra. Cuando llegamos a la Huerta llevaba un pijama. Pero allí mismo se cambió y vino con nosotros. Dimos un rodeo.[29]

Luis siempre insistiría en que Lorca se trasladó a su casa unas horas después en un taxi. Al parecer fue así, y que lo conducía Francisco Murillo Gámez, su propietario. Había sido chófer del padre durante los años veinte y se sentía muy en deuda con él por

---

* Según Luis Rosales, se trataría posiblemente de la poco ortodoxa *Oda al Santísimo Sacramento*. Lorca había cometido el error de publicar un esbozo de la misma dedicado, sin su permiso, al compositor.

** Menos el sargento de la Guardia Civil retirado no parece que participara en el episodio nadie más de la Benemérita.

su extraordinaria generosidad. ¡Si García Rodríguez incluso le había ayudado a comprar su primer taxi! Cada vez que volvía el patriarca a Granada desde Madrid para pasar el verano en la Huerta con los suyos, Murillo se ponía a su disposición, llevándole sus amados puros por la mañana y ocupándose de otros recados. Era casi uno más de la familia. Habría sido lógico que fuera él el encargado de llevar a Federico a casa de los Rosales. A Eduardo Molina Fajardo le dijo, con pelos y señales, que llegaron allí en torno a las once de la noche. Y se expresó en el mismo sentido cinco años después al hablar con la escritora granadina Eulalia-Dolores de la Higuera.[30]

7

GARCÍA LORCA CON LOS ROSALES

La amplia casa de la familia Rosales estaba situada en la calle Angulo, 1, a unos escasos trescientos metros del Gobierno Civil. ¡Tan cerca se encontraba ahora el poeta del implacable comandante José Valdés Guzmán y sus secuaces!

Miguel Rosales Vallecillos, el padre, era dueño de los almacenes La Esperanza, en la animada plaza de Bib-Rambla (con su famosa fuente de los «Gigantones»). Hombre de talante generoso, se le respetaba en los medios comerciales de la ciudad. Según Luis, era un «conservador liberal» y, como tal, decididamente antifascista, a diferencia de la madre, Esperanza Camacho Corona, que aprobaba los ideales de Antonio y José, y, antes de la sublevación, les ayudaba cosiendo uniformes e insignias falangistas.[1]

Los cinco hijos varones poseían cada uno una marcada personalidad. Sería un error pensar que formaban un grupo coherente, en política o en cualquier sentido.

Gerardo, el menor (1918-1968), estudiaba Derecho y llegaría a ser pintor y poeta de originalidad. Nunca fue falangista y, al estallar la guerra, buscó acomodo en el Ejército. Terminada la contienda, sería juez de paz.

Luis (1910-1992) había publicado un largo e inteligente ensayo sobre el *Romancero gitano* en *Cruz y Raya*, la revista de José Bergamín, en mayo de 1934.* Poeta dotado, editó su primer li-

---

* Luis Rosales, «La Andalucía del llanto (al margen del *Romancero gitano*)», *Cruz y Raya*, Madrid, mayo de 1934, pp. 39-70.

bro, *Abril*, en 1935. La tercera composición del mismo, «Memoria del tránsito», llevaba como epígrafe un verso de García Lorca («Herido de amor huido»), tomado de su pequeña obra teatral *Amor de don Perlimplín con Belisa en su jardín*.

Unía a Luis y Gerardo una entrañable amistad, mucho más honda que con sus otros hermanos. Les interesaba poco la política. Forzado por las circunstancias, Luis se afilió a la Falange el 20 de julio de 1936 y estuvo con el sevillano Narciso Perales, «Palma de Plata» de José Antonio Primo de Rivera, cuando se ocupó Radio Granada. En los primeros días de la guerra se le encomendó la organización del cuartel de Falange, ubicado en el antiguo convento de San Jerónimo, pero luego le trasladaron al frente. El 13 de agosto de 1936, cuatro días después de la llegada de García Lorca a su casa, sería nombrado jefe del sector de Motril.[2]

José (1911-1978), Antonio (1908-1957) y Miguel (1904-1976) no compartían las aficiones artísticas de Gerardo y Luis, lo cual no impedía que fuesen capaces de improvisar coplas ocurrentes de vez en cuando. Adictos a la vida nocturna, al vino, al cante y a las mujeres, eran apasionadamente antirrepublicanos. José y Antonio, como ya vimos, se afiliaron a la Falange antes de la insurrección y desempeñaron un papel relevante en la conspiración contra la República. Los dos tuvieron bastantes dificultades con las autoridades, y José («Pepiniqui») pasó una breve temporada en la cárcel.[3]

Dotado de un encanto arrollador, José era famoso en Granada por sus aventuras y anécdotas. Se mantendría fiel hasta el final de su vida a los ideales de la Falange —de la anterior a la guerra—, y cuando le visitamos por última vez, en vísperas de su muerte, leía y comentaba, con entusiasmo, la antología *El pensamiento fundamental de José Antonio*, compilada por Pedro Farias García.[4]

Acerca de Antonio Rosales, «El Albino», nos contó Luis Rosales:

Mi hermano Antonio era un falangista fanático, pero un falangista a la manera de Narciso Perales, de quien era muy amigo. Fanático, pero todo lo contrario de un asesino. Además, mi hermano no intervino jamás en ninguna cosa de estas, ni siquiera estuvo mi hermano en el sitio, en fin, donde todo se perpetró, en el Gobierno Civil.[5]

Miguel Rosales, el hermano mayor, no era «camisa vieja», más bien de ideas monárquicas.[6] Durante nuestras numerosas conversaciones en 1965 y 1966 recordaba con satisfacción su participación en los acontecimientos del 20 de julio de 1936. «Muchos camisas viejas no tuvieron cojones para salir a la calle —nos dijo un día—, pero yo sí, aunque hacía poco que había ingresado en la Falange.» Luis insistía, sin embargo, en que no fue así y que Miguel solo se incorporó bastantes días después del alzamiento. Hombre irónico, machista y fantasioso, disfrutaba sembrando confusión en las mentes de cuantos extranjeros le abordábamos con la esperanza de conseguir información fidedigna sobre la muerte del poeta.

También tuvimos la suerte de escuchar el imprescindible testimonio de la hermana de los Rosales Camacho, Esperanza, quien, de toda la familia, trató entonces más de cerca al poeta.

Ella y Luis nos describieron minuciosamente la casa de la calle de Angulo, 1, hoy incorporada parcialmente en el Hotel Reina Cristina.*

El noble edificio, de típico estilo granadino, tenía 23 habitaciones, nada menos,[7] y constaba de dos pisos y de una planta baja con patio de esbeltas columnas cubierto por un toldo durante la canícula, una fuente, una gran escalera de mármol, salas donde vivían durante los calurosos días de verano, los cuartos de las criadas y la biblioteca de Luis.

En el segundo piso vivía Luisa Camacho Corona («la tía Luisa», hermana de la señora Rosales). Allí se instaló al poeta. Nos explicó Luis:

---

* Véase, además, la evocación hecha por Luis Rosales de su casa natal en *El contenido del corazón* (Madrid, Ediciones Cultura Hispánica, 1969).

El primer piso y el segundo no tenían nada que ver, incluso tenían puertas distintas, es decir, puertas de entrada y de salida distintas. El segundo piso tenía una puerta lateral que estaba antes de la puerta de entrada de la casa, de modo que el piso en que vivía Federico estaba aislado del resto de la casa. Había una puerta de comunicación que teníamos que abrirla nosotros. Era una casa distinta, con una entrada y una salida completamente distintas. Se tenía que entrar desde la calle, de modo que Federico estaba en un piso absolutamente aislado.[8]

Encima de la casa de la tía Luisa había una terraza donde, después de la guerra, se levantaría otro piso.

Cuando llegó el poeta, estaba muy asustado además de magullado. Aunque no queda constancia de ello, parece imposible que los Rosales no le mostrasen, a la mañana siguiente, 10 de agosto, la nota que acababa de aparecer en *Ideal* sobre lo ocurrido el día anterior en la Huerta de San Vicente y en la que se nombraba a su padre.

Esperanza Rosales nos quería convencer de que, con todo, fue poco a poco recuperando la tranquilidad. Las tres mujeres de la familia comprendían su miedo, ¡cómo no!, y trataron por todos los medios de mimarle. Habría que añadir a las dos criadas: una cocinera anciana y una chica tuerta, de nombre Basilia («la Basi»), con quien hizo buenas migas. Cuando aparecían aviones republicanos sobre la ciudad, las mujeres se refugiaban en una sala de la planta baja donde había tinajas. El poeta la bautizó como «el bombario», se juntaba allí con ellas y, según Esperanza, gastaba bromas, asegurándoles que no caería ninguna granada sobre una casa tan acogedora.[9]

No era para bromas, sin embargo. Sabía, por *Ideal*, que cada vez que se lanzaba sobre la ciudad una bomba, por pequeña e ineficaz que fuera, fusilaban a una tanda de presos. Y que en cualquier momento le podía tocar la misma suerte a su cuñado Fernández-Montesinos.

Además, recibiría casi seguramente la noticia, quizá durante el 10 de agosto —es imposible fijar fechas y horas con exactitud, no hay cuaderno de bitácora—, de que acababa de presentarse otro grupo de esbirros en la Huerta, que, al darse cuenta de su ausencia, registraron a fondo la casa en busca de pruebas acusatorias. Hasta habían llevado allí a José Montero, profesor de música de la Escuela Normal, para que desmontase el piano de cola. Esperaban encontrar en él, por lo visto, la supuesta radio clandestina con la cual el poeta, «espía ruso», estaría en contacto con los «rojos».[10]

Hay indicios de que la visita fue comentada por Radio Granada. Así por lo menos lo declaró un mes después, al lograr escaparse de la ciudad, un empleado de la Delegación de Hacienda, Manuel Subirá:

> Por la misma radio de Granada se supo la tarde siguiente que se había hecho un registro en el domicilio de García Lorca, encontrándose pruebas fehacientes de que era un agente de enlace entre los rebeldes de Granada —aludía a los obreros que no aceptaban el yugo militarista— y el Gobierno de Madrid.
>
> «Hay —decía el informe de la radio— unas cartas de Margarita Xirgu, Fernando de los Ríos y Marcelino Domingo, que demuestran claramente que García Lorca no quiso aceptar la excursión literaria que se le ofreció a Méjico, para servir en España a la revolución.»
>
> Después del informe de la radio, se supo que García Lorca fue detenido en su propia casa por veinte falangistas —en Granada se daban los nombres de todos los que fueron— y en vez de entregarlo a las autoridades para enjuiciarlo, se lo llevaron al campo, donde se le suprimió en unión de otros infelices sentenciados el día anterior.*

Los falangistas se habían llevado a García Lorca y habían dejado, en cambio, sobre su mesa de trabajo las cartas acusadoras.

La de Fernando de los Ríos se reducía a agradecer el envío de un libro y a hacer al poeta consideraciones sobre la

---

* Todo inexacto, como se verá.

nueva orientación del teatro de la FUE, La Barraca, que dirigía García Lorca.

La de Marcelino Domingo era llamándole al Ministerio
de Instrucción Pública para encargarle de la delegación del
Teatro Nacional, cargo que no aceptó el autor del *Romancero gitano*.

La de Margarita Xirgu estaba fechada en Méjico, pidiéndole con encarecimiento se trasladara allí para recoger los
fervorosos aplausos de aquel pueblo, con motivo del estreno
de *Yerma*. La Xirgu anunciaba a García Lorca el envío de un
giro para el viaje, que el poeta recibió y devolvió por conducto del mismo Banco.[11]

Es muy posible que los allanadores diesen realmente con
aquellas cartas. La referencia a la de Margarita Xirgu tiene un
interés especial, pues se sabe que la actriz esperaba entonces im-
paciente la llegada de Lorca a México, donde *Yerma* estaba cose-
chando, efectivamente, un éxito imponente.

También fue registrada varias veces por esos días la cercana
Huerta del Tamarit, amada por el poeta hasta tal punto que más
de una vez le había dicho a su prima (y gran amiga) Clotilde García Picossi que casi la prefería a la de San Vicente. Incluso la había
evocado en un poema escalofriante del *Diván del Tamarit*:

> *Por las arboledas del Tamarit*
> *han venido los perros de plomo,*
> *a esperar que se caigan los ramos,*
> *a esperar que se quiebren ellos solos...*[12]

Clotilde García Picossi nos describió en el verano de 1978,
sentada en la placeta delante de la casa, y como si hubiesen ocurrido unos días antes, aquellas incursiones. En ellas había participado el siniestro capitán Manuel Rojas:

> Estábamos sitiados. No teníamos respiro más que de no-
> che. Había una era allí enfrente y de noche nos sentábamos

allí, porque de noche no venían; porque estaban los maíces como están ahora, así de altos (los tabacos estaban también muy altos), temían a venir, porque cualquiera se escondía por allí y les daba un escopetazo. No venían de noche; venían de día. De día venían muchísimas veces, muchos días, muchísimas veces, a registrar aquí, porque querían sacar de aquí a Federico.

Federico aquí no puso los pies, porque quiso mi tío [Federico García Rodríguez] que se viniera y yo le dije: «¡Tío Federico, lo mismo está en mi casa que en la tuya de mal, lo mismo registran mi casa que la tuya, no lo mandes a mi casa!» Vinieron buscándolo por todas partes; incluso aquí han venido varias veces a buscarlo. Y preguntaron por él, preguntaron muchísimo.

Uno de los registros de la casa fue fenomenal, fenomenal. Teníamos allí, en un rincón de esta casa, algunas tinajas, porque entonces no teníamos agua potable; ahora ya la tenemos desde hace mucho tiempo. Había unas tinajas llenas de agua siempre, que la traían en un bidón y llenaban las tinajas. ¡Y hasta en las tinajas metían las manos! ¡E iría a estar allí Federico! En las tinajas metieron las manos. ¡Iría a estar allí Federico!

Es que nos tomaron la casa. Y teníamos una terraza (por cierto, desde entonces la tapiamos y no sirve, del horror que nos daba la terraza), y a la terraza se subían, en los tejados y todo, por si salía, para pegarle cuatro tiros, por si salía alguien. Aquí estaba mi hermano, que no lo vieron. Como ya había unos tabacos muy altos, cuando veíamos por la terraza venir aquella bandada de coches que venían, con falangistas, bueno, los hombres se metían en el tabaco y nosotras quedábamos; las que dábamos la cara éramos nosotras. Venían con varios coches, con una polvareda que entonces había más que ahora, claro, porque había más tráfico que hay ahora, una polvareda. Cuando veíamos la polvareda nos echábamos todos a morir.

Aquí no maltrataron a nadie. A mi hermana le dijeron

que era el capitán Rojas. Fue el que apuntó porque mi hermana decía: «¡Aquí no está! ¡Aquí no está Federico!» El capitán
Rojas, el de Casas Viejas. Nos dijeron que era el capitán Rojas, pero nosotros, como no le conocíamos, nos dijeron: «El
que fue a tu casa fue el capitán Rojas.» Mi hermana Paca decía: «¡Aquí no está! ¡Aquí no está! ¡Pase usted, que aquí no
está!», con las manos puestas así en la puerta esa: «¡Aquí
no está! ¡Pase usted! Si quieren, pasen ustedes.» Entonces
pasaron y empezaron a registrar. Y mi hermano, como venía
a casarse, pues traía todo el ajuar que traía él de allí, de las Is-
las Canarias, y aquello, como no lo podían abrir, porque estaba cerrado, con las bayonetas lo hicieron polvo. ¡Iban a
encontrar a Federico, quizá!, ¿no? Pues todas aquellas maletas a punta de lanza las abrieron, las abrieron de par en par.
Toda la ropa que traía nueva, flamante, todo su ajuar, todo lo
que traía para casarse, todo lo tiraron por el suelo.[13]

Cabe deducir que la familia del poeta le puso al tanto de estas
visitas, o bien por teléfono —siempre atentos a posibles escuchas— o mandando un recado a casa de los Rosales. Con lo cual
se incrementaría su inquietud.

Es importante subrayar, por otro lado, que en esas fechas los
hermanos estaban casi siempre ausentes de la vivienda. Miguel,
ya casado, tenía piso propio, de modo que tampoco antes de la
insurrección iba allí todos los días. Gerardo, Luis, José y Antonio solo volvían para dormir y a veces ni eso. Luis nos aseguró
que en los quince primeros días no pasó en Angulo una sola noche. En cuanto al padre, salía cada mañana y cada tarde a ocuparse de la tienda.[14]

El poeta, por consiguiente, veía poquísimo a los hermanos.
Eran momentos del todo anormales, imbuidos de confusión e
inseguridad, y ninguno de ellos tenía la posibilidad de pasar mucho tiempo con él. Es inexacto pensar, además, que «comía con
la familia», por lo menos habitualmente, como si no estuviera
pasando nada inusual. Insiste Luis otra vez:

En el piso segundo vivía él, solo, con mi tía Luisa y, claro, quien le acompañaba con mucha frecuencia era mi hermana Esperanza. Allí comía y no estaba nunca en el primer piso, en nuestra casa. El segundo piso estaba absolutamente incomunicado. Federico no vio nunca a ninguna persona con armas, jamás. Y esto de que comía con nosotros es falso. Nosotros no estábamos nunca en casa, ¡no era tiempo para estar en casa, jugando al ajedrez! Ni comió con mi padre; bueno, no sé si comió un día con mi padre, esa es otra cosa —por una afectividad, por alguna cosa—, pero en aquellos pocos días no estuvo nunca en casa. Él vivió siempre arriba.[15]

Cuando Luis regresaba al domicilio subía enseguida, a no ser que fuera demasiado tarde, a ver al poeta:

El que llegaba era yo, por mi cariño con Federico, y yo, en cuanto llegaba por la noche, lo primero que hacía era irme a hablar con él. Pero nunca he hablado con él en compañía de ningún hermano mío, ni siquiera con Pepe, ni siquiera con Gerardo. En esas noches siempre hablábamos Federico y yo solos. Si él llamó en algún momento determinado a alguno de mis hermanos, mi hermano hubiera acudido. Si él llamó a Pepe en algún momento, pues sí, indudablemente, Pepe acudió y hablaría con él, eso sí. Lo que quiero decir es que normalmente no se podía ver con nadie, no se veía con nadie de mi casa más que con mi hermana Esperanza y conmigo. Vuelvo a repetir que el primero y segundo piso no tenían nada que ver, y que cuando iban a nuestra casa personas como Cecilio Cirre y José Díaz Pla, Federico ni se enteraba.[16]

No está tan claro, sin embargo. El mismo Luis Rosales declaró a Molina Fajardo: «A Federico lo vio la gente, pues no estaba oculto, porque ni él lo quería ni nosotros. Puede decirse que en aquellos días la casa de la Falange era la nuestra, muchos camaradas pasaban por ella. A Federico lo vieron muchos falangistas en mi casa.»[17] José Rosales abundó en el mismo sentido. «No, Gar-

cía Lorca no estaba oculto —le aseguró a Molina Fajardo—.
Todo fue la inexperiencia. Éramos jóvenes y no sabíamos hacer
la revolución. Si hubiéramos tenido experiencia, Federico hubiera estado oculto y se hubiera salvado.»[18]

Estaba de acuerdo el falangista Leovigildo Caballero, que saludó un día al poeta cuando charlaba en el «gran salón» con Luis.[19]

¿Se enteró Lorca de que Miguel Rosales Vallecillos, el padre,
no solo le acogía a él, sino que lo había hecho con otros «rojos»
perseguidos por la saña de Valdés y sus cómplices del Gobierno
Civil? Es casi seguro que sí. Y además se lo diría Esperanza.
Puesto que hasta se ha llegado a decir que el padre denunció,
nada menos, la presencia de García Lorca en su casa,* hay que
recalcar que arriesgó su vida y su fortuna dando cobijo no solo al
poeta sino a otras varias personas en peligro. Nos consta que
hubo fusilamientos por haber incurrido en tal «delito», de modo
que el valor y la caballerosidad de Rosales Vallecillos fueron
ejemplares. Luis Rosales nos declaró:

> En casa de mi padre, con el conocimiento suyo (porque yo
> no podía hacer, como es lógico, ¿no?, una cosa en casa de mi
> padre sin su conocimiento), no solamente ha estado Federico.
> Ha habido muchas personas, pero no tres, ni cuatro, ni cinco,
> ni seis; en mi casa ha habido noches, en esas primeras noches, en
> que ha habido más de cinco personas. Y han sido muchas no-
> ches, porque todas las primeras noches ocurría que había que
> proteger a alguien, todas esas primeras noches. En las quince
> primeras noches en mi casa siempre ha habido alguien.[20]

¿Invención de Luis y Esperanza Rosales? En absoluto. Manuel Contreras Chena, uno de aquellos «rojos», nos juró que
debía la vida a los Rosales en un momento en que otras personas

---

* Como, por ejemplo, Max Aub en *La gallina ciega* (México, Joaquín
Mortiz, 1971), pp. 243-246, donde pone la denuncia en boca de Francisco
García Lorca. Este protestó después que jamás se lo había dicho. Quién
sabe.

1.El poeta con su madre en la Huerta de San Vicente, Granada, verano de 1934 o 1935.
A Eduardo Blanco-Amor, autor de la fotografía, Lorca se la dedicó así: «Para Eduardo, con la
que yo más amo en el mundo.» (Cortesía de Eduardo Blanco-Amor, 1985.)

2. Con el periodista Constantino Ruiz Carnero, director de *El Defensor de Granada,* en la
terraza de la Huerta de San Vicente, 1935. Ruiz Carnero sería una de las primeras víctimas
de los sublevados granadinos. (Cortesía de los herederos de Constantino Ruiz Carnero.)

3. Durante el homenaje ofrecido el 9 de febrero de 1936 a Rafael Alberti y María Teresa León en el Café Nacional, Madrid, Lorca lee el manifiesto de los intelectuales en apoyo al Frente Popular. A su izquierda, María Teresa León. En la esquina inferior derecha de la imagen, Rafael Alberti.

4. La comida de despedida ofrecida por sus amigos madrileños al periodista argentino Pablo Suero (sentado al lado de María Teresa León), febrero o marzo de 1936. Los comensales, entre ellos García Lorca, saludan a la cámara puño en alto. (Cortesía de los herederos de Pablo Suero.)

POESIAS DE ALBERTI E INTERVENCIONES DE MARIA TERESA LEON Y JOSE OCHOA

Seguidamente, el poeta revolucionario Rafael Alberti, recitó diversas poesías, siendo calurosamente aplaudido.

Tanto García Lorca como Alberti tuvieron que recitar otras poesías ante el requerimiento entusiasta del público.

Acto seguido, María Teresa León hizo uso de la palabra con gran acierto, poniendo de manifiesto cómo los países sudamericanos han estado siempre prisioneros del imperialismo. Comentó la revolución brasileña, como consecuencia de la cual se hallan encarcelados 17.000 trabajadores, ensalzando la figura del camarada Prestes, del que hizo una atinada biografía.

En un análisis minucioso de la situación económica del Brasil llegó a la conclusión de que el dinero yanqui es el que rige la política brasileña, porque tiene en sus manos el poder económico. Dijo que es preciso luchar por salvar la vida a Prestes; pero si muriera—añade—, debemos decir que Carlos Prestes murió fusilado por el imperialismo yanqui, entregando su sangre por la causa revolucionaria del proletariado. El Bra-

que por su extensión puede ser en América el guía del proletariado, como lo fué Rusia en Europa. Examinó el colonialismo a que se tiene sometido a los pueblos sudamericanos, y después analizó la figura cumbre de Luis Carlos Prestes, en su calidad de militante revolucionario y miembro del Comité Ejecutivo de la Internacional Comunista.

Sacó atinadas deducciones sobre la lucha en los países americanos, y después de comparada con la mantenida en España, hizo un llamamiento a la solidaridad de todo el proletariado en defensa de Luis Carlos Prestes y todos los antimperialistas.

Todos los oradores fueron calurosamente ovacionados, terminándose el acto en medio de gran entusiasmo, después de ser aprobadas unas interesantes conclusiones de protesta que han de ser presentadas a las Embajadas de los países fascistas, y en especial a la del Brasil.

Ayudad a MUNDO OBRERO

En la fotografía superior: Un aspecto de la presidencia del mitin organizado por el S. R. I. en solidaridad con Luis Carlos Prestes.—Abajo: El mitin celebrado en el Cinema Europa pro monumento a las víctimas de Asturias.
(Fotos Mayo.)

5. El 3 de abril de 1936 *Mundo Obrero* informa del acto celebrado el 28 de marzo en favor de Luis Carlos Prestes, el líder comunista brasileño encarcelado. En la parte superior de la algo borrosa fotografía se aprecia a García Lorca recitando.

6. La llegada de García Lorca a Granada el martes 14 de julio de 1936, se anuncia a la mañana siguiente en la primera plana de *El Defensor de Granada*, debajo de la cabecera.

EL DEFENSOR DE GRANADA

Miércoles 15 de Julio de 1936   DOS EDICIONES DIARIAS   TELEFONOS {REDACCION ... / ADMINISTRACION ...}   QUINCE CENTIMOS

DEL GOBIERNO

...de la violencia

Las actividades bélicas en China

Shanghai 14.—Según noticias facilitadas...

García Lorca, en Granada

Se encuentra en Granada desde ayer, el poeta granadino don Federico García Lorca.

El ilustre autor de «Bodas de Sangre» se propone pasar una breve temporada con sus familiares.

Reunión de las minorías de Esquerra y comunista

Madrid 14.—Hoy se reunió la minoría de la Esquerra...

La política

La nota discordante ...letófilos" h...

7. La Huerta de San Vicente en 1966. En 1936 se encontraba en la linde de Granada con la Vega. (Fotografía de Ian Gibson.)

8. «García Lorca: "¡Niño mono orgullo de Mamá!"», caricatura por Del Arco en el *Heraldo de Madrid*, 18 de julio de 1936, día de san Federico. Quizás la rieron en Granada el poeta, su familia y sus amigos.

9. El comandante José Valdés Guzmán, gobernador civil usurpador de Granada a partir del 20 de julio de 1936.

10. El Gobierno Civil de Granada en 1936, en la calle Duquesa. (Cortesía de los herederos de Eduardo Molina Fajardo.)

11. El vesánico general Gonzalo Queipo de Llano, «virrey de Andalucía», quien con casi absoluta seguridad dio su beneplácito a la ejecución de Lorca.

12. El paredón de la muerte en el cementerio de San José, Granada. (Fotografía de Ian Gibson, 1966.)

13. El paredón hoy, con el rótulo de la Junta de Andalucía profanado por algún oponente a la verdad histórica. (Fotografía de Ian Gibson.)

Una Compañía del Tercio Extranjero, residente en Tetuán, vino ayer desde esta ciudad a Granada, a bordo de grandiosos trimotores del Ejército, para unirse a las tropas granadinas que luchan por la reconquista de España de las hordas rojas marxistas. En su desfile por nuestra capital, los legionarios fueron delirantemente aplaudidos y vitoreados por una enorme muchedumbre que se agolpaba en las calles recorridas por las fuerzas y como demuestran bien a las claras las fotos que ofrecemos a nuestros lectores. En ellas aparecen también algunos aspectos de la llegada de las fuerzas al aeródromo de Armilla, al descender de los aviones «Junker» en que vinieron

14. *Ideal*, 4 de agosto de 1936, recoge la llegada a Granada, el día anterior, de una compañía de la Legión procedente de Tetuán. Reforzó la guarnición sublevada e incrementó el terror de la población civil. (Cortesía de *Ideal*.)

Los presos políticos protestan contra los bombardeos de estos días

Por Radio Granada se leyeron ayer, entre otras, las siguientes notas:

«Eximo. señor comandante militar de Granada:

Los abajo firmantes, por sí y en nombre de todos los presos políticos sometidos en esta Prisión provincial, a V. E. respetuosamente, exponen:

Que protestan enérgicamente con las de repetidos bombardeos aéreos de que está siendo objeto Granada.

Esta protesta la hemos hecho patente desde el primer día de los aviadores causaron víctimas inocentes en la población civil, ajena en absoluto a esta contienda que por desgracia, padecemos, y testigo de ello es el señor director de este establecimiento, a quien repetidamente hemos manifestado nuestra indignación.

Nuestro dolor ha llegado a su colmo cuando, por la Prensa de esta mañana, nos hemos enterado del impertonable atentado artístico que supone el bombardear la Alhambra, el más inapreciable tesoro de Granada, y de las víctimas producidas.

Contra tales actos de destrucción y exterminio estamos los que aspirábamos a la presente, enemigos de toda violencia y crueldad y así queremos hacerlo público desde esta cárcel donde vivimos días de angustia, serenamente confiados en la caballerosidad de los militares españoles.

Por todo lo expuesto, Excmo. señor, nos dirigimos a V. E. autorizando con nuestra firma el presente escrito, del que puede V. E. hacer el uso que estime oportuno, incluso realizarlo para que conste a todo el mundo que en modo alguno nos solidarizamos con tales actos.

¡Ojalá que todos los españoles se hagan eco de nuestros sentimientos y cese ya de derramarse tanta sangre inocente por bien de España!

Viva V. E. muchos años.

Granada 7 de agosto de 1936.—Firmados: Francisco Torres Monereo, Pablo Casírtlal Nieva, José Villoslada, Fernández Montesinos, Joaquín García Labella, José Mejías, Luis Fajardo, Melchor Rubio, Arturo Marín Forero, Miguel Lozano, José Valenzuela, Rafael Vaquero, Maximilano Fernández, Plácido E. Vargas Corpas y otras varias firmas.

Teléfonos a que se debe avisar, en caso de incendio

El alcalde, teniente coronel don Miguel del Campo, nos envía para su difusión la siguiente nota:

«En vista de alguna visita aislada que por los piratas del aire se ha efectuado a esta capital y ato que es probable que la misma se repita, dadas las medidas adoptadas por las autoridades competentes, se previene al público, a título de precaución nada más, que caso de ocurrir algún siniestro con motivo de bombardeo aéreo, se comunique inmediatamente al Ayuntamiento a los teléfonos números, 1-5-4-5 o al 1-6-4-5 para que puedan efectuarse por personal técnico los reconocimientos oportunos, teniendo especial interés esta Alcaldía en hacer contar que se trata tan solo como medida de prevención, no del miedo que de prevención, y en beneficio del vecindario, al que pide, por lo tanto, motivo de alarma.—El alcalde teniente coronel, Miguel del Campo.

Gemelos prismáticos

Siendo necesario en los puestos de mando a cargo del Ejército, y para

mayor eficacia de su cometido, la posesión de gemelos prismáticos, se ruega a los poseedores que quieran facilitarlos para este uso los envíen al Corral del Carbón, oficinas de «Defensa armada de Granada», donde se dará recibo y hará llegar a los precios referidos que carecían de ellos.

Aviso a los obreros metalúrgicos de Granada

Todo obrero que posea el oficio de tornero, fundidor o moldeador, y que en la actualidad se halle sin trabajo, puede presentarse en la fundición Roca, de nueve a una o de tres a cinco, al capitán encargado de la movilización industrial, o a su delegado, ingeniero industrial don Antonio Blanco, a fin de que se le facilite trabajo en cualquiera de los establecimientos intervenidos por esta Comandancia militar.

Noticias

Servicios de Información de Radio Granada (E. A. J. 16):

E. A. J. 5, Radio Sevilla, en su emisión de las seis de la tarde ha dicho: Continúan llegando con toda felicidad tropas procedentes de Africa, lo que prueba, una vez más, que no existe ninguna dificultad en el paso de tropas y que las barcas piratas que pretendían impedirlo han huído cobardemente, como siempre.

La venida del Excmo. señor general Franco a Sevilla, acompañado del señor Yagüe, teniente coronel del Tercio, ha sido con objeto de establecer en esta capital su cuartel general.

E. A. J. 5. Radio Sevilla, en su emisión de las ocho de la noche. Noticias recibidas afirman que las tropas del comandante Castejón siguen avanzando sin dificultad, consiguiendo todos sus objetivos.

Esta tarde, en la Universidad, un grupo de estudiantes estuvo cantando el himno de Falange y otros himnos patrióticos en medio de los mayores aplausos.

En Cádiz han sido requisados varios autobuses para el transporte de legionarios.

Ha sido nombrado gobernador civil de esta capital el señor Valero Valera, habiéndose restablecido la notitcia con aparentes muestras de simpatía.

De Jerez nos comunican que el paso de los legionarios por sus calles ha producido un entusiasmo indescriptible, siendo saludados por las muchachas con numerosas flores y vítores.

En Córdoba un marqués ha regalado dos aviones al Ejército salvador de España.

En Badajoz ya se ha iniciado la toma vergonzosa de las marxistas hacia la frontera portuguesa ante la proximidad de nuestras columnas.

PRESTAMOS HIPOTECARIOS

en toda España Sobre fincas rústicas y urbanas, largos plazos, módico interés, Casa Reyes. Ponzano. 65. MADRID.

Se compra Oro y Plata

ZACATIN, 11
(ESQUINA A ALCAICERIA)

Rogad a Dios en caridad por el alma de la señora

Doña Concepción Alfonsea González de Orbe

QUE FALLECIO A LAS SIETE DE LA TARDE DE AYER, DESPUES DE RECIBIR LOS AUXILIOS ESPIRITUALES

R. I. P.

Su director espiritual; su desconsolado esposo, don Nicolás de Orbe Fernández Espada; sus hijos, Concepción y Nicolás; sus padres, don Ramiro Alfonsea y doña Concepción González Salmón; hermanos, hermanos políticos, tíos, sobrinos y demás parientes

RUEGAN a sus amistades encomienden su alma a Dios Nuestro Señor y asistan al sepelio, que tendrá lugar a las diez de la mañana, en el Cementerio de esta ciudad.

Granada, 8 de agosto de 1936.

Hay concedidas indulgencias en la forma acostumbrada.

Suscripción para las fuerzas armadas

En la secretaría particular de la Alcaldía se recibieron ayer los siguientes donativos:

Suma anterior, 228.100,95 pesetas.

Don Juan Capell Vázquez, 25; don Valentín Pascual García, 150; Asociación de aparejadores de obras, 100; doña Josefa Urbano, 25; personal administrativo de IDEAL, 42,80; don Miguel Castro Navarro, 5; don Juan Cañavate Martínez, 5; viuda de Francisco Quesada, 100; señores Bueno, 500; don Joaquín y don Luis Viegas Olvantos, 50; don José Mochón Enamorado, 50; doña Rosario Díaz Fernández, 15; doña Consuelo Fernández Mercato, 18; don José Cuesta Medina, 5; don Jerónimo J. Rodríguez Hernández, 25; doña Amelia Buena Bacaa, 10; pastelería Suiza, 100; personal de mensajes, 109,75; viuda de Diez Tortosa, 25 don Pedro Velasco, 50; don Nicolás Prados López, 5; un granadino, 2; director y redactores de IDEAL (día de haber), 141,35; don Miguel Hernán González, 25; señorita Angelita Hernán Márquez, 25; don José Gutiérrez Ramos, 50; doña Aurora Rodríguez Bolívar, viuda de Mauri, 500; doña María Luisa Rodríguez Bolívar, 100; don Eduardo Rodríguez Bolívar, 390, 10 por 100 de las ganancias líquidas obtenidas por los vendedores al por mayor de frutas y verduras durante los días 3 y 6 del actual, 22,50. Total, 227.804,95 pesetas.

NOTA.—Todas las cantidades que se recauden en la secretaría particular de la Alcaldía se destinarán íntegramente al homenaje que en su día se celebrará al Ejército y demás fuerzas armadas.

Las cantidades que se recauden en los demás centros de suscripción se invertirán en las necesidades urgentes de las fuerzas que actúan en el movimiento salvador de la Patria.

Donativos entregados a la emisora del doctor López Font para fines benéficos desde el día 3 de agosto ya que empezó la suscripción:

Don Luis Guerrero Archiegui, 5 pesetas; doña Mercedes Gutiérrez Guerrero, 1; ciclista José Barriga, 0,35; familia Echevarría, 1; don R. Lozano López, 0,50; doña Dolores Fernández, 0,25; don Antonio Fernández, 0,25; don Francisco López, 0,50; doña Salvadora González, 2; doña Pura Castilla Navarrete, 1; doña María Guitérrez, 0,50; don Antonio León, 1; don Santiago Coca, 2; don Miguel Guzmán, 2; don Francisco Cano Molina, 2; don Francisco Poyatos Rodríguez, 0,25; don Joaquín Guerrero Navarra, 2; don Carmen Marantes, 0,20; don José Evangelista, 0,50; doña Constanza Moreno, 0,15; doña Concha Arenas, 3; doña María González, 1; don Miguel Cuéllar, 0,25; doña Carmen Fernández, 0,25; don José Sánchez Urquijo, 5.

Don Joaquín Pérez Telosa, 3; don Juan Peñer y García de la Fuente, 3; don Francisco Delgado, 2; don Joaquín Moreado, 1; don José Chacón, 5; don José Molina Fernández, 1; don Juan de Haro Pérez de la Concha, 5; don Juan Nacle Herrera, 3; don Carmen Montes, 5; don Federico Benítez Jiménez, 2; don Luis García Parra, 1; hermanos Agero, 2; señor Martínez Carvajal, 5; doña Ana Romero, 2; doña Josefa Cuéllar, 2; doña Concha Frias, 2 doña Blanca Cuesta, 3; una señora simpatizante, 1; don Eduardo Ubeda, 1; don Francisco Ruiz Guerrero, 1; don José Quirós, 2; don Manuel Fernández García, 5; señor Pertífez, 4; doña María Sagrista, 2; don Federico Blanco, 0,20; doña Inés de la Cruz, 0,20; doña Josefa Jiménez, 1; doña Aurelia García, 0,25; don Roberto Jara Millón, 5.

Don Abelardo Gutiérrez Rivas, 5; don Crescendo Rodríguez, 2; doña Isabel Díaz Rivas, 1; doña Carmen Garballero, 1; doña Angelera Pellez, 0,60; doña Gracia Guerrero, 0,60; doña Ascensión Carmona, 1; aldrere señor Venura, 5; familia de don Julio Contreras Linde, 1; don Gonzo Peregrina García, 5; don Luis Castillo, 25; don Manuel Palma, 0,50; don Ignacio Ocaña, 2; doña Josefa Zea, 1; don Antonio Rodríguez Laguna, 1; doña Isabel Saiz, 0,50; doña María Vicente, 0,20; don Andrés Albarracín, 2; señor Ballesta, 5; doña María Fernández, 0,25; señorita Frisa e Isabel Pozo López, 1; familia Sánchez Alfambra, 1; doña Carmen Lobo, 5; don Luis Martín, 2; señor Tránsito, 2; doña Adoración Badillo, 0,50; don Juan Alvarez Castillo, 1; don Juan Rodríguez, 1; doña Trinidad Romera, 0,80; D. J. C., 5; señor Rocabin Quintana, 1. Suma total hasta hoy, 268,95.

Nota.—Continúan recibiéndose donativos por los señores don Epifanio del Val, don Javier Goñi y don Antonio Alecha, presbíteros del Colegio de la Inmaculada requeridos por el señor director de esta emisora para este fin benéfico y servicio de la misma.

«DEFENSA ARMADA DE GRANADA», NUEVA INSTITUCION PATRIOTICA

PUEDEN PERTENECER A ELLA TODOS LOS QUE TENGAN OTRAS OCUPACIONES INELUDIBLES

Ya cuenta con más de ochocientos afiliados

Una nueva institución patriótica, que se denomina «Defensa armada de Granada», acaba de fundarse en nuestra ciudad. Su cuartel general lo ha instalado en el Corral del Carbón. En la planta baja del edificio se han habilitado varios departamentos, en los que los trabajos de inscripción, y en los que hay muebles de la Exposición de industrias granadinas y marroquíes cedidos por la sección de Estudios del Centro Artístico y algunos particulares.

La «D. A. G.», que se ha fundado hace dos días, cuenta ya con más de ochocientos afiliados de las más diversas profesiones. En la «Defensa armada» entrarán todos aquellos ciudadanos que por sus méritos pueden hacerse en el comercio, industria, banca o talleres, u otras razones, no pueden figurar en las filas del Ejército, Falange, Españoles Patriotas, etcétera pero que sin embargo sienten a España y desean unirse al movimiento salvador de la Patria, prestando todos los servicios que sean compatibles con sus ocupaciones.

Finalidad primordial de esta nueva institución es la de defender con los distritos, barrios la ciudad en caso preciso, y mientras tanto cubrir aquellos servicios de vigilancia imprescindibles.

También tendrán a su cargo la prestación personal de los servicios que no fueran debidamente atendidos por sus cuerpos, organismos y entidades encargados de los servicios públicos o generales.

Todos los gastos que tenga esta organización serán cubiertos mediante una cuota voluntaria que serán los afiliados al recibir el nombramiento y la licencia de uso de armas, y por una cuota mensual cuyo mínimo será de cinco pesetas para las clases pudientes y de una para los trabajadores. Las aspirantes económicos mensuales se entregarán al excelentísimo señor comandante militar de la Plaza para que los destine a fines benéficos o patrióticos.

El distintivo de la «Defensa armada» es un rectángulo de tela verde con una granada en el centro, y el número del distrito y orden del afiliado. Esta organización es esencialmente civil y autónoma, aunque está sujeta al mando directo del comandante militar. Está constituida por un jefe y un subjefe, y tantos jefes de distrito como parroquias hay.

El alistamiento de la «D. A. G.» es voluntario, sin que ello signifique que quedan ingresados en el cuerpo. Los nombramientos han sido otorgados los jefes respectivos de distrito, y los cargos son obligatorios. Recaerán en personas de reconocida adhesión moral, capacidad, lealtad y patriotismo.

No serán admitidos los que no tengan obligaciones ineludibles o los que estén afiliados al Ejército o militares civiles en Falange y Españoles Patriotas.

Donativos recibidos para la Cruz Roja

Donativos del día 7: Una donante, 2 pesetas; doña Rafaela Redondo, 3; don Antonio Díaz Jiménez, 5; señora Beltrán de Lis, 5; don José María Dueñas Sánchez, 25; don Luis Auguet, 5; don Luis de la Torre, 5; don Cristóbal Fábregas, 5; doña Dolores Bernández, 4; una señora, 5; doña Enriqueta García, 2; señora de Marín Ocete, 1; don Nicolás María López, 1; una granadina, señora de Saldaña, 10; una señora, 1; señora Dora Pertínez, 5; una mesa de «Hollywood», 0,50; don Miguel Guzmán, 5; uno, 1; otro, 2; un agente de Vigilancia, 1,25; un español, 0,50; un grupo de españoles patriotas, 5,50; tres falangistas, 4,85; un reunión de amigos, 3; uno, 0,15; C, 0,10; una española, 1; G, 0,15; Pérez, 1,25; un forastero, 2,10; don Celestino Pérez, 1.

Don Práxedes Ortiz, 2,50; dos españoles, 2; don Angel (notario), 2; doña Rosario Calleja, 1; tres españolas, 3; doci Maximiro Ariza, 1; don Juan Manta, 0,65; don Juan Manta, 0,50; don Antonio Fernández, 1; un arriendo, 0,50; dos suizos, 4; un español quiera, 1; don Domingo Salvatierra, 1; un español patriota, 1; don Enrique Martín Alienza, 1; don José Delgado, 1; don Francisco Lorente, 0,50; don Manuel Prado Locibe, 1; uno, 1; J. S. G., 1; don X. Y., 0,50; don Modesto Prado, 0,25; don Juan Sánchez, 1; don Antonio Medina, 1; don Cayetano Martínez, 1; don Juan Martínez, 1; don José Antonio Martínez, 1.

Uno que estaba deseando que le pudieran, 5; dos patriotas, 3; un viejo español, 2; don Antonio Caballero, 1; don José Sánchez, 1; primer patriota, 5; segundo patriota, 5; tercer patriota, 5; cuarto patriota, 5; don José Villalba, 1; M. T., 2; E. A., 1; don B. P., 2; D. E., 5; dos oficiales del Tercio, 5; don Francisco Muros Garrido, 5; don José Català, 5; de la Cruz Roja de Astorga, segunda (yes), 5; don Juan Capell Vázquez, 5; Eximo. Sr. Arzobispe de Grana, 500; señor Welter Salgado, 15; don José Daños Sánchez, 10; don José María Pérez Hitos, 10; un obrero amante de España (cuarta ves), 10; señora viuda de Diez Tortosa, 10; don Luis Uribe, 5; don Eduardo Sañas de España (quinta ves), 5; don Bernardo Morais Hidalgo, 2; un retirado M. E. 5; don José Sánchez Juré (médico), 25.

Donativos en especie: Doña Orosia Petra Almodil de Ferrer, un saquito de lana y unas botitas de idem; don Laboratorios Llemos de Barcelona, una caja de diphtaina, cuatro de discos oftálmicos, seis de compressas y una de cataplasmas; Camisería Arisa, tres pares de calzoncillos blancos; Papelería Navarro, cien sobres,

azules; don José Lopera, tres kilos de especies; Almacenes «La Paz», dos cojines; un granadino, tres cepillos de dientes; don Braulio Calonge, tres pañuelos; Casa Morilla, cuatro cordales y tres trapos del suelo; don Dolores Hernández, un lebrillo; don Angel Herrero, un metro de hule para el retrete; Casa Ruelio Hermanos, un frasco de colodón; «El Paraíso», cuatro pañuelos y tres pares de calcetines; don Joaquín Alvar Gómez, una caja de galletas y un kilo de hilas; don Emilio Morcillo «El Cabecho», un tarro; don Francisco Ferrer, cinco mandiles.

Escrito dirigido al gobernador civil

Los heridos hospitalizados en el sanatorio de la Cruz Roja han dirigido al Excmo. señor gobernador civil la siguiente instancia:

«Los que suscriben, todos heridos hospitalizados en el sanatorio de la Cruz Roja, tienen el honor de dirigirse a V. E. para hacerle saber la labor altruista y humanitaria que viene realizando en este sanatorio la enfermera diplomada doña María Aparicio Trujillo, dama de grandes virtudes, cuyo celo e interés inagotable es justamente estimado por cuantos presenciamos sus constantes servicios; cariño y viva simpatía que demuestra hacia los heridos en las horas de mayor peligro, en que en los bombardeos aéreos se separa nunca de sus enfermos, a éstos siempre; sigue al frente la de ser al lado de éstos. Mostramos así toda y loable que debe ser estimada de V. E. y de todos los granadinos, razón por la cual se permiten solicitar de V. E. que tan humanitaria y esclarecida dama que con tantas ansias cuenta entre nosotros sea prestando sus servicios de amor y caridad en este sanatorio. Gracias que esperan merecer de V. E. cuya vida guarde Dios muchos años.—Los heridos hospitalizados en el sanatorio de la Cruz Roja de Granada.»

N O T I C I A S

Matadero público.—Carnización verificada en el día de ayer: siete terneras, diecinueve becerros y tres vacas.

* * *

Socorros.—En la Asociación de Caridad se sirvieron ayer 1.589 raciones. En el Asilo Nocturno pernoctaron 49 indigentes.

Las hermanas patrióticas han hecho un donativo de cincuenta pesetas para la Asociación de Caridad.

Suscríbase a IDEAL

este artículo alimenticio venga a Granada, donde escasea, y pueda suministrarse a los enfermos. En todos los pueblos se han abierto suscripciones para la fuerza pública y los vecinos todos se han aprestado a depositar sus donativos para tal fin. Sin excepción alguna, cada cual lo que pudo, desde el primer momento todos los naturales de la región llevaron a los Ayuntamientos de los pueblos su óbolo con el que incrementar la suscripción para la fuerza.

Nos retiramos de los pueblecitos de las Alpujarras con el corazón rebosante de alegría, al ver que siquiera en aquella región de bellezas naturales infinitas no dominó jamás el sectarismo marxista y que ahora, como lógica consecuencia, las hordas encanalladas en el crimen no han podido penetrar por las encrespadas sierras, ni saquear las casas y martirizar a los moradores.

Y de regreso por el camino, entre los rojos rayos del sol poniente, una música dulce alegra nuestros oídos, como el clarín que nos anuncia una nueva era de paz, de prosperidad y de grandeza en nuestra Patria. Es la música de voces femeninas que nos saludan al paso por el camino, con gritos de Viva España, pronunciados libres de todo temor y con la conciencia que al pronunciarlos no se comete ningún delito.—MORALES.

DEFENSA ARMADA DE GRANADA

Continúa con verdadero entusiasmo el alistamiento de personas de [...]

gionario

Un soldado de Artillería detuvo y presentó en la Comisaría al betunero Francisco Sánchez Peñalver, por haber dirigido insultos a un legionario en la plaza del Campillo.

Extremista de acción detenido

Guardias de Asalto capturaron ayer en la Acera del Casino a Francisco Civantos Ginés, de veinticuatro años, barbero, por estar considerado como extremista de acción y elemento de enlace de las organizaciones revolucionarias.

Detenido por supuesta ocultación

Por sospecharse pudiera ocultar el paradero de sus hermanos José, Andrés y Antonio, acusados de haber dado muerte a José y Daniel Linares, hecho ocurrido en un pueblo de la provincia el día 20 del pasado, un sargento de la Benemérita, retirado, detuvo ayer a Gabriel Perea Ruiz, en su domicilio, callejones de Gracia, huerta de don Federico García. Después de interrogado fué puesto en libertad.

Suscripción para las fuerzas armadas

Don José Carrascosa, maestro nacional, domiciliado actualmente en Pitres, además de anteriores donativos hechos a la suscripción para la fuerza pública, dona ahora cuarenta pesetas en géneros, que podrán ser retirados de la papelería de Mariano Almendros.

alpaca y dos escupidores; farmac[...] Montes Bru, un botiquín; don Ju[...] Jiménez Pérez, un mástil y otr[...] efectos de escritorio; don Francis[...] de Paula Rodríguez, tres plafone[...] don M. Ruiz Pozo, un aparato de l[...] Flexo; Bazar Linde, dos cenicero[...] Casa Mendoza, un aparato de l[...] Flexo; Casa Guevara, una gran ca[...] tidad de material de escritorio y [...] pisapapeles de mosaico con el retr[...] to de la Patrona de Granada; seño[...] viuda de Martínez Herrera, veinte b[...] cionarios; joyería La Purísima, [...] gran cuadro de plata repujada de [...] Patrona de Granada; don Doming[...] Domingo Liso, una resma papel ba[...] ba, cuartillas, plumas, tinta, secar[...] tes; el «balilla» Antonio Ferrer L[...] riño, un equipo falangista para [...] «balilla» sin recursos; don Antoni[...] Conde, devuelve un vale de la colum[...] na del capitán señor Nestares, de u[...] gruesa de fósforos y dos cajas d[...] «Bambú»; Casa Fábrega, una bici[...] cleta equipada «Rayó».

Ayuntamiento de Gójar: 37 galli[...] nas, 2 cuadros de Gójar [...] ba, 2 cartuchos garbanzos, 2 conejo[...] y 350 kilos patatas y en metálic[...] 680,45 pesetas para la fuerza arma[...] d[...]; Sdad Kiosqueros y vendedores d[...] periódicos, 250 pesetas para Falange[...] don Manuel Gómez Briasco (falan[...] gista 223), 25 pesetas: falangista nú[...] mero 292, 25 pesetas; don Antoni[...] Castro Márquez, 100 pesetas; don[...] César Sebastián Dacosta, 500 peset[...] para el Sindicato Español Universi[...] tario.

Falange Española da las más ex[...] presivas gracias a todos los donan[...] tes. ¡Arriba España!—El secretari[...] provincial, **Luis Gerardo Afán d[...] Ribera y Nestares.**

16. La pieza clave para fijar la huida de Lorca a casa de la familia Rosales: *Ideal* del 10 de agosto de 1936 cuenta lo ocurrido el día anterior en la Huerta de San Vicente. (Cortesía de *Ideal.*)

IDEAL

Granada, martes 1[...]

30 ejecuciones entre ayer y hoy

Quince por juicios sumarísimos y otros quince en represalia de los bombardeos

En la mañana de ayer se ejecutó la sentencia condenatoria a la última pena, en nueve paisanos por los delitos de rebelión y agresión a la fuerza armada.

En la de hoy han sido ejecutados tres paisanos por los mismos delitos; dos más por los de amenazas a la fuerza pública, hacer propaganda marxista y propagar bulos; y quince por represalias del bombardeo de la población civil en el día de ayer, en virtud de lo dispuesto en el Bando dictado a este efecto.

Más de doscientos s[...]

[columna izquierda]
s, a cada una de las siete fa[...] de muertos por la causa, que[...] necesiten.

[...]o escuadras han ido a Lora[...] o para continuar la pacifica[...] [...]el pueblo, y treinta hombres[...] [...]archado a Villanueva de las[...]

[...]an celebrado funerales por los[...] en la lucha.

El bombardeo de San Rafael, ineficaz

[...] emisora extranjera ha dicho[...] [...]an Rafael fué bombardeado[...] por los aviones de Madrid. El[...] [...]rdeo no ha sido eficaz. Se tra[...] de conseguir un efecto moral[...] el elevado espíritu del Ejérci[...] ha hecho mella alguna.

SUMEN DE LA JORNADA

EL EJERCITO CONSOLIDA SUS POSICIONES

[...]io Club Portugués dijo de[...] [...]ugada, como resumen de las[...] [...]as veinticuatro horas que no[...] [...] registrado nada decisivo en[...] [...]no de los frentes. La avia[...] [...]roja pierde su preponderancia.[...] [...]columna del comandante Cas[...] [...]continúa hacia Badajoz. Es[...] [...]ible que el ataque se empren[...] [...] la mañana de hoy, dada la[...]

Don Just[...] vive. E[...] en N[...]

Primo de Ri[...] y no co[...]

Madrid ha dic[...] Sanjurjo, hijo d[...] mente muerto ha [...] tenido por las m[...] se encuentra det[...] preso el señor Al[...] nistro melquiadis[...] Con ello se d[...] que también dió [...] drid de que don [...] bía sido muerto e[...] berse hecho allí f[...] gos.

BURGOS.—Por [...] res, absolutament[...] be que don José [...] Rivera se halla [...] las heridas que r[...] a traición no co[...] No corre peligro [...] [...]será conocido su [...]

17. *Ideal* se encarga de informar a sus lectores de las ejecuciones llevadas a cabo en el cementerio de Granada. Esta vez el 11 de agosto de 1936, dos días después de abandonar el poeta la Huerta de San Vicente. (Cortesía de *Ideal.*)

18. El osario del cementerio de San José de Granada en 1966. Cuando Gerald Brennan lo visitó en 1950, aún se veían restos de muchos fusilados con el cráneo perforado por el tiro de gracia. (Fotografía de Ian Gibson.)

20. La tumba de Manuel Fernández-Montesinos Lustau en el cementerio de Granada, con la fecha exacta de su fusilamiento. El poeta fue detenido en la casa de los Rosales aquella misma tarde. (Fotografía de Ian Gibson, 1966.)

19. Manuel Fernández-Montesinos Lostau, cuñado de García Lorca y alcalde socialista de Granada cuando se produjo el levantamiento militar de 1936. (Cortesía de Tica Fernández-Montesinos García.)

21. La tumba de José Valdés Guzmán en el cementerio de Granada, 1966. Unos años después desapareció la lápida. (Fotografía de Ian Gibson.)

| SANTORAL DEL DIA | | EL TIEMPO QUE HACE |

LUNES, 17 DE AGOSTO

Santos Jacinto, cf.; Myrón, pb.; Liberato, abad; Bonifacio, dc.; Siervo, Rústico, Felipe, Eutiquiano, Máximo, niño; Pablo y Juliana, hs., mártires; Anastasio, ob.

DATOS DE CaRTUJA
Temperatura registrada en el día de ayer: Máxima, 32,4 grados a las 13,30. Mínima, 16 grados a las 5,15. Temperatura a las 18 horas, 28,6 grados.
Presiones bajas. Tiempo probable: Vientos de dirección variable y cielo nuboso

IDEAL

AÑO V   *Granada, lunes 17 de agosto de 1936*   NUM. 1.205

Redacción: Teléfono 1744   Tendillas de Santa Paula, 6   Administración: Teléfono 1747

Al mes de comenzar el movimiento militar en Africa, domina en más de las dos terceras partes de España

Boletín del día

Hoy hace un mes. El día 17 de julio el Ejército que España sostiene en la zona de Africa se levantó en armas en defensa pura y simplemente, de la civilización. A Africa siguió Sevilla el día 18. Y se enredó la madeja. Y hoy, a la altura de los treinta y un días, nos encontramos en plena victoria en más de las dos terceras partes de España y teniendo seriamente amenazada la tercera parte restante. Quienes creyeran que un movimiento libertador en las circunstancias actuales, cuando las minaba se encontraría la sociedad española en su misma esencia, podía triunfar con mayor facilidad, es que no tenían idea del mundo en que estaban viviendo. Gracias a Dios, como decía ayer el general Mola desde Burgos, que oportunamente aparecieron en la península los hombres y las armas necesarias para dar comienzo a la santa cruzada por la independencia. Hoy se cumple un mes. ¡Honor en esta primera conmemoración de los ilustres caudillos que la iniciaron y la sostienen victoriosamente!

Pocas noticias da en distintos frentes de operaciones. No es posible poder efectuar todos los días conquista de ciudadanos. Entre otras razones, porque las columnas tardan algún tiempo en llegar de un lugar a otro y en consolidar las posiciones logradas para que no vuelvan a caer en poder del enemigo. Algunos pueblos de Extremadura han caído también en poder del Ejército. Entre ellos, Olivenza, última población hacia la frontera. En otra línea, Don Benito. Don Benito es quizás el pueblo español donde tenía el marxismo mayor arraigo. Y estamos por asegurar que en él se estableció la primera Casa del Pueblo que hubo en España.

Dos noticias sensacionales. La primera, confirmada y plenamente auténtica. La segunda, la damos sin garantizarla. Madrid dijo que el capitán Bayo había hecho un desembarco en la isla de Mallorca y que dentro de poco la capital sería suya. A los pocos momentos llamaba la estación de Palma de Mallorca a todas las estaciones de España. Y dió la referencia exacta. Había habido un desembarco, pero no del capitán Bayo, porque éste, como buen jefe marxista, no pisó tierra. Era peligroso hacerlo. Desembarcaron unos individuos, que en el primer encuentro con las fuerzas que les salieron al paso dejaron en tierra más de 300 muertos y 600 heridos. Los que pudieron, emprendieron veloz carrera hacia los buques. Pero ¡oh sorpresa! El capitán Bayo ya había huído y se captaron cruzados en los que pedía socorro. Los infelices derrotados no tuvieron más remedio que entregarse prisioneros. La noticia está confirmada por Valencia. Valmela dijo que un barco que fué en auxilio de Bayo se había extraviado por la niebla, y había ido a parar a Gandía. Luego Bayo necesitaba auxilio y los marineros marxistas no tienen nada que enviar en pericia a los milicianos que andan por tierra.

La segunda noticia se refiere a Cartagena. Varias estaciones—el lector las verá en el lugar correspondiente—hablaron que la Base naval se había incorporado al movimiento. Como nos lo confirman.

Por el frente Norte ha habido en Bilbao un ataque naval sobre los depósitos de gasolina, que hay en la desembocadura del río. Los depósitos fueron volados. Hasta ahora, por ese frente San Sebastián e Irún son las poblaciones que están más seriamente amenazadas. Por el Sur, se ha registrado una derrota marxista en La Línea. Y muy pronto se sabrán los resultados del avance de la columna Varela que va a irrumpir en la provincia de Granada. Esperemos a mañana.

Las fuerzas del Ejército que España tiene en el territorio de Ifni se han unido también al movimiento militar. Apresaron al comandante que los mandaba y se pusieron a disposición de Franco. Por cierto que el ilustre general estuvo ayer en Burgos. Y pronto estará en Madrid. En El Ferrol ha desembarcado una bandera del Tercio que va camino de Asturias. Digamos antes de que se nos olvide que ayer nos dejó Madrid tranquilos a nosotros, pero la tomó con Oviedo y Cádiz. Con el mismo fundamento que sonaba habla de Granada.

Y nada más conocido en las últimas horas sobre el altísimo veinticuatro horas sobre el desarrollo de esta lucha de la civilización contra la barbarie. Así la ha calificado nada menos que don Miguel de Unamuno. De violentas y crímenes marxistas ¿para qué hablar? Véase en el lugar oportuno. Publicamos algunos datos interesantes.

Radio Sevilla ha comunicado que han quedado ya restablecidas las comunicaciones telefónicas entre Cádiz, Córdoba, Granada, Huelva y Sevilla.

El público obliga a repetir el himno de Falange y el de la Legión

La Banda Municipal ejecutó anoche el anunciado concierto en la plaza del Campillo. En el programa figuraban el Himno de Falange Española y el de la Legión. Una importante masa humana ocupaba, por completo la plaza del Campillo y los alrededores. El entusiasmo fué tan extraordinario que la Banda se vió obligada a repetir dichos temas. Los dos himnos, singularmente el primero. La muchedumbre saludaba a estilo fascista. La plaza del Campillo parecía anoche un verdadero bosque de brazos extendidos.

DON BENITO Y OLIVENZA, OCUPADOS

Tetuán y otras emisoras dicen que la Base Naval de Cartagena se ha unido al movimiento

Todos los que desembarcaron en Mallorca y no han resultado muertos se tuvieron que entregar porque los barcos se habían marchado. La victoria del Ejército fué rotunda

LAS FUERZAS DE IFNI SE UNEN AL RESTO DEL EJERCITO

TRES AVIONES ROJOS HAN SIDO DERRIBADOS

Una columna procedente de Burgos ha tomado la ciudad de Don Benito, de Badajoz, lugar de concentración de fuerzas marxistas.

El Ejército se apoderó también de un aeródromo rojo situado en las afueras de aquella ciudad.

LA BASE NAVAL DE CARTAGENA ESTA CON EL EJERCITO

Varias emisoras han dado información de que las fuerzas de Marina de la base de Cartagena se hallaban divididas, pues gran parte de ellas se habían sumado al Ejército libertador.

Al mando de aquel departamento no hay ningún jefe de categoría, pues ha asumido la dirección el teniente de navío D. Antonio Ruiz Leonardo, que era antiguo ayudante del vicealmirante de la base.

Estas noticias han sido dadas por Tetuán, que afirmaba haberlas obtenido por conducto fidedigno, que por discreción no podía revelar.

La emisora de Coruña, más tarde, ha dado también la noticia, pero de un modo más amplio, pues ha dicho

que la sublevación comprende toda la base naval y las fortificaciones costeras.

SE UNEN AL MOVIMIENTO LAS FUERZAS DE IFNI

LISBOA.—Las fuerzas que España tiene en el territorio de Ifni se han unido al movimiento militar. El día 6 de agosto huyó el gobernador de la región. Se hizo cargo del mando el comandante Montoco, que pidió un millón de pesetas a Madrid. Las fuerzas se rebelaron, hicieron prisionero a Montoco, de cuya suerte no hay noticias, y se unieron al movimiento del general Franco, a cuya disposición se han puesto.

TRES AVIONES ROJOS, ABATIDOS

Ayer fueron abatidos tres aviones rojos. Uno en Badajoz y otro en México. El nombre del pueblo en que cayó el tercero no lo pudimos percibir bien.

HA SIDO TOMADO OLIVENZA

Las fuerzas que entraron en Badajoz han continuado la obra de pacificación y desarme de comunistas en algunos pueblos.

También tomaron Olivenza, último pueblo de la provincia en la frontera, cerca de Elvas.

FRANCO LLEGA A BURGOS

BURGOS.—Ha llegado de Sevilla en avión el general Franco.

DOVAL EN SEVILLA

Comunican de Sevilla que a aquella capital llegan numerosas personas procedentes de Salamanca y León, entre ellas el comandante Doval. Esta noticia demuestra la seguridad de comunicaciones existente entre las capitales del norte y sur de España afecta al movimiento.

APLASTANTE DERROTA DE LOS MARXISTAS EN MALLORCA

Radio Madrid y también la emisora de Barcelona, anunciaron anoche con la capital llegan numerosas personas procedentes de Barcelona, anunciaron anoche con gran platillo una victoria de sus armas. Daban una victoria de sus armas. Daban una noticia que casi parecía verdad: aseguraban que el capitán Bayo había efectuado un desembarco victorioso en la isla de Mallorca y se dirigía triunfalmente a la capital, que no tardaría en caer. La noticia añadía que en todas partes el recibimiento era apoteósico y constantemente se le presentaban paisanos a Bayo pidiéndole que les armase. Esto—terminaba—ha causado gran alegría en Barcelona y Valencia.

Pero ese triunfo radiotelefónico les duró muy poco: pues poco después la emisora de Palma de Mallorca nos llamaba a todas las radioemisoras y les comunicó que había sido la noticia dada por aquellas estaciones y para que sus compañeros de toda España no recalasen lo más mínimo, aunque comprendía que ya estarían ansiosos de oír más que embustes, iba a decir la verdad.

Y la verdad es ésta: Efectivamente, en la madrugada de ayer el capitán Bayo hizo un desembarco con bastantes milicianos en la isla de Mallorca; mejor dicho, desembarcaron las milicias, porque él se quedó en el barco con unos cuantos. Las tropas pisaron tierra en Porto-Cristo (Manacor). Todo fué observado por la columna que se había organizado en los pueblos cercanos, pues fué necesario emplear las que había dispuestas en los puntos estratégicos de los diferentes puntos de la costa. Esa columna, compuesta por fuerzas de la Guardia civil, Carabineros y milicias, les dejaron avanzar y cuando lo creyeron oportuno, batieron duramente a atacantes, pues a la aviación que les protegía, demostraron los mallorquines un entusiasmo sin límites en defensa de lo suyo. En un lugar conquistado. El resultado de la aventura se vió a los pocos momentos, pues la lucha no duró mucho. Los invasores se retiraron huídos en toda prisa dejando en el campo más de doscientos muertos y seiscientos heridos. Los que pudieron correr llegaron a la orilla y se encontraron con que el «va-

En Illora, Falange Española ha formado un escuadrón de caballería que presta valiosos servicios por la región. Realizan la vigilancia y descubierta por los alrededores del pueblo y por los colindantes de Tocón y Alomartes.

---

22. *Ideal*, lunes 17 de agosto de 1936, anuncia (primera columna, abajo) que, según Radio Sevilla, «han quedado ya restablecidas las comunicaciones telefónicas entre Cádiz, Córdoba, Granada, Huelva y Sevilla». Con lo cual el comandante Valdés no necesitaba recurrir a una emisora para hablar con Queipo de Llano del «caso García Lorca». (Cortesía de *Ideal*.)

23. El 9 de agosto de 1936 García Lorca se refugió en la espaciosa casa de la familia Rosales (a la derecha), en la calle de Angulo, 1. Al fondo, la calle de Tablas. (Fotografía de Ian Gibson, 1966.)

24. José («Pepiniqui») Rosales Camacho. (Cortesía de los herederos de Eduardo Molina Fajardo.)

25. Miguel Rosales Camacho. (Cortesía de los herederos de Eduardo Molina Fajardo.)

26. Antonio Rosales Camacho, secretario provincial de Falange Española de las JONS cuando empezó la sublevación y opuesto a la presencia del poeta en la casa de su padre. (Cortesía de los herederos de Eduardo Molina Fajardo.)

27. Luis Rosales Camacho con sus hermanas María (a la izquierda) y Esperanza. A esta la llamaba García Lorca «mi divina encarcelera». (Cortesía de Luis Rosales, 1985.)

) HIZO PARA AYUDAR A UN OBRERO, DE QUIEN ES LA CASA Y QUE NO TENIA MEDIOS PARA HACERLO

són Ruiz Alonso trabajando de peón de albañil en la reconstrucción de una casa hundida de un obrero de Alfacar.

28. *Ideal*, 9 de febrero de 1036, Ramón Ruiz Alonso, el «obrero amaestrado» de Gil Robles, ayuda a reconstruir la casa de un trabajador hundida en Alfacar en vísperas de las elecciones que darán el triunfo al Frente Popular. Se encarga de que le acompañe un fotógrafo. (Cortesía de *Ideal*.)

29. Luis García-Alix, que acompañó a Ruiz Alonso y Juan Luis Trescastro a la casa de los Rosales en la calle Angulo, 1. (Cortesía de los herederos de Eduardo Molina Fajardo.)

Ramón Ruiz Alonso
obrero tipógrafo
Diplomado en Ciencias sociales y exdiputado a Cortes

¡Corporativismo!

Ya sé que habrá por ahí quien diga...

que capital y trabajo serán siempre rivales irreconciliables y que jamás será salvado el abismo insondable que les separa marcando a cada cual su rumbo, su camino, su meta...

...También se repelen y se rechazan los colores. El blanco es pureza, candor, júbilo, alegría; eco triunfal de esponsal que avanza por templo engalanado en busca de un altar y una ilusión. El negro es luto, pena, amargura, tristeza, llanto; lúgubre acento de arrogante figura que fué y tan solo espera ya una fosa en que aniden los gusanos.

Y sin embargo...

¡Ovejas negras aciertan a parir corderillos blancos!

1937
Primera edición
Composición e impresión de la Comercial Salmantina
Prior, 19 ——— Salamanca ——— España
Primer año triunfal

30. Cubierta y portada del manual fascista de Ramón Ruiz Alonso, *Corporativismo*, 1937

31. Angelina Cordobilla González, la criada de Manuel
Fernández-Montesinos Lustau y Concha García Lorca, que
llevó comida al poeta en el Gobierno Civil la mañana del 17 de
agosto de 1936 y allí le vio brevemente. Su testimonio, que
varios investigadores prefieren pasar por alto, demuestra que
a Lorca no lo mataron la noche de 16 al 17 de agosto, como se
ha alegado. (Cortesía de Antonio Ramos Espejo.)

afectas al Movimiento se habían negado a ayudarle. Se expresaba en el mismo sentido Manuel López Banús, joven colaborador del poeta en la aventura de *gallo*, la revista granadina de vanguardia.[21]

También protegieron los Rosales a un joven profesor de Gerardo, que estuvo dos o tres semanas con ellos. Pero en vano porque, como al izquierdista Eduardo Ruiz Chena, asimismo refugiado en la calle Angulo, 1, lo detuvieron sus enemigos en otro lugar y acabaron con él.[22]

Esperanza Rosales nos contó una escena ocurrida una noche en la casa. Entre los compañeros falangistas de sus hermanos había varios muy implicados en los asesinatos ordenados desde el Gobierno Civil. Uno de ellos, pariente suyo, se llamaba Antonio López Font. La noche de autos se presentó en Angulo, 1. Durante la cena, como si fuera la cosa más normal del mundo, anunciaría: «Esta noche tenemos una redada.» Al preguntarle los presentes a quiénes se iba buscar, les contestó que a tres «rojos» delatados por tener «una radio clandestina» y escuchar la republicana: los ya mencionados Manuel López Banús, Manuel Contreras Chena y Eduardo Ruiz Chena. López Font no sabía que todos eran amigos de Luis, quien, sin inmutarse, se excusó («Lo siento, papá, pero me tengo que ir, me necesitan en el cuartel») y se levantó de la mesa sin terminar de comer. Fue inmediatamente a avisar a los tres del peligro que corrían, y aquella misma noche se las arregló para vestir de falangistas a López Banús y a Contreras Chena y llevarlos a dormir en el cuartel de Falange y ponerlos así, por lo menos provisionalmente, a salvo.[23]

Ya para entonces, los granadinos contribuían públicamente —para que quedara constancia— a las Fuerzas Armadas, con dinero, joyas y otros objetos de valor. Muchos, sin duda, con la esperanza de salvarse el pellejo, o el de algún ser querido. La lista de los donantes aparecía cada mañana en *Ideal*. El 13 de agosto figuraba entre ellos Federico García Rodríguez, con la importante cantidad de 500 pesetas. Se infiere que pensaba no solo en la situación del poeta sino de su yerno Manuel Fernández-Montesinos.[24]

Lorca pasaba muchas horas interpretando canciones populares en el viejo piano de la tía Luisa, contándole a ella y a Esperanza anécdotas y peripecias de sus meses en Nueva York, Cuba o Buenos Aires, y sumergiéndose en los versos de Gonzalo de Berceo. Gerardo Rosales nos habló en 1966 de la vivísima impresión que le habían hecho los lentos alejandrinos del poeta medieval leídos en voz alta por Federico, y a Claude Couffon le dijo la tía Luisa Camacho que le había recitado de memoria los *Milagros de Nuestra Señora*.

El hispanista francés añade que en la calle Angulo, 1, Lorca retocó *La casa de Bernarda Alba*. Ni Luis ni su hermana Esperanza recordaban, en nuestras conversaciones, habérselo dicho. La fuente de la información, pues, sería otra vez la tía Luisa, con quien, al fin y cabo, vivía el poeta. Tendemos a pensar que tenía allí consigo, de hecho, el manuscrito.[25]

Esperanza Rosales nos aseguró que trabajó durante su estancia con ellos, aunque no sabía en qué, y que una vez ejecutada la detención su padre entregó los papeles a Federico García Rodríguez.[26]

Ella no había tratado antes al poeta, y guardaría una imborrable impresión de su simpatía. La sublevación había cogido a su novio en Madrid, y estaba preocupadísima por él. Lorca intentaba levantarle el ánimo, diciéndole un día: «No te preocupes, Esperancita. No le pasará nada y cuando haya terminado todo esto iremos los tres juntos al estreno de la próxima obra mía.»

Esperanza creía recordar que bajó ocasionalmente al primer piso para utilizar el teléfono, aunque, después de tantos años, no lo podía asegurar. El aparato funcionaba de manera normal (aunque quizás intervenido), lo cual induce a conjeturar que hablaría de vez en cuando con la Huerta de San Vicente.

Leía vorazmente *Ideal*, que le subía cada mañana Esperanza, a quien denominaba su «divina carcelera» (*El Defensor de Granada* y el *Noticiero Granadino* habían sido suprimidos el primer día del alzamiento, y *ABC* de Sevilla no volvería a estar en los quioscos granadinos hasta después del 18 de agosto de 1936). Estaba al tanto, pues, del inmenso peligro que corrían en la cárcel su cuñado Manuel Fernández-Montesinos y otros varios amigos. Y de que los rebeldes fusilaban masivamente, pues el mismo diario lo recogía, por ejemplo, el 11 de agosto (ilustración 17).

Hemos visto la angustiada carta de Manuel Fernández-Montesinos y otros presos leída por Radio Granada y reproducida por *Ideal* el 8 de agosto. Hay que deducir que el poeta les imploraría entonces a los hermanos Rosales, sobre todo a José, que tratasen de intervenir en favor de su cuñado.

Escuchaba con asiduidad la radio de la tía Luisa —las emisiones nacionales y las republicanas—, y le solía decir a Esperanza: «¿Qué bulos has escuchado tú hoy? ¿Cuántos bulos traes tú? Pues yo he oído este.» Ella recordaría que era imposible sacar algo en claro, tan confusos eran los boletines de ambos bandos, y que Federico se reía de lo que escuchaba.[27]

Hablaba con Luis de sus proyectos literarios, según este sin mostrar la más leve señal de que temiera por su vida ni dudara de que todo volvería pronto a cauces más normales:

> Lo que él tenía en la cabeza entonces (y es posible que escribiera en algún momento, pero no me parece fácil) era lo que él llamaba *Jardín de los sonetos*, eso es lo que él tenía en la cabeza. Si escribió algo, que no creo que escribiera, sería algo en relación con esto. Él tenía también la ilusión de escribir una especie de *Paraíso perdido*, un poema épico, largo, narrativo, que se llamara *Adán*. Siempre me hablaba mucho de este poema. Era una ilusión muy constante en sus últimos años, por lo menos en los dos últimos años él siempre me decía: «No, no, mi obra va a ser *Adán*.»[28]

Cabe mencionar aquí el supuesto himno falangista que Lorca habría compuesto estando con Luis, y sobre el que tanto hincapié harían los propagandistas de Franco. Rosales negó rotundamente en 1966 —y lo seguiría haciendo— que hubiera existido tal composición:

Federico quería colaborar conmigo en una canción en memoria de todos los muertos de España, y no solo los de Falange o los de Granada. Nadie habló de hacer un «himno falangista». Yo nunca, nunca dije eso. Si alguien me ha atribuido esas palabras, o me ha entendido mal o ha tratado deliberadamente de cambiar lo que dije.[29]

Tres años después Luis abundó:

Federico estaba decidido a que realizáramos entre los dos una composición a los muertos, a los muertos en los dos bandos. Él quería que fuese una cantata, o una especie de romance para poderlo cantar. Algo que no fuese una elegía. Y él se reservó la parte musical, para que yo compusiera la letra. La música no la tenía escrita, pero sí pensada, y a mí me la interpretó varias veces en el piano de mi tía.[30]

No habría tiempo para que el proyecto cuajara. Los enemigos del poeta ya le estaban pisando con ahínco los talones. Lo buscan en casa de Miguel Rosales, a dos pasos de Angulo, 1, en la calle de Lucena número 2, dándose cuenta de su equivocación;[31] y, como hemos visto, en la Huerta del Tamarit.

La familia Rosales empezaba a inquietarse seriamente y pensar que tal vez Federico estaría más seguro en otro sitio. Además, desde el primer momento, Antonio, el falangista más exaltado de los hermanos, había estado en contra de tenerlo entre ellos, por el riesgo que suponía para sus padres.[32] Pero ¿adónde llevarlo? Si podemos confiar en la memoria de Esperanza Rosales, veinte años después de los hechos, el mismo poeta sugirió la posibilidad de esconderse en el piso de su gran amiga Emilia Llanos, en Plaza Nueva. Los Rosales, empero, consideraban preferible el carmen de Manuel de Falla. ¿Quién iba a atreverse a violar la casa del Maestro, compositor de fama internacional, profundamente católico, y que, además, admiraba a Federico y hasta lo consideraba discípulo suyo? Si, ante las primeras amenazas de la semana anterior, este no había querido molestar al compositor, ¿no sería lógico ahora, ante la marcha de los acontecimientos, pedir asilo en su carmen?[33]

No sabía el poeta que muy cerca de los Rosales, en la vecina calle de Tablas número 16, vivía una persona que le detestaba. Era el abogado Jesús Casas Fernández, militante fanático de Acción Popular, muy beato y vicepresidente de la Diputación Provincial durante el «Bienio Negro». Según un ex guardia de Asalto adscrito entonces al Gobierno Civil, Casas Fernández se había personado, indignado, en el despacho de Valdés, quejándose de que sus vecinos falangistas protegían al peligroso escritor «rojo» Federico García Lorca. Había puesto en el acto una denuncia. Y, cabe suponerlo, comentado con sus correligionarios de partido la «traición» de los hermanos Rosales.[34]

El 15 de agosto se presenta en la Huerta de San Vicente un nuevo grupo violento, provisto esta vez de una orden para la detención de García Lorca. Al comprobar que ya no está, lo revuelven todo e incluso el piano de cola es objeto otra vez de suspicacia. Manda la operación el falangista Francisco Díaz Esteve, hijo del general Antonio Díaz Barrientos y jefe de la escolta de Valdés Guzmán. Según otro estrecho colaborador del Gobierno Civil, Carlos Jiménez Vílchez, Esteve «cumplía a rajatabla lo que le ordenaba Valdés, sin discutirlo, sin dudarlo ni buscar otras interpretaciones».[35] Amenaza con llevarse al padre si no le dicen dónde está el fugitivo. Luis Rosales había insistido en que, pasara lo que pasase, la familia no revelara por nada del mundo su paradero. Ahora no hay más remedio. Concha, aterrada, contesta que su hermano no ha huido, sino que está en casa de un amigo falangista, poeta como él. Es probable que incluso lo identificara como Luis Rosales.[36]

Isabel Roldán evocaba la escena:

> Entonces, cuando fueron buscando y se llevaban a mi tío ya por el carril, en el coche, y no quiso decir dónde estaba, entonces fue cuando Concha vio que se llevaban a su padre; entonces dijo: «Bueno, está en tal y tal sitio.» Y fue Concha quien lo dijo, porque se llevaban a su padre por el carril. Eso

no lo he presenciado yo, pero eso quien lo presenció fue Paquita, que fue quien a mí me lo contó, mi prima Paquita, la hermana de Clotilde [Francisca García Picossi].[37]

La versión de la criada Angelina Cordobilla González corroboraba la de Isabel Roldán:

Angelina: Mire usted, quien tuvo la culpa fue la hermana. El señor que se llevó al señorito Federico le dice a su hermana que no digan nada, que, si le preguntan dónde está, que dicen que ha salido a campo traviesa. Como en aquel tiempo se iba la gente corriendo, y resultaban donde fuera, ¿no?, pues dicen: «Aunque digan que a tu padre lo matan, que nada, que no sabéis dónde está, que no sabéis nada.»

Nosotros: Ah, sí, Rosales, este fue Rosales, el poeta.

Hija de Angelina: Eso es. Este fue el que dijo a su hermana: «Mira, aunque digan que a tu padre lo matan, tú no hagas caso, tú no digas nada dónde está.»[38]

El propio Luis Rosales nos lo comentó así:

Rosales: Fueron a su casa a prenderlo y, como no lo encontraron, exigieron una explicación. La familia les dijo que estaba en mi casa, un lugar muy conocido; que no había escapado, pues a Federico lo tenían arraigado en su propio domicilio. Dijeron que yo era una persona muy conocida.

Nosotros: No tuvieron más remedio que hacer eso.

Rosales: Así es. No había más remedio. Pero es que nadie pensaba nada de lo que pudiera pasar.[39]

¿Nadie sabía lo que podía pasar? Pero ¿no fusilaban los facciosos cada mañana en el cementerio a tandas de presos sacados de la Cárcel Provincial? ¿Presos cuyo único pecado había sido ser de izquierdas y a menudo ni eso? ¿No estaba en peligro mortal Manuel Fernández-Montesinos? Se entiende el terror de Concha García Lorca.

Parece lógico deducir que, en cuanto los matones se hubieran ido, la familia llamaría al poeta desde la Huerta de San Vicente para avisarle del nuevo peligro que se cernía sobre él.

El cerco ya se estrechaba.

Antes del amanecer del día siguiente, domingo 16 de agosto, Manuel Fernández-Montesinos fue fusilado contra las tapias del cementerio con otros veintinueve presos. El poeta casi se derrumbó al recibir la infausta noticia, según Esperanza Rosales.[40]

Podemos conjeturar que fueron sus padres quienes le llamaron para ponerle al tanto.

Ya para estas fechas centenares de «rojos» granadinos habían sido fusilados, sin contar los innumerables «paseos» que se llevaban a cabo día y noche en los pueblos de los alrededores. El odio, el terror y el revanchismo se habían adueñado de la ciudad. Nadie que hubiera tenido vinculación con el Frente Popular, por tenue que fuera, estaba a salvo. Y podemos estar seguros de que, a partir de este momento, Lorca perdería cualquier atisbo de tranquilidad que hubiera recuperado al instalarse con los Rosales.

Su prima Isabel Roldán García recordaba cómo la familia se enteró de la muerte de Fernández-Montesinos:

La primera noticia fue por un cura. El cura que lo confesó fue a ver a doña Pilar [Lustau Jiménez], la madre de Manolo Montesinos. Fue a darle la noticia. Siempre vivió con Manolo en la calle de San Antón. Estaban allí también mi tío y mi tía, los padres de Federico. Concha estaba en la huerta de Clotilde. Y entonces llegó un cura y él dijo lo que pasaba. Y me acuerdo que mi tía dijo: «Pues, por favor, que pase el cura y que mi marido no lo vea, que mi marido no lo vea»; entonces pasó el cura a la habitación de doña Pilar, que era muy ancianica, muy viejecica, y le dio la despedida o el recado que trajera para su madre, porque es que Manolo le había encargado que fuera a ver a su madre.[41]

Concha se encontraba entonces, efectivamente, en la Huerta del Tamarit, y fue allí donde Vicenta Lorca le informó de lo ocurrido. Contaba Clotilde García Picossi:

Vino mi tía Vicenta a decirle a Conchita lo que había pasado. Allí, en aquel rinconcillo, estaba mi prima Concha sentada, la pobrecilla muy compungida porque no sabía nada de Manolo, y estaba descompuesta y muerta de miedo. Nada más ver a su madre, la cara que puso, se lo figuró todo. Aquí las dos como dos Marías, como dos Marías, con aquellas caras dolorosas las dos.[42]

Aquella tarde se cambió toda la familia al piso de Fernández-Montesinos, en la calle de San Antón, 39.[43]

Casi al mismo tiempo llegaba a casa de los Rosales, con una orden del Gobierno Civil para la detención del poeta, Ramón Ruiz Alonso, el ex diputado de la CEDA.

8

EL POETA EN EL GOBIERNO CIVIL
DE GRANADA

En los casi cuatro años que llevaba en Granada, Ramón Ruiz Alonso se había convertido en el político reaccionario más beligerante y más conocido de la ciudad y su provincia. Nacido en 1903 en la localidad salmantina de Villaflores, de una familia acomodada luego venida a menos, estaba casado con Magdalena Penella Silva, hija del famoso compositor de zarzuelas —y «descubridor» de Concha Piquer— Manuel Penella. Tipógrafo de profesión, orador de fácil y provocadora palabra, inmensamente ambicioso, había sido enviado desde Madrid en 1932, gracias al apoyo de José María Gil Robles, para trabajar en los talleres de *Ideal*, flamante filial del madrileño *El Debate*, el periódico católico más influyente del país y, dentro de poco, portavoz de la CEDA, la coalición de derechas.[1]

Ideal iba a suplir con creces el vacío ocasionado por el incendio, en 1931, de *La Gaceta del Sur*, creada por el arzobispo Meseguer y Costa, que había dejado a los católicos granadinos sin periódico propio. Su llegada fue acogida por ellos con júbilo... y con hostilidad por las izquierdas.[2]

Alto, fuerte, bien parecido, enemigo acérrimo del marxismo, Ruiz Alonso había tenido enfrentamientos con los sindicatos madrileños, actuando de esquirol en varias huelgas. Durante unos meses fue escuadrista de las JONS, y participó con casi toda seguridad en el mencionado allanamiento, en julio de 1933, de la oficina de la Asociación de los Amigos de la Unión Soviética.[3]

Quería para España un Estado como el de Mussolini, y escribió, en la Escuela Social del Trabajo de Granada, una tesina cuya versión ampliada, titulada *Corporativismo*, sería publicada en la Salamanca de Franco, en 1937, prologado por Gil Robles (ilustración 30).

El orgullo del personaje no había conocido límites cuando, en 1933, fue elegido diputado a Cortes en la lista de la CEDA por Granada. Su actuación en el Congreso sería a veces violenta, con agresiones físicas incluidas.[4] Parece ser que fue José Antonio Primo de Rivera quien le endilgó el apodo de «obrero amaestrado» de Gil Robles. ¡Un buen obrero catoliquísimo y antimarxista! Dentro de la coalición derechista pertenecía —y luego abandonó— a una agrupación de trabajadores (Acción Obrerista). Su carrera política se puede seguir de cerca en las páginas de *Ideal*, donde se publicaban con frecuencia resúmenes de sus virulentas arengas e incluso artículos. Y también en *El Defensor de Granada*, que lo ridiculizaba un día sí y otro también.[5]

Tenía una especialidad: ayudar cristianamente a morir a los reos condenados a muerte. Le valió en Granada un segundo apodo, «el ayudante de verdugo».[6]

Gabriel Pozo, redactor de *Ideal* entre 1982 y 2004, ha indagado largamente sobre Ruiz Alonso y su actuación en Granada. Llega a la conclusión de que fue enviado a la ciudad «en calidad de comisario político de Gil Robles con la intención de ser su hombre de confianza en la provincia», y de que su trabajo en *Ideal* era una tapadera «para justificar su adscripción obrera, el mono que llevaba siempre puesto». Según los antiguos trabajadores del diario consultados por Pozo, se le tenía miedo y respeto en la casa y daba la impresión de mandar más en ella que el propio director. De tener, en la práctica, «plenos poderes». Todos estaban al tanto de su relación privilegiada con Gil Robles y con Ángel Herrera Oria, propietario y cerebro gris de Editorial Católica.[7]

Muchos integrantes de las Juventudes de Acción Popular

(JAP), decepcionados con Gil Robles tras las elecciones de febrero de 1936, habían pasado a engrosar las filas de la Falange. Ruiz Alonso, siempre atento al viento que soplaba, no estuvo ajeno a la tendencia. Sobre todo cuando perdió definitivamente su escaño aquel mayo. Propuso entonces, según José Rosales Camacho, ingresar en el partido a cambio de percibir un sueldo mensual de 1.000 pesetas (para suplir la pérdida del parlamentario). Cuando Rosales, José Díaz Pla, Enrique de Iturriaga y algún otro falangista granadino visitaron a José Antonio Primo de Rivera en la Cárcel Modelo de Madrid, hacia finales de abril de 1936, Ruiz Alonso les acompañó a la capital. Rosales transmitió su oferta. Fue terminantemente rechazada, aunque Primo de Rivera se mostró dispuesto a admitirle sin sueldo u otras consideraciones de favor. El personaje no olvidaría el desaire.[8]

La pérdida de su escaño le confirmó en el odio que le inspiraba la democracia parlamentaria. A partir de entonces se dedicaría en cuerpo y alma a la conspiración contra la República.[9]

Justo antes del alzamiento, convencido de que iba a desempeñar un papel muy relevante en los acontecimientos que se avecinaban, había salido de Madrid rumbo a Granada, conduciendo a gran velocidad su propio coche. Tuvo un accidente cerca de Madridejos, cuando se le atravesó un camión, y fue llevado a Granada en otro vehículo por compañeros de Acción Popular. El percance, recogido en el *Noticiero Granadino* el 12 de julio, no fue mencionado por *Ideal*. Se infiere que para no llamar la atención sobre su vuelta a la ciudad, que podía ser suspicaz. Los «fuertes magullamientos» del accidente, atendidos por su médico, Miguel Guirao Gea, no le impedirían participar en el levantamiento. Adscrito al Gobierno Civil, demostraría ser uno de los colaboradores más estrechos del comandante José Valdés Guzmán.[10]

En los primeros momentos de la sublevación, quizás el 21 de julio, había tenido lugar un incidente, recordado por varios testigos presenciales en términos muy parecidos, que vino a exacerbar la relación de Ruiz Alonso con los falangistas granadinos. Se trataba de su intento de protagonizar, en una arenga dirigida desde un balcón del Gobierno Civil, la organización de las milicias antirrepublicanas. Marcelle Auclair recogió las declaraciones al respecto de un médico, antiguo falangista, de nombre José Sánchez López. Le contó que Ruiz Alonso había gritado desde el balcón a una multitud congregada en la estrecha calle Duquesa: «¡Que los tradicionalistas se agrupen delante de mí; a mi derecha, los de la JAP; a mi izquierda, los de Falange!» Sánchez López se acordaba de que la gran mayoría de los jóvenes allí agolpados optaron por la Falange, y que ovacionaron a uno de sus gerifaltes que apareció bruscamente al lado del ex diputado de la CEDA.[11]

El mismo testigo evocó la escena ante Eduardo Molina Fajardo, con más detalles.[12]

Según le contó a Molina Fajardo en 1969 el muy joseantoniano Narciso Perales, quien intervino en aquel incidente fue Patricio González de Canales, destacado falangista sevillano, que increpó al «obrero amaestrado» de Gil Robles delante de todos diciendo que allí no había más milicias que las de Falange Española de las JONS. Incluso, al parecer, le rasgó la camisa azul que tenía puesta.[13]

El propio González de Canales confirmó lo esencial de lo contado por Sánchez López y Narciso Perales.[14]

Cabe deducir que tal fracaso, tal humillación, tendría el efecto seguro de exasperar aún más el pulso de Ruiz Alonso con la Falange granadina.

Ello no impidió que siguiera llevando la camisa azul de la formación, quizás esporádicamente, durante por lo menos unas semanas. Esperanza Rosales Camacho aseguraba que, al presentarse en Angulo, 1, para detener al poeta, vestía *un mono azul con el emblema falangista*. Lo mismo alegaba su hermano Miguel.[15]

En cuanto a Lorca, Ruiz Alonso gustaba de referirse a él como «el poeta de la cabeza gorda», y odiaba a su maestro y protector, el socialista Fernando de los Ríos, a quien consideraba un «judío» deleznable y un corruptor de masas.[16]

Se infiere que estaba al tanto de que el poeta pertenecía a la

Asociación de Amigos de la Unión Soviética.* Y de lo que había dicho en *El Sol* acerca de la «peor burguesía de España», la granadina.

Es posible, además, que envidiara su fama, dadas sus propias pretensiones de literato al ir componiendo su libro sobre el corporativismo. Como católico casi fanático, y macho redomado, seguramente no le haría gracia alguna, tampoco, la condición de homosexual del autor del *Romancero gitano*.

Ideal, como vimos, fue incendiado durante los disturbios de marzo de 1936. Fue en su redacción provisional —situada a dos pasos del Gobierno Civil en la pequeña calle Tendillas de Santa Paula, número 6— donde se había urdido la denuncia definitiva, la contundente, la que dio lugar a la detención del poeta.

Escrito a máquina por Ruiz Alonso, el principal delator, el documento original no ha sido encontrado, pero, según varios testigos, uno de ellos José Rosales Camacho, acusaba al poeta, entre otros cargos, de ser un «rojo» peligroso enemigo de los valores españoles tradicionales, secretario de Fernando de los Ríos, «espía ruso», masón, socio de Los Amigos de la Unión Soviética y de Socorro Rojo Internacional, y homosexual. Se trataba, es decir, como bien dice Gabriel Pozo, de «una síntesis general de lo que los conservadores granadinos pensaban del otro bando y, en particular, de lo que representaba Federico para ellos».[17]

No existe prueba alguna, hay que añadir, de que Ruiz Alonso estuviera entre quienes, en varias ocasiones, allanaran la Huerta de San Vicente (pese a afirmarlo en una ocasión Luis Rosales Camacho).[18] Ningún miembro de la familia del poeta mencionó jamás su nombre en relación con aquellas visitas, algo inexplica-

* Molina Fajardo reproduce dos páginas de un libro de la Asociación de Amigos de la Unión Soviética en las que se relacionan, impresos, los nombres de veinte suscriptores, entre ellos García Lorca. No llevan fecha, y, por desgracia, Molina Fajardo no explica dónde las encontró. Nos parece probable que en el archivo de la Falange granadina, a la cual, como falangista él mismo, tenía un acceso privilegiado (Molina Fajardo, *Los últimos días de García Lorca*, pp. 358-359).

ble de haberse personado en la finca. Concha García Lorca, en contacto con la vida política y social de la ciudad a través de su marido, no podía ignorar quién era Ruiz Alonso. Tampoco su padre. Posiblemente le conocían incluso de vista. No era hombre de ocultarse, además, todo lo contrario, y no habría dudado en proclamar su identidad.

Ahora bien, por sus amigos y correligionarios Horacio y Miguel Roldán, así como por la información recibida en el Gobierno Civil, que frecuentaba cada día, parece fuera de duda que Ruiz Alonso estaría al tanto de las visitas a la Huerta, incluida la realizada por la escuadra al mando del falangista Francisco Díaz Esteve.

Llegó a la puerta de la calle Angulo, 1, acompañado de dos compañeros de Acción Popular —Luis García-Alix Fernández y el rico terrateniente Juan Luis Trescastro Medina, familiar lejano de los Rosales—[19] y de un vecino inmediato de los mismos, Federico Martín Lagos, quien, según su expediente oficial, había ingresado en la Falange el 20 de julio de 1936, prestando servicios de guardia, investigación y vigilancia en los primeros momentos y «cooperando a la detención de varios marxistas». Era, por más señas, cuñado del juez Francisco Angulo Montes, uno de los asesores más íntimos de Valdés. Quizás estuvieron con ellos otros dos cómplices de este: Antonio Godoy Abellán, «camisa vieja» de la Falange, apodado «El Jorobeta», y el doctor Andrés Sánchez Rubio, jefe de sector de la organización.[20]

Sobre Luis García-Alix y Juan Trescastro Medina incumbe añadir unos datos.

El primero, a quien le había atraído la política desde joven, era hijo del ministro conservador Antonio García-Alix, correligionario de Francisco Silvela. «Monárquico en tiempos de la República», según él mismo, y gran admirador de Gil Robles, había ingresado en Acción Popular en 1933 y participó en la campaña electoral de aquel otoño.[21] A partir de entonces su nombre iba a aparecer con cierta regularidad en las páginas de *Ideal* y de *El Defensor de Granada*. A principios de mayo de 1935 le encontramos en Guadix, con la misión de organizar allí la sección local de Acción Popular.[22] Un año después, a raíz de las elecciones parciales de mayo de 1936, se barajó su nombre como posible candidato del casi nonato Bloque Nacional, pero luego se eliminó.[23] Según una declaración oficial suya fechada el 21 de enero de 1937, formó parte «al iniciarse el glorioso Movimiento... de las escuadras encargadas de la vigilancia del Gobierno Civil de Granada».[24] Un informe de 1939 señalaba que «en los primeros días del Movimiento se dedicó por su cuenta y riesgo a la persecución y encarcelamiento de individuos que él creía peligrosos».[25] ¡Por su cuenta y riesgo! Dijera lo que dijera después al investigador Eduardo Molina Fajardo, negando contra toda evidencia haber colaborado en la detención del poeta, García-Alix fue uno de los principales represores de Granada en los momentos iniciales de la sublevación.[26]

En cuanto a Juan Luis Trescastro, nacido en Granada en 1883, era un personaje muy conocido en la ciudad por sus modales de señorito machista y su fanfarronería. Era pariente lejano no solo de los Rosales sino del padre del poeta. Había ocupado varios cargos en el ayuntamiento de Santa Fe, y entre 1907 y 1922 fue diputado provincial por el partido conservador.[27] Bajo la República se convirtió en militante vehemente de Acción Popular y se hizo muy amigo de Ruiz Alonso, hasta el punto de apadrinar a la hija de este, Elisa (la futura actriz Elisa Montés), en diciembre de 1934.[28]

Cuando el ex diputado de la CEDA llamó a la puerta de los Rosales, no se encontraba allí ninguno de los hombres de la casa: ni el padre, ni Antonio, ni José, ni Miguel, ni Gerardo ni Luis. Solo la madre, Esperanza Camacho Corona, su hermana Luisa («la tía Luisa») y su hija Esperanza. Consternada por la aparición del personaje, la madre, que forzosamente le conocía de nombre, si no de vista (algo que no sabemos), le preguntó qué quería. Le contestó que tenía la orden de llevar al poeta al Gobierno Civil. Le preguntó por qué. Le contestó que por las cosas muy peligrosas que había escrito. Ella insistió en que no dejaría salir a su huésped sin la presencia de su marido o de uno de sus hijos. Temía, al parecer, que lo matasen en la calle. Ruiz Alonso asintió y durante un buen rato ella trató de localizar por teléfono a alguno de ellos. Dio por fin con Miguel, que estaba de servicio en el cuartel de Falange, ubicado en el cercano monasterio de San Jerónimo, y le explicó lo que estaba sucediendo. Se acordó que Ruiz Alonso se trasladara hasta allí enseguida para deliberar con él.[29]

No se ha subrayado lo suficiente el valor mostrado por Esperanza Camacho en aquellos momentos. Su única preocupación era impedir que se llevaran al poeta sin garantía alguna de seguridad, sin la presencia de por lo menos uno de los varones de la casa. ¿Estaba al tanto de las tensiones que existían desde antes de la sublevación entre Ruiz Alonso y los falangistas granadinos, sus hijos incluidos? Es muy posible.

Miguel Rosales le contó en 1955 al investigador Agustín Penón que, cuando llegó al cuartel de San Jerónimo Ruiz Alonso, llevaba en su camisa el yugo y las flechas de la Falange:

> Me saludó marcialmente, como estaba obligado a hacer, pues yo era jefe de una falange; es decir, de una escuadra de catorce hombres, y él era mi inferior dentro del partido. Después de saludarme, me comunicó que tenía una orden de arresto para Federico. Me dijo: «Estáis escondiendo a un rojo en vuestra casa.» «¡Tonterías! —respondí—. Nosotros no estamos escondiendo a nadie. Federico vive en mi casa como podrías vivir tú. Está pasando unos días con nosotros.» Ruiz Alonso repitió que Lorca era un rojo y recalcó lo peligroso que era. Me recordó cómo había insultado a la Guardia Civil en su *Romancero gitano*. «Ha hecho más daño con su pluma que otros con sus pistolas», dijo, insistiendo en que Federico era un enlace ruso y que había estado espiando para los soviéticos.* ¡Federico un espía! [...] Luego manifestó que

---

* Eran, casi palabra por palabra, las mismas acusaciones atribuidas por Miguel Rosales Camacho a Ruiz Alonso once años antes en una de sus conversaciones con Agustín Penón (*Diario de una búsqueda lorquiana*, p. 46). En 1969 dijo que la frase era: «Ha hecho más daño con la pluma que otros *con una ametralladora*» (Molina Fajardo, *Los últimos días de García Lorca*, p. 187).

era muy violento para él detener a un hombre en una casa tan respetable y leal como la nuestra. ¿Me importaba acompañarle? No tuve más remedio.[30]

Miguel Rosales declaró diez años después, en 1966, que la orden de detención que Ruiz Alonso le mostró en el cuartel de Falange tenía un sello del Gobierno Civil.[31]

Luis Rosales, por su parte, lo negaría. De haber ido con orden escrita, razonaba, Ruiz Alonso se habría llevado consigo de inmediato a Federico, sin hacer caso a las protestas de la madre y sin esperar la llegada de Miguel o cualquier otro varón de la familia.[32]

Por nuestra parte tendemos a creer que sí hubo orden escrita.

El coche era un Oakland descapotable, matrícula GR 2185, puesto al servicio del Gobierno Civil por Juan Luis Trescastro, su propietario.[33] Iban en él con este y Ruiz Alonso, según Miguel, Luis García-Alix y otras dos personas a quienes no reconocía (Andrés Sánchez Rubio y Antonio Godoy Abellán, a juicio de su hermano José).[34]

Miguel Rosales nos dijo en 1966, refiriéndose al despliegue de milicianos y policías con que se encontró en la calle Angulo, que la manzana estaba completamente rodeada de fuerzas: «Esto lo puedes poner en tu libro: que no tuve cojones para enfrentarme con ellos. Con todos aquellos fusiles y tal, nos hubieran podido matar a todos.» Comprendió en el acto que no iba a poder impedir la detención del poeta. Entró en la casa con Ruiz Alonso, cuyos acompañantes se quedaron fuera.[35]

El «obrero amaestrado» de Gil Robles le contó a Agustín Penón en 1956 que, obedeciendo órdenes del Gobierno Civil, había ido solo a la casa de los Rosales. ¿No con mucha gente, le preguntó el investigador? ¿No se había acordonado la calle, con milicianos apostados en los tejados, como le habían dicho muchas personas en Granada? «¡Mentira, mentira! —fue la respuesta—. ¡Como católico yo le juro a usted delante de Cristo que es mentira!»[36] En 1967 nos dijo lo mismo, añadiendo que, al ofrecerle protección armada el teniente coronel Velasco Simarro de la Guardia Civil, que en aquellos momentos hacía las veces del ausente comandante Valdés, se había negado de manera tajante, exclamando: «¡A mí me basta con mi apellido!»[37]

Ruiz Alonso mentía o... se olvidaba convenientemente de lo ocurrido.

No solo tenemos al respecto el testimonio de Miguel Rosales. Aquel mediodía un preso salió libre de la Cárcel Provincial: el médico forense José Rodríguez Contreras. Había tenido más suerte que Manuel Fernández-Montesinos, fusilado unas horas antes en el cementerio con otras treinta víctimas. En 1978 recordó:

> Me dijo el juez militar que me habían nombrado: «Mire usted, su asunto va bien y un día de estos lo pondremos a usted en libertad.» Digo: «Sí, pero póngame usted de día, porque de noche yo no salgo de aquí.» Porque es que a los que absolvían en los tribunales de justicia, los ponían en libertad por la noche en la prisión, y los esperaban los criminales en la puerta de la cárcel, y, allí, en el río Beiro, los metían y los mataban, después de haberlos absuelto los tribunales.* Que eran muy pocos, en fin, pero a estos pocos los mataban después. Y se lo dije yo, así: «No, no. Si me van a poner en libertad, de día.»
>
> Efectivamente, el día 16, a las diez de la mañana, se recibió en la prisión (digo que la llevó un hermano mío, con un abogado amigo mío, que era don José Álvarez de Cienfuegos) y fueron los dos y me llevaron la comunicación de la Comandancia Militar.
>
> Total, que a las doce salí yo de prisión. Se puso el colchón encima del coche y tal, y venía yo por la calle Duquesa, desde San Juan de Dios hacia la calle donde yo vivo, que es Horno de Haza. Y al pasar por el Gobierno Civil salió un guardia de Asalto, que era amigo mío, que era José María Vialard Már-

---

* El Beiro, seco en verano, baja hacia Granada desde la Sierra de Alfacar.

quez, falangista de los antiguos, amigo de Valdés, de las reuniones del Bar Jandilla, pero buena persona, era un hombre bueno. Y paró el coche (no sabía quién venía dentro), pero al acercarse, pues me vio, me dice: «Mira, Pepe, tienes que volver para atrás.» «¿Por qué?» Dice: «Porque hay orden de que no sigan los coches hacia la plaza de la Trinidad, ni a la calle de las Tablas, ni a ese sector, porque están las fuerzas deteniendo a ese poeta García Lorca, que está en la calle de Angulo, en casa de los Rosales, y han ido a detenerlo. Y hay orden de que esté rodeada la manzana y que no pase ningún coche por allá.»

Y entonces me volví para atrás, di la vuelta por la calle de Misericordia y entré en mi casa. Sería alrededor de la una.

Rodríguez Contreras estaba convencido de que habló con Vialard Márquez a eso de la una de la tarde.

Seguro. Esta es una cosa que no se olvida cuando lo han puesto en libertad a uno. Alrededor de la una era ya, porque yo salí de la prisión a las doce. De las prisiones se salía en dos etapas: o antes de la comida de mediodía o antes de la comida de la noche. Ponían en libertad por la mañana hasta la una, y por la tarde hasta las siete; algunas veces hasta las ocho, pero en general no ya de noche.[38]

Confirma el relato del médico forense el testimonio del escultor granadino Eduardo Carretero, marido de Isabel Roldán García, la prima del poeta:

No puedo decir que yo vi la detención de Federico. Supe a posteriori que aquello era la detención. Yo pasaba por la plaza de la Trinidad hacia abajo por la calle de las Tablas; entonces vi una cantidad de gente, de guardias con fusiles; incluso estaban en los tejados. Me quedé asustado porque pensaba que iba a haber un tiroteo, que iba a haber algo. Yo no corrí por miedo, no corrí por miedo porque, claro, el miedo hace que te vayas despacio, como si no ocurriera nada. Tenía dieciséis años. Entonces era un episodio más de las cosas que se veían en la calle. Yo no lo atribuía a nada, pero después supe. Había mucha gente, muchos guardias. Y el recuerdo de la luz que yo tengo es de la tarde.[39]

Existen otras declaraciones en el mismo sentido, entre ellas la del luego célebre pintor granadino Manuel Maldonado, que trabajaba entonces en la tienda del padre de los Rosales.[40] No puede caber la menor duda, por lo tanto, de que la detención del poeta constituyó una operación de gran envergadura montada por el Gobierno Civil, rodeándose toda la manzana (calle Angulo, plaza de los Lobos, calle Guadalajara, calle Tablas). Está claro que Valdés y sus cómplices habían tomado la determinación tajante de que Federico García Lorca no se les escapara.

Desde la segunda planta de Angulo, 1, donde vivía con la tía Luisa Camacho, el poeta debió de notar enseguida que pasaba algo raro abajo. Dada la vehemente personalidad, y la voz estentórea, del corpulento Ruiz Alonso, cuesta creer que, acercándose a una de las ventanas interiores que daban al patio, no siguiera la conversación que se desarrollaba allí. Aunque no fuera así, la de su dormitorio le permitiría constatar el movimiento de guardias y policías en la calle, amén de la presencia de hombres armados en los tejados. Esperanza Rosales creía recordar, además, que, al poco de la llegada de Ruiz Alonso, se había deslizado escaleras arriba para ponerle al corriente de lo que ocurría.[41]

Cuando Miguel volvió con Ruiz Alonso desde el cuartel de la Falange le explicó a su madre que, dadas las circunstancias, no podían impedir que el ex diputado se llevara consigo a Federico al Gobierno Civil, y que él los acompañaría para garantizar su seguridad. En el Gobierno Civil se enteraría de cuál era el problema. Esperanza fue a buscarlo. Sobre el piano había una imagen del Sagrado Corazón de Jesús, del que la tía Luisa era muy devota. Oraron juntos delante de ella, brevemente. «Así todo te irá bien», susurró Luisa Camacho. Federico se despidió de ella emocionado.[42]

La tía Luisa siempre insistiría en que rezaron, de rodillas, el *Credo* y el *Señor mío Jesucristo*.[43]

Luis Rosales le aseguró en 1956 a Agustín Penón que en aquellos momentos el poeta se encontraba en un estado de desmoronamiento total, temblando y llorando.[44] Lo negó Esperanza en nuestra entrevista, pero no hay razón para dudar del testimonio de Luis, fruto de lo que oiría, al volver a casa por la noche, de labios de su hermana y de Luisa Camacho.

En un descansillo de la escalera había una reproducción de un cuadro de San Miguel por Guido Reni. Quizá Lorca recordó, al contemplarla por última vez, el romance que había dedicado al arcángel, elevándolo al rango de patrón gay de Granada.[45]

En el patio Ruiz Alonso le dijo que solo se trataba de hacerle unas preguntas en el Gobierno Civil y que no le pasaría nada.[46]

«No te doy la mano porque no quiero que pienses que no nos vamos a ver otra vez», le murmuró el poeta a Esperanza en la puerta.[47]

Frente a la casa de los Rosales, en Angulo, 4, vivía el dueño del popular bar Los Pirineos, situado, a la vuelta de la esquina, en la plaza de la Trinidad. Uno de los hijos, Miguel López Escribano, que tenía entonces quince años, presenció la escena:

A Federico lo vi sacar de casa de los Rosales Vallecillos. Yo lo vi sacar de allí. Estábamos jugando en la calle a la pelota. Y entonces, pues, los que fueron a por Federico nos echaron de la calle. Como yo vivía enfrente de los Rosales Vallecillos, me subí a la casa y, claro, la cosa de los críos, me asomé al balcón a ver lo que pasaba. Y entonces vi que sacaban a Federico —que entonces yo no sabía que era Federico— y recuerdo cómo lo sacaron. Iba con un pantalón gris, gris más bien oscuro, con una camisa blanca con las mangas remangadas a media muñeca. Llevaba puesta corbata pero, como llevaba el cuello desabrochado, llevaba la corbata puesta pero sin echar en nudo. Y la americana la llevaba al brazo. Son de estas cosas que se quedan grabadas y se acuerda uno.

Otra cosa que recuerdo perfectamente, y después lo he

pensado muchas veces, que estando el Gobierno Civil donde estaba entonces, en la calle Duquesa, ¿por qué no tiraron
la calle Angulo arriba para cruzar por la plaza de los Lobos
para el Gobierno Civil? Así les pillaba mucho más cerca.
Pero echaron por la calle Angulo a la calle de las Tablas, la
plaza de la Trinidad y la calle Duquesa, o sea que dieron una
vuelta contraria. Fueron andando, vaya, lo que vi desde el
balcón fue andando. El trozo de la calle Angulo hasta dar la
vuelta a la calle de las Tablas fue andando. Posiblemente, claro, le subirían a un coche en la calle de las Tablas o por allí. [48]

El coche estaba aparcado, en efecto, en la plaza de la Trinidad. Subieron a él Miguel Rosales, Lorca, Ruiz Alonso y sus
acompañantes. «¡Busca a Pepe!», le imploraba el poeta a Miguel
sin parar, «¡busca a Pepe!» «Yo sabía que no era una persona va-
liente —le contó Rosales a Penón—, y lo veía anonadado, como
un barco a la deriva, sin ánimo incluso para defenderse. Ni siquiera se atrevía a hablarme con franqueza, porque había testigos. Yo tenía que adivinar lo que me quería transmitir.»[49]

Ruiz Alonso negó, en una de nuestras conversaciones, que
fueran en coche desde la calle Angulo al Gobierno Civil, alegando lo impensable de tal medida, en vista de la proximidad del
edificio. Pero de nuevo varios testimonios demuestran que o
bien mentía o se equivocaba. Prueba contundente de ello, además de las declaraciones de Miguel Rosales, es que el mismo Juan
Luis Trescastro, propietario del Oakland, no solía ocultar el hecho de haber participado en la detención del poeta y que en
aquella ocasión se había utilizado su coche. Parece ser que su
chófer, un tal Manuel Casares, afirmaba lo mismo.[50]

Cuando llegaron al Gobierno Civil, nos contó Ruiz Alonso,
alguien en la puerta trató de pegarle a Lorca con la culata de su
mosquetón. «¿Qué? ¡Estando yo!», le gritaría el ex diputado,
apartándolo bruscamente.[51]

Valdés no estaba. Había salido de Granada temprano por la
mañana con destino a Lanjarón, de donde, según *Ideal* al día siguiente, regresó a las diez menos cuarto de la noche.[52] Le susti-

tuía el mencionado teniente coronel de la Guardia Civil jubilado, Nicolás Velasco Simarro, antimarxista feroz, que se hizo cargo del poeta y le dijo a Miguel Rosales que no se podría decidir nada hasta el regreso de su superior.[53]

Cachearon a Lorca y le instalaron en una habitación del primer piso reservada para presos, muy cerca del despacho de Valdés. Allí trató de tranquilizarlo Miguel, prometiéndole que volvería pronto con José y que todo se solucionaría rápidamente. Pero, sin querer aparentarlo, estaba muy asustado. Temía sobre todo que lo interrogara uno de los cómplices más brutales de Valdés, un energúmeno alto, fuerte y sádico apodado «Italo Balbo» por su parecido físico con el célebre fascista de Ferrara.[54]

Miguel regresó corriendo al cuartel de Falange y desde allí procuró conectar por teléfono con José, al fin y al cabo el falangista más importante de los hermanos. Imposible: estaba inspeccionando unas avanzadillas y no volvería hasta la noche.* Tampoco pudo localizar a Luis o a Antonio, pues ambos se hallaban, incomunicados, en el frente. No sabemos si habló con su padre. Gerardo, por su parte, habría ido al cine.[55]

¿Y Ramón Ruiz Alonso? Dijo después, repetidas veces, que, tras entregar a Lorca, salió del Gobierno Civil y no volvió hasta la mañana siguiente. Pero no fue así.[56]

Cuando el ex diputado abandonó la casa de los Rosales con su presa, acompañado de Miguel, la madre llamó enseguida a los padres del poeta, que se acababan de mudar desde la Huerta de San Vicente al piso de Manuel Fernández-Montesinos, fusilado aquella madrugada, en la calle de San Antón. Ya había hablado por teléfono con su marido, que fue a ver inmediatamente a Federico García Rodríguez. Decidieron consultar, sin perder un momento, al abogado de este, Manuel Pérez Serrabona. «Nosotros pensábamos que se trataría de un juicio —nos explicó Esperanza Rosales Camacho— y que habría la posibilidad de una

---

* José Rosales declaró en 1971, y confirmó en 1973 (Vila-San-Juan, *García Lorca: toda la verdad*, pp. 190-193), que aquel día se encontraba, concretamente, en Güéjar-Sierra.

defensa legal.» Pero no habría juicio. Es de suponer que Pérez Serrabona hizo todo lo posible por ayudar al poeta, toda vez que seguiría trabajando para Federico García Rodríguez.[57]

Al volver Luis Rosales a casa por la noche y enterarse, consternado, de lo ocurrido, se dirigió acto seguido al Gobierno Civil con sus hermanos Miguel y José y unos diez amigos falangistas, todos armados. Allí, según le contó Luis a Agustín Penón veinte años después, les dijeron que no podían ver al comandante Valdés, que dormía, y fueron atendidos por su sustituto, el guardia civil Nicolás Velasco Simarro. En la sala donde se desarrolló la escena habría unas sesenta o setenta personas. Y sigue resumiendo Penón el relato de Luis Rosales:

> Al principio se armó un lío porque Miguel y *Pepiniqui* [José Rosales] quisieron hablar primero. Finalmente fue Luis quien explicó el motivo de su visita. Durante su declaración se refirió a «un tal Ruiz Alonso». El aludido, que estaba en la sala, dijo en voz alta: «Yo soy Ramón Ruiz Alonso.» Y Luis: «Entonces, dime, ¿con qué derecho te has presentado en casa de un superior sin orden escrita alguna para prender a Federico García Lorca?» Ruiz Alonso contestó: «¡Bajo mi propia responsabilidad!» Luis repitió la pregunta tres veces y recibió la misma respuesta: «¡Bajo mi propia responsabilidad!»
>
> Luego, uno del grupo, Cecilio Cirre, le dijo a Ruiz Alonso con rabia: «¡Cuádrate y vete!» Ruiz Alonso abandonó la sala sin cuadrarse.
>
> Luis y sus amigos se retiraron con la idea de volver a la mañana siguiente.[58]

¿A la mañana siguiente, con Lorca en peligro inminente? No tiene sentido. Quizá Penón no apuntó bien lo que le había dicho Luis Rosales.

En 1966, sin saber lo que le había contado a Penón diez años antes, le preguntamos a Rosales por lo ocurrido aquella noche en el Gobierno Civil. Su respuesta, grabada en cinta magnetofónica, fue la siguiente:

La noche que yo fui a reclamar a Federico, había cien personas en el Gobierno Civil, en una sala inmensa que había allí. ¡Cien personas! Era muy tarde ya, y me dijeron que no podía ver a Valdés. Me dijeron que prestara declaración, y la presté ante un teniente coronel de la Guardia Civil, cuyo nombre no recuerdo. Allí, en medio de aquella sala inmensa, presté declaración. Estuvieron conmigo mi hermano Pepe, Cecilio Cirre y alguien más, creo.* Íbamos armados. Allí yo no conocía a nadie.** En mi declaración dije que un tal Ruiz Alonso, al que yo no conocía, había ido aquella tarde a nuestra casa, a una casa falangista, y había retirado a nuestro huésped, sin una orden escrita ni oral. Después de que yo presté declaración, dije, en fin, con fuerza y despectivamente:

—¿Por qué ha ido un tal Ruiz Alonso a nuestra casa, a casa de hombres de Falange, y se ha presentado allí sin orden escrita ni oral y ha retirado a nuestro huésped?

Yo lo dije un par de veces, «un tal Ruiz Alonso». Entonces —y claro, yo hablaba alto, con pasión, despectivamente—, entonces, pues, este, que estaba allí, pasó adelante y dijo:

—Ese tal Ruiz Alonso soy yo.

Entonces le dije:

—Bueno, ¿has oído?, ¿has oído? ¿Por qué te has presentado en casa de un superior sin una orden y has retirado a mi amigo?

Entonces él dijo:

—Bajo mi única responsabilidad.

Yo le dije, tres veces:

—No sabes lo que estás diciendo. Repítelo.

---

* Según Couffon, «*Le Crime a eu lieu à Grenade...*», p. 110, Luis iba acompañado por Cirre y otros dos falangistas, Adolfo Clavarana y Leopoldo Martínez. Clavarana, con quien hablamos en Granada en 1966, acompañado del doctor José Rodríguez Contreras, negó que estuviera con Rosales aquella noche en el Gobierno Civil.

** Luis Rosales llevaba varios años en Madrid, sin contacto alguno con la vida política de la ciudad.

Porque, claro, este era un inconsciente, este creía que se estaba llenando de gloria ante la historia. Lo repitió tres veces, por tres veces lo repitió y cuando terminó, pues, yo le dije:

—Cuádrate y vete.

Entonces estuvo muy bien Cecilio Cirre. Cecilio Cirre incluso lo zarandeó, y para evitar, claro, algo más grave, que el que lo zarandeara fuera yo, entonces, pues, Cecilio Cirre le dijo:

—Estás tratando con un superior. Cuádrate y vete.

Entonces, pues, como las otras personas que estaban allí no intervenían, entonces, pues, ya se fue...[59]

Cecilio Cirre confirmó en lo esencial la versión de Luis Rosales.[60]

Existe un documento anónimo repelente, remitido a Rosales en 1976 tras unas declaraciones suyas televisivas, procedente de un individuo que decía haber estado entre las «cien personas» presentes durante la violenta escena (véase Apéndice 3, pp. 351-353).

En 1966 Ramón Ruiz Alonso negó tajantemente, en nuestra primera entrevista, haber estado aquella noche en el Gobierno Civil.[61] En una de las siguientes exclamó: «¡Mentira, mentira, mentira, yo me marché a casa y se acabó!» Su relato, confiado y enfático, contenía otras muchas inexactitudes. Nos declaró que, al ser informado, mientras iba solo por la calle, que la casa donde se encontraba García Lorca era la de los hermanos Rosales, nada menos, cambió de rumbo y se dirigió al cuartel de la Falange para averiguar allí la situación. Ello no concuerda con las versiones de lo ocurrido proporcionadas, independientemente, por los hermanos Rosales (Miguel, José, Luis y Esperanza). Todo indica que fue primero a Angulo, 1, acompañado, como hemos visto, por varios cómplices.

Nos declaró a continuación que el Rosales con quien habló en el cuartel, y que luego se quedó con él durante el resto del episodio, era el «jefe provincial de la Falange». Pero ninguno de los hermanos Rosales fue nunca jefe provincial de la organización.

¿Dijo realmente Ruiz Alonso, ante tanta gente, que había detenido a Lorca «bajo su única responsabilidad»? Si fue así —y es muy posible, conociendo el carácter jactancioso del personaje—, hay que deducir que sería por simple vanidad y tal vez por el desprecio con el cual le había tratado Rosales, dando a entender que no le conocía. ¡A él, Ramón Ruiz Alonso, el diputado de derechas (aunque ahora «ex») más célebre de Granada y su provincia!

Transcribimos lo esencial del testimonio de Ruiz Alonso en el Apéndice 2 (pp. 344-350).

Le pedimos a Luis Rosales que nos describiera de manera más detallada el contenido de su declaración ante el teniente coronel Velasco. Nos explicó: «Dije que Federico había sido amenazado en su casa, en las afueras de Granada, que había buscado mi ayuda, que era políticamente inocuo, y que, como poeta y como hombre, yo no podía negar mi ayuda a una persona a la que perseguían injustamente. Dije que volvería a hacer lo mismo.»[62]

En 1955 José Rosales opinó, hablando con Agustín Penón, que al perseguir a Lorca lo que quería sobre todo Ruiz Alonso era hacerle daño a la Falange: «Le importaba muy poco Lorca. Lo que él quería era arruinar a los Rosales. Creía que, si lograba destruirme a mí, quedaría muy dañada la Falange. Así razonaba él. Era un tipo tan ambicioso y de una soberbia tan rabiosa que estaba convencido de que él, sin ayuda de nadie, podía desprestigiar al partido.»[63]

Aquella noche, más tarde, José Rosales volvió al Gobierno Civil y tuvo un duro enfrentamiento con Valdés. Se lo contó al día siguiente a un amigo falangista, Leopoldo Martínez Castro, testigo del altercado de Luis con Ruiz Alonso.[64] Y se lo repitió, en 1971, con pelos y señales, al abogado granadino Antonio Jiménez Blanco. Había entrado en el despacho del gobernador, dijo, dando una patada a la puerta porque no le dejaban pasar. Lo encontró acompañado del policía Julio Romero Funes, uno de sus cómplices más funestos, del abogado José Díaz Pla —jefe local de la Falange—, y de los hermanos Jiménez de Parga, militantes (como vimos) de la CEDA y asesores suyos a la hora de preparar las listas de quienes iban a ser eliminados. Valdés le explicó que Lorca estaba detenido, pero que no le pasaría nada. Y sigue resumiendo Jiménez Blanco: «Los acompañantes del gobernador le dijeron que la denuncia era muy grave, que G.L. "era socialista y agente de Moscú", etcétera. Pero se fue tranquilo de que, al menos, de momento, no había problema.»[65]

¿José Rosales se fue «tranquilo», convencido de que, por ahora, «no había problema»? Sería difícil, porque «problema» había de sobra. La camarilla del Valdés la tenía tomada con Lorca, por múltiples razones. A Eduardo Molina Fajardo le dijo Rosales en 1969: «Yo creo que, tras la detención y denuncia por elementos de la CEDA, los Jiménez de Parga, que rodeaban a Valdés, como "cerebros grises", tuvieron mucho que ver con la muerte del poeta. Ellos me dijeron personalmente: "No defiendas a un maricón".»[66]

Los hermanos Jiménez de Parga Mancebo eran tres: Manuel, José y Antonio. Según un hijo del primero, su padre fue, a lo largo de la República, «uno de los dirigentes más destacados de la derecha granadina».[67] José María Nestares le aseguró a Molina Fajardo que Manuel, que tenía un despacho en la planta baja del Gobierno Civil, era el hermano que allí «influía más». José era abogado y secretario judicial. Antonio —juez municipal del distrito del Sagrario— actuaba, al lado del policía Julio Romero Funes, como delegado de Orden Público. Eran tres enemigos acérrimos de los «rojos» y responsables de incontables «paseos».[68]

El 26 de agosto de 1978 José Rosales, gravemente enfermo —murió a los dos días— nos hizo en Granada unas declaraciones importantísimas, grabadas en magnetófono en presencia de testigos, acerca de lo ocurrido aquella noche en el despacho de Valdés. Amplió, además, lo que nos había dicho anteriormente sobre la denuncia. Tal vez intuía que le quedaba muy poco tiempo y quiso dejar las cosas claras. Afirmó que no solo tuvo la denuncia en sus manos, sino que estaba firmada por Ramón Ruiz Alonso:

> *José Rosales:* Sin la denuncia, sin la denuncia no puede llevarse al hombre [...]. Estábamos todos en la guerra, en el frente. Él nos pone que si el otro [Federico] era el *speaker* de Radio Moscú, que si en mi casa había unos rusos, que si había sido [Federico] secretario de Fernando de los Ríos. Mi hermano Luis te dirá bastantes más cosas que yo, que se acordará mejor que yo de esta denuncia.
>
> *Nosotros:* ¿De modo que tú viste la denuncia escrita y firmada?
>
> *José:* Escrita y firmada, y mi hermano Luis también.
>
> *Nosotros:* ¿Por Ramón Ruiz Alonso?
>
> *José:* Sí, sí, claro.
>
> *Nosotros:* ¡Esto es increíble!
>
> *José:* No, ¿cómo va a ser increíble? Él, si no nos denuncia, ¿cómo se lo va a llevar? Él quiere hacer daño, creo yo, a nosotros, ¿no? Él va diciendo que el otro era un perro judío y pone esa denuncia. Denuncia que he buscado yo, que no he podido conseguir nunca recogerla, todos esos papeles se han perdido allí, allí no había manera de...
>
> *Nosotros:* Pero ¿era una denuncia pasada a máquina?
>
> *José:* Claro, claro. El coronel Velasco. Él es el que tomó la denuncia. Luego al rato vino el gobernador y me dice: «Si no fuera por esta denuncia, Pepe, yo te dejaría que te lo llevaras.»
>
> *Nosotros:* ¿Dijo esto Valdés?
>
> *José:* Claro, «pero que no puede ser porque mira todo lo que dice». Ahí ya decía todo lo que... todo lo que tú quieras poner además de lo que ellos te digan, pero que puedes poner que lo ponían de... dos o tres folios.*

---

* Después de escuchar con nosotros la grabación (Madrid, 29 de enero de 1979), Luis Rosales opinó que José aludía aquí, veladamente, a la acusación de homosexualidad contenida en la denuncia.

Nosotros: ¿Dos o tres folios?

José: Hablando mal de los hermanos estos. Y yo, a mi juicio, él es el único culpable de la muerte de Federico, el señor Ruiz Alonso.

Nosotros: Y aquella noche, en el Gobierno Civil, cuando fuiste con Luis y me parece que con Cirre, ¿qué, cómo fue? Porque había una sala grande con mucha gente, ¿no?

José: Una sala grande que a mí no me querían ver, pasar por las cosas que... y yo entré, achuché la puerta, me veo con Valdés, digo: «Mi casa no se rodea, mucho menos por la CEDA», vamos, por pegarle un tiro al que hubiera sido, y Valdés me dijo a mí que me llevara a Ruiz Alonso y lo matara en la carretera. Y no quise matarlo. «Tú das las órdenes y lo matas; yo no.» Vamos, a Ruiz Alonso y a los que habían ido con él, porque a Valdés le importaba la vida de un cristiano poquísimo.[69]

¿Pura fantasía de José Rosales? No lo creemos. No tenía por qué irse al otro mundo mintiendo.

Además, hay otros testimonios que apoyan el origen de la denuncia. En 1966 el doctor José Rodríguez Contreras nos dijo que Juan Luis Trescastro le había manifestado, poco después de la detención de Lorca, que Ruiz Alonso delató al poeta ante Valdés como «enlace directo con Rusia». Contreras creía, sin conocer la opinión de los hermanos Rosales al respecto, que el «obrero amaestrado» de Gil Robles actuó como lo hizo más para hacerles daño a ellos que para ocasionar la muerte de Lorca. Y ello por su resentimiento al no haber sido aceptado como falangista en aquellos críticos momentos; él, que había sido el político derechista más notorio de la provincia y que, por más señas, se había arriesgado, bajo la República, en la lucha callejera contra los «rojos».[70]

Luis Rosales nos dijo, cuando le pusimos al tanto de nuestra reciente y última conversación con su hermano, que él no vio con sus propios ojos la denuncia de Ruiz Alonso, pese a lo afirmado por José, pero que se acordaba perfectamente de la descripción de la misma que le había hecho inmediatamente después de su enfrentamiento con Valdés.[71]

El protagonismo de Ruiz Alonso en la confección de la denuncia está fuera de duda. Poco antes de fallecer, él mismo se lo confesaría a una de sus hijas, la actriz Emma Penella, alegando que solo se trataba de darle un escarmiento al poeta, por, entre otras razones, su relación con Fernando de los Ríos.[72]

Cabe deducir, incluso, que Valdés le encargó de la detención precisamente por haber sido el principal denunciante.

Al salir del despacho, José Rosales habló brevemente con el poeta y le prometió que a la mañana siguiente le sacaría del Gobierno Civil.[73]

Le verían aquella noche, o dirían haberle visto, varias personas: el policía Julián Fernández Amigo;[74] Carlos Jiménez Vílchez, miembro de la escuadra de escolta de Valdés;[75] Emilio Muñoz Medina, que prestaba servicios en el edificio;[76] Joaquín López-Mateos Matres, que también trabajaba allí;[77] un joven falangista, Francisco Benedicto Domínguez Aceitero («El Bene»), aprendiz en la tienda de Miguel Rosales Vallecillos, enviado por su esposa, Esperanza Camacho, con mantas y comida para el poeta;[78] y Vicente Lara Jiménez, otro miembro de la escolta de Valdés. Según este, la habitación en que se encontraba Lorca, abatido, era un poco alargada, con una mesa cuadrada, un sillón, un par de sillas y un balcón que daba al Jardín Botánico.[79]

A la mañana siguiente, lunes 17 de agosto, José Rosales se presentó temprano en la Comandancia Militar y consiguió del gobernador, el coronel Antonio González Espinosa, una orden de libertad para el poeta. Con ella se dirigió al Gobierno Civil, donde Valdés le mintió diciendo que García Lorca ya no se encontraba en el edificio, pues se lo habían llevado aquella madrugada. «Ahora vamos a ocuparnos de tu hermanito Luis», habría añadido.[80]

José Rosales aceptó que el poeta ya no se encontraba en el Gobierno Civil. No hay constancia de cómo reaccionó. Hay que suponer que con violencia. Hasta su muerte seguiría creyendo que Valdés le había dicho la verdad y que a Federico ya se lo habían llevado. Sin embargo, lo cierto es que se encontraba todavía en el edificio.

¿Y Luis Rosales? El escándalo que había montado en el Gobierno Civil tuvo consecuencias inmediatas y se le inició un proceso. Fue a ver a Antonio Robles, jefe provincial de la Falange, que le ordenó que se quitara la camisa azul. Comprendió que con Robles no había nada que hacer. Luego se presentó en el despacho del capitán Rojas. El asesino de Casas Viejas no estaba dispuesto a echarle una mano. Quien sí lo hizo fue el abogado José Díaz Pla, jefe local de la Falange, íntimo amigo de los hermanos Rosales y presente durante la escena en el Gobierno Civil. Le ayudó a redactar una nueva y pormenorizada declaración exculpatoria o pliego de descargo. En ella explicó sus razones por haber albergado a su amigo García Lorca e incorporó una información detallada sobre las visitas de los distintos grupos a la Huerta. Al proceder así, su finalidad era no solo salvar el pellejo propio sino el de su padre, ahora —como sus hijos— en un serio apuro por haber protegido a un «rojo».[81]

Rosales envió copias del documento a distintas autoridades: el gobernador civil (Valdés), el gobernador militar (González Espinosa), el alcalde (Miguel del Campo), el jefe provincial de la Falange (Robles Jiménez) y el propio Díaz Pla.[82]

Por suerte, Eduardo Molina Fajardo encontró décadas después una de ellas (la mandada a Robles Jiménez) y la reprodujo fotográficamente en su libro sobre la muerte del poeta. Es un documento de magna importancia histórica que nos ayuda a seguir de cerca las distintas fases de la persecución que acabó con la vida del poeta. Al leerlo y enjuiciarlo, hay que tener presente que Granada padecía un régimen de terror y que Rosales, aconsejado por Díaz Pla, torció ligeramente algún dato e insistió en que había dejado instrucciones en la Huerta para que, en el caso de nuevos registros, dijesen abiertamente que el poeta estaba con él:

Doy para tu conocimiento información exacta de mi conducta en relación con la detención de Federico García Lorca.

En fecha [espacio para ponerla una vez averiguada] una escuadra de Falange al mando del Jefe de Milicias* practicó un registro en casa del detenido con resultado infructuoso. Este día le fue comunicado, por nuestro Jefe, que no existía acusación alguna contra él.

Al día siguiente y por elementos distintos, se practicó otro registro en dicha casa, para capturar al antiguo arquitecto de Granada, Alfredo Rodríguez Orgaz. El resultado fue también infructuoso.

A los dos días, varios individuos armados irrumpieron en el domicilio del detenido, con la finalidad de aprehender a uno de sus colonos. En este registro se procedió con bastante violencia.

Habida información sobre el caso en la Comisaría, se puso en libertad al acusado.

Teniendo en cuenta que los que practicaron el segundo y tercer registro no habían presentado la orden necesaria para practicarlos, la insistencia en las molestias, y con la única finalidad de que no pudiera ser violentado por personas que no tuvieran autoridad para ello, le albergué en mi casa a partir del último registro, en que había sido golpeado, hasta el día de su detención, dejando orden en su domicilio para que, si había nuevos requerimientos, indicasen el lugar en que se encontraba, para ponerlo inmediatamente a disposición de la justicia.

En apoyo de mi actitud, digo:

1.º Que no había en aquel momento ninguna clase de requerimiento oficial contra el detenido.
2.º Que nuestro Jefe de Milicias [Manuel Rojas] en el primer registro, y dados sus resultados, le había puesto en libertad.
3.º Que, dado el carácter literario de mi relación con el detenido, nunca supuse pudiera ser enemigo para la causa que defiendo.

---

* Es decir, el capitán Manuel Rojas Feigenspan.

4.º Que mi obligación como autoridad era defender al detenido contra cualquier clase de atropello o incorrección.

5.º Que mi obligación como autoridad era tener al detenido a disposición de la justicia cuando esta procediera contra él.

6.º Que no contento con esto, y comprendiendo que si no había orden de detención el primer día, pudo haberla después, pregunté por medio del camarada Jefe de Sector Cecilio Cirre al camarada Jefe de Milicias Manuel Rojas si había alguna clase de denuncia u orden de detención contra él, con la única finalidad de ponerlo a disposición de la autoridad competente.

7.º Que me fue comunicado, dos horas antes de la detención de García Lorca, que no había nada contra él, por nuestro Jefe de Milicias por mediación de Cecilio Cirre.

8.º Que durante el tiempo que estuvo en mi casa, no solamente no estuvo oculto, sino que de modo bien ostensible lo han visto y conversado con él cuantos falangistas han pasado por allí: Rojas, Cirre, Serrano, Casas, Reyes y muchísimos más.*

9.º Que cumpliendo mis órdenes, al primer requerimiento, se puso al detenido a disposición de la justicia.

10.º Que he podido saber, después de practicada la detención, que un día antes la escuadra al mando de Francisco [sic]** Díaz Esteve se personó con orden

---

* No hemos logrado identificar a Reyes. Serrano tal vez sea Jesús Serrano «el Legionario», perteneciente a las «escuadras negras» (Molina Fajardo, *Los últimos días de García Lorca*, p. 290); Casas, al parecer, es Luis Ruiz Casas, apodado «el Chato de la Plaza Nueva», quien, según Carlos Jiménez Vílchez, de la escolta de Valdés Guzmán, también pertenecía a las escuadras de muerte y quizás había sido guardia de Seguridad (Molina Fajardo, *ibíd.*, pp. 156, 232).

** En realidad, Federico (Molina Fajardo, *Los últimos días de García Lorca*, p. 46, nota 26).

de prenderlo en su domicilio, sito en los Callejones de Gracia y allí se le notificó, cumpliendo mis órdenes, que estaba en mi casa.

11.º Que el mismo día le fue dada orden al Jefe de esta escuadra por el camarada Sánchez Rubio* para que se me presentara con la intención de que yo pusiera al detenido a la disposición de la autoridad.

12.º Que dicho Jefe no cumplió esta orden, por lo cual yo no pude saber que se procedía contra el preso.

Tengo que contestar urgentemente ahora de una imputación calumniosa y pido se exijan las responsabilidades derivadas de la conducta observada por quien o quienes hayan ordenado se rodease mi domicilio con fuerza armada, realizando con ello un intolerable atropello, y una notoria vejación hacia mi casa, mi familia y el crédito de mi nombre.

Dejo el cargo que ostento a tu disposición en tanto no tenga un certificado de la legalidad de mi conducta.

¡¡¡Arriba España!!!
LUIS ROSALES[83]

El documento comprueba claramente que hubo una denuncia, o denuncias, contra Lorca antes de que buscara refugio con los Rosales. El hecho del traslado a una casa falangista podía servir, tal vez, a los intereses de los enemigos del poeta, encabezados por Ruiz Alonso, pero no se podía haber previsto: en primer lugar se iba a por el poeta.

Cuando Ruiz Alonso sacó a García Lorca de Angulo, 1, la señora Rosales había llamado enseguida, como vimos, a sus padres, ya instalados, tras recibir la infausta noticia del fusilamiento de Manuel Fernández-Montesinos, en el piso de la calle de San Antón, 39.

---

* Se trata, casi seguramente, del doctor Andrés Sánchez Rubio, uno de los que acompañaron a Ruiz Alonso a la casa de los Rosales.

Entrevistada diecinueve años después, en 1955, por Agustín Penón, la criada Angelina Cordobilla explicó que durante casi un mes había ido cada mañana desde la Huerta de San Vicente a la Cárcel Provincial con comida y ropa limpia para Fernández-Montesinos, hasta que le dijeran allí que ya no hacía falta.[84]

En el verano de 1966 insistió ante nosotros, acompañada por su hija, en que aquella tarde —recordaba, correctamente, que era el día de San Joaquín, o sea el 16 de agosto— les había llegado la noticia de la detención del poeta: «¡¿Cómo lo voy a olvidar?! ¡Don Manuel por la madrugada y el señorito Federico por la tarde!»

A la mañana siguiente, nos explicó ante la grabadora, Vicenta Lorca la envió al Gobierno Civil con un cesto de café y comida para el poeta:

Nosotros: Entonces, ¿usted iba al Gobierno Civil a llevarle de comer?

Angelina: Sí, dos días le estuve yo llevando.

Nosotros: ¿Sobre qué hora iba usted al Gobierno Civil?

Angelina: Yo iba por la mañana.

Nosotros: ¿Y qué le llevaba de comer?

Angelina: Le llevaba el café en un termo y un cesto con una tortilla y tabaco.

Nosotros: ¿El cesto con su nombre puesto?

Angelina: No.

Hija: No, el nombre en la cárcel, pero como no había presos en el Gobierno Civil, pues no hacía falta. Cuando mi madre llevaba de comer a don Manuel en la cárcel, llevaba el cesto con su nombre puesto.

Nosotros: Ya, ya. ¿De modo que usted le llevaba un termo de café y un cesto con la comida?

Angelina: Eso es.

Nosotros: ¿Y cuántas veces al día iba usted?

Angelina: Una vez al día, nada más. Yo iba por la mañana. Llegaba allí muertecilla. La primera vez que fui me dijeron:

—¿Qué quiere usted?

—¿Está aquí el señor García Lorca?

—¿A quién busca usted?

—Pues al señor García Lorca.

Dice:

—Este señor, ¿pa qué?

—Para llevarle de comer.

Me dijo a mí:

—No puede ser.

Nosotros: ¿Allí, en el portal mismo?

Angelina: Sí, allí donde se entraba. Me dice:

—No puede ser.

Dice otro:

—¿Por qué no puede ser? Esta es la criada de ellos.

—Pues suba usted.

Yo digo:

—Yo no; como yo no sé, tienen ustedes que subir conmigo.

Y me subieron hasta donde estaba el señor Federico. Yo iba muertecilla.

Nosotros: Ya lo creo.

Angelina: Iba muertecilla. Usted sabe que no podía usted decir nada, que juzgaban a las criadas también. Entonces un señor que estaba allí abrió la tortilla así [haciendo el ademán de abrirla para ver si había algo dentro]. El señor Federico estaba en una celda, en una habitación.

Nosotros: ¿Estaba solo?

Angelina: Allí no había nadie. Había allí una mesa, un tintero, una pluma y un papel...

Nosotros: ¿Él escribía, entonces?

Angelina: No, que las cosas estaban allí. No había ni cama ni nada. No había más que eso. Y un señor que estaba allí decía:

—¡Qué lástima del hijo, qué lástima del padre!

Y al entrar me decía el señor Federico:

—Angelina, Angelina, ¿por qué has venido?

—Me manda su madre, es su madre quien me manda.

Mientras yo entraba dentro...

¡Yo no quiero que usted me meta a mí en nada!

Nosotros: ¡No, no, no!

Angelina: Me da mucho susto.

Hija: ¡Como eso lo sabe todo el mundo, mamá! ¡Él sabe más de lo que tú le vas a decir!

Angelina: Bueno. Mientras yo estaba allí dentro dándole la comida, pues estaban allí en la puerta del cuarto, así, con los fusiles.

Nosotros: ¿Qué? ¿Con el fusil apuntando?

Hija: Sí, pero eso era así, mamá... Eso es natural, es una cosa de guerra.

Nosotros: ¿Usted estaría con él un par de minutos, nada más?

Angelina: Sí, él no quería comer nada, no comía nada.

Nosotros: No me extraña. ¿Y usted fue al día siguiente?

Angelina: Sí, y no había comido nada. La tercera vez que iba allí me dice un caballero a la puerta de la casa, de la casa de San Antón:

—La persona a quien va usted a ver no está allí.

Pero yo, como no conocía a nadie en Graná, yo, pues, seguí.

Cuando llegué al Gobierno me dijeron:

—Este señor ya no está aquí.

—¿No puede usted decirme dónde está?

—No sabemos.

—¿Es que lo han pasado a la cárcel?

—No lo sabemos.

Hija: ¡Bonitos son!

Angelina: Y dije:

—¿Me pueden ustedes decir si ha dejado algo?

—Tampoco lo sabemos. Suba usted a ver.

—Tienen ustedes que subir conmigo.

Y subí al cuarto. Allí no había nada más que el termo y la servilleta. Nada más. Yo, de allí, salí y fui directa a la cárcel, al otro lado de Graná, fui allí sin decir na.

Nosotros: ¿Usted llevaba todavía el cesto?

Angelina: Fui con el cesto, sí, fui a la cárcel. Y pregunté allí en la cárcel, digo:

—¿Ustedes saben si aquí ha venío un señor García Lorca desde el Gobierno Civil?

—No sabemos. Vuelva usted más tarde por si está en celda.

Nosotros: ¿«Vuelva usted»?

Angelina: Que volviera yo por si estaba en celda encerrao. Y ya, pues, dejé el cesto allí, con el tabaco. Lo dejé allí. Y luego volví al otro día; no volví aquella tarde, volví al otro día. Allí me dijeron:

—Este señor que usted dice nunca ha estado aquí.

Entonces me devolvieron el cesto. Claro, ya le habían matado al señor Federico... [85]

Por lo menos dos presos vieron el cesto circular en vano por la prisión: el usurpado gobernador civil, César Torres Martínez, y el abogado Antonio Pérez Funes.[86]

Diez años después de nuestra conversación con Angelina, ella mantenía todavía haber hablado brevemente con el poeta dos mañanas seguidas en el Gobierno Civil: «Fui durante dos días: el 17 y el 18. Al tercer día, cuando iba de nuevo a llevarle el cesto al señorito Federico, un hombre me paró para decirme: "Al que usted va a llevar esto ya no está allí."»[87]

Pero la memoria tiene sus fallos. Sabemos ahora —luego se aducirán las razones— que solo pudo ver al poeta la mañana del 17 de agosto de 1936.

Hay quienes insisten en que era imposible que dejasen subir hasta allí a una criada. Entre ellos Eduardo Molina Fajardo, que consideraba sus declaraciones «poco fundadas».[88] Pero no habló con ella. Escuchar de labios de Angelina su evocación de aquellas horas, con tantos pormenores, era una experiencia inolvidable. ¿Cómo iba a inventar una persona como ella, sencilla y transparente, aquella historia? En la Granada de entonces, además, todo era posible: dependía del momento, de la suerte, de quién estuviera en tal momento y de quién no.

La declaración de Angelina Cordobilla nos convenció de que Valdés mintió a José Rosales al decirle, la mañana del 17 de agosto de 1936, que García Lorca ya no se encontraba en el Gobierno Civil. El hecho es que pasó allí, quizás en otra dependencia más aislada del destartalado caserón, el resto del día y parte de la noche.

¿Por qué la mentira de Valdés?

Habría que tener en cuenta, primero, que llevaba viviendo en Granada desde 1931 y que, forzosamente, por ignorante o inculto que fuera, no podía desconocer que García Lorca era un escritor muy famoso.

Sabemos por numerosos testigos que a Valdés, como nos dijo en 1978 José Rosales, «le importaba la vida de un cristiano poquísimo».[89] Así las cosas, si vaciló en el caso de Lorca no sería por motivos de caridad cristiana sino por el temor de que, dada su celebridad, su muerte podría ser contraproducente para el «Glorioso Movimiento Nacional»... o para él mismo.

Por ello, y he aquí la clave, decidió consultar el caso con el general Queipo de Llano, máxima autoridad rebelde en Andalucía. Hacerlo no ofrecía ninguna dificultad porque, según informaba *Ideal* la misma mañana del 17 de agosto, en primera plana, se acababan de restablecer las comunicaciones telefónicas entre Cádiz, Córdoba, Granada, Huelva y Sevilla (ilustración 22).

Aunque no hubiera sido así, existía la posibilidad de hablar con Queipo por radio. El Gobierno Civil carecía, por lo visto, de emisora, pero la Comandancia Militar tenía una y también el cuartel de la Guardia Civil (cuartel de las Palmas).[90] Luego había varios aficionados particulares adheridos a la sublevación, en primer lugar el médico militar Eduardo López Font, nuevo director de Radio Granada y estrecho colaborador de Valdés, que poseía un aparato de onda extracorta mencionado con cierta frecuencia en las páginas de *Ideal* y que fue instalado en el cuartel de Artillería.[91]

También se ha hablado de una consulta por avión, ya que existía un servicio diario entre el aeropuerto militar de Armilla y Sevilla. Pero no creemos que fuera necesario utilizarlo en este caso.*

Está claro que el 17 de agosto no había dificultad alguna para que Valdés consultara el caso de García Lorca directamente con Queipo de Llano.

Según varios testimonios, la respuesta del general fue fulminante. Al poeta había que darle «café, mucho café»: era la fórmula que gustaba de utilizar al ordenar una ejecución.

Hay indicios de que, para tener la seguridad de que había sido cumplida la orden, el «virrey de Andalucía» llamó al Gobierno Civil de Granada unas horas después. Estuvo en el despacho con Valdés en aquel momento su amigo el comandante médico Antonio Mesa del Castillo. Este contaba a sus íntimos que Queipo, al constatar que el poeta estaba todavía en el edificio, se puso furioso gritando: «¡¡Fuera!!»[92]

Cuando hablamos con Ramón Ruiz Alonso en 1967, no quiso revelar el nombre del, a su juicio, máximo responsable del fusilamiento del poeta. Incluso dijo que se llevaría consigo a la tumba el secreto. Pero no lo hizo. En 1975 le aseguró a Eduardo Molina Fajardo que el culpable fue Queipo de Llano, en contacto con el Gobierno Civil por teléfono, y que así se lo había dicho Valdés, «con notable disgusto», a la mañana siguiente. El ex diputado de la CEDA ratificó la información en la confesión hecha a su hija Emma Penella antes de huir a Estados Unidos en 1976.[93]

Con o sin el beneplácito de Queipo de Llano, Valdés pudo

---

* Germán Fernández Ramos fue contertulio de Valdés en la peña del Bar Jandilla (en la calle de Puente de Carbón) y la del Café Royal. Poco antes de morir le contó a un amigo, Vicente López Jiménez (marido de Carmen García González, prima del poeta), cómo se había o habría dado la orden de matar al poeta. Nos relató López Jiménez (Granada, 31 de octubre de 1980): «A mí lo que me dijo Germán es que diariamente iba desde el aeropuerto de Armilla a Sevilla un avión con todos los papeles que tenían que mandar a Queipo y al mismo tiempo con todas las consultas que tenían que hacer. Y que a una consulta de Valdés en relación con Federico, contestó Queipo: "Dale café, mucho café." Es decir, que le dijo a Valdés que sí, que lo mataran.»

haber evitado el trágico desenlace. Y decidió no hacerlo. Cabe pensar que, para él, Lorca era un «rojo» muy peligroso, autor de obras subversivas, con una vida privada repugnante, como homosexual, y una relación deleznable con Fernando de los Ríos. Su mala opinión de la burguesía granadina era notoria. ¿Por qué perdonarlo? Además, es posible que tomara en cuenta otra cosa. ¿Qué mayor escarmiento, cuando incumbía aterrorizar a la población civil granadina, que matar al poeta español actual más famoso? Si eran capaces de liquidar a un ser así, ¿qué no harían con gente desconocida, con un obrero, con un albañil, con un conductor de tranvía, con un simple afiliado a un sindicato?

No sabemos si entre Lorca y Valdés hubo una entrevista, o incluso un enfrentamiento, antes de que se diera la orden fatal. No sería sorprendente, si se produjo, que el gobernador usurpador se expresara en términos violentos, entre otras razones por ser hijo de un general de la Benemérita, cuerpo que se puede deducir hondamente ofendido por el famoso romance (así como por la *Escena del teniente coronel de la Guardia Civil* y el «Diálogo del Amargo» de *Poema del cante jondo*).

Sea como fuere, Valdés siempre negaría haber intervenido en la muerte del poeta. Cesó como gobernador civil de Granada, para reintegrarse a su cargo militar, en abril de 1937. En su nota de despedida, publicada en *Ideal*, escribió: «¡Granadinos! Yo os pido perdón si, en el inexorable cumplimiento de las obligaciones de mi cargo, no fui con vosotros lo benévolo que hubiese querido, pero no olvidar nunca que hemos vivido seis meses históricos y que las responsabilidades que en mí encarnaban ante Dios y ante mi Patria eran tremendas; cuando el tiempo haga su perspectiva más distante todos lo comprenderemos en sus justos términos.»[94]

Fallecería el 5 de marzo de 1939, víctima de un cáncer y de una herida recibida en el frente, y sin dejar constancia escrita, que sepamos, de su actuación en relación con la muerte del poeta.[95]

Lorca salió del Gobierno Civil la madrugada del 18 de agosto, camino del lugar de ejecución, esposado con un maestro nacional, Dióscoro Galindo González, oriundo de Ciguñuela (Valladolid).

Galindo había ejercido su profesión en Santiponce (Sevilla)

entre 1929 y 1934. Después fue trasladado a Íllora, cerca de la Vega de Granada, y luego, en septiembre de 1934, al pequeño pueblo de Pulianas, a seis o siete kilómetros de la ciudad. Republicano convencido y muy querido por sus alumnos, caía mal al secretario del Ayuntamiento, un tal Eduardo Barreras, quien, al producirse el alzamiento, lo denunció como enemigo peligroso de Dios y de la España «nacional».[96]

Su hijo, Antonio Galindo Monje, relató lo ocurrido con su padre en un escrito dramático:

> El día 15 de agosto de 1936, y siendo las diez de la noche, se presentaron en nuestro domicilio dos falangistas armados que habían descendido de un coche que estaba parado en la puerta y ocupado por otros dos falangistas más que no llegaron a subir. Los que subieron al piso que ocupábamos en el Caserío de los Ángeles, sito en la carretera de Pulianas a un kilómetro de dicho pueblo, dijeron que venían a practicar un registro, y mi padre, que estaba presente, les dijo que podían empezar cuando quisieran. Empezaron a efectuarlo, tardando unas dos horas. Al final se dirigieron a mi padre y le dijeron que traían órdenes de llevárselo, pero, como el registro había sido satisfactorio, le dejaban en calidad de detenido por cuarenta y ocho horas en su domicilio, y si pasada esa fecha no habían vuelto, podía seguir haciendo su vida ordinaria, que no le pasaría nada. Antes de irse, uno de ellos se dirigió a mi padre y le dijo que si le podía hacer unas preguntas, a lo que mi padre le dijo que sí. Entonces le preguntó cuál era su manera de pensar y mi padre le dijo que no le podía contestar a esa pregunta porque era muy particular de él, pues lo mismo podía pensar como él o contrario a él, y se fueron.
>
> Las cuarenta y ocho horas las hicieron a las diez de la noche del día 17 de agosto. Pasadas cuatro horas de esta fecha, o sea las dos de la madrugada del día 18, vinieron y le dijeron que tenía que irse con ellos para prestar una declaración, que volvía enseguida. Y no volvimos a verle. Yo les rogué que me dejaran ir con ellos, pero alegaron que no había asiento en el coche. Yo les

contesté que podía ir en el mío detrás del suyo, y me dijeron que en cuanto me vieran que les seguía me tirarían con los fusiles...[97]

Quiso el azar que un joven amigo de Lorca, Ricardo Rodríguez Jiménez, presenciara la salida del Gobierno Civil de Lorca y Galindo González. Tenía una mano atrofiada, y unos años antes, al enterarse de que poseía talento musical, el poeta le había comprado un violín pequeño para que pudiera aprender a tocar. No olvidaría jamás el detalle. En 1980 recordaba:

> Yo vivía en la calle de Horno de Haza, cerca de la Comisaría de Policía y frente al Gobierno Civil, en la calle Duquesa. Entonces, durante las primeras semanas del Movimiento, íbamos yo y un amigo cada noche a la Comisaría a oír el último parte de Queipo de Llano, que daban desde Sevilla a las tres de la madrugada. Jugábamos a las cartas con los policías de guardia hasta oír el parte. Aquella madrugada salí de la Comisaría a las tres y cuarto por ahí y me encontré con que de pronto me llaman por mi nombre. Me vuelvo: «¡Federico!» Me echó un brazo por encima. Iba con la mano derecha cogida de unas esposas con un maestro de la Zubia* con el pelo blanco. «Pero ¿dónde vas, Federico?» «No sé.» Salía del Gobierno Civil. Iba con guardias y falangistas de la «Escuadra Negra», entre ellos uno que era guardia civil, a quien habían expulsado de la Guardia Civil y que se metió en la «Escuadra Negra». No recuerdo cómo se llamaba. A mí me pusieron el fusil en el pecho. Y yo les grité: «¡Criminales! ¡Vais a matar a un genio! ¡A un genio! ¡Criminales!» Me detuvieron en el acto y me metieron en el Gobierno Civil. Yo estuve allí encerrado dos horas y luego me soltaron.[98]

Rodríguez Jiménez situaba su breve encuentro con el poeta hacia las tres de la madrugada. Ello encaja con el testimonio que acabamos de leer del hijo del maestro Dióscoro Galindo González.

---

*   En realidad, Pulianas.

Según el testimonio de José María Nestares Cuéllar, la orden de salida la había dado el policía Julio Romero Funes, íntimo colaborador de Valdés, al teniente de Asalto Rafael Martínez Fajardo, el que había traicionado a César Torres Martínez al no proteger el Gobierno Civil el 20 de julio. Fajardo debía recoger al mismo tiempo, en la Comisaría de Policía, situada justo enfrente, a los anarquistas Francisco Galadí Melgar y Joaquín Arcollas Cabezas, conocidos banderilleros.[99] Poco antes de la sublevación, habían montado un servicio de vigilancia frente a la puerta de Valdés, en la calle de San Antón. Sospechaban del comandante, con razón de sobra, y se explica que, una vez en su poder, este decidiera quitarlos de en medio cuanto antes y sin contemplaciones. Máxime si se añade que habían figurado entre los dirigentes de una proyectada columna para la liberación de Córdoba.[100]

Introducidos los cuatro presos en el coche, este se puso en marcha en dirección al lugar de ejecución, que esta vez no iba a ser el cementerio municipal de Granada.

Se ha dicho que estaba al volante Fernando Gómez de la Cruz, propietario del diario granadino *La Publicidad*.[101] No ha sido posible comprobarlo, y además hay otros varios candidatos. Uno de los esbirros que subió al coche con los presos y Martínez Fajardo, según Nestares, fue un guardia de Asalto de nombre Antonio González Villegas, que participaba con frecuencia en las fechorías de las «escuadras negras».[102]

Al amparo luego del silencio impuesto por el régimen de Franco, lo ocurrido con el poeta a partir de entonces se iría envolviendo en una densa neblina de mentiras, acusaciones, negaciones, «olvidos» y tergiversaciones. Raras, rarísimas veces, admitiría alguien, con el paso de los años, haber participado, forzado o no, en la masiva eliminación de «rojos» que tuvo lugar en Granada durante la guerra.

Pero en el caso de García Lorca habría alguna excepción a la regla.

9

AYNADAMAR, «LA FUENTE DE LAS LÁGRIMAS»

Tu entierro fue de gente
siniestra.
Gente con el corazón
en la cabeza...

FEDERICO GARCÍA LORCA,
«Gráfico de la Petenera»
(*Poema del cante jondo*)

A unos nueve kilómetros de Granada, en dirección al noreste, hay dos pueblos serranos colindantes, Alfacar y Víznar, que han venido creciendo últimamente de forma atropellada. El primero, cuyo nombre significa en árabe «alfarero», goza de fama por la excelencia de su pan. Víznar, que deriva de un topónimo más antiguo, está a 1.074 metros sobre el nivel del mar y destaca por el noble edificio levantado en su corazón por el arzobispo Moscoso y Peralta a su vuelta, a finales del siglo XVIII, de Cuzco. Declarado monumento histórico-artístico en 1922, hoy es Monumento Nacional.[1]

Hacia Víznar salió desde el Gobierno Civil el coche que, en las primeras horas del 18 de agosto de 1936, llevaba a García Lorca, el maestro Galindo González y los banderilleros anarquistas Galadí y Cabezas.

Al producirse la sublevación, los insurrectos granadinos al mando del capitán José María Nestares Cuéllar se habían hecho fuertes en el pueblo. Su propósito era convertirlo en baluarte contra posibles incursiones republicanas desde la zona montañosa que se extiende detrás, y que, de hecho, se mantendría en poder de las fuerzas leales durante casi toda la guerra.

Terminada la contienda, se colocó una lápida conmemorativa en el zaguán del edificio arzobispal:

> En este palacio de Víznar se estableció el cuartel de la primera Falange Española de Granada el 29 de julio de 1936. Dentro de sus muros creció hasta constituir la primera bandera y luego primer tercio de Falange Española Tradicionalista de Granada que en duros combates mantuvo la seguridad de nuestra capital contra el ímpetu marxista. Tienen a gran honor el haberlo cedido para tan altos fines sus propietarios D. José F. Fígares y Méndez y D.ª Esperanza de Damas y R. Acosta.[2]

Si hubiera sido tan solo un puesto militar, Víznar apenas sería recordado hoy en relación con la Guerra Civil. Pero fue algo mucho más siniestro y debe su fama al hecho de haber sido, también, un Gólgota para cientos y cientos de «rojos».

Nestares Cuéllar estaba en permanente contacto telefónico con el Gobierno Civil. Ininterrumpidamente, casi todos los días y todas las noches, subían coches desde allí o de los alrededores con tandas sucesivas de víctimas. Solo raras veces procedían de la Cárcel Provincial. Eran los «desaparecidos», los muertos no oficiales de la represión —a diferencia de los despachados en el cementerio de Granada—, de quienes las autoridades negaban tener noticias.

Los vehículos solían parar unos minutos, antes de seguir su camino, delante del palacio de Cuzco para la entrega o intercambio de papeles. Nestares, según le contó a Eduardo Molina Fajardo, estaba dormido la madrugada cuando irrumpió en su cuarto el teniente de Asalto Rafael Martínez Fajardo —el que no quiso defender el Gobierno Civil—, diciendo que llevaba una orden del comandante Valdés para fusilar a unos presos, uno de ellos Federico García Lorca. «A mí me molestaba atrozmente esto —siguió relatando Nestares al periodista—. Lo consideraba una canallada.» Pese a ser amigo de Lorca, según dijo a continuación, no consta que tratara de impedir la ejecución, ni siquiera que bajara a verle, ni que intentara hablar por teléfono con Valdés. Siempre alegaría que el sistema de eliminación de «rojos» que existía en Víznar no dependía de él, sino del Gobierno Civil, y que el cometido suyo era exclusivamente militar. Añadió, en su entrevista con Molina Fajardo, que ordenó a uno de sus más estrechos colaboradores, Manuel Martínez Bueso, que guiara el coche hasta la improvisada prisión donde los enviados a Víznar pasaban sus últimas horas.[3]

Rebasado el palacio de Cuzco se abre ante la vista un imponente panorama, con la Vega de Granada, hoy cada vez más degradada, extendiéndose hacia el oeste y, enfrente, la pelada Sierra Elvira.

Pronto, encima del pueblo, se alcanza la estrecha carretera que conduce a Alfacar. Unos ocho años después de la muerte de Franco, se colocó en este sitio un rótulo de cerámica proclamando que se llamaba la Avenida de los Mártires. No gustó nada a la ultraderecha local y fue destrozado al poco tiempo. Se volvió a poner, esta vez en bronce, con la inscripción:

AVENIDA DE LOS MÁRTIRES. CON MOTIVO DEL HERMANAMIENTO ENTRE FUENTE VAQUEROS VÍZNAR Y ALFACAR EN HOMENAJE AL POETA UNIVERSAL FEDERICO GARCÍA LORCA. 19 DE AGOSTO 1985.

También desapareció.

Cien metros más adelante, a la izquierda de la carretera, se aprecian los restos de un viejo molino. Aquí había un amplio caserón, Villa Concha, convertido por los rebeldes, nada más iniciada la guerra, en improvisada cárcel destinada a los condenados a muerte. Antes había servido como albergue veraniego para grupos de niños granadinos, los «colonos», lo cual explica su apodo, «La Colonia» (o quizá «Las Colonias», con las eses suprimidas). En julio de 1936 dejó de ser espacio de esparcimiento infantil para trocarse en antesala de la muerte.

Movía el molino la famosa acequia de Aynadamar, construida por los árabes en el siglo XI para llevar agua fresca a Granada, y que todavía cruza por el lugar, bordeado de juncos y flores.*

En su conferencia sobre Pedro Soto de Rojas, Lorca menciona la acequia, que regaba el jardín del poeta barroco. Es probable, pues, que al llegar a «La Colonia» se enteraría de dónde estaba. Quizá, consciente de lo que le esperaba, el chapotear de la acequia le sirvió aquella última noche de mínimo consuelo. [4]

Para trabajar como enterradores forzosos, los rebeldes llevaron a «La Colonia» a un grupo de ocho masones granadinos.[5] Con el propósito de salvarles la vida, Nestares trajo también a dos eminentes catedráticos universitarios, Joaquín García Labella y Jesús Yoldi Bereau, así como a los concejales municipales republicanos Manuel Salinas Pérez, Francisco Rubio Callejón y José Valenzuela Marín. Pero, como ya se ha contado (véase pp. 118-119), no logró salirse con la suya y, debido a una intervención de Valdés, fueron devueltos a la Cárcel Provincial. García Labella, Rubio Callejón y Valenzuela Marín cayeron el 25 de agosto, entre otras 36 víctimas, ante las tapias del cementerio municipal, Salinas Pérez al día siguiente (entre 39) y Yoldi Bereau (entre 40) el 23 de octubre.[6]

Junto a los masones había un muchacho de diecisiete años, Manuel Castilla Blanco, apodado «Manolo el Comunista», por haber estado inscrito en un sindicato de izquierdas. A él también lo había traído Nestares, amigo de su familia, para ponerle a resguardo de una ejecución segura.[7]

Conocimos en 1966 a uno de los masones, Antonio Mendoza de la Fuente, barbero de profesión cuando empezó la guerra.[8] Nos explicó, con profusión de pormenores, cómo funcionaba el

---

* Quizá «reconstruida», toda vez que según algunos especialistas actuales era de origen romano.

sistema establecido por los sublevados en «La Colonia». Las víctimas eran encerradas en la planta baja del edificio hasta el momento
del «paseo». En el piso alto se alojaban varios soldados y guardias de Asalto, más los enterradores y dos «rojas», salvadas por
Nestares, que se encargaban de la limpieza y la cocina: Alicia
Comba y María Luisa Alcalde González, muchacha muy guapa,
natural del pueblo de Albondón, que había pertenecido a Socorro Rojo Internacional.[9] Junto a ellas se veía con frecuencia a una
joven inglesa, o quizás irlandesa, Frances Turner —«La Fan-
ny»—, cuya familia vivía en el Carmen de la Justicia, cerca de la
Alhambra. Muy amiga de Nestares, montaba bien a caballo, llevaba una pistola en el cinturón, era aficionada a la pintura y vestía una camisa azul falangista a la cual llevaba prendida, por añadidura, una cruz gamada. Según el masón Antonio Mendoza de
la Fuente, actuaba en «La Colonia» de enfermera.[10]

Los condenados llegaban habitualmente por la noche. Podían confesarse, si lo deseaban, con el capellán del destacamento,
Mariano Vílchez García, o rezar delante del altar improvisado.[11]

Antes del alba los subían a los vehículos que esperaban fuera
para llevarlos al lugar de ejecución. Si hacía todavía demasiado oscuro los fusilaban utilizando los faros. Luego era el turno de los
enterradores, que, en función de las notas recibidas desde el Gobierno Civil o la Comandancia Militar («os mandamos tantos tra-
jes» era la consigna), habían cavado la tarde anterior las fosas.[12]

Unas décadas después aparecerían dos fotos del personal de
«La Colonia». Casi milagrosamente conservadas, en una de ellas
aparecen, entre sus compañeros, Antonio Mendoza de la Fuente,
Manuel Castilla Blanco y las jóvenes Alicia Comba —rapada a
cero— y María Luisa Alcalde González. Se trata de un documento de extraordinario interés histórico e humano (ilustración 36).*

Antonio Mendoza de la Fuente y Manuel Castilla Blanco re-
calcaban, en nuestras conversaciones, que quienes fusilaban en
Víznar eran unos guardias de Seguridad o Asalto forzados por

---

* Agradecemos a nuestro amigo Víctor Fernández, propietario de la
fotografía, su permiso para reproducirla aquí.

Nestares a participar, quizá como castigo, y voluntarios que mataban por el gusto de matar. Varios de estos pertenecían a las llamadas «escuadras negras» y actuaban no solo en Víznar sino en Granada y sus inmediaciones. Entre ellos nuestros dos informantes se acordaban de «El Maño», «El Sevilla» (que se mató cuando limpiaba su fusil), un tal Gonzalo, los cabos de Seguridad Antonio Ayllón Fernández y Antonio Hernández Martín, el sargento de Asalto Mariano Asenjo Moreno, el guardia de Asalto Moles, «El Motrileño»,* «Jamuga», Antonio Benavides (apodado «El Verdugo») y «El Cuchillero».[13]

Según le contó a Eduardo Molina Fajardo el falangista Pedro Cuesta Hernández, entonces en Víznar, la noche de la llegada de Lorca a «La Colonia» estaban de guardia él y dos compañeros de partido, Eduardo González Aurioles y Antonio Álvarez Ruiz.[14]

Molina no menciona a otro candidato: José Jover Tripaldi, un joven de veintidós años que veraneaba en Víznar cuando empezó la sublevación. Nos explicó en 1984 que, queriendo evitar ir al frente, pidió al capitán Nestares, que conocía a su familia, que le diera algún puesto en el pueblo. Nestares accedió y lo acogió en «La Colonia».

Católico ferviente, Jover tenía la costumbre de explicar a las víctimas que a la mañana siguiente irían a trabajar en unas fortificaciones o a reparar caminos. Luego, al acercarse el momento de la «saca», les comunicaba la terrible verdad, por si acaso no la hubiesen intuido ya. Consideraba que hacerlo era su obligación como católico. En caso de que lo deseasen, los presos podían luego confesarse con el capellán y, si querían, entregar un último mensaje para su familia o alguna prenda.[15]

Jover le contó a Agustín Penón en 1955, con profusión de detalles, que estuvo en «La Colonia» cuando llegó García Lorca. Y alegó que, en ausencia del cura, le había ayudado a rezar.[16]

En 1966 abundó en el mismo sentido. Nos dijo que, viendo la

---

* Según Antonio Mendoza de la Fuente, el nombre real de este individuo «que mataba a placer» era José Rodríguez (Molina Fajardo, *Los últimos días de García Lorca*, pp. 259 y 276).

terrible angustia que sus palabras habían provocado en el poeta, le convenció de que, si se arrepentía sinceramente de sus pecados, le serían sin duda alguna perdonados. Y que le ayudó a rezar el *Yo pecador*, que Lorca solo recordaba a medias. «Mi madre me lo enseñó todo, ¿sabe usted?, y ahora lo tengo olvidado», murmuraría. Al evocar el episodio, Jover nos aseguró que el poeta pareció más tranquilo después de haber rezado.[17]

El investigador Miguel Caballero Pérez ha descartado el testimonio de Jover Tripaldi, razonando, a la luz de su expediente falangista, que no pudo estar aquella noche en Víznar. Pero los datos aportados no nos parecen suficientemente convincentes como para desacreditar su relato.[18]

¿Y el maestro Dióscoro Galindo González? Sus hijos tenían la absoluta certeza de que su padre fue fusilado en la madrugada del 18 de agosto, tal como luego constaría en su partida de defunción.[19]

Desde el emplazamiento de «La Colonia» el camino de Alfacar sigue por la ladera del ancho valle, siempre acompañado por la acequia de Aynadamar, cruzada a trechos por pintorescos puentecillos de piedra. Al cabo de algunos momentos dobla a la izquierda en una curva abrupta. Debajo la acequia se encaja en un estrecho acueducto. Enfrente sube una pendiente de arcilla, cubierta de tupidos pinos, que se pierde más arriba entre los peñascos y la maleza de la Sierra de Alfacar.

Este es el tristemente célebre barranco de Víznar donde yacen los restos de centenares de víctimas de la represión. Antonio Mendoza de la Fuente y Manuel Castilla Blanco nos describieron sus experiencias aquí. Los cadáveres eran abandonados donde caían, a la espera de la llegada de los enterradores. En más de una ocasión estos tuvieron la angustia de reconocer entre los ajusticiados a conocidos o amigos.

Su labor era amarga y repelente. A pesar de que corría muy cerca la acequia, no se les permitía bajar a beber, como reforzamiento del castigo.

En 1936 el barranco no tenía árboles. Cuando Gerald Brenan lo visitó, en 1949, «toda el área estaba salpicada de hoyos de poca profundidad y montículos, sobre cada uno de los cuales se había colocado una piedra pequeña. Empecé a contarlas, pero acabé por dejarlo al darme cuenta de que había varios cientos».[20]

Unos años después se llevó a cabo aquí una repoblación con pinos, quizá con la intención de dificultar la identificación de las fosas. No se consiguió en todos los casos.

Hoy señala el sitio, al lado de la carretera, una pancarta de la Junta de Andalucía que indica: LUGAR DE MEMORIA HISTÓRICA DE ANDALUCÍA. CARRETERA VÍZNAR-ALFACAR. Sigue una cita anónima: «En estos parajes dejaron sus vidas miles de granadinos y granadinas en la defensa de los valores democráticos de la Segunda República Española. Obreros, campesinos, intelectuales, artistas... mujeres y hombres que soñaron un mundo nuevo. Sea este espacio de recuerdo y homenaje de la lucha de un Pueblo...»

A su lado un plinto sencillo de piedra informa al visitante que se halla en el BARRANCO DE VÍZNAR.

Una vereda conduce hasta el escenario de los asesinatos. En 2013 la Junta de Andalucía y el Ayuntamiento de Víznar efectuaron unas sondas o catas. Se encontraron, en cinco fosas, restos humanos, zapatos, casquillos de un fusil Mauser y otros indicios criminales. Se enviaron al Juzgado Número 2 de Granada, que se negó a actuar repitiendo la cantinela de que los crímenes de la Guerra Civil han prescrito —de acuerdo con la Ley de Amnistía de 1977—, y que se iban a archivar las diligencias previas.[21]

Hoy la Junta de Andalucía (PSOE) tiene a punto una nueva legislación para exhumar a todas las víctimas del franquismo enterradas en la Comunidad. Hay que confiar en que tarde o temprano sabremos cuántos cuerpos yacen en el barranco de Víznar, con sus nombres y las circunstancias de su muerte.

Entre los fusilados había mujeres. Una de ellas se llamaba Carmela Rodríguez Parra, familiarmente conocida como Carmela «La de los Pajaritos». El sobrenombre le venía de la especialidad del bar que regía en la calle de Elvira y donde, antes de la insurrección, solían reunirse muchos «rojos». Por ello fue denunciada. La llevaron a Víznar junto a otra mujer de ideas izquierdistas, la célebre «Zapatera», Amelia Agustina González

Blanco, amiga de la adolescencia de García Lorca y estrafalaria fundadora de El Entero Humanista, partido político más bien quimérico cuyo lema era «Paz y Alimentación». Fueron abatidas juntas.[22]

La fosa más grande, excavada al fondo de un declive, es hoy destino de peregrinación. Hasta las obras de saneamiento y drenaje efectuadas hace algunos años estaba rodeada de juncos, índice de la humedad del suelo y del agua que allí se acumulaba en invierno formando un charco. En ella yacen muchísimos restos humanos. Los condenados eran conducidos hasta el borde del hoyo y matados, habitualmente, de un tiro en la nuca.[23]

Después de la muerte de Franco se improvisó sobre la fosa una gran cruz horizontal formada de piedras. Allí sigue.

Al principio de la guerra el barranco no era utilizado para fusilamientos y entierros. Los verdugos no habían advertido todavía que su tierra era más blanda que la de otros puntos de la zona, y que albergaba unos pozos de prospección de agua abandonados que facilitaban la apertura de fosas. Al contrario de lo que se ha dicho muchas veces, el poeta y sus acompañantes de aquella madrugada no fueron muertos e inhumados aquí sino más adelante por el camino que conduce a Fuente Grande.

Siguiendo por este aparece pronto, a mano derecha, lo que queda del proyectado campo de fútbol de Alfacar, parado a finales de 1998 por la Junta de Andalucía, entonces presidida por Manuel Chaves, a raíz de una airada y justificada protesta de la hermana del poeta, Isabel García Lorca. Había sido lamentable la insensibilidad del ayuntamiento del pueblo, ciertamente, no solo por la proximidad de las fosas del barranco de Víznar sino por los huesos humanos que, por lo visto, habían ido aflorando en la zona a lo largo de los años.[24]

Según declaraciones del capitán Nestares a Eduardo Molina Fajardo, fue aquí, en el entonces campo de instrucción de las tropas, donde el piquete de asesinos acabó con sus víctimas, efectuándose luego su enterramiento en unos pozos abandonados. Así se lo había asegurado, decía, su estrecho colaborador Manuel Martínez Bueso, testigo presencial de la ejecución.[25]

Entre 2013 y octubre de 2016, en dos campañas, un equipo de profesionales reunido por la Asociación Regreso con Honor, orientado por el investigador granadino Miguel Caballero Pérez y dirigido por el arqueólogo zaragozano Javier Navarro Chueca, llevó a cabo una intervención aquí, concretamente en la zona denominada Los Llanos de Corbera. Buscaban el pozo o los pozos indicados a Molina Fajardo por Nestares, que además le aportara al periodista un boceto o croquis del lugar de ejecución.[26]

Después de una excavación impresionante, con la extracción, para llegar al suelo original, de 4.620 metros cúbicos de relleno procedente del abortado campo de fútbol, no aparecieron ni pozos ni huesos humanos. Solo restos de una bala, nada excepcional en un antiguo campo de instrucción. En su informe provisional, Navarro Chueca, sin documentación fidedigna, llegó a la conclusión de que los huesos no hallados fueron trasladados a otro lugar —se infería que por las autoridades franquistas, pero tampoco quedaba claro— para que nadie los pudiera localizar. Se trataba de una mera hipótesis. Tanto la excavación como la conclusión, repleta de contradicciones, fueron criticadas por su falta de rigor científico. Y nunca se hizo público el informe final, si es que hubo.

Terminó Navarro reconociendo que había quedado «una pequeña porción del terreno sin examinar, debido al agotamiento de los recursos económicos y a la directriz de la Junta de Gobierno del Ayuntamiento de Alfacar que obligaba a tapar la zona abierta en un plazo de 15 días».[27]

Navarro y sus compañeros no habían tenido en cuenta para nada al investigador granadino Gabriel Pozo. Siguiendo como ellos a Molina Fajardo, había aportado, en *Lorca, el último paseo* (2009), y una serie de artículos posteriores, precisiones detalladas —coordenadas explícitas incluidas— sobre la posible ubicación de los pozos, que, a su juicio, estaban «más hacia abajo y al oeste, a pocas decenas de metros de las últimas catas».[28]

Pocos días después de ser publicado el informe de Navarro Chueca, Pozo arremetió contra él y Miguel Caballero en un artículo de *El Independiente de Granada* titulado: «Y cuando el arqueólogo despertó... el cadáver de Lorca todavía estaba allí.» ¿Por qué no le habían hecho caso, se quejaba no sin razón, cuando llevaba años señalando públicamente el lugar exacto de los hechos?[29]

Y allí quedaba por el momento el asunto.

La candidatura de Los Llanos de Corbera como escenario del asesinato del poeta no era, por más señas, la única... ni la principal.

Si el visitante continúa por la carretera se encontrará pronto con un edificio muy desafortunado, Apartamentos El Caracolar, levantado, al parecer, por el Banco Rodríguez Acosta, en los años cincuenta del siglo pasado. El Caracolar: así conocen los ribereños esta zona por su proliferación de fósiles («caracoles»).

Hay una teoría según la cual mataron al poeta y a sus tres acompañantes justo antes del edificio, a la derecha de la carretera, en un rodal, situado al lado de la carretera, donde todavía no se han practicado catas. Se dice localmente que allí hay dos fosas.[30]

Enfrente de los apartamentos se extiende el Parque Federico García Lorca, ubicado donde, de acuerdo con las conclusiones de la Comisión de Encuesta creada en 1981 por la Diputación Provincial de Granada (presidida por José Sánchez Faba, de la UCD), fueron matados, al lado de un olivo, García Lorca y sus tres compañeros de infortunio.[31]

El olivo existe todavía. Muy cerca, un plinto de granito recuerda al poeta y a todas las víctimas de la Guerra Civil.

En la Granada de los años cincuenta del pasado siglo se decía con insistencia que uno de los enterradores de aquella mañana fue Manuel Castilla Blanco, Manolo «El Comunista», el joven a quien había salvado Nestares llevándolo consigo a «La Colonia» para trabajar al lado de los masones.

En 1955 Castilla Blanco vino aquí con Agustín Penón y Emilia Llanos, gran amiga del poeta. Les explicó que componían el pelotón de verdugos aquella madrugada ex guardias de Asalto y falangistas. Nombró a un tal Arenas y a dos miembros de las escuadras de muerte, ya mencionados, «El Sevilla» y Paco «El Motrileño». Le habían ayudado en su macabra faena, decía, los dos catedráticos encerrados en «La Colonia», Jesús García Labella y Jesús Yoldi Bereau, así como el concejal Manuel Salinas, luego fusilados ellos mismos. Pero ello no se ha podido comprobar.[32]

«Castilla recuerda —apuntó Penón— que, cuando iba a haber fusilamientos, salía primero el coche con las víctimas y luego otro en el que iban ellos, los enterradores. Muchas veces las herramientas de los enterradores (piochas, palas y azadas) estaban en el coche de las víctimas, que creían que iban a trabajar con ellas en una carretera o en unas fortificaciones de La Alfaguara. Cuando llegaban al lugar de los fusilamientos, el coche de los enterradores se paraba a una distancia discreta, por lo general detrás de una curva, y luego, después de los disparos, empezaba el trabajo de abrir la fosa. A veces abrían hoyos para el día siguiente.»[33]

Antonio Mendoza de la Fuente y Manuel Castilla Blanco nos aseguraron en 1966, como queda dicho, que entre los que mataban en Víznar había un tal Benavides. Según el falangista Antonio Montes Varela, destacado en el pueblo, el individuo, que era guardia de Asalto, se vanagloriaba de haberle dado dos tiros en la cabeza al poeta.[34] Miguel Caballero Pérez ha descubierto que se trataba de Antonio Benavides Benavides, pariente lejano, para más inri, de García Lorca.[35]

El mismo investigador ha indagado sobre la identidad de los otros verdugos que participaron en el execrable crimen.[36]

Según un testimonio recogido por el arabista granadino José Navarro Pardo, amigo del poeta, este no murió en el acto y tuvo que ser rematado con un tiro de gracia, o varios, después de incorporarse gritando: «¡Todavía estoy vivo!» No sabemos si fue así. El informante de Navarro, no identificado, afirmaba haber sido el conductor del coche que llevara a Víznar al poeta (¿quizás el mencionado Fernando Gómez de la Cruz?).[37]

El doctor José Rodríguez Contreras oyó el rumor de que los asesinos lo habían ataviado con cintas y machacado con sus culatas, mofándose, antes de acabar con él.[38]

Otro médico, el distinguido cardiólogo Francisco Vega Díaz,

recibió una versión similar, por desgracia solo apuntada mucho tiempo después, de quien, forzado a pilotar uno de los vehículos, presenciaría la escena. La ejecución habría sido un auténtico martirio, con insultos («maricón rojo», «bolchevique», etcétera) y un culatazo brutal en la cabeza.[39]

Cuando vinimos aquí con Manuel Castilla Blanco en 1966 —diez años después de su visita con Penón y Emilia Llanos—, nos dijo que, al llegar aquella mañana para enterrar a las víctimas, le señalaron dónde estaban los cadáveres esperando, allí, un poco más arriba. Notó inmediatamente que a uno de ellos le faltaba una pierna. Después, en «La Colonia», alguien le comentó que era el maestro nacional de un pueblo cercano. Otro de los muertos tenía una corbata de lazo («de esas que llevan los artistas»). Le informaron que era el poeta Federico García Lorca. A Cabezas y Galadí los reconoció, quizá por haberles visto torear.[40]

En nuestra última visita a Alfacar con Castilla Blanco, en agosto de 1978, acompañados de un sobrino de Carmela, «La de los Pajaritos» (fusilada, como hemos dicho, en el barranco de Víznar), nos llevó al mismo sitio que doce años atrás. Ya no hacía falta temer una intervención de la Guardia Civil. Absorto en sus recuerdos hablaba como para sí mismo, aludiendo una y otra vez a los cambios producidos en el entorno desde 1936, sobre todo la plantación del pinar al lado del olivo:

> Aquí era, seguro... Había entonces más olivos... Estos pinos no existían. Todo esto es nuevo... Aquí no hay nada más que estos [enterrados]... Aquí no están nada más que el maestro de Pulianas [sic], el Galadí, el Cabezas y este, el Lorca. Aquí ya no hubo más. Aquí no hay nada más que esos... En este roal [rodal] de aquí; sí, en este roal de aquí desde luego que es; más arriba o más abajo, pero en este roal... En invierno baja un arroyo por el barranquillo... Es en este roal de aquí. Entonces había más olivos, o pegado al barranco [o sea «barranquillo»] había más olivos y los han arrancado para poner los pinos, ¿no? Allí han quedado unos olivuchos, pero aquí había más olivos...

Estaban medio enterrados ya y nosotros solamente teníamos que acabar de enterrarlos. Estaban medio cubiertos... Aquí están enterrados... En estos contornos sí está... Aquellos olivuchos son del mismo olivar, antiguos... Sí, por estos alrededores... Un señor, «la Alegría», era el dueño de todo esto. Ahora lo tiene todo el yerno... Aquí no había nada; no había nada más que la casilla al lado de la fuente [Fuente Grande]; ni el bar donde hemos estado, ni la piscina, ni nada de eso... Esos pinos son nuevos... Aquí no había nada...[41]

El 15 de julio de 1975, poco antes de morir, Nestares Cuéllar hizo firmar a Castilla Blanco una declaración jurada en la cual negaba haber participado en el entierro de García Lorca, «pues llegó a Víznar por el 21 de agosto y esto ya había sucedido entonces». No podía negarse a firmar, toda vez que le debía a su antiguo jefe la vida. El documento, por ello, no nos merece el menor crédito.[42]

Nestares hizo firmar un documento parecido a Antonio Mendoza de la Fuente. Lo curioso es que, en él, dijo que, según le habían informado los guardias de Asalto de «La Colonia», Castilla estuvo entre los enterradores del poeta y las otras tres víctimas de aquella madrugada. A nosotros nos declaró lo mismo.[43]

Unos años después de la construcción, en 1986, del parque Federico García Lorca de Alfacar, surgió el proyecto de buscar allí los restos de las cuatro víctimas.

El 7 de octubre de 2009, en vísperas del inicio de la excavación, propiciada por la Junta de Andalucía, encargada a la Asociación Granadina para la Recuperación de la Memoria Histórica y dirigida por el arqueólogo Francisco Carrión Méndez, de la Universidad de Granada, *ABC* publicó un reportaje sensacional titulado, en primera plana, «Desvelan el misterio de la fosa de Lorca: mide 6 × 2 metros y 0,9 de profundidad». Ocurría que unos días antes, el 25 de septiembre, había entrado un «espontáneo» en el parque al atardecer con un georradar. Y que había llevado a cabo, sin ser observado por nadie, su propia búsqueda de restos humanos. Resultó ser ni más ni menos que Luis Avial, reconocido experto en la localización de fosas comunes. Sus «radagramas», publicados por *ABC*, parecían revelar tres concavidades de dos metros de largo hacia el interior del parque, entre el olivo y el ciprés, cada una capaz de contener dos cuerpos. ¡Pero vacías! Al día siguiente el diario siguió con su «primicia». «Removida la fosa de Lorca. Un estudio del terreno revela que la supuesta tumba del poeta fue manipulada poco tiempo después del asesinato —rezaba la portada, con la foto de un Lorca radiante—. Alguien excavó en la fosa de Federico García Lorca poco después de su asesinato.» «La fosa de Federico García Lorca sufrió una remoción de terreno no mucho tiempo después del asesinato», aseveraba el periodista Jesús García Calero, autor del reportaje. «Las señas son claras: una zona de la fosa sufrió una modificación posterior al enterramiento.» «La tesis está apoyada en testimonios relevantes de la época —agregaba—, pero siempre ha pesado sobre ellos un telón de silencio.» ¿Un telón de silencio? No identificó dichos testimonios, pero explicó que tendían a mantener que, pagando una cantidad astronómica, el padre del poeta habría logrado rescatar el cadáver y ocultarlo en otro lugar, quizás la Huerta de San Vicente.

Nada de ello resultaba convincente. La Junta de Andalucía, muy molesta, anunció que iba a iniciar una querella contra Avial.[44]

El 2 de noviembre de 2009 empezó la excavación. Duró hasta el 16 de diciembre, provocó una vasta cobertura mediática... y acabó sin éxito. No apareció ni un solo hueso humano en la zona investigada. Se había cometido el error de no ampliar el área de rastreo alrededor del olivo y de incluir el pinar justo al otro lado del «barranquillo» señalado tan insistentemente por Castilla Blanco, y ya, para 2009, transformada en acequia burdamente cementada (ilustración 43). Hubo una amarga polémica a raíz del fracaso y mucho desdén por parte de las derechas españolas, siempre opuestas, por otro lado, a que los «perdedores» de la Guerra Civil «reabriesen heridas».[45]

Para complicar las cosas había habido, mediada la búsqueda,

una revelación realmente inquietante. Y era que, en 1986, cuando se acotaba el parque para su inauguración, «habían aparecido restos humanos cerca del olivo señalado por Castilla Blanco». Así se lo había contado a dos periodistas del diario *Ideal* un año antes, el 20 de octubre de 2008, Ernesto Antonio Molina Linares, vicepresidente segundo, en 1986, de la Diputación de Granada, entonces dirigida por los socialistas bajo la presidencia de Juan Hurtado Gallardo. Los despojos, declaró Molina Linares al diario, estorbaban los trabajos del vallado del parque, cuya inauguración urgía y, metidos en sacos, fueron depositados en otro punto del recinto para poder ser rescatados más adelante.

¿Depositados dónde, exactamente? No lo quiso aclarar (ilustración 46).

El equipo de la Asociación Granadina para la Recuperación de la Memoria Histórica no había tenido en cuenta, antes de iniciar su excavación, las devastadoras declaraciones de Molina Linares, publicadas un año antes en el diario más leído de la ciudad. Es más, en su informe previo, redactado por Rafael Gil Bracero, no se mencionan.

Los periodistas de *Ideal* que entrevistaron a Molina Linares localizaron en el no distante pueblo de Cogollos Vega, acurrucado al pie del impresionante Peñón de la Mata, a algunos de los obreros que habían trabajado en la construcción del parque. Confirmaron que habían aparecido restos humanos cerca del olivo pero no querían que se publicasen sus nombres: temían todavía, veintitrés años después, consecuencias penales.[46]

El arqueólogo Federico Molina Fajardo también se presentó en Collogos Vega, acompañado del hijo del capitán (después coronel) Nestares, el general Fernando Nestares García-Trevijano. Allí hablaron con el alcalde del pueblo, Manuel Valdivia Gómez, cuyo hermano José Antonio, diputado provincial en 1986, había dirigido las obras del parque de Alfacar. Valdivia Gómez confirmó que no solo afloraron durante ellas huesos humanos sino los restos de una muleta, «muy simple, de madera», una correa de cuero ancha y trozos de ropa. La muleta, es fácil imaginar, podía haber sido la del maestro cojo Dióscoro Galindo González. Según Valdivia Gómez, los huesos, como había declarado Molina Linares a *Ideal*, fueron introducidos en un saco de plástico blanco de abono y enterrado en otro rincón del recinto. No quiso decir dónde exactamente, y Federico Molina Fajardo se dio cuenta, así como los periodistas de *Ideal*, de que había miedo en torno al asunto por las posibles consecuencias jurídicas al no haber denunciado ante el juez la aparición de restos.[47]

También dijo haberlos visto José Antonio Rodríguez Salas, guardia del parque en la época de su creación y hoy (y desde hace años) alcalde del pueblo cercano de Jun. Entre ellos, con la muleta, había cuatro cráneos. «Se decidió no decir nada —le comentó al periodista Víctor Fernández— y guardar pacto de silencio, porque se quería acabar las obras pronto. Se decidió callar para poder inaugurar a tiempo.» Rodríguez añadió que el saco se enterró donde luego se construyó, al fondo del recinto, la enorme fuente monumental, y que allí se dejó una marca para la futura exhumación de los huesos.[48]

Ernesto Antonio Molina Linares confirmó, hablando con el poeta Juan de Loxa, entonces director de la Casa-Museo de Lorca en Fuente Vaqueros, que encontraron huesos al lado del olivo. También el mencionado diputado provincial, director de las obras, Juan Antonio Valdivia Gómez.[49]

En pruebas este libro (febrero de 2018), llega la noticia de que Luis Avial acaba de investigar la fuente con georradar.

Ha encontrado indicios de «algo», y es de esperar que tengamos pronto su informe al respecto.

Pero sigamos por la carretera de Alfacar.

Un poco más allá, a mano izquierda, asoma la famosa Fuente Grande.

Tiene una historia fascinante. Los musulmanes granadinos, observando las efervescentes burbujas que subían (y siguen subiendo) hasta su superficie, la bautizaron con el nombre de Aynadamar, «La Fuente de las Lágrimas» (*ain* significa en árabe a la vez ojo y manantial, y *dama'a*, lágrimas).

De aquí sale la acequia de Aynadamar, construida en el siglo XI para llevar el agua a Granada, y que, antes de seguir bajan-

do paulatinamente a la ciudad —un recorrido de diez kilómetros— cruza por Víznar, donde movía el molino del caserón
convertido durante la guerra en el último destino de centenares
de condenados a muerte, entre ellos el poeta.

Alrededor del manantial, entonces más vigoroso que hoy, los
musulmanes levantaron residencias de verano de las que no quedan vestigios visibles, debido probablemente a los estragos cau-
sados siglos atrás por un terremoto.

Se conservan varias composiciones en árabe alabando la
fuente y sus alrededores. Una de ellas se debe al poeta, juez e
historiador Abū-l-Barakāt al-Balafīqī, oriundo de Almería y fallecido en 1372:

> ¿Es mi alejamiento de Aynadamar, que me detiene el pul-
> so de la sangre, lo que hace brotar un chorro de lágrimas del
> fondo de mis ojos?
>
> Sus aguas gimen con la tristeza de aquel que, esclavo del
> amor, ha perdido su corazón.
>
> A su orilla entonan los pájaros melodías comparables con
> las del mismo Mosuli,* recordándome el remoto pasado
> donde entré en mi juventud.
>
> Y las lunas de aquel lugar,** bellas como José, harían aban-
> donar a cualquier musulmán su fe por la del amor.***

Andrea Navagero —escritor, jardinero y embajador de Ve-
necia en la Corte de Carlos V, entonces en Granada— visitó el
célebre manantial en 1526. Apuntó que no solo era «grande»
sino «hermoso», y que su linfa, «muy singular y saludable», era
disfrutada por «casi todos los moriscos que guardan su costumbre de alimentarse de frutos y no beber sino agua».[50]

---

* Ishāq al-Mawsilī (o de Mosul), el más famoso de los músicos árabes.

** Es decir, las mujeres de Aynadamar.

*** Nuestro agradecimiento a James Dickie, que investigó, a instancias
nuestras, las repercusiones literarias de Aynadamar. Halló el texto de este
poema en al-Maqqarī, *Nafh al-Tib*, El Cairo, 1949, VII, p. 401.

Emociona constatar que, siglos después, el «ojo» de la fuente sigue llorando cerca del paraje donde mataron y tiraron a una zanja, como si fuera un perro, al granadino más universal de todos los tiempos.

No tuvo siquiera el consuelo de ver la luna antes de morir —él, poeta lunar— toda vez que, en su último cuarto menguante, se había puesto antes de las dos de la madrugada.[51]

¿Se dio cuenta, en aquellos últimos momentos atroces, de que lo iban a matar cerca de una fuente cantada por los poetas árabes de su tierra? Uno quisiera creer que sí.*

¿Pensaría en *Doña Rosita la soltera*, su encarnación más tierna de la tristeza de Granada, del amor que se fue y no vino, que Margarita Xirgu proyectaba estrenar aquel otoño en el Teatro Español madrileño tras su temporada en México, que iba a ser compartida por el poeta, y donde en esas fechas, con enorme éxito, ponía *Yerma*? ¿En Mariana Pineda y el escalofriante paralelismo que se establecía entre su inmolación y la que al cabo de unos instantes le iba a tocar a él? Es muy posible. Quizá recordaría incluso la copla cantada por la voz anónima al final del drama, mientras la heroína espera en el Beaterio de Santa María Egipciaca a quienes le van a llevar al cadalso:

> *A la vera del agua,*
> *sin que nadie la viera,*
> *se murió mi esperanza.*[52]

Conmueve el hecho de que, en 1919, a los veintiún años —ya influido por las flamantes corrientes líricas de la vanguardia europea—, había compuesto un pequeño poema donde su yo profundo dialoga con una fuente que casi podría ser Aynadamar:

---

* Reproducimos en el Apéndice 5 (pp. 359-361) otros poemas árabes inspirados por este *locus amoenus*.

Sueño

Mi corazón reposa junto a la fuente fría.

(Llénalo con tus hilos,
Araña del olvido.)

El agua de la fuente su canción le decía.

(Llénala con tus hilos,
Araña del olvido.)

Mi corazón despierto sus amores le decía.

(Araña del olvido,
Téjele tu misterio.)

Mi corazón se vuelca sobre la fuente fría.

(¡Manos blancas, lejanas,
Detened a las aguas!)

Y el agua se lo lleva cantando de alegría.

(¡Manos blancas, lejanas,
Nada queda en las aguas!)[53]

Había dicho en otro poema juvenil, «Balada de un día de Julio»:

Mi corazón desangra
Como una fuente.[54]

Para 1937 ya sería *vox populi* en la Andalucía franquista que a Lorca lo habían matado en las proximidades de un lugar granadino denominado Fuente Grande. Lo demuestra el librito *Siete romances* de su amigo Joaquín Romero Murube, impreso privadamente aquel año en Sevilla —¡la Sevilla del general traidor y sanguinario Queipo de Llano!—, que contiene una emocionante dedicatoria: «A ti, en Vizna [sic], cerca de la Fuente Grande, hecha ya tierra y rumor de agua eterna y oculta.»

El primer verso de «Sueño» serviría luego de epígrafe a la elegía dedicada a Lorca por Dámaso Alonso a raíz de una visita a Granada en 1940. Su título: «La Fuente Grande o de las Lágrimas (Entre Alfacar y Víznar)»:

> Ay, fuente de las lágrimas,
> ay, campos de Alfacar, tierras de Víznar.
> El viento de la noche,
> ¿por qué os lleva la arena, y no la sangre?
> ¿por qué entrecorta el agua cual mi llanto?
>
> No le digáis al alba vuestro luto,
> no le quebréis al día su esperanza
> de nardo y verde sombra;
> pero en la noche aguda,
> sesgada por el dalle de los vientos
> que no olvidan, llorad, llorad conmigo.
>
> Llora tú, fuente grande,
> ay, fuente de las lágrimas.
> Y sed ya para siempre mar salobre,
> oh campos de Alfacar, tierras de Víznar.[55]

* * *

A las nueve de la mañana del 18 de agosto de 1936 el hijo del maestro Dióscoro Galindo González, Antonio Galindo Monje, se presentó en la Comandancia Militar de Granada, donde la familia tenía un amigo, el capitán Peramo. Le contó lo ocurrido y Peramo hizo varias llamadas. La noticia no podía ser peor: «Me dijo que lo sentía mucho, pues quería bastante a mi padre, pero que ya no se podía hacer nada, porque ya lo habían asesinado.»[56]

Ya empezaba a correr por la ciudad la noticia estremecedora de la ejecución del poeta.

Ángel Saldaña, uno de los pocos concejales republicanos no fusilados, fue temprano por la mañana al popular Bar Pasaje, más conocido como «La Pajarera», en el Zacatín. De repente entró Juan Luis Trescastro y anunció en voz alta, retadora: «Acabamos de matar a Federico García Lorca y yo le metí dos tiros en el culo por maricón.»[57]

Hablando con Miguel Cerón, Saldaña variaría ligeramente la frase de Trescastro, que sería: «Acabamos de matar a Federico García Lorca, y el tiro de gracia se lo he dado yo en el ano por maricón.»[58] Estaba eufórico. En otro café, el Royal, se acercó al célebre pintor granadino Gabriel Morcillo y le dijo: «Don Gabriel, esta madrugada hemos matado a su amigo, el poeta de la cabeza gorda.»[59]

«Su amigo» por la vinculación homosexual: Morcillo se especializaba en retratar a hermosos efebos. En cuanto a «poeta de la cabeza gorda», era la expresión despreciativa que le gustaba utilizar al correligionario de Trescastro, Ruiz Alonso, al referirse al poeta.

La prueba más contundente de la fecha del asesinato llegó en 2005 al editarse el libro de Manuel Titos Martínez, *Verano del 36 en Granada. Un testimonio inédito sobre el comienzo de la guerra civil y la muerte de García Lorca*, con el valiosísimo testimonio al respecto encontrado en el archivo de los Rodríguez-Acosta, los célebres banqueros granadinos.

Titos descubrió que el encargado de los negocios de la familia, José María Bérriz Madrigal, mantenía entonces informados del curso de los acontecimientos en la ciudad a dos de sus miembros que veraneaban entonces en Estoril: los hermanos Miguel y José María Rodríguez-Acosta González de la Cámara. En una carta del 18 de agosto les contó que el otro hermano, Manuel, así como el suyo propio, Bernabé —inscritos ambos como milicianos de «Los Españoles Patriotas»— acababan de llegar a casa y le habían dicho «que han matado anoche las fuerzas de Falange a Federico García Lorca».[60]

La carta, redactada pocas horas después del crimen, confirma, por otro lado, que el talante vesánico de Juan Luis Trescastro era muy conocido en Granada. Había llegado a la ciudad el rumor de barbaridades cometidas por los «rojos» en Alhama, donde tenía parentesco. «Han matado a todos los que eran de derechas, mujeres y niños —relata Bérriz—. Dicen que ha sido respetado Arturo Martos. Juan Luis Trescastro está dado de voluntario para cuando la fuerza vaya a Alhama y dice que está dispuesto a degollar hasta a los niños de pecho.» Y, como para disculpar dicha monstruosidad, y brindándonos al mismo tiempo la confirmación de su manera de pensar, añade Bérriz: «Estamos en guerra civil y no se da cuartel, y cuando la piedad y misericordia habla [*sic*] en nuestra alma la calla el recuerdo de tantos crímenes y de tanto mal hecho por esa innoble y ruin idea que de hermanos nos ha convertido en enemigos.» Toda la culpa, o sea, es de quienes se han opuesto a la sublevación militar y fascista. De los «sin Dios». La derecha no tiene la responsabilidad de nada.[61]

A la luz de estos testimonios, parece indudable la participación física de Juan Luis Trescastro en el asesinato del poeta. Se infiere, además, que las balas de las cuales se vanagloriaba fueron disparadas antes de que el pelotón acabase su sucio trabajo, para que sufriera más. Incluso parece ser que a Trescastro le gustaba mostrar la pistola con la cual habría martirizado a su víctima.[62]

Siguió durante años jactándose en el mismo sentido. Un día, ante la sorpresa de su practicante, Rafael Rodríguez Contreras, exclamó: «Yo he sido uno de los que hemos sacado a García Lorca de la casa de los Rosales. Es que estábamos hartos ya de maricones en Granada. A él por maricón, y a "La Zapatera" por puta.»[63] Se trataba de la ya mencionada Amelia Agustina González Blanco, admirada por el Lorca adolescente.[64]

Poco antes de morir ya no se ufanaba tanto Trescastro de sus cobardes fechorías de retaguardia. Es más, según nos contó Miguel Cerón, falleció atormentado pensando en ellas. Quién sabe.[65] Dejó este mundo en 1954, a los 77 años. Sus restos yacen en una tumba familiar del cementerio de Santa Fe, sin inscripción alguna que lo recuerde.[66]

Por Angelina Cordobilla la familia del poeta supo, la mañana del 18 de agosto, que ya no estaba en el Gobierno Civil.

Emilia Llanos le contó a Agustín Penón que Vicenta Lorca fue a verla inmediatamente para implorarle que hablara sin perder un minuto con Manuel de Falla. ¡Seguro que el compositor podría ayudar a su hijo! Emilia, buena amiga del gaditano, vivía en la Plaza Nueva, desde donde arranca el acceso, por la Cuesta de Gómerez, a la Alhambra. Nada más iniciar la subida la pararon varios conocidos, entre ellos Antonio Gallego Burín. Le dijeron, consternados, que no valía la pena molestar a Falla, pues Federico ya estaba muerto.[67]

Cuando se inició el alzamiento, don Manuel se había encerrado en su carmen del barrio de la Antequeruela Alta. Allí se enteró de la brutal represión que llevaban a cabo los rebeldes en la ciudad, y de ninguna manera podía dejar de oír las ráfagas de disparos procedentes cada madrugada del no lejano cementerio. Sería aquella misma mañana del 18 de agosto cuando le dijeron que Lorca estaba detenido en el Gobierno Civil, y que corría peligro mortal. Hombre tímido, pero, cuando hacía falta, de una voluntad férrea, comprendió enseguida que era su obligación hacer todo lo posible por salvar a su amigo. Y sin perder tiempo. Con este fin reunió a algunos jóvenes falangistas conocidos suyos —entre ellos su secretario, Enrique Gómez Arboleya— y se dirigió con ellos al edificio. Lo encontró atiborrado de gentes yendo y viniendo y se sentó en un banco mientras uno de los jóvenes fue a informarse. Cuando volvió su rostro lo decía todo: era demasiado tarde. El compositor, deshecho, tuvo allí un agudo enfrentamiento con los hermanos Jiménez de Parga, tan cómplices de Valdés, a quienes les advertiría que él era tan cristiano como ellos.[68]

Una vez fuera se dirigió a la casa de Manuel y Concha Fernández-Montesinos, en la calle de San Antón, número 39, a sabiendas de que la familia se había mudado hasta allí desde la Huerta de San Vicente.

Abrió la puerta Isabel Roldán García, la prima del poeta:

¡Pobre don Manuel, que se salvó de chiripa! Fue a preguntar por Federico y lo metieron dentro, en el patio, para fusilarlo. Lo mandaron al patio y llegó un oficial que lo sacó a la calle, que lo conoció y que lo sacó a la calle. Valdés lo mandó al patio. Pérez Aguilera, un hombre muy derechista (su padre era un jubilado de la Guardia Civil), nos ha contado que él lo sacó. Don Manuel salió a la calle después de ser maltratado y de allí fue a la calle de San Antón. Yo le abrí la puerta y le dije: «Don Manuel, que no saben nada.» Él fue a la casa a decir que había querido intervenir y que no le habían dejado ni hablar y abrí la puerta y cuando lo vi asomar con una cara descompuesta le dije: «Don Manuel, no saben nada. Pero suba usted.» Estuvo un rato y no dijo nada.[69]

La versión que de labios del propio Falla recogió el escritor granadino José Mora Guarnido más adelante, en Buenos Aires, coincide, en sus rasgos esenciales, con el relato de Isabel Roldán, pero con menos detalles en cuanto al peligro corrido por el compositor en el Gobierno Civil. Falla, con su proverbial discreción y modestia, debió de omitir hablar de ello. Tampoco quiso decirle a Mora el nombre de quien, según él, fue el responsable del crimen.[70]

Unos días después de cometido el crimen llegó a San Antón, 39, un guardia de Asalto. Retoma el hilo Isabel Roldán:

Esto fue a los tres o cuatro días de la muerte de Federico, ya habían pasado bastantes días. Llegó un guardia de Asalto con una carta autógrafa de Federico a la calle de San Antón. Se la habría dejado escrita cuando en el último momento le habrían dicho «haga usted un donativo», pues un donativo para las fuerzas armadas, mil pesetas. Yo le abrí la puerta al policía, y no he podido decir que no se las den porque ellos todavía no sabían. Hasta al cabo de mucho tiempo no se convencieron, nunca les dijimos que lo habían matado. La nota no decía nada más que «Papá, entrégale al dador de esta carta 1.000 pesetas como donativo para las fuerzas armadas. Un abrazo. Federico». No decía otra cosa el papel. Era de su puño y letra la nota.[71]

Angelina Cordobilla recordaba, con gran indignación, la llegada de la carta:

> Vino un señor, llevaba un papel escrito del señorito Federico, porque le hicieron que lo firmara y creo que dijo: «Te ruego, papá, que a este señor le des 1.000 pesetas.» ¡Y ya estaba muerto mucho antes, lo habían sacado y ya estaba tirado en la fuente de Víznar![72]

Hubo otro testigo, el taxista Francisco Murillo Gámez, que aquella mañana le había llevado a García Rodríguez, como era su costumbre, su tabaco diario, aunque ahora a la calle de San Antón, no a la Huerta. Estaba dentro cuando llamaron a la puerta con el «papel» del poeta. Según Murillo abrió Vicenta Lorca, no Isabel Roldán, y se lo pasó a su marido. El taxista le contó, muy gráficamente, quizás añadiendo una pizca de inventiva, a Molina Fajardo:

> Era una cuartilla así, de una libretilla y decía: «Papá, harás el favor de darle al dador dos mil pesetas, Federico.» Se lo enseña a don Federico, lo lee y dice: «Bueno, pues dáselas.» Va la señora con el dinero y fíjese, fíjese en este detalle. La puerta así, abierta, me levanto yo de aquí y miro así por la rajilla. ¡El cabo de la escuadra negra! Él me ve y le achucha así a la puerta y me quedo yo al descubierto. Viene la señora con el dinero, me ve hablando con él y dice: «¿Es que conoce usted a Paco?» «Sí —le digo—, y yo también lo conozco a él.» «Hombre, muy bien —dice ella—. Tenga usted los dineros. Mire usted, para que usted no se moleste, como va usted allí, a Víznar, cuando necesite algo el señorito don Federico, pues usted, si no quiere venir aquí a la casa, ve usted a Paco, para la ropa limpia, o dineros, o cualquier cosa que haga falta.»
> Bueno, pues se va y por el balcón que hay allí me asomo y

veo el Buick color guinda con los tres, con la escuadra negra. Era un Buick cinco plazas de ocho cilindros, un coche de mucha potencia, aunque de poca cabida.

Murillo le contó a continuación a Molina Fajardo que, tras abandonar el piso de San Antón, se fue a la parada de taxis de Plaza Nueva. No había sacado todavía el suyo y se sentó a charlar allí un rato con otro chófer. Estando en esto llegaron los de la escuadra que le acababa de estafar al padre del poeta. Eran «El Chato de la Plaza Nueva» (Luis Ruiz Casas), mencionado antes;* Villegas (Antonio González Villegas), albañil del Albaicín metido a guardia de Asalto; y quien dirigía la operación, «El Panaerillo»,** hijo de guardia civil y luego fusilado en Málaga por los propios sublevados.[73] A Murillo le subieron al coche, le llevaron a un bar de la colindante calle Elvira y le amenazaron. Transcribe Molina Fajardo:

«Bueno —dice el Chato—, toma un cigarro», y me da un Lucky, que lo tengo en mi casa guardao. Y sigue hablando: «Lo hemos afusilado esta mañana y este paquete lo llevaba y se lo hemos quitao del bolsillo. Así que de esto que has visto tú, del papelillo, que no vayas a decir na, ni de las dos mil pesetas que... ¡ea!» Dije: «Bueno, yo me voy.» Y dicen: «Te llevaremos.» Contesto: «No, yo me voy andando, yo no voy con vosotros.» Y ya aquella mañana lo habían fusilado.[74]

¿Le traicionaba la memoria o la fantasía a Murillo? ¿Ocurrió realmente el episodio unas pocas horas después del asesinato del

---

* Según el escultor granadino Eduardo Espinosa, que tenía siete años cuando la guerra, «El Chato de la Plaza Nueva», que vivía en la misma casa que él, cerca de la plaza de Mariana Pineda, «salía todas las noches vestido de negro de arriba abajo, y no volvía hasta el amanecer» (José Antonio Muñoz, «Lorca, H. G. Wells y la burra del panadero», *Ideal*, Granada, 17 de octubre de 2017).

** Su verdadero nombre, al parecer, era Eduardo López Peso (Federico Molina Fajardo, *García Lorca y Víznar*, p. 129).

poeta? El relato, confrontado con los de Isabel Roldán y Angelina Cordobilla, tiene visos de ser verídico. En todo caso, Murillo lo repitió palabra por palabra hablando cinco años después con la escritora Eulalia-Dolores de la Higuera.[75]

Hemos visto que, según el capitán Nestares, González Villegas participaba en las ejecuciones de Víznar y que subió al pueblo desde Granada con el poeta y las otras víctimas.[76]

Un amigo de la familia de Lorca, Manuel Marín Forero, nos confió en 1978 que García Rodríguez le mostró la nota de Federico, que llevaría en su cartera hasta el día de su muerte.[77]

Parece que no se ha conservado. Debió de ser, con toda probabilidad, el último autógrafo del poeta, una terrible demostración de que en la Granada «nacional» los verdugos hasta extraían dinero de las familias de los ya fusilados con la falsa promesa de que podían salvarles la vida.

A finales de 1939 el apoderado de Federico García Rodríguez, José Rodríguez Mata, vecino de Asquerosa, elevaría al Juzgado de Primera Instancia Número 1 de Granada un expediente para inscribir en el Registro Civil la defunción del poeta. Dos personas —Alejandro Flores Garzón y Emilio Soler Fernández— declararon ante el juez, el 9 de marzo de 1940, haber visto el 20 [sic] de agosto de 1936, al lado de la carretera de Víznar a Alfacar, el cadáver de García Lorca.*

Los «testigos» no fueron tales y habían sido nombrados más o menos al azar. Se trataba de un mero truco de las «autoridades» franquistas para que se pudiera elaborar el documento.

Mientras se gestionaba la inscripción del fallecimiento en el Registro Civil, el juez ordenó al Comisario Jefe de los Servicios de Investigación y Vigilancia de Granada que averiguara si el

---

* Agustín Penón logró copiar las declaraciones de los dos testigos. Se reproducen en su libro *Miedo, olvido y fantasía* (2001), p. 408. En relación con la redacción de las mismas tuvimos la suerte de poder conversar, al azar, con Juan de Dios Moya, que colaboró en ella (Granada, 22 de septiembre de 1997). Penón se hizo con el auto o matriz de la inscripción de defunción del poeta. Se reproduce en Penón, *Diario de una búsqueda lorquiana*, ilustraciones 28 y 29.

poeta «era o no afecto al Movimiento Nacional». Fue el inicio de un expediente de Responsabilidades Políticas que no acabaría hasta 1946.[78] Al cabo de dos semanas el juez recibió la contestación de que «el referido estaba considerado como desafecto al referido Movimiento».[79]

El 21 de abril de 1940 la defunción de Federico García Lorca se inscribió oficialmente en el Registro Civil con un eufemismo habitual en el caso de víctimas de la represión:

> [...] falleció en el mes de agosto de 1936 a consecuencia de heridas producidas por hecho de guerra, siendo encontrado su cadáver el día veinte del mismo mes en la carretera de Víznar a Alfacar [...].[80]

Era casi como si el poeta hubiera sido la desafortunada e inocente víctima de un percance bélico fortuito.

10

SECUELAS INMEDIATAS. PRENSA Y PROPAGANDA

Madre, cuando yo me muera
que se enteren los señores.
Pon telegramas azules
que vayan del Sur al Norte...

FEDERICO GARCÍA LORCA,
«Muerto de amor»
(*Romancero gitano*)

Los altos mandos sublevados, empezando con el propio general Queipo de Llano, se dieron cuenta pronto de la inmensa torpeza que se había cometido en Granada matando al joven poeta y dramaturgo más famoso de España, con celebridad creciente en el extranjero.

Con el propósito de intentar mitigar la protesta que se prometía inminente, se tomó la decisión de propagar un magno bulo.

El 19 de agosto de 1936, al día siguiente del crimen, *El Correo de Sevilla* anunciaba:

También asesinan a ilustres escritores

Entre las víctimas de la barbarie marxista se cuentan ilustres literatos, tales como Benavente, los Quintero y Muñoz Seca.[1]

La nota se reprodujo en el mismo diario el 20 de agosto. Y aquella noche Queipo de Llano divulgó la falsa noticia en su charla radiofónica.

Sus palabras fueron reproducidas por *Ideal* el 21 de agosto. ¡Por *Ideal*, donde, con Ramón Ruiz Alonso a la cabeza, se había redactado la denuncia contra el poeta! Queipo de Llano, precursor de Goebbels en el arte de la mentira («una mentira suficientemente repetida se convierte en verdad»), había añadido a la lista de eliminados por los «rojos» dos más, el gran pintor Ignacio Zuloaga y el futbolista Ricardo Zamora:

> Entre las contemplaciones que nos han guardado figuran la de haber fusilado a Benavente, a los Quintero, a Muñoz Seca, Zuloaga, y hasta al pobre Zamora. Es decir, que esa canalla no pensaba dejar a ninguna persona que sobresaliese en cualquier actividad. ¿Qué pueden pensar en el mundo civilizado de los hombres que han asesinado a Benavente? ¡Cuándo podrá el país rehacerse de la pérdida de figuras como Benavente, los Quintero, Zuloaga![2]

Ninguno de ellos había sido asesinado.

El 22 de agosto, cuando ya se sabía en toda Granada que Lorca acababa de ser fusilado por los facciosos, *Ideal* publicó una fotografía de Benavente en primera plana, justo debajo de la cabecera del diario. El pie rezaba:

> Don Jacinto Benavente, el mundialmente conocido comediógrafo, ha sido asesinado en Madrid por las turbas marxistas, que por destruir ya no vacilan ni ante el genio. Benavente nunca se había significado en política y sin embargo ha bastado que sea una personalidad de relieve para suprimirlo. ¡Después dicen en Madrid que no están mandando los comunistas!

En la misma página se publicaba una foto de Ricardo Zamora y se anunciaba el asesinato de Ramiro de Maeztu (ilustración 38).*

De los supuestos sacrificados por las «turbas marxistas» de Madrid, cuatro eran dramaturgos. Era demasiada coincidencia.

El domingo 23, justo una semana después de la detención de Lorca, *Ideal* publicó, bajo el titular VÍCTIMAS DE LA BARBARIE ROJA, sendas fotografías de Ignacio Zuloaga y Pedro Muñoz Seca, con pies debidamente grotescos (ilustración 39).**

Sería difícil concebir mayor cinismo.

Entretanto, la familia Rosales se encontraba en una situación cada vez más crítica por haber albergado al poeta, en primer lugar a Luis, en peligro de ser fusilado. Se empezó con su expulsión de la Falange por el capitán Rojas. Luego se abrió una investigación sobre su conducta:

> El resultado de este proceso, lo que podemos llamar proceso (claro, que no fue proceso, no me hicieron proceso ninguno sino que me amenazaron, me dijeron que me quitara la camisa), fue que durante siete días estuve abandonado de todos salvo Díaz Pla, que se portó muy bien conmigo. Estuve abandonado de todos. Entonces ya Federico estaba muerto, no querían meterse en otro lío y al cabo de esos siete días, pues, a mí me escribieron una carta diciéndome que me reintegrara con todo honor a mi puesto. El resultado fue que me pusieron a mí, en fin, en vez de matarme, en vez de meterme en la cárcel, pues condonaron esto por una multa, una multa importante; yo no sé si de quince o veinte mil duros, sí una multa muy importante. Me pusieron una multa a mí, pero claro, la pagó mi padre.[3]

---

* Maeztu fue asesinado por los «rojos», pero el 1 de noviembre de 1936 (Gibson, *Paracuellos: cómo fue*, pp. 186-187).

** El dramaturgo Pedro Muñoz Seca había sido detenido el 5 de agosto. Fue asesinado aquel noviembre (Gibson, *Paracuellos: cómo fue*, pp. 166-167).

Multa, al parecer, disfrazada de donación. El 19 de agosto *Ideal* indicaba en su lista habitual de aportaciones al Movimiento:

> Don Miguel Rosales Vallecillos y señora, una cadena con dos broches, una cadena de señora con broche, tres pares de pendientes, dos relojes de señora, un reloj de caballero con su cadena, tres alfileres de pecho y corbata, unas gafas, una cruz, dos pulseras, un anillo, dos sortijas y diez monedas de oro de diversos tamaños.[4]

Y al día siguiente:

> El falangista Luis Rosales Camacho, una sortija de sello.[5]

El testimonio del destacado falangista Narciso Perales corrobora el de Rosales. Al regresar de una visita al cuartel general de la organización en Sevilla, se había encontrado no solo con que acababan de matar a García Lorca sino que ahora iban a por Luis. Intervino ante Valdés, de quien tenía muy mala opinión, insistiendo en que Rosales era uno de los pocos falangistas verdaderos de Granada. Dado el prestigio de Perales («Palma de Plata» de José Antonio Primo de Rivera), se aceptó su criterio y Luis fue readmitido.[6]

La noticia del peligro corrido por Rosales al haber tenido en su casa a García Lorca llegó a Madrid poco tiempo después. Según relató el presidente de la FUE (Federación Universitaria Escolar) de Granada, que había logrado escapar de la ciudad:

> A Rosales Vallecillos [*sic*] le detuvieron los fascistas y estuvo a punto de ser fusilado, pero intervino un hermano suyo, falangista significado, y el incidente terminó imponiendo al poeta 25.000 pesetas de multa.[7]

El falangista Cecilio Cirre, amigo de los Rosales, recordaría que también estuvo en peligro José, por el mismo motivo.[8]

¿Y Ruiz Alonso? ¿Qué fue de él inmediatamente después de

la eliminación del poeta? En 1967 insistió en su rectitud católica y en la tranquilidad de su conciencia respecto a todo lo relacionado con la represión granadina en general y con la muerte de García Lorca en particular. Y nos aseguró: «La vida de un hombre, para mí, vale tanto la de un rojo, como la de un amarillo, o como la de un verde, o como la de un azul. Todos somos seres humanos hechos a imagen y semejanza de Dios.»[9]

¿Ah sí? Treinta años antes, la noche del 19 de agosto de 1936, un día después de la ejecución del poeta, se había expresado en términos menos cristianos. Se trataba de una charla, titulada «Proletariado español, escucha», emitida por Radio Granada y publicada al día siguiente en *Ideal* (ilustración 37):

> Tú, que guardas desde niño un ideal en el fondo de tu alma y estás dispuesto a morir por él...
>
> Tú, que, viejo luchador, conoces de sobra las crueles amarguras de la vida y has pasado con honda tristeza los mejores días de tus años mozos...
>
> Tú, que siempre gustaste se te hablara en lenguaje desnudo y crudo...
>
> Tú, que has sufrido hambre y persecuciones porque te empeñaste en seguir a leaders charlatanes y traidores, que se ocultan siempre en la sombra y acechan el momento propicio para asaltar los Bancos y huir después, dejándote abandonado, mientras desgarran tus carnes las balas en los frentes de combate...
>
> Escucha: los canallas dirigentes marxistas te han sumido en la tiranía y te han condenado a la esclavitud. Hombres hipócritas y mentirosos se llaman redentores tuyos, trepan sobre tus espaldas, y viven y medran a costa de tu sudor y a costa de tu trabajo honrado. A costa tuya, y cubriéndose cobardemente en la capa de un compañerismo y camaradería prostituidos, te impusieron en las Casas del Pueblo cuotas que eran robadas a tu jornal, y se refocilaban y ejercían sobre ti un despotismo abyecto, aborrecible y criminal. Mientras tanto, tus hijos se morían de hambre con huelgas sistemáticas

de carácter político... Tenebrosos comités rojos, formados por los hampones y matones de oficio, te obligaron a sindicarte si no querías que el llanto y la miseria se adueñaran de tu hogar.

España se ha puesto en pie para que la alta prerrogativa de la Libertad Humana no fuera mancillada por la boca del primer chulo con pistola o la amenaza del primer bravo de callejón.

Indalecio Prieto, Largo Caballero, Fernando de los Ríos, Manuel Azaña, Casares Quiroga, Alejandro Otero... Yo os acuso ante todo el mundo.

Es más: Hasta ante las generaciones que en la nueva España han de levantar los altares en donde la Justicia ha de obtener culto sincero.

Proletariado español, proletariado amigo, proletariado hermano que me escuchas, quizá más allá de nuestras Alpujarras, quizá más allá de los murallones de nuestra Alhambra, más allá de nuestros mares quizá... grita, grita conmigo hasta enronquecer:

Yo os acuso.

Yo os acuso de haber mancillado la bandera gloriosa del proletariado español y de haber envenenado —¡culebras!— las almas de los trabajadores.

Yo os acuso de haber envilecido los ideales altísimos de redención con la sangre de compañeros explotados, con las vidas de compañeros irredentos, pero con el orgullo de su hombría por encima de todo.

¡Proletariado rebelde!

¡De rebeldía indómita, de rebeldía indomada, de rebeldía indomable!

¡Álzate contra ellos!

Tus leaders... son hipócritas, porque te engañaron.

Tus leaders... son farsantes, porque siempre vivieron sobre el tinglado de la farsa, mientras tú, ciego, dejabas jirones de tu vida en la lucha por el pan que tú ganabas con el sudor de tu frente y ellos se comían a placer.

Tus leaders... son un aborto de la Humanidad.

No hay. No puede haber madre española que sea capaz de parir esos monstruos que han hecho del crimen un sistema de lucha y del asesinato un sistema de vida.

¡No atacan más que por la espalda!

La declaración de guerra fue un asesinato por la espalda.

Un tiro en la nuca del glorioso Calvo Sotelo. La pelea continúa con la misma pérfida táctica: cae Dimas Madariaga asesinado por la espalda y a traición.*

¡José Calvo Sotelo, Dimas Madariaga!

Por encima de las estrellas está vuestro trono.

Proletariado español: ¡En pie!

Obrerito español incauto, creyente aún en una utopía irrealizable: estás a tiempo.

Mañana será quizás un poco tarde.

Despierta y medita:

La Patria que te vio nacer...

Tu madre santa...

Tu mujer honrada y buena...

Tus hijos inocentes, candorosos y buenos...

Tú, que siempre gustaste se te hablara en lenguaje desnudo y crudo: ¡Escucha!

El acero de las espadas es duro y está reciamente templado.

Las gargantas de los traidores serán ahogadas en su misma sangre.

¡Pide paso la nueva España![10]

Es el autorretrato auténtico del Ruiz Alonso de entonces, sabedor de que acababan de eliminar, en gran parte gracias a él, a Federico García Lorca. Autorretrato que poco tenía que ver con lo que decía de sí mismo en 1967. Ello no quitaba para que hicie-

---

* Uno de los fundadores de Acción Popular, diputado de la CEDA por Toledo y amigo de Ruiz Alonso, asesinado durante el primer mes de la guerra.

ra, quizás el mismo 18 de agosto de 1936, un donativo de cinco pesetas a la Cruz Roja.[11]

«Las gargantas de los traidores serán ahogadas en su misma sangre»: no es precisamente lo que uno esperaría escuchar de labios de alguien que profesa, enfáticamente, ser buen católico.

Hay que añadir que el arzobispo, Agustín Parrado García, nunca protestó en público por los fusilamientos que se efectuaban en el cementerio ni por los muchos «paseos» que se llevaban a cabo diariamente. Expresó sus sentimientos al respecto del Movimiento en una pastoral de diciembre de 1936 resumida por el *ABC* de Sevilla en los siguientes términos:

Con motivo de la fiesta de la Inmaculada, en Granada,
el prelado publica una pastoral

El venerable arzobispo de Granada, doctor D. Agustín Parrado, publica en el *Boletín Oficial del Arzobispado*, y con motivo de la fiesta de la Inmaculada, una emocionante pastoral.

En párrafos rebosantes de amor, de patriotismo y de celo religioso, recomienda a sus diocesanos «una más fuerte y enérgica ofensiva de plegarias y abnegaciones, que purifiquen las conciencias...».

Considera que la revolución es el látigo de que se está valiendo la Providencia de Dios para despertar a los dormidos, y quizá sea este el último llamamiento para que se comience por nosotros a llevar a cabo, de veras, la reforma general de nuestras costumbres, la depuración de España en una vida de verdadero sacrificio expiatorio y la elevación moral y religiosa de nuestro pueblo.

Confía en que la Virgen Santísima, que siempre veló por España, nos dará la victoria contra el materialismo marxista, y pide a todos que en el día de la Inmaculada le prometan contribuir con obras de justicia social y de caridad social a conducir hasta Ella a tantos hermanos nuestros extraviados y a suplicarla la pronta y completa reconquista material y espiritual de España.

La pastoral del virtuoso prelado será leída en todas las iglesias de la archidiócesis.[12]

Ya estaba en marcha la «Cruzada» contra los «sin Dios», la «reconquista» de los valores católicos. Poca piedad podían esperar los presos de la Cárcel Provincial de Granada.

Ruiz Alonso, tan católico él, se jactó en los meses siguientes de haber protagonizado la persecución del poeta. Escribe Gabriel Pozo: «Y lo hizo ufano, orgulloso, con la cara bien alta por haber eliminado a un rojo, al secretario personal del *judío* Fernando de los Ríos, no afecto al régimen, peligroso y, encima, homosexual.»[13] Además, participó en otras cazas de brujas e incluso, al parecer, en asesinatos. Según José Rosales, se las dio en una ocasión de haber matado de un disparo en la cabeza a un «rojo» que venía en coche desde Málaga y a quien se acusaba de haber violado a una muchacha. El ex diputado le habría dicho a Rosales: «He comulgado después de levantarle la oreja y darle un tiro. No he tenido que hacer acto de contriciones, nada.»[14]

Manuel Torres López, compañero de Ruiz Alonso en la CEDA, nos dijo en 1966 que se había quedado consternado al verlo un día en la puerta del Gobierno Civil con camisa azul y rodeado de asesinos de una «escuadra negra».[15]

También tenemos el testimonio al respecto de un tal Manuel Luna, vecino de Antequera. Se encuentra en una carta manuscrita enviada desde París (Hotel Tronchet, Rue Tronchet), el 9 de mayo de 1939, a quien había sido muy amigo de Lorca, el periodista y escritor granadino Melchor Fernández Almagro, ahora corifeo del franquismo. Este acababa de publicar en *La Vanguardia* de Barcelona un artículo grotescamente maniqueo titulado «Los crímenes de los rojos», que le había gustado mucho a Gregorio Marañón, entonces autoexiliado en la capital francesa.[16] El famoso médico se lo había mostrado a Luna, quien, igualmente «entusiasmado», le escribió a su amigo y «paisano» Fernández Almagro para darle la enhorabuena. La misiva rezuma un odio feroz hacia las izquierdas, hacia todas las izquierdas sin excepción, «siempre unos criminales sedientos de sangre y no otra cosa». Y corta el aliento la jactancia, creemos que infundada, de que su autor había participado personalmente en la muerte del poeta:

> V. quizá no se acuerde de mí. Soy Manuel Luna, de los Luna de Antequera. Yo le conocí en Granada, cuando era V. de las Juventudes Católicas. He vivido todo el glorioso movimiento, primero en Granada, luego en Zaragoza y algún tiempo en Oviedo, después de la llegada de la columna de socorro gallega. En Granada me he distinguido bastante. Fui de los que asistieron, en una mañana de agosto, al fusilamiento, en el cementerio, ante las fosas abiertas, de setenta rojos, todos ellos bandidos, asesinos, criminales, violadores, incendiarios... Y gocé mucho, muchísimo, porque se lo merecían. Entre ellos estaban el presidente de la Diputación roja Virgilio Castilla, el ex gobernador rojo de Alicante Vicente Almagro, el alcalde rojo de Granada Montesinos —un médico—, el ingeniero de caminos y ex diputado constituyente Santacruz,* el ex alcalde de Granada Fajardo,** el diputado Corro*** y otros más, médicos, catedráticos, abogados, ingenieros, procuradores, etc. Hicimos una buena limpia. Algunos días después cogimos al gran canalla de García Lorca —el peor de todos— y lo fusilamos en la Vega, junto a una acequia. ¡Qué cara ponía! Alzaba los brazos al cielo. Pedía clemencia. ¡Cómo nos reíamos viendo sus gestos y sus muecas!
>
> Pertenecí a la ronda depuradora de Ruiz Alonso. Pero como le digo, tuve que irme por asuntos particulares a Zaragoza y después a Oviedo. En ambas poblaciones ayudé también a la depuración. En Oviedo pasé un rato muy agradable viendo fusilar al miserable de Leopoldo Alas Argüelles, el hijo del repugnante *Clarín*.

---

* El ingeniero Juan José Santacruz, que construyó la famosa carretera de Sierra Nevada.
** Luis Fajardo Fernández.
*** Ricardo Corro Moncho.

Ahora estoy en París y me río mucho viendo el miedo que tiene esta canalla francesa a los alemanes e italianos. ¡Qué diferencia entre nuestra gloriosa España nacionalista y esta Francia corrompida, podrida hasta los tuétanos! Por algo dice Marañón que aquí se ahoga y que está deseando verse en Madrid lo más cerca posible del Caudillo...[17]

Tuviera Ruiz Alonso o no su propia «ronda» de asesinos, a finales de agosto de 1936, y todavía con la obsesión de ser adalid de milicias de Acción Popular al servicio del Movimiento, se embarcó en la organización del malogrado Batallón Pérez del Pulgar.*

Nos explicó en 1967: «El batallón fue formado para dar a los prisioneros políticos, que de otro modo hubieran sido fusilados, una oportunidad de redimirse en el campo de batalla o de morir con honor bajo el fuego enemigo. De este modo sus hijos no llevarían el estigma de haber tenido como padre a un rojo.»[18] Se componía de unos 500 hombres, y nos mostró una fotografía en la que se le veía desfilando a la cabeza de sus hombres por el centro de Granada, camino del frente de Alcalá la Real en la provincia de Jaén.

Su correligionario Luis García-Alix colaboró activamente en la puesta en marcha del batallón, cuya bandera era la nacional con un escudo de Acción Popular en el centro.[19]

El comportamiento de los «pulgarcitos» en el campo fue todo menos entusiasta, y una noche buena parte de ellos saltaron las líneas y se unieron con sus hermanos republicanos. El batallón fue disuelto poco después.

Ruiz Alonso abandonó pronto Granada y se incorporó a la Comisión de Prensa y Propaganda. En Burgos tuvo un altercado con Dionisio Ridruejo, en presencia de Luis Rosales, por lo ocurrido con Lorca,[20] y ejerció —siempre leal a Acción Popular— como Jefe Nacional de Reclutamiento de los «Cruces Negras» de

---

* Durante el sitio de Granada por Fernando e Isabel en 1491, un noble cristiano, de nombre Hernán Pérez del Pulgar, cobró fama al escalar una noche las murallas de la ciudad y colocar un cartel con las palabras «Ave María» en la puerta principal de la Gran Mezquita.

su organización de juventudes (la JAP). En abril de 1937 lo encontramos en Santiago de Compostela, agasajado por las fuerzas vivas. Allí el «líder del obrerismo católico español» pronuncia un «magistral discurso» en la radio y se ve «obligado» a dirigir la palabra a unos centenares de enardecidos «japistas».[21] Aquel julio publicó en Salamanca su manual fascista *Corporativismo*, con prólogo de José María Gil Robles. El hombre es imparable y, cabe deducirlo, confía en lograr una situación privilegiada dentro del nuevo régimen. No será así. Terminada la guerra se establecerá en Madrid y montará una imprenta. Allí, en 1956, como hemos visto, sería entrevistado por el investigador Agustín Penón, negando cualquier responsabilidad por la muerte del poeta.[22]

* * *

El rumor de que los fascistas granadinos habían matado a García Lorca tardó unos quince días en llegar a la zona republicana.

El primer periódico en recogerlo fue, al parecer, *El Diario de Albacete*, que preguntaba el 30 de agosto de 1936:

¿*Ha sido asesinado García Lorca?*

Guadix. — Rumores procedentes del frente cordobés, que no han sido hasta la fecha desmentidos, revelan el posible fusilamiento del gran poeta Federico García Lorca, por orden del coronel Cascajo.*

García Lorca, que es una de las figuras más sobresalientes de nuestra literatura contemporánea, parece ser que se hallaba preso en Córdoba, y que en una de las últimas «razzias», de las que acostumbran los facciosos a realizar tras de haber sufrido algún descalabro, ha caído el gran poeta.[23]

---

* Coronel Ciriaco Cascajo Ruiz, Gobernador Militar de Córdoba, donde, según Guillermo Cabanellas (II, p. 1189), dirigió una de las represiones «más sangrientas que hubo en España».

El 1 de septiembre, el vespertino madrileño *La Voz* reprodujo el primer párrafo de la nota de *El Diario de Albacete*.[24] Inmediatamente toda la prensa republicana empezó a inquietarse por la suerte del poeta. El diplomático chileno Carlos Morla Lynch apuntó en su diario:

> En la Plaza Mayor, que, como el resto de la ciudad, se halla llena de milicianos, me limpio los zapatos para darle a ganar algunas «perras» al último limpiabotas «que todavía arrastra su cajón de un lado a otro».
>
> Pasan corriendo, dando voces, varios chavales vendedores de periódicos.
>
> —¡Federico García Lorca!... ¡Federico García Lorca!... ¡Fusilado en Granada!
>
> Recibo como un golpe de maza en la cabeza, me zumban los oídos, se me nubla la vista y me afirmo en el hombro del muchacho que sigue arrodillado a mis pies...
>
> Pero, luego reacciono y me pongo a correr, correr, correr...
>
> ¿Adónde? No lo sé... Sin rumbo... De un lado a otro, como un loco..., al tiempo que repito inconscientemente: «¡No, no; no es verdad, no es verdad, no es verdad!» Pregunto y pregunto, interrogo a todo ser que cruzo... Y nadie sabe nada.[25]

No hace falta reproducir aquí los múltiples comentarios publicados por aquellos días sobre la muerte, o posible muerte, del poeta. En la mayoría de los casos se limitaban a expresar horror, indignación, extrañeza o falta de creencia en el rumor. En la primera sección de nuestra bibliografía relacionamos, en orden cronológico, todas las referencias que hemos localizado. Sirva como ejemplo lo expresado por *El Liberal* de Madrid el 2 de septiembre de 1936:

> *¿Pero será posible? ¿Federico García Lorca,*
> *el inmenso poeta, asesinado por los facciosos?*

Una última esperanza de que tamaño crimen no se haya realizado nos mueve a preguntar: ¿Pero será posible la monstruosa aberración que supondría el asesinato del más alto poeta español de nuestros días?

Todos los periódicos hemos publicado la noticia que por conducto de un diario de Albacete procedía, según parece, de Guadix.

Sabemos cuánta es la insana y fría perversión de los traidores. Pero un impulso nobilísimo de nuestra alma nos lleva a dudar de la veracidad de la información horrible.

¡Federico García Lorca, fusilado por los degenerados facciosos! ¿Será posible tanta maldad? Y aunque nos tememos que sí, que esa gente es capaz de todo, queremos acogernos a una última esperanza, repetimos y queremos creer que todo, hasta la escala de maldad de los fascistas, tiene un límite.

España entera, toda la España democrática y republicana, vive momentos de angustia y los vivirá mientras no sea rectificada o ratificada la tremebunda noticia.

¡Ah! Pero si se confirma será cosa de meditar muy seriamente lo que conviene hacer como respuesta a la inimaginable maldad de los verdugos.[26]

Pronto hubo más indicios, y estos realmente inquietantes, sobre el rumoreado crimen. Bastantes personas conseguían escaparse entonces de Granada y alcanzar las líneas republicanas cerca de Guadix. El 5 de septiembre *El Liberal* de Murcia dio a conocer el testimonio de una de ellas. Apenas dejaba lugar a dudas acerca del trágico fin del poeta.[27] Fue reproducido el 8 de septiembre por el *Heraldo de Madrid*:

En el frente de Guadix

Un amigo del conocido socialista granadino señor Fernández-Montesinos, asesinado vilmente por los traidores, afirma que también han dado muerte los facciosos al gran poeta de fama universal Federico García Lorca

Todavía nos resistimos a creerlo. ¡Es tan monstruoso el crimen! Quisiéramos que en esta ocasión el compañero que da la noticia estuviese equivocado. Mucho sabemos de la barbarie, la crueldad, la sanguinaria traición de los facciosos y por eso sentimos el dolor inmenso de que el gran poeta universal Federico García Lorca haya podido caer en manos de los traidores. Federico García Lorca era, no solo admirado, sino querido de cuantos le conocían. Particularmente, en nuestra casa del *Heraldo*, tenía varios entrañables amigos y toda la casa le profesaba una estimación profunda. Si los asesinos le han dado muerte, suman a los horribles crímenes que llevan cometidos uno más, de tales proporciones que no hay palabras, por duras que estas se busquen, para execrarlo.

El mundo en pie clamará contra este asesinato.

Y los leales que combaten bravamente han de responder con la promesa de ¡Federico García Lorca, serás vengado!

Sin embargo, un punto de esperanza nos asiste aún: la feliz casualidad de que Federico García Lorca hubiese podido escapar a los facciosos y se halle todavía a salvo. En este deseo ferviente está nuestra esperanza.

Estamos en la Delegación de Orden Público de Guadix. El jefe de estos servicios nos presenta un hombre, al parecer de acción, procedente de Granada. Es uno de los últimos evadidos de la bella ciudad de los cármenes. Es un hombre de izquierdas, fiel amigo del alcalde socialista granadino, que fue asesinado por los facciosos, don Manuel Fernández-Montesinos, cuñado del poeta García Lorca.

Los concejales todos del Frente Popular —nos dice— han sido asesinados por los fascistas, habiendo llegado la crueldad de estos traidores a tal extremo que no quedándoles personas significadas de izquierdas para asesinarlas, lo hacen con las personas de derechas que piensan en un sentido liberal.

No deje de decir —prosigue— que Federico García Lorca, el gran poeta español, que se hallaba en Granada veraneando con su familia en la finca de los Callejones de Gracia, ha sido asesinado vilmente por los traidores al grito de «¡Arriba España!», que llevan los brazaletes del Sagrado Corazón de Jesús.

García Lorca, el eximio cantor español —nos sigue diciendo—, un día antes de ser detenido y llevado a la cárcel, nos estuvo leyendo una carta que de América habíale remitido Margarita Xirgu, narrándole los triunfos literarios de sus obras en el continente americano.

Dígalo, sí; dígalo, para conocimiento de todos los que admiran la obra de este formidable poeta, que ha desaparecido en idénticas condiciones que su hermano político, el alcalde Fernández-Montesinos.

Dudamos por unos momentos de la triste noticia; al fin, insistimos varias veces más, esperando una vacilación o una duda; pero nos contestó categóricamente, confirmándonos la cruel realidad.

El jefe de Orden Público —Juan Ruiz—, al ver que mirábamos con insistencia al evadido granadino, nos manifestó que podíamos tener plena confianza en el camarada, al que conocía desde hace bastante tiempo, militando siempre en el partido socialista.

Es triste creerlo —nos dice—; pero la realidad es esa.

Federico García Lorca, que fue en busca de la calma a la finca de sus padres, la finca que se hará famosa porque en ella ha creado sus mejores obras, ha encontrado la muerte de forma tan vil, que hará levantar una explosión unánime de indignación, no solamente en los españoles amantes de nuestras libertades, sino en todo el mundo intelectual, que condenará siempre a los asesinos de este gran poeta español.

L. GIL BELMONTE
Guadix, septiembre de 1936[28]

El convincente relato del evadido de Granada, amigo de Manuel Fernández-Montesinos, se volvió a reproducir luego en distintos periódicos de Madrid.[29]

El Sol no quería creer la triste nueva. Comentó el 9 de septiembre:

Sobre el supuesto asesinato de Federico García Lorca

Algunos colegas de Madrid y de provincias dan por confirmado el asesinato de nuestro glorioso poeta Federico García Lorca. Nosotros nos hemos resistido y nos resistimos aún a admitir esa confirmación dolorosísima porque, aunque por desgracia carezcamos de noticias positivamente favorables, también es cierto que la confirmación no es rotunda.

Las noticias más dignas de crédito, procedentes del Ministerio de la Guerra y de la Dirección General de Seguridad, no son terminantes, y en cambio las que parecen proceder de fuentes andaluzas están llenas de contradicciones, afirmándose que el asesinato por parte de las miserables fuerzas facciosas ha ocurrido en Córdoba o en Guadix o en Granada.

Persona que acaba de regresar del cerco de Córdoba nos manifiesta que el rumor que circulaba por allí localizaba el asesinato, sin ninguna prueba ni razón, en Guadix. De esta localidad se traslada el hecho a la capital granadina, al paso que, según otras noticias, el gran poeta del *Cancionero* [sic] *gitano* permanecía con sus padres en su huerta de Tamarit.*

Es muy probable que los rumores acerca de la infamia de que son muy capaces los traidores estén basados solamente en el hecho comprobado del fusilamiento de Manuel Fernández-Montesinos, que era el alcalde socialista de Granada y que estaba casado con la hermana mayor del poeta. ¡Ojalá no nos equivoquemos, aunque todo puede esperarse de la vileza

---

* Se trataba, claro, de la Huerta de San Vicente, no del Tamarit. Pequeño desliz comprensible que demuestra la relativa exactitud de la información.

del alma propia de la ralea maldita que ensangrienta Andalucía y a toda España![30]

Pero cada vez más se daba por cierta la muerte del poeta a manos de los insurrectos de Granada. Día a día salían protestas en la prensa, entre ellas la de su viejo amigo Antonio Rodríguez Espinosa, el maestro de Fuente Vaqueros,[31] del Sindicato de Autores y Compositores de España de la UGT[32] y de los estudiantes de «La Barraca».[33] El 19 de septiembre fue el turno de la Asociación de Amigos de la Unión Soviética, tan odiada por los sublevados, con la revelación de que el poeta había pertenecido a su Comité Internacional:

> Una vez más el fascismo, que tan cumplidamente viene manifestando en esta lucha la triste condición que constituye su esencia, de instrumento de la barbarie más feroz, se ha definido, superándose, en el repugnante asesinato del gran poeta Federico García Lorca, figura cumbre de la cultura española, artista prodigioso de una obra que es, toda ella, exponente de humanidad, de justicia y de verdad.
>
> La Asociación de Amigos de la Unión Soviética, cuyo Comité Internacional se honraba en contarle entre sus miembros,* se pronuncia contra este nuevo crimen del fascismo con la protesta más encendida y enérgica, sabiendo que en ella le acompaña, indignada y horrorizada, toda la opinión del mundo.[34]

Por estas fechas la prensa de los rebeldes, ante la imposibilidad de seguir ignorando la muerte del poeta, empezó una campaña de tergiversación.

El 10 de septiembre el diario onubense *La Provincia* anunciaba:

---

* Dato interesante, que indica la posibilidad de que el poeta no solo pertenecía a la Asociación de los Amigos de la Unión Soviética sino que era miembro de su Comité Internacional.

Emisoras intervenidas por los rojos

Barcelona. — Las emisoras de Unión Radio y Radio Asociación están intervenidas por el Comité Central de las Milicias Antifascistas catalanas.

El poeta García Lorca iba a dar anoche una audición poética por el micrófono de dichas emisoras, audición que no llegó a celebrarse.[35]

El mismo día otro periódico de Huelva, *Odiel*, enredaba más el asunto:

Ya se matan entre ellos.
¿Ha sido asesinado Federico García Lorca?

Madrid, 9. — Parece ser que entre los numerosos cadáveres que a todas horas y todos los días aparecen en las calles madrileñas, ha sido hallado el de Federico García Lorca.

Es tan grande la descomposición entre las filas marxistas, que no respetan ni a los suyos.

Al autor del *Romancero gitano* no le ha valido, para escapar del furor rojo, el ser «correligionario» de Azaña en política, en literatura y en... ¿cómo diríamos? ¡Ah! sí: en sexualidad vacilante.[36]

La alusión desdeñosa a la homosexualidad del poeta no era nada nuevo. Tampoco sorprende la referencia al odiado Manuel Azaña, diana constante de alusiones en el mismo sentido por parte de la prensa «nacional», antes y durante la contienda. Veinte años después, Cipriano Rivas Cherif, el conocido director teatral, cuñado de Azaña y amigo de Lorca, recordaría:

Yo no podía oír desde Ginebra el vocerío de la Radio Nacional de la Falange durante la guerra; pero alguien particularmente encargado de captar las noticias del enemigo escuchó más de una vez la voz, pero poco académica entonces, de José María Pemán, tachándonos de invertidos en un mismo trío, a Federico, a Margarita Xirgu y a mí.[37]

El 19 de septiembre varios periódicos del bando sublevado repitieron el bulo de que el poeta había sido asesinado por los «rojos». Según *El Diario de Huelva*:

En Barcelona, ha sido fusilado el poeta
Federico García Lorca

Barcelona. — Hoy se ha sabido que el conocido poeta Federico García Lorca fue asesinado por varios extremistas el día 16 de agosto. Debido a una denuncia, se le encontró en la residencia de un comerciante, donde se hallaba escondido desde los primeros días de la revolución.[38]

La misma «información» aparecía en el otro diario onubense, *La Provincia*, bajo el título «En Barcelona. Federico García Lorca, fusilado. Otros fusilamientos»,[39] mientras *El Diario de Burgos* optaba por situar el acontecimiento en el Madrid «rojo»:

García Lorca ha sido fusilado

París. — Se sabe que el poeta García Lorca ha sido fusilado en Madrid por elementos marxistas.
En los centros literarios franceses la noticia ha causado impresión, puesto que eran conocidas sus ideas izquierdistas.[40]

Dos días después, el 21 de septiembre, otro diario burgalés, *El Castellano*, dijo que Lorca fue fusilado en Granada al lado de 200 obreros, e incluso dio la fecha (apenas equivocada). No se repetiría la tremenda metedura de pata:

El poeta García Lorca fue fusilado con los obreros

Barcelona. — Un vecino de Barcelona que ha podido huir de Granada confirma que el poeta García Lorca fue fusilado el 16 de agosto.

Se le detuvo en el domicilio de un comerciante apellidado González.

Al mismo tiempo que el poeta fueron fusilados 200 obreros.

García Lorca veraneaba en su pueblo natal, Fuente Vaqueros, y el Movimiento le sorprendió en Granada, adonde había ido para asistir a un congreso de música.[41]

El 23 de septiembre *La Libertad* de Madrid confirmó al asesinato y recogió una sorprendente información recogida, el día anterior, en Murcia:

Según el periódico granadino *Ideal*, el 20 de Agosto aparecía el nombre de Federico García Lorca en la lista de las víctimas del día anterior.[42]

No hemos encontrado referencia alguna a la muerte de Lorca en *Ideal* durante aquellos meses. Sería inverosímil que hubiera, y la fuente de la nota de *La Libertad* es un misterio. «Sin dejar de insistir en la falsedad de la noticia —escribe Manuel Ayllón—, sí conviene resaltar que ese remitido mencionaba, por primera vez, un día exacto para el crimen, el 19 de agosto de 1936 [*sic*], algo que no era muy equivocado porque hasta muchos años después, bien recientemente, no se ha sabido con exactitud la fecha del crimen...»[43]

Aunque la prensa rebelde, o parte de ella, ya daba por cierto el asesinato del poeta, a la republicana le seguía costando resignarse. Pero con cada día que pasaba se imponía más la triste realidad. «Una reflexión contribuyó a quitarme esperanzas», confesaba Roberto Castrovido en *El Liberal* de Madrid el 29 de septiembre:

La reflexión es esta: si es mentira, como deseamos, el fusilamiento de García Lorca, ¿por qué la Junta de Burgos no se apresura a decir al mundo dolorido y horrorizado que el poeta vive? Nosotros, quiero decir el Gobierno legítimo de la República democrática, hemos desmentido prontamente las falsedades divulgadas por el enemigo asegurando que habían sido fusilados por los rojos Jacinto Benavente y los hermanos Álvarez Quintero y otros escritores de menor nombradía. El silencio incomprensible de los fascistas venía, en mi opinión, a confirmar la muerte del poeta granadino.[44]

No se equivocaba Castrovido. Entretanto el diario madrileño *El Sindicalista* había publicado una breve carta del propio Benavente, vivo y coleando en Valencia. Iba dirigida a Ceferino R. Avecilla, miembro del Consejo de la Sociedad de Autores:

> Mi querido amigo: Ruego a usted haga constar mi adhesión a la protesta de la Sociedad de Autores contra la muerte de García Lorca. Aunque la protesta sea corporativa, como, por hallarme ausente, pudiera pensarse que yo no figuraba en ella, quiero hacerla constar.
>
> Gracias anticipadas de su afectísimo y antiguo amigo, Jacinto Benavente.[45]

No tardó en mencionar la carta del dramaturgo el *ABC* de Sevilla, que hasta entonces había eludido toda referencia a la muerte de Lorca:

> *Detención del duque de Canalejas. Benavente.*
> *García Lorca*

> Encontramos en un periódico rojo la noticia de que el duque de Canalejas ha sido detenido al salir de una Embajada donde se hallaba refugiado.
> Hablan también los periódicos de detenciones de espías fascistas y dan nombres de personas conocidas. Insertan una supuesta carta de don Jacinto Benavente, que dicen está en

Valencia. La insertan como habilidad en torno a la muerte de García Lorca. Paz a este muerto.

En torno a Benavente advertimos un propósito de desorientar. Ojalá viva. Sería estúpido entablar polémica sobre esto. Poco ha de vivir quien no averigüe y compruebe la verdad. Lo que desde luego afirmamos es que la carta no parece de don Jacinto. O está muy nervioso el ilustre autor de *Santa Rusia*, que es la obra que ahora recuerdan únicamente los periódicos rojos cuando para hacer ruido entremezclan los nombres de García Lorca —¡paz a su alma!— y Benavente —¡gloria a él si está vivo, y gloria a su memoria si cayó!—.[46]

La nota, publicada en la misma página al lado del texto de la charla de Queipo de Llano de la noche anterior, demostraba que los sublevados ya reconocían el hecho de la muerte del poeta. El periodista parece dar por descontado que sus lectores ya lo saben (por la radio o la prensa).

Era obvio, como decía Castrovido, que, de vivir Lorca, lo habrían proclamado los sublevados ante el mundo. Por el momento se limitaban a desear «paz a su alma».

El 30 de septiembre de 1936 el Colegio de Abogados de Madrid confirmó la muerte.[47] El documento fue corroborado luego por el presidente de la Federación Universitaria Escolar de Granada, que había logrado escapar de la ciudad y llegar a Murcia, donde habló con los periodistas. El texto más completo de su relato, reproducido por varios periódicos, salió en el diario madrileño *Claridad*:

> *El presidente de la FUE de Granada*
> *confirma el fusilamiento de García Lorca*
>
> Ha llegado a Murcia el secretario de las Juventudes Unificadas y presidente de la FUE, que logró escapar de las hordas fascistas de Granada.*

---

* No hemos logrado dar con su nombre.

Cuando estalló el movimiento faccioso, García Lorca fue advertido por algunos admiradores del peligro que corría y de la conveniencia de ocultarse.

García Lorca se escondió en casa de Rosales Vallecillos [*sic*], poeta granadino, que ha publicado un libro de versos en la *Revista de Occidente*.

A los pocos días, una criada, espía del fascismo, que prestaba sus servicios en casa de Rosales Vallecillos [*sic*], denunció a García Lorca, y este fue fusilado junto a las tapias del cementerio.

A Rosales Vallecinos [*sic*] le detuvieron los fascistas y estuvo a punto de ser fusilado, pero intervino un hermano suyo, falangista, y el incidente terminó imponiendo al poeta 25.000 pesetas de multa.[48]

El mismo 30 de septiembre de 1936 *Heraldo de Madrid* publicaba un llamamiento del Sindicato de Autores y Compositores de Espada dirigido a los «patriotas granadinos» residentes en la capital. Se trataba de «auspiciar una milicia que tuviese por misión fundamental intervenir en el cerco y toma de Granada, y, una vez redimida del yugo tiránico, poner por obra otra reconquista: el cadáver del poeta muerto de modo tan glorioso». En un principio se iba a prestar el nombre de García Lorca a la milicia, pero por si acaso estuviera todavía con vida, y para no ponerle en peligro, se había optado por Batallón Mariana Pineda, vinculando su nombre con la heroína, muerta, como él, por la causa de la libertad.[49]

Entretanto, la prensa europea había empezado a mostrar su preocupación por la suerte del poeta. *The Times* británico informó brevemente sobre el caso los días 12, 14 y 23 de septiembre, luego el 5 de octubre. El 13 del mismo mes el escritor H. G. Wells, presidente del Pen Club de Londres, envió un telegrama a las autoridades militares de Granada. El mensaje y la contestación se reprodujeron en varios periódicos republicanos, entre ellos *El Sol*:

Una gestión de Wells. El gobernador faccioso
de Granada dice que ignora el paradero
de García Lorca

Londres, 13. — El escritor H. G. Wells ha enviado a las autoridades militares de Granada el siguiente despacho: «H. G. Wells, presidente del Pen Club de Londres, desea con ansiedad noticias de su distinguido colega Federico García Lorca y apreciará grandemente cortesía de una respuesta.»

La respuesta ha sido la siguiente:

«Coronel gobernador de Granada a H. G. Wells. — Ignoro lugar hállase don Federico García Lorca. — Firmado: coronel Espinosa.»[50]

Al día siguiente, 15 de octubre, *El Sol* comentaba el cruce de telegramas y lanzaba un virulento ataque contra González Espinosa. Al mismo tiempo, y parece ser que por primera vez, se relacionó a Ramón Ruiz Alonso con la muerte del poeta:

[Espinosa] no sabe nada. Mejor dicho, no quiere saber nada; lo que desgraciadamente parece que confirma la muerte alevosa del poeta español.

[...] El ex coronel Espinosa probablemente no sabía quién era García Lorca. Lector en los ratos de ocio de novelas seudopornográficas y consumidor de toda esa literatura repugnante y nauseabunda que pergeñaban nuestros escritorzuelos derechistas, jamás tuvo ocasión ni ganas de ponerse en contacto con la obra ejemplar, cargada de esencias populares y poéticas de rara calidad, de García Lorca.

El ex coronel Espinosa seguramente se ha enterado ahora, al recibir el telegrama de Wells, de que existía un poeta llamado Federico García Lorca, y de que fue asesinado por las hordas que acaudilla Ruiz Alonso, el conocido sicario al servicio de Gil Robles, por el simple hecho de haber puesto su pluma egregia al servicio del pueblo. Ante el hecho consumado, el ex coronel Espinosa ha creído que la actitud más gallarda era hacerse el desentendido.[51]

La confirmación del asesinato —el telegrama de González Espinosa no dejaba lugar a dudas— afectó profundamente a Antonio Machado, que llevaba unas semanas gestando una sentida elegía en memoria de quien consideraba casi su discípulo. Titulada «El crimen fue en Granada: a Federico García Lorca», se publicó en la revista madrileña *¡Ayuda!*, órgano del Socorro Rojo Internacional, el 17 de octubre, y se hizo inmediatamente famoso, siendo reproducido en numerosos medios de comunicación de toda la zona republicana. Quizá ninguna elegía inspirada por la muerte de Lorca, y habría centenares, impactó tanto en el mundo de habla española.

Lo ocurrido con el poeta constituía ya un grave problema para los sublevados y era inevitable que tratasen de eludir toda responsabilidad por su desaparición ante la opinión pública internacional. Cuando era clarividente que había caído en la zona insurrecta, no en la republicana, los propagandistas de Franco optaron por echar la culpa a inconcretos asesinos «actuando bajo su propia iniciativa».

Los falangistas, por su parte, decidieron forjar la leyenda de un Lorca simpatizante con el ideario joseantoniano, insinuando que, de no haber muerto, ya se habría afiliado como poeta del partido. Fue elocuente en este sentido el apasionado artículo publicado en marzo de 1937 por el periódico *Unidad* de San Sebastián. Lo firmaba un tal Luis Hurtado Álvarez:

A la España Imperial le han asesinado su mejor poeta

Conmovido por esa sucesión de formas que solo la vida puede ofrecernos, en estos días furiosos de lluvia, de sol encadenado, en lo más íntimo de mi ser ha empezado a dolerme la muerte. He podido, en fin, encontrarme; de vuelta de la guerra. He hallado de nuevo mi sensibilidad olvidada, perdida en mi pozo de hombre.

De librería en librería, he ido buscando tus libros, tus poemas.

De una, me llevaba el último ejemplar de tu *Romancero gitano*; de otra, el último de *Bodas de sangre*; en esta, me decían que, hacía unos días, habían vendido los pocos libros tuyos que quedaban; en aquella —la última—, compré cierta Antología que contiene tus más bellos poemas. ¡Cuántas veces hemos reído juntos al hojear ese libro, ese revoltijo de poetastros de todas clases! Mi peregrinación era como un homenaje a tu muerte. Algo así como la alegría que he sentido y no podré jamás escribir.

Yo afirmo, solemnemente, por nuestra amistad de entonces, por mi sangre derramada en la más altiva intemperie de un campo de batalla, que ni la Falange Española ni el Ejército de España tomaron parte en tu muerte. La Falange perdona siempre; y olvida. Tú hubieras sido su mejor poeta; porque tus sentimientos eran los de la Falange: querías Patria, Pan y Justicia, para todos. Quien se atreva a negarlo miente; su negación es el testimonio más exacto de que jamás quiso saber de ti. Los hombres solo nos conocemos cuando hemos llorado juntos muchas veces; cuando hemos convivido durante largo tiempo en la intimidad de las trincheras, allí donde florece la vida más alta. Te sabías poseedor del fuego, de la luz y de la risa. Tu calidad divina de poeta te elevaba sobre las mezquindades de la tierra; y, sin embargo, rescatar a los hombres de la impiadosa realidad, redimir su triste vida, condensar en ti el dolor de todos, era una de tus mayores preocupaciones y el eje de tu filosofía. Pero no todos podían comprenderte.

El crimen fue en Granada; sin luz que iluminara ese cielo andaluz que ya posees. Los cien mil violines de la envidia se llevaron tu vida para siempre. Tu cuerpo gigantesco se derrumbó, medroso, ante el golpe brutal de adormidera de los cuchillos de tus enemigos, tu cuerpo gigantesco, faraónico, se batió con la inercia en dos mitades y caíste, a los pies de tu asesino, tal una isla evidente de poesía. Eras poeta; vivías en tu mundo. Amabas a los hombres, a los pájaros, las naranjas de sal y los corales... Tenías que morir o claudicar tu luz; volver a tus dominios de bandera y estímulo, o entregar tu mirada y tu corcel poético a los verdugos de la poesía, esos dueños del cieno que no ven más que el mundo, y odiaban a muerte tu frente cuajada de luceros.

Tenías que morir... Eras poeta. Como en tu «Elegía a doña Juana la Loca»:

> *Granada era tu lecho de muerte,*
> *los cipreses tus cirios,*
> *la sierra tu retablo...*

Se desplomó tu cuerpo, para siempre, y se borró tu risa de los mapas; y la tierra tembló, a través de tus manos de agonía, al sentir la llegada de tu espíritu.

Y, sin embargo, no puedo resignarme a creer que has muerto; tú no puedes morir. La Falange te espera; su bienvenida es bíblica: Camarada, tu fe te ha salvado. Nadie como tú para sintonizar con la doctrina poética y religiosa de la Falange, para glosar sus puntos, sus aspiraciones.

A la España Imperial le han asesinado su mejor poeta. Falange Española, con el brazo en alto, rinde homenaje a tu recuerdo lanzando a los cuatro vientos su ¡PRESENTE! más potente.

Tu cuerpo ya es silencio, silencio nulo y sombra: pero sigues viviendo intensamente vivo, en las formas que laten y en la vida que canta. Apóstol de la luz y de la risa. Andalucía y Grecia te recuerdan.

¡ARRIBA ESPAÑA!

El artículo demostraba que su autor no solo conocía bien la obra del granadino, sino que la admiraba profundamente. Y dejaba translucir, entre líneas, que había sido amigo, incluso íntimo amigo, suyo. Hoy sabemos que así fue, que no se trataba de un pseudónimo y que se habían conocido en 1934. En una dedicatoria de aquel año el poeta estampó para él un convencional «cariñoso recuerdo» en un ejemplar de su *Oda a Walt Whitman*. En 1936, en uno de *Bodas de sangre*, se lee «A mi queridísimo amigo Luisito Hurtado, perdido en esta selva de Madrid». La relación se había ido profundizando.[52]

Reproducido en otras publicaciones falangistas, entre ellas *Arriba España* (Pamplona) —que lo acompañó en primera plana, además, con el romance lorquiano «San Rafael (Córdoba)»—,[53] el artículo molestó profundamente a las autoridades militares sublevadas. En Antequera se empezó a instruir causa contra Hurtado Álvarez por injuriar al Ejército. El revuelo fue particularmente intenso en Granada.[54]

En el otro bando el escrito produjo estupor y rabia. Aquel mayo el escritor Antonio Sánchez-Barbudo estuvo contundente al respecto en *Hora de España*, de Valencia, la revista cultural más importante de la República en guerra:

> Nunca hubiéramos creído que esos escritores lamentables, esos envilecidos «cantores» de Franco, llegasen, en su falta absoluta de honestidad, hasta el punto de glorificar a sus víctimas, cuando creen que esto conviene a sus intereses o a los intereses de sus amos. El mundo entero ha reaccionado con indignación ante el cobarde asesinato, y ellos, por lo visto, han recibido la consigna de embrollar en lo posible este asunto, quemando incienso en torno al recuerdo del poeta muerto, y tratando, en lo posible, de atribuir este crimen a los «rojos».[55]

Quienes ansiaban más información sobre la muerte del poeta pudieron leer unos meses después, el 15 de septiembre de 1937, un artículo sensacional del periódico valenciano *Adelante*. Titulado «El crimen fue en Granada. "Yo he visto asesinar a García Lorca..."», contenía unas declaraciones de un guardia civil evadido de Granada que alegaba haber sido forzado a participar en la ejecución del poeta, llevada a cabo por un grupo de «tricornios» cerca de Padul, en la carretera de Motril.[56]

El artículo se reprodujo enseguida en la prensa madrileña.[57] Luego dio el salto al Atlántico y fue difundido, en lo esencial, por el diario costarricense *Repertorio Americano*.[58] Desde allí se extendió por toda América la leyenda de que a Lorca lo había matado la Guardia Civil.

Un relato casi idéntico se publicó en La Habana en 1939, y seguidamente en Brooklyn. Se debía al escritor J. Rubia Barcia, que decía haber hablado con el mismo individuo evadido de Granada.[59] Un detalle de su versión revelaba, sin embargo, que la Benemérita, como tal, no intervino para nada en el fusilamiento.[60]

En la Granada de 1965-1966 varias personas nos aseguraron haber leído —no recordaban dónde— unas declaraciones del general Franco sobre la muerte del poeta. Se trataba de una entrevista concedida a Ricardo Sáenz Hayes, corresponsal del diario mexicano *La Prensa*, publicada en este medio el 26 de noviembre de 1937.[61] Se reprodujo poco después en *El Mercurio* de Santiago de Chile y fue citada desde allí por *ABC* de Sevilla el 6 de enero de 1938, en un artículo notable por sus mentiras y tono desdeñoso. Lo firmaba «El Bachiller Alcañices», pseudónimo de Felipe Aparicio Sarabia. Merece ser recogido íntegramente:

ABC en Chile. – Destrucción de la mentira

Joaquín Calvo Sotelo, charlando conmigo en Valparaíso, me había dicho que el fusilamiento de García Lorca, en Granada, afirmación propalada desvergonzadamente por Margarita Xirgu y su adlátere Rivas Cherif, era una simple invención de la comedianta catalana tan «íntimamente unida» al poeta andaluz. La campaña difamatoria de la Xirgu logró sus prosélitos en la Argentina y Chile. En la zona argentina se escribieron furibundos articulazos por las publicaciones incorporadas al azañismo, que pagaba liberalmente tales sandeces. En esta zona chilena unos cuantos sujetos, pegados también a la vaca que ordeña Rodrigo Soriano* —conste que

---

* El político de izquierdas Mariano Rodrigo Soriano, embajador español de la República en Chile, que fijaría allí su residencia al final de la Guerra Civil.

yo lamento verle militar en el bando del héroe de Casas Viejas, en lugar de haber seguido al arrepentido y magdalénico Lerroux—, procuraron difundir la novela en algunas conferencias que fueron un Sahara perfecto, y en varias hojas que esparcen las doctrinas del Frente Popular. Felizmente el éxito no pasó a mayores, porque la emoción chilena por el fin trágico del vate de las gitanerías se redujo a algunos excesos verbales simultaneados con arrogantes ingestiones de guachucho, vulgo aguardiente, o de dulce chicha vínica, o sea mosto fermentado y cocido. Pero el estrago calumnioso se hizo pendón literario y oratorio entre las gentes que, con una audacia sorprendente, tuvieron la desfachatez de denominarse «amigos de España».

No había manera racional de hacerles apear del asno que montaban los tales «amigos de España», hombres de extrema izquierda, capitaneados por media docena de abogados sin pleitos, médicos sin enfermos, poetas sin empresa editorial que les pague sus concepciones, etc., cuando he ahí que en *La Prensa*, de Buenos Aires, y *El Mercurio*, de Santiago de Chile, que lo reprodujo, se publicó la notable entrevista del prestigioso periodista Sáenz Hayes, escritor de alta reputación, con el Generalísimo Franco, y entre los diversos puntos de que en ella se trató figura el relativo al famoso supuesto fusilamiento.

En la Argentina y Chile, por tanto, el estandarte «García Lorca» ya no puede ser usado como medio de propaganda, sino por gentuza acanallada, puesto que el Generalísimo Franco ha destruido la patraña con el ariete formidable de sus declaraciones.

Y para que esas declaraciones circulen más, no limitándose al terruño sudamericano argentino chileno, voy a reproducir el texto que por estas zonas ha propagado la verdad. Es como sigue:

—Se ha hablado mucho en el extranjero de un escritor granadino, el vuelo de cuya fama no puedo yo medir hasta qué fronteras hubiera llegado; se ha hablado mucho porque los rojos han agitado ese nombre como un señuelo de propaganda. Lo cierto es que en los momentos primeros de la revolución en Granada, ese escritor murió mezclado con los revoltosos. Son los accidentes naturales de la guerra. Granada estuvo sitiada durante muchos días y la locura de las autoridades republicanas, repartiendo armas a la gente, dio lugar a chispazos en el interior, en alguno de los cuales perdió la vida el poeta granadino. Como poeta su pérdida ha sido lamentable y la propaganda roja ha hecho pendón de este accidente, explotando la sensibilidad del mundo intelectual. En cambio, esa gente no habla de cómo fueron asesinados fríamente, con saña que pone espanto en el ánimo más templado, don José Calvo Sotelo, don Víctor Pradera, don José Polo Benito, el duque de Canalejas, don Honorio Maura, don Francisco Valdés, don Rufino Blanco, don Manuel Bueno, don José María Albiñana, don Ramiro de Maeztu, don Pedro Muñoz Seca, don Pedro Mourlane Michelena, don Antonio Bermúdez Cañete, don Rafael Salazar Alonso, don Alfonso Rodríguez Santamaría, presidente de la Asociación de la prensa; don Melquíades Álvarez, don Enrique Estévez Ortega, don Federico Salmón, padre Zacarías G. Villadas, don Fernando de la Quadra, don Gregorio de Balparda y tantos otros cuya lista haría interminable estas contestaciones. Queda dicho que no hemos fusilado a ningún poeta.

El lector tiene la obligación de mantener inmodificable la destrucción de la mentira que ha efectuado la palabra verdadera del insigne Caudillo.

El Bachiller ALCAÑICES
Valparaíso, 29 de noviembre de 1937

ABC de Sevilla había suprimido la pregunta hecha por Sáenz Hayes a Franco: «¿Han fusilado ustedes a escritores de fama mundial?» No así *El Diario Vasco*, de San Sebastián, que, el 20 de enero de 1938, reprodujo entera la entrevista.[62]

Cuando se reprodujo cinco años después en la edición oficial de las declaraciones del Caudillo a la prensa, la frase «Queda dicho que no hemos fusilado a ningún poeta» había sido silenciosamente eliminada.[63]

Durante unos diez años a partir de la publicación de la entrevista de Franco con Sáenz Hayes, se evitó en la prensa del régimen, al parecer, cualquier alusión a la muerte del poeta granadino. Luego, un buen día, Ramón Serrano Suñer decidió hablar. Escuchemos a Gerald Brenan:

> Ya para entonces [diciembre de 1948] el ex ministro falangista Serrano Suñer había abierto públicamente el fuego en esta controversia. En diciembre de 1947, en una entrevista con el periodista mexicano Alfonso Junco, aseguró que el hombre que había dado la orden de matar a Lorca era el diputado a Cortes conservador y católico, Ramón Ruiz Alonso. La acusación, naturalmente, no fue publicada en la prensa española, pero expresaba con bastante exactitud lo que decían los falangistas. Organizaban toda una campaña *sotto voce* para hacer creer que el poeta asesinado era amigo suyo y que su muerte se debía a los clericales [es decir, a la CEDA].[64]

Alfonso Junco, cuando nos pusimos en contacto con él en 1966 (a través de la Embajada Británica en México), negó haber hablado con Serrano Suñer. En realidad, la entrevista a que se refería Brenan fue la concedida por Serrano a otro escritor de aquel país, Armando Chávez Camacho. Se publicó el 2 de enero de 1948 en *El Universal Gráfico* de México, que dirigía el propio Chávez. En ella se mencionaba de paso la muerte del poeta granadino:

> Algo sabíamos sobre la muerte de García Lorca. Queriendo saber más, inquirimos. Serrano Suñer nos declaró:
> —Le completaré sus informes. El jefe del grupo que sacó a Lorca de su casa y lo mató fue el diputado derechista y antiguo tipógrafo Ramón Ruiz Alonso. Por allí anda, sin que

nadie lo haya molestado nunca, a pesar de que el crimen fue idiota e injusto, y de que nos hizo mucho mal. Porque Lorca era un gran poeta.[65]

A Serrano Suñer no le agradó en absoluto ver impresas estas frases. Sabía muy bien que Lorca había sido fusilado por orden de las autoridades insurrectas de Granada, y se exponía a que Ruiz Alonso así lo proclamara al verse acusado no solo de la detención del poeta sino de su muerte. Por eso se apresuró a escribir a Chávez Camacho para «aclarar» lo que le había dicho en su conversación *privada*. Chávez publicó la parte más importante de esta misiva en *El Universal Gráfico* del 3 de mayo de 1948, bajo el título «Sobre la muerte del poeta García Lorca». Es un documento de gran valor histórico. Si antes de la invención del magnetófono podía discutirse la fidelidad de unas declaraciones —y esto es lo que hace Serrano Suñer al hablar de su conversación con Chávez Camacho—, una carta autógrafa no permite tal escapatoria. El «cuñadísimo» le enmienda así la plana al periodista:

> Mi distinguido amigo: Lamentábamos los dos, usted y yo, en nuestra conversación privada, el error trágico que la España Nacional cometiera en la muerte del gran poeta granadino. Argumenté yo que ese crimen había sido deplorado por muchos que fuimos (y algunos que todavía son) jefes de la Causa Nacional que ninguna parte tuvo de él, siendo el tal crimen obra de unos «incontrolados», de los que actúan casi siempre en toda revuelta sin poderlo evitar. Tuve interés en puntualizar, y esto con perfecto conocimiento de causa, que ni un solo falangista había participado en este crimen.
>
> Y aún le añadiré, si no lo dije entonces, que eran precisamente los pocos falangistas que había en Granada amigos y protectores del poeta cuya incorporación a la Causa preveían. Causaron su muerte quienes menos entendían la generosa ambición española del Movimiento, elementos poseídos por un rencor provinciano y difícil de definir, desde luego antifalangista.

Y como prueba de ello, le expliqué a usted cómo la opinión había relacionado a los agentes del crimen de Granada con un diputado de la minoría citada, en quien presumían una natural relación con las milicias de Acción Popular, que detuvieron a García Lorca, aunque seguramente sin el propósito de conducirlo a su trágico destino. La detención tuvo lugar en el domicilio del poeta falangista Rosales, que le protegía. Por consiguiente lo de que aquellas milicias y aquel diputado fueron autores de la muerte del poeta no pasaba de ser un rumor que yo aducía como prueba del carácter antifalangista que al crimen dio la opinión desde el primer momento.

Esto para quien conozca la España Nacional de entonces es muy claro. La Falange representaba entonces el extremismo político frente a «las derechas», pero representaba también el propósito de conversión y conquista, de asimilación, del elemento rojo enemigo. Hacer propios todos los valores —sobre todo los intelectuales— de España era la consigna principal de entonces. Esta tendencia tuvo centenares de expresiones. En el caso de García Lorca la cosa era así en grado máximo. En primer lugar porque Lorca no era propiamente del «campo enemigo». Como reconoció el gran Antonio Machado, en un documento de propaganda roja, el pueblo al que cantaba García Lorca no era el pueblo-masa, subvertido por las consignas de la Internacional, sino el pueblo tradicional y religioso, el pueblo en el que la misma Falange quería apoyarse.* Por otra parte, muchos amigos de Lorca eran falangistas y, en realidad, su muerte fue para la Falange doblemente trágica: porque venía a convertir a Lorca en bandera

---

* Serrano Suñer se refiere a la «Carta a David Vigodsky» de Antonio Machado, publicada en *Hora de España*, Valencia, núm. 4 (abril de 1937), pp. 5-10. Machado escribe: «¿Pudo Granada defender a su poeta? Creo que sí. Fácil le hubiera sido probar a los verdugos del fascio que Lorca era políticamente inocuo, y que el pueblo que Federico amaba y cuyas canciones recogía no era precisamente el que canta la Internacional» (Machado, *Prosas completas*, p. 2183). Serrano Suñer ha torcido intencionadamente el sentido de las palabras del poeta y pensador.

del enemigo, ¡y con qué impiedad lo usó este como bandera!, y porque ella misma perdía un cantor, el mejor dotado, seguramente, para cantar aquella ocasión —única— de regeneración española revolucionaria que la Falange soñaba.

Esta es la verdad. García Lorca era un gran poeta, el lírico de mayor fuerza que España alumbrara en los últimos años; un poeta de la tierra y la sangre de España: popular, castizo. Ayer y hoy nosotros lo hemos considerado como un valor y una gloria de España, y su muerte —que sirvió a los enemigos para infamarnos—, era ya, por sí misma, una pérdida sensible para nosotros.

Respecto a la dirección que la opinión señaló al origen del crimen, le recordé yo cuando usted, que venía de Portugal, me comunicó que había oído allí a un político español acusaciones de crímenes y atropellos contra la España Nacional, que yo tenía el deber de rechazar por inexactas, fuera de casos lamentables como el que nos ocupa que, por desgracia, pueden ser inevitables en esa cosa terrible que es la guerra. Tenía yo el deber de defender el honor de una política y de un Estado que eran inocentes de aquel crimen y también el buen nombre de quienes no solo fueron inocentes de él, sino que lo condenaron con indignación. Eso solo es lo que yo quería dar a entender a usted y lo mantengo ahora a los efectos de la significación moral del hecho que en último término fue una mera brutalidad que salpicó el merecido prestigio de nuestra Causa, pero que a ningún sector ni ideología puede ser imputado verdaderamente, y menos, sin pruebas, a una persona concreta. Precisamente, y de una manera general en relación con lo acaecido en zona nacional en los primeros meses de la guerra civil, le dije a usted que yo no tenía información positiva y directa por encontrarme entonces prisionero de los rojos en la Cárcel Modelo de Madrid. Por eso yo deseo que el nombre de aquel diputado de la CEDA quede indemne de semejante mancha, mientras nadie pueda demostrar que el rumor fuera justo. Hace doce años que no he visto ni hablado al diputado aludido, pero por el rigor que me debo a mí mismo y por respeto a mi conciencia de cristiano, no he de formular acusación contra nadie que no sea probablemente culpable...[66]

Documento maquiavélico a más no poder, entreverado de mentiras y medias verdades. Ruiz Alonso nos enseñó en 1966 la carta que le escribiera Serrano Suñer en marzo de 1948, repitiendo más o menos los términos de la enviada a *El Universal Gráfico*. En ella, tras negar que le hubiera acusado de la muerte del poeta, le «explicaba» —¡a él, a Ruiz Alonso!— lo siguiente:

> La muerte de Federico García Lorca fue obra de unos incontrolados en la situación confusa de los primeros momentos de la guerra civil, pero no, como la gente ha dicho por el mundo, de unos incontrolados falangistas.

Y añadía Serrano Suñer:

> Federico García Lorca no estaba en el campo contrario sino que venía hacia nosotros cuando la estupidez y el rencor le salieron al camino.

Una vez más, pues, un Federico García Lorca aspirante a falangista, a pesar de sus numerosas declaraciones antifascistas y su rechazo de la España derechista.

En diciembre de 1948 otro notable apólogo de los sublevados y luego del régimen de Franco, José María Pemán, se refirió, en términos tan intencionadamente confusos como los de Serrano Suñer, a la muerte de Lorca. Fue en *ABC*:

> Creo que no va a ser una novedad para nadie el decir que —¡todavía!— la muerte de Federico García Lorca, el gran poeta granadino, es uno de los cargos que más vulgarmente se utilizan contra España en toda la América de habla española. También es cierto que, a pesar del continuo y polémico manejo del tópico, va abriéndose ya camino la sencilla ver-

dad de que la muerte del poeta fue un episodio vil y desgraciado, totalmente ajeno a toda responsabilidad e iniciativa oficial.[67]

¿Totalmente ajeno a toda responsabilidad e iniciativa oficial el asesinato de García Lorca? El catoliquísimo Pemán, autor de *La bestia y el ángel*, sabía que era mentira. No pudo desconocer que el poeta había sido fusilado por quienes usurparon la legalidad republicana en Granada. Habría sido mucho más inteligente, y digno, callarse.

Los años cincuenta vieron la publicación de tres importantes estudios sobre la muerte del poeta, todos debidos a extranjeros.

El del inglés Gerald Brenan salió primero, en 1950, en el capítulo sobre Granada y Víznar incluido en su libro *The Face of Spain*. Se reprodujo, en 1951, en una revista literaria francesa.[68] Uno de los méritos de Brenan fue vincular el nombre de Ramón Ruiz Alonso con la muerte del poeta y de recoger la tesis de que había ido a por Lorca para vengar el asesinato de Benavente a manos de los «rojos», tesis ya comentada.

Entretanto, el hispanista francés Claude Couffon había estado en Granada, donde llevó a cabo una investigación mucho más exhaustiva que la de Brenan (que solo había pasado unos días en la ciudad). El resultado fue el reportaje «Ce que fut la mort de Federico García Lorca», publicado en *Le Figaro Littéraire* de París el 18 de agosto de 1953. Couffon adujo más datos sobre la participación de Ruiz Alonso en los hechos.

Para el régimen franquista, lo ocurrido con Lorca suponía un problema cada vez más grave. Seguían prohibidas en España sus obras, lo cual daba lugar a molestas preguntas del mundo diplomático. ¿Por qué no se montaba su teatro? ¿Por qué no se podía comprar el *Romancero gitano*? Luego había la familia del poeta, interesada, naturalmente, en cobrar derechos de autor. En 1953 ambas partes llegaron a un acuerdo y, en 1954, Editorial Aguilar sacó la primera edición de las *Obras completas* (que no eran tales) en un solo tomo lujoso, demasiado caro para estudiantes universitarios (no hubo permiso para títulos sueltos).

Existe un importante testimonio al respecto de la decisión, procedente del mismo Franco nada menos. En febrero de 1955 le dijo al teniente general Francisco Franco Salgado-Araujo, que lo apuntó en su diario: «Para juzgar aquel fusilamiento hay que ponerse en la época en que se efectuó y recorrer el peligro que corría la guarnición de Granada, atacada e incomunicada del resto de la España nacional. Para probar mi imparcialidad, no obstante haber sido muy izquierdista García Lorca, autoricé que se editasen sus obras y se hiciese un reclamo de las mismas.»[69]

El 29 de septiembre de 1956 *Le Figaro Littéraire*, otra vez con la muerte del poeta, dio a conocer la investigación del suizo Jean-Louis Schonberg (pseudónimo del barón Jean-Louis Stinglhamber) bajo el título: «Enfin, la vérité sur la mort de Lorca! Un assassinat, certes, mais dont la politique n'a pas été le mobile» [«¡Por fin la verdad sobre la muerte de Lorca! Un asesinato, en efecto, pero en el que la política no fue el móvil»]. ¿La política no había tenido nada que ver con la muerte del poeta? En absoluto, según el autor del reportaje: fue la consecuencia de un sórdido pulso homosexual entre Lorca y... ¡Ramón Ruiz Alonso!

Informado por nosotros en 1967 de la tesis de Schonberg, Ruiz Alonso se puso furioso y exclamó: «¡Que me mande a su esposa y sus hijas y verá si soy maricón!» Fue exactamente la respuesta suya que esperábamos, conociendo al personaje.[70]

Brenan y sobre todo Couffon habían desmontado en buena medida la propaganda franquista en torno a la muerte del poeta, demostrando que sí tenía que ver con la política. El artículo de Schonberg, al mantener la tesis de «incontrolados» homosexuales, les vino de perlas a las autoridades. El 13 de octubre de 1956, solo quince días después de la aparición del artículo, *La Estafeta Literaria*, revista cultural «oficial» del régimen, publicaba en su primera plana un resumen del mismo titulado:

Le Figaro Littéraire confiesa: «¡En fin, la verdad sobre la muerte de García Lorca!» «No fue la política el móvil.»

La Estafeta Literaria había suprimido, en su resumen del artículo de Schonberg, la frase «Un assassinat, certes» del titular. El resto del texto sufrió el mismo tratamiento quirúrgico, callándose los datos proporcionados por el autor sobre la represión granadina y resaltando los posibles móviles homosexuales de la muerte del poeta. Vale la pena citar íntegro el artículo, que nos brinda la posibilidad de observar muy de cerca el funcionamiento de la propaganda franquista:

> En fin, hemos de decir nosotros, se ha roto la piedra de escándalo. ¡Veinte años utilizando la muerte de García Lorca como instrumento político! Claro, que este es un gesto internacional ni único ni original. Pero, en fin, había que explotar sin escrúpulos ni honradez el hecho de la muerte del poeta granadino, aun a costa de cometer la más concienzuda, vil y sistemática estafa con la gente de buena fe. Aquellos actos públicos, aquellos recitales solemnes de sus obras, aquel ondear constante de su nombre como víctima, aquellas lágrimas de cocodrilos... ¿Quién no se acuerda?
>
> Mientras tanto, aquí en España, en la España de la verdad, siempre estuvo todo dispuesto para mostrar y comprobar esa verdad que sobraba, que molestaba, que podía disipar la conjuración. La verdad es una, y quien la tenga es quien la puede mostrar o demostrar. Y aquí, en España, siempre todo estuvo dispuesto para mostrar o demostrar esa verdad. Pero no interesaba por ahí fuera. ¿Cómo coser de nuevo las rasgadas vestiduras? ¿Y el negocio político?
>
> *«De politique, pas de [sic] question.»*

Al fin, el escritor francés J. L. Schomberg [sic], autor de la más amplia y documentada biografía del poeta, ha venido a España varias veces desde 1953 a 1956, ha recorrido Andalucía, visitado pueblos colindantes con Granada, ha hablado con quien ha estimado conveniente o necesario. Ha investigado en archivos, inspeccionado lugares. Y, al fin, ha llegado a esta conclusión:

«De politique, pas question. La politique, c'était alors la purge qui vous évacuait sans préambule.» [«No es cuestión de política. La política era entonces la purga que te evacuaba sin preámbulo»].

En resumen, nada de política. Así escribe este enviado especial en el párrafo tercero, columna quinta de la página 5 de *Le Figaro Littéraire* del 29 de septiembre de 1956.

Veinte años en confesar la verdad. ¿Tan difícil es la verdad, una verdad no especulativa? Es que seguramente el problema o compromiso no estuvo en hallar la verdad, sino en darla a conocer.

L'amour oscur [sic]... *Voilà le fond de l'affaire.**

Andando, andando, el escritor-periodista trata de remontarse a las causas.** ¿Chantaje? ¿Venganza? Quizá las dos cosas, se contesta en público y por escrito. Pero ¿de quién? También se contesta:

Reste alors la vengeance: la vengeance de l'amour oscur [sic].

Venganza del «amor oscuro», afirma en el primer párrafo, sexta columna de la quinta página.

Desde la «Oda a Walt Whitman» sabía bien García Lorca —continúa diciendo el periodista francés y minucioso biógrafo— a qué terrible odio se había hecho acreedor. No ignoraba desde qué sentina humana, poblada de pederastas, le acechaban. Y transcribe los violentos estigmas que el poeta les dirigió: «¡Asesinos de palomas!... ¡Nada de perdón!... La muerte brilla en vuestros ojos. Que los "puros", los "clásicos" os cierren las puertas de la bacanal.»

---

* Alusión a los *Sonetos del amor oscuro* de Lorca.
** Aquí se suprimen los datos aportados por Schonberg sobre la represión.

Y concluye el periodista biógrafo: *«Et voilà le fond de l'affaire.»*

Odio por desprecio

Es verdad que políticamente nada tenía que temer. Verdad que él sabía que de la ciudad nada debía recelar. La autoridad y la Falange eran también sus amigos. Refugiado estuvo en casa de los hermanos Rosales. *«¡Ah! si Luis, l'ami qui adorait Lorca, avait été là.»* Y los socialistas y los republicanos. Amigos de todos. «Pero será un error —continúa diciendo— imaginar que el amigo de todos, Federico, no suscitase más que amistad. Bajo su aire de simpatía sabía cultivar el desprecio. Los "impuros" le respondieron con odio en vez de desprecio.»

«La acusación por la que se señalaba y concretaba el ejecutor y verdugo no se apoyaba inicialmente más que en la fuerza de una venganza personal, de ningún modo dependiente del orden político, literario, religioso o social.»* «Este hampa del amor oscuro, este bar de la calle Elvira, que le dio la llave de dos canciones,** la gitanería y los gitanos, todos estos bajos fondos que frecuentaba en calidad de miembro de la confraternidad, Lorca, aunque era noble, los trataba despectivamente. Este orgullo de superioridad es justamente lo que le hicieron pagar.»

A esta conclusión ha llegado el escritor y biógrafo J. L. Schomberg [sic], después de larga y minuciosa pesquisa por los lugares y personas que pudieran allegarle datos para su propósito informativo. Por fin se ha lanzado la piedra de escándalo —este, el escándalo, sí ha sido político— sobre la oscura camarilla cocedora de la estafa mental.

Al fin, a los veinte años. *«Voilà!»*

---

* Aquí Schonberg nombraba directamente a Ramón Ruiz Alonso.

** El anónimo autor del artículo demuestra otra vez que conoce mal el francés. Schonberg había escrito: *«Cette pègre de l'amour obscur, ce bar de la rue d'Elvira qui donne la clé de deux chansons»*, es decir que le da al lector la «llave» (clave) de dos canciones de Lorca.

El artículo de *La Estafeta Literaria* provocó la indignación de un destacado ex falangista, el poeta y ensayista Dionisio Ridruejo, Consejero Nacional de Propaganda hasta su dimisión en mayo de 1941. Al ser amigo íntimo de Luis Rosales, Ridruejo, como vimos antes, conocía muchos detalles de la detención y muerte del granadino. Por todo ello, dirigió una iracunda carta de protesta al ministro de Información y Turismo, Gabriel Arias Salgado. Carta que, según Fernando Vázquez Ocaña, biógrafo de Lorca, «fue reproducida o discutida en todo el mundo».[71]

Pero no en la España de Franco. *La Estafeta Literaria* jamás se referiría a ella. No nos puede sorprender, pues Ridruejo, a diferencia de Schonberg, hacía responsables de la muerte del poeta no a unos «incontrolados», homosexuales u otros, sino a las autoridades rebeldes granadinas:

> Querido amigo: No quiero y no puedo dejar de pasar en silencio y sin respuesta la publicación de un artículo aparecido en *La Estafeta Literaria*, donde se transcriben y glosan, con intención demasiado miserable, algunos párrafos del trabajo publicado por M. Schonberg en *Le Figaro Littéraire* sobre la muerte de Federico García Lorca. El artículo de *La Estafeta* es de los que deshonran a quienes lo escriben y lo publican, y a quienes lo leen sin rebelarse. Te invito a juzgarlo por ti mismo: se trata allí de exculpar al Movimiento Nacional de la mancha arrojada sobre él por la muerte del poeta; la exculpación no se logra, y el autor del artículo, aun siendo un necio, no podía menos de saberlo. De lo que el mundo ha hablado siempre es precisamente de lo que allí queda en pie: una máquina política de terror ha matado a un hombre que, aun desde el punto de vista más fanático, debía ser considerado como inocente. El artículo viene a confirmar esta inocencia, a desvanecer cualquier justificación subjetiva fundada en una necesidad revolucionaria, y no desvirtúa, por otra parte, el hecho de que el poeta haya muerto a manos de los agentes de la represión política de Granada, sin que a nadie se le pidiera cuentas.
>
> ¿Para qué, por lo tanto, se ha escrito este artículo? A mi

juicio, por una sola razón: porque la publicación de los párrafos de Schonberg permitía arrojar alguna sombra, algunas salpicaduras de infamia sobre la memoria de la víctima. No se trataba tanto de establecer que los móviles reales de esa muerte, conjeturados por el escritor francés, no fueran políticos, sino de proclamar que fueron «oscuros». Sin duda, el director de *La Estafeta*, Juan Aparicio, ha pensado «cristianamente» que, empequeñeciendo el valor de la víctima, el crimen, o el error, son más disculpables.

A mí me parece que esto pasa de la raya, que es una porquería, y que se han atropellado todas las leyes del honor, de la piedad y de la decencia. Me pregunto y te pregunto si la opinión de los españoles puede estar dictada por gentes capaces de cometer semejante villanía. A poca cosa, si es así, hemos venido a parar, cuando tan poco respeto se nos debe. No obstante, y para compensar esto sin duda, y proteger nuestra seguridad espiritual, tu censura nos ha impedido leer en la prensa española un solo recuerdo a don José Ortega y Gasset, en el día del aniversario de su muerte, y hasta la esquela familiar anunciando un sufragio por su alma ha sido eliminada.

Está claro que los españoles debemos menospreciar a uno de nuestros más grandes poetas, debemos ignorar a nuestro mayor filósofo y después debemos callarnos.

Perdóname que no me resigne a cumplir la consigna y que proteste con indignación. Esto es todo. Te saluda: Dionisio Ridruejo.[72]

Causa asombro la valentía de Dionisio Ridruejo, arrepentido de su etapa falangista y castigado por el régimen, cuya contribución a la democracia posfranquista iba a ser de primerísima importancia.

Entre los escritores que permanecían fieles a la tesis de que «ni un solo falangista estuvo implicado en la muerte del poeta» figuraba Rafael García Serrano, quien, en 1953, había publicado un libro, *Bailando hasta la Cruz del Sur*, sobre su viaje por tierras americanas acompañando a los Coros y Danzas de la Sección Femenina. Allí había tenido que aguantar impertinentes preguntas sobre el asesinato de Lorca, y, apoyándose sin duda en la autoridad reconocida de Serrano Suñer, cargó toda la responsabilidad del crimen sobre la CEDA y Ramón Ruiz Alonso (cuyo nombre, sin embargo, no cita directamente):

> Lo indudable es que no puede atribuirse a la Falange la muerte de Lorca. En casa de dos falangistas permaneció escondido, en espera de salvar los confusos primeros pasos de toda revolución. El hermano de Luis Rosales, poeta, era jefe provincial de las Milicias granadinas.*
>
> Allí encontró cobijo García Lorca. Hay quien asegura que estaba escribiendo una «Oda a los muertos de la Falange», y si esta leyenda tuviese una base real, bueno sería que nos lo dijese el magnífico Luis Rosales, que de toda esta historia sabe mucho.** Fueron unos milicianos de derechas, al mando de un diputado de la CEDA, posteriormente firmante del manifiesto monárquico, quienes, aprovechando la ausencia del jefe de Milicias y de su hermano, se llevaron a Federico García Lorca hasta los fusiles de la Guardia Civil, porque la CEDA nunca ha tenido gallardía para decisiones terminales, aunque no puede decirse que le faltase para otros menesteres más siniestros, como fusilar al sargento Vázquez y no a Pérez Farrás,*** o poner pegas al acta de diputado de José Antonio... esta oprobiosa estupidez se la debemos a los muchachos de la catastrófica CEDA.[73]

---

* Como hemos visto, José Rosales nunca fue jefe provincial de la Falange granadina.

** Aclaramos en su momento que Lorca no escribió el alegado poema dedicado a los muertos de la Falange.

*** El sargento Diego Vázquez fue fusilado por su participación en la revolución de octubre de 1934. Al comandante Enrique Pérez Farrás, condenado en las mismas circunstancias, le fue conmutada la pena de muerte por la de reclusión perpetua.

El único detalle imprevisible de la diatriba de García Serrano contra la CEDA era su afirmación de que Lorca fue fusilado por la Guardia Civil.

Nunca se había formulado tal acusación en la España de Franco, que sepamos, y no cabe duda de que debió de provocar el disgusto del cuerpo, ajeno, en cuanto tal, a la muerte del poeta.

Doce años más tarde (y diez después de la carta de Ridruejo a Gabriel Arias Salgado), García Serrano volvió a la carga, publicando el 7 de mayo de 1965, en *ABC*, un artículo titulado «Nota para Madame Auclair», tan torpe como descortés, en el cual repitió una vez más la versión oficial de la muerte del poeta:

> Aquel error por el que tanto hemos pagado todos no puede ser atribuible más que a la confusa crueldad de una guerra civil que entonces nacía. Los hermanos Rosales, y sus camaradas, hicieron lo posible por un rescate que tantas veces fue imposible en el lado contrario, sin que nadie chistase.[74]

La escritora francesa, íntima amiga de Lorca, se encontraba entonces en España recogiendo materiales para su libro sobre el poeta, y la antipatía que le ocasionaba el régimen franquista era bien conocida.

En el mismo lugar García Serrano informaba a sus lectores que *La Estafeta Literaria*, en un reciente número, «precisaba muchos detalles [...] dados por plumas extranjeras —Paul Werrie y Saint-Paulien— sobre las circunstancias de la muerte de Lorca».

Un artículo anónimo de *La Estafeta Literaria* había comentado, efectivamente, un trabajo de Saint-Paulien, muy mediocre, sobre el asunto, copiado casi totalmente, sin reconocerlo, del libro de Jean-Louis Schonberg, *García Lorca. L'homme-l'oeuvre* (1956).*

---

* Saint-Paulien, «Sur la vie et la mort de Federico García Lorca», en *Cahiers des Amis de Robert Brasillach*, Lausanne, núm. 10 (Navidad de 1964), pp. 7-10.

Del escritor Paul Werrie el artículo no decía apenas nada.*

Reproducimos a continuación algunos párrafos del insidioso escrito —cuya autoría fue atribuida por Dionisio Ridruejo al propio director de la revista, Juan Aparicio—,[75] como último ejemplo de la falta de honradez intelectual mostrada por dicha publicación estatal cada vez que se trataba de la muerte de Lorca:

> Nuestro entrañable Federico García Lorca, el poeta en Nueva York que clama contra la anglosajonización de lo hispánico [¿?] —lo cual es más trascendente que su pintoresquismo grato a los buscadores de lo *typical Spanish*—, tuvo la dicha de vivir intensamente, de conocer el éxito en plena juventud y de ser amado de los dioses.
>
> También tuvo la desgracia de que pasiones oscuras segaran su vida cuando su garganta estaba llena de promesas, gestando versos que ya no pudo decir. Y tras su muerte alevosa, a manos de los «medios seres», su fama corrió como un reguero de pólvora por las Europas y Américas dudosas y torcidas. El pobre Federico, de la noche a la mañana, convirtióse en héroe antifascista, en genio inmolado por los fascistas de Granada [...].
>
> Pero también hay eruditos obstinados en decir la verdad histórica. En Francia, por lo que a Lorca respecta, esa verdad ha sido puesta de relieve por muchos. Últimamente, Paul Werrie y Saint-Paulien.
>
> Saint-Paulien, buen lorquiano,** se documentó profusamente en España, hablando con personas de todas las ideologías que trataron a Lorca o fueron sus amigos íntimos. La leyenda de su muerte —dice— «es una mixtificación tan prodigiosa como la de "La Zapatera"».

---

* M. Werrie tuvo la amabilidad de enviarnos una copia del único artículo suyo al que podía referirse *La Estafeta Literaria*. No alude para nada a la muerte del poeta (Paul Werrie, «García Lorca a reparu sur scène à Madrid», *Écrits de Paris*, febrero de 1961, pp. 91-95).

** En absoluto consta que fuera tal.

Lorca —escribe Saint-Paulien aduciendo múltiples pruebas— fue políticamente inocuo, no se comprometió con la
República, pese a que esta financiara La Barraca, y en sus últimos tiempos mostró simpatía e interés por la Falange. José
Antonio le ofreció un cargo importante.* Pero Federico se
inhibe y se limita a cultivar la amistad de falangistas notorios,
como Iturriaga** y los hermanos Rosales [...].

Saint-Paulien utiliza los datos por él reunidos, cita a los
biógrafos de Federico, González Caballero [sic] y J. L. Schonberg, acude a las cartas de Lorca publicadas en la bogotana
Revista de las Indias.

Cosas sabidas Saint-Paulien las analiza, las resucita, las
describe con toda la atrocidad —material y psíquica— de las
vidas pasionales, muertes pasionales, crímenes pasionales.
Tengamos nosotros la piedad de no mezclar ni confundir estas cosas con el crimen político, que nunca existió.[76]

Un año después, en el otoño de 1966, la Editorial Codex de
Buenos Aires inició la publicación de una serie de fascículos se-
manales ilustrados sobre la Guerra Civil, redactados, toda vez
que se iban a vender en España, desde una óptica favorable al
régimen de Franco.

El décimo episodio de la serie, titulado *Andalucía: confusión
y tragedia*, apareció en los quioscos a principios de noviembre.[77]
Dedicado en su mayor parte al *putsch* de Queipo de Llano en
Sevilla, consagraba también varias páginas a la muerte de Lorca.
La información sobre la misma procedía de la breve síntesis so-

---

* Escribe Saint-Paulien (p. 8): «Existe una correspondencia entre
Lorca y José Antonio, y una de las cartas del supuesto "Aragon español"
[o sea Lorca] al jefe de la Falange empieza por "Mi gran amigo".» Nos
gustaría sobremanera saber de dónde procede esta información, en
absoluto fidedigna. Si existiera tal correspondencia, la Falange habría sido
la primera interesada en darla a conocer.

** No hemos encontrado indicación alguna de que el falangista
granadino Enrique de Iturriaga, de quien hay que suponer se trata, fuera
amigo de Lorca.

bre el caso, plagada de errores, ofrecida por Hugh Thomas en la primera edición de su famoso libro sobre la contienda de 1936-1939. No había, por tanto, mención alguna de las horas pasadas por el poeta en el Gobierno Civil granadino.

Lo inesperado era el comentario atribuido al ex embajador de la República en Londres, Ramón Pérez de Ayala. El editor decía no concederle mucho crédito, añadiendo que lo daba a conocer como ejemplo de los múltiples rumores que circulaban todavía en torno al asesinato. Pero el verdadero objetivo pudo ser el ataque directo a... Rafael Alberti:

> García Lorca, que, por sus vinculaciones con las izquierdas, se había refugiado, temeroso, en casa de su gran amigo el poeta falangista Luis Rosales, apenas salía de su refugio.* Cuando lo hacía, era atentamente observado por los exaltados milicianos nacionalistas, que miraban con recelo a Federico. Parece que en una de estas salidas fue preguntado por los milicianos adónde iba. Lorca contestó que a entregar unas cartas para unos amigos y familiares que estaban en la zona republicana, y que un mensajero conocido se había ofrecido a llevar. Los milicianos, probablemente falangistas, aceptaron la versión con cierta incredulidad. Días después, por la radio de Madrid, se escuchó la voz de Rafael Alberti recordando al gran «poeta republicano Federico García Lorca, que se encontraba prisionero de los traidores rebeldes, pero que no había perdido su fe en el triunfo, y por eso había enviado a sus amigos de Madrid unos versos que acto seguido iba a leer ante el micrófono». En efecto, Alberti dio lectura a unos versos tremendos en los que se insultaba con los vocablos más soeces a los jefes sublevados, poesía evidentemente no imputable a Lorca, siempre correcto y elegante de expresión. Tenían, por el contrario, aquellos versos, la factu-

---

* Los hermanos Rosales nos aseguraron que Lorca jamás, ni una sola vez, puso los pies en la calle durante su semana con ellos. ¿Cómo iba a hacerlo en circunstancias tan peligrosas?

ra de Alberti, quien terminó la audición agradeciendo a Lorca el envío de sus versos y haciendo votos por su pronta liberación.

Parece que los milicianos y falangistas, que desde la zona granadina escucharon la emisión, se encolerizaron contra García Lorca, considerándose burlados por él [...].

Esta supuesta actitud de Lorca habría desencadenado la iracundia de sus fanáticos acusadores, quienes le dieron muerte en un entrevero de desorden y terror que nunca pudo, con certeza, aclararse [...].[78]

La airada reacción de Alberti no se hizo esperar, y demandó enseguida ante los tribunales a la casa Codex, explicando a los medios de comunicación que estuvo escondido en Ibiza hasta el 15 de agosto de 1936, cuando fue liberada la isla por la expedición del capitán Alberto Bayo Girón. Difícilmente habría podido llegar a Madrid antes de la muerte de Lorca.

El asunto fue tratado ampliamente en la prensa española, y aunque muchos periodistas de derechas tuvieron la sensatez de desmentir la acusación contra Alberti, otros hubo que la aprovecharon para arremeter contra el poeta comunista.

El domingo 6 de noviembre de 1966 *ABC* publicó un homenaje al poeta con motivo del trigésimo aniversario de su asesinato. Se encargó el artículo de fondo a José María Pemán, quien, al hablar de la trayectoria poética de Lorca desde la «magia musical al hecho social», se refirió de paso a la vida del poeta «estúpidamente tronchada», pero sin aludir para nada a la represión de Granada, responsable de la desaparición de miles de seres. Pemán seguía en sus trece.

La referencia más previsible a la muerte del poeta se encontraba en el artículo de Edgar Neville, «La obra de Federico, bien nacional». Era lo de siempre, los equiparables crímenes de «descontrolados» en ambos bandos:

A Federico le mató el desorden de los primeros momentos, cuando los malvados de cada grupo aprovecharon el barullo para saciar su instinto y vengarse de sus enemigos o del éxito ajeno. Fue un crimen pueblerino, casi se puede decir que personal, como lo fueron en el otro lado el de millares de inocentes, algunos de ellos poetas, también autores, escritores que nada tenían que ver con la política ni querían saber nada de ella.

Refiriéndose a los «malvados» responsables de la muerte de Lorca, Neville continuaba: «Parece ser que una parte de los culpables han muerto ya, pero quedan otros que esquivan el bulto cada vez que se intenta sacarles a la vergüenza pública.»[79]

Eran palabras innobles, necias, vacuas, cobardes. ¿Cómo no iban a «esquivar el bulto» en la España de Franco los responsables no solo del asesinato de Lorca sino del de muchísimos miles de víctimas a lo largo y ancho del país durante y después de la guerra?

Entretanto, Ramón Ruiz Alonso no decía ni pío. Durante nuestras entrevistas por esas fechas nos confió que iba a contar él mismo toda la verdad sobre su intervención en la detención del poeta. El libro se titularía *Así se escribe la historia*, y a lo mejor lo publicaría en el extranjero... o lo dejaría para la posteridad. A Molina Fajardo le contó lo mismo unos años después. Pero no consta que lo redactara. Su hija Emma Penella le dijo a Gabriel Pozo que su padre, con su «prodigiosa memoria», tenía los apuntes en la cabeza, pero solo en la cabeza. Una lástima.[80]

Transcurrieron seis años desde el «homenaje» de *ABC* sin que apenas hubiera más referencias en la prensa española a la muerte del poeta. Entretanto había aparecido en París, en el verano de 1971, la primera edición de nuestro libro *La represión nacionalista de Granada de 1936 y la muerte de Federico García Lorca*, editado por Ruedo Ibérico y prohibido enseguida en España.

En 1972 estalló en Madrid una aguda controversia sobre la autoría del asesinato del poeta. El 23 de marzo tuvo lugar ante el Teatro de la Comedia, en la calle del Príncipe, una importante concentración falangista. Se trataba de conmemorar, con la colocación de una lápida en la fachada del coliseo (hoy desaparecida), el acto de constitución de la Falange Española de las JONS, celebrado allí en 1933. Daba la casualidad de que en el Comedia se representaba entonces *Yerma*, coincidencia que no pasó inadvertida. Al día siguiente el periodista Luis Apostúa comentaba en el diario católico *Ya*:

> Otros actos políticos de importancia fueron la toma de posesión, como consejero de Estado, del arzobispo primado monseñor González y el descubrimiento de una lápida conmemorativa del acto fundacional de la Falange Española en la fachada del Teatro de la Comedia, donde ahora se representa una obra de Federico García Lorca. El retorno a la escena activa de Falange es bien visible.[81]

Era obvia la alusión, en la última frase, a una participación de la Falange en la muerte del poeta. Esa misma tarde el director del diario *El Alcázar*, Antonio Gibello, recogió el guante. En su artículo «informó» a Apostúa que Lorca, amenazado por jóvenes militantes de Acción Popular, se había refugiado en casa de un amigo falangista; acusó a la CEDA de la muerte del poeta; y terminó mentando a Ramón Ruiz Alonso y el diario donde había trabajado en Granada (*Ideal*, no olvidemos, era propiedad de la Editorial Católica, que también controlaba *Ya*).[82]

A la mañana siguiente, 25 de marzo, el diario falangista *Arriba* sumó su protesta,[83] mientras que, desde *Ya*, Luis Apostúa gritaba su inocencia. ¿Cómo era posible que los falangistas hubiesen visto en sus palabras un inexistente doble sentido?:

> ¿Qué tiene que ver una cosa (1972) con la otra (1936)? El retorno a la vida política activa de los grupos falangistas lo hemos registrado —con interés y aplauso— en otras ocasiones, porque creemos que el porvenir de España depende del funcionamiento, a la luz del día, de los equipos auténticos.

Además, insistió Apostúa, no podía él culpar a la Falange de la muerte del poeta sabiendo «desde hace muchos años, la verdad»:

> Para que vea el articulista que conozco la verdad y él no, le hago una pequeña rectificación: la persona o personas a las que califica de miembros de las JAP (que en esa fecha ya no existían) no pertenecían ni pertenecieron nunca a ella. Y en cuanto a su vinculación con el diario de allí, se le garantiza al comunicante que tampoco es verdad. Esa alusión es injusta, injuriosa y hasta puede ser calumniosa.[84]

Al día siguiente un editorial de *Ya* alegaba, sin rubor, la total incomprensión del diario ante las acusaciones de Gibello.[85]

El 27 de marzo, este disparó sus últimas flechas desde las murallas de *El Alcázar*. Aceptaba, dijo, las aclaraciones de Apostúa, pero aún le quedaba una pregunta: Si realmente sabía quién había matado a García Lorca, ¿por qué callaba su nombre?

> ¿Por qué, si don Luis Apostúa conoce la verdad desde hace muchos años, no se ha apresurado a proclamarla íntegramente? ¿Acaso no tienen derecho a conocer esa verdad los lectores de *Ya*? ¿No va esta actitud de ocultación contra lo que tantas veces y tan acertadamente se aconseja y pide en las mismas páginas de *Ya*?[86]

Se comprende que, entre tantas acusaciones y contraacusaciones, alguien pensara en pedirle su opinión a Luis Rosales. El 29 de marzo *ABC* publicaba la siguiente carta:

> Señor director de *ABC*:
> Mi querido amigo: Exhortado por el artículo del ilustre periodista don Emilio Romero, aparecido en el periódico de su dirección, *Pueblo*,[87] para que dé mi testimonio público y personal sobre la muerte de Federico García Lorca, quiero decir:

Que este doloroso acontecimiento ha influido de manera decisiva en mi vida y en mi modo de ser. A él le debo mi experiencia más radical. Por consiguiente nada he deseado más desde el año 36 hasta ahora como hacer dentro de España una declaración completa e incondicionada de aquellos hechos, como hice más de una vez fuera de mi país.

Agradeciéndole mucho la publicación de estas líneas, le saluda cariñosamente: Luis Rosales.[88]

La carta ponía en evidencia, una vez más, que era todavía imposible publicar en España «una declaración completa e incondicionada» sobre la muerte de García Lorca.

A lo largo de los siguientes tres años, sin embargo, con la decadencia de Franco, la situación iría cambiando. Además, ya estaba por salir a la calle un trabajo cuya aparición significaría un importante paso adelante en el conocimiento, en España, de los hechos: el libro *¿Así fue? Enigmas de la guerra civil española*, de José Luis Vila-San-Juan. Aunque impreso en 1971, no salió a la venta hasta abril de 1972. En el capítulo «¿Quién mató a García Lorca?» el autor describía los últimos días del poeta basándose en las investigaciones de Brenan, Marcelle Auclair y nosotros. La gran novedad del trabajo estribaba en que, por vez primera en España, se dejaba claramente asentado que los culpables de la muerte de Lorca no fueron unos «incontrolados» actuando por su cuenta sino las autoridades rebeldes granadinas. Vila-San-Juan hacía constar, además, que José Valdés Guzmán fue «camisa vieja» de la Falange, desmontando así el bulo de que ningún militante de la organización había participado en la muerte del poeta.

Aquel mes de mayo, nuestro mencionado libro sobre la represión granadina y la muerte de Lorca fue galardonado en Niza con el Premio Internacional de la Prensa, otorgado por las publicaciones *Newsweek, Der Spiegel, Triunfo* —la heroica revista española dirigida por José Ángel Ezcurra—, *Le Nouvel Observateur, L'Espresso, Nin* y *The Observer*. Con semejante publicidad era evidente que, en adelante, el régimen franquista no podría seguir negando con facilidad el carácter «oficial» de la muerte de Lorca, ni su inserción en un contexto de fusilamientos en masa.

Indicio de una actitud más sensata fue la entrevista con Luis Rosales dada a conocer en el diario madrileño *Informaciones* el 17 de agosto de 1972. En ella pudo contar por fin, en España, su versión de lo ocurrido. Lo acompañaron unos párrafos de nuestro libro, entre ellos el pasaje donde se recalcaba que el fusilamiento fue ordenado por el comandante Valdés Guzmán, gobernador civil rebelde de la ciudad.[89]

Tres días después salió en *ABC* otra importante entrevista con Luis Rosales. [90]

Otro indicio de un posicionamiento distinto fue un artículo de José María Pemán en la tercera de *ABC* correspondiente al 23 de septiembre de 1972. Se titulaba «Las razones de la sinrazón». El escrito, retorcido y difuso, giraba en torno a nuestro libro. Aunque Pemán no informó a sus lectores de que hacíamos responsables del asesinato de Lorca a las autoridades de la Granada sublevada, no a unos «descontrolados», tuvo el mérito de admitir que la obra se había redactado «con honestidad intelectual y sin pasión deformadora». Este juicio le honraba porque, a decir verdad, no salía muy bien parado en nuestra monografía.

Con la publicación en 1975, poco antes de la muerte de Franco, de sendos libros de Eduardo Castro (*Muerte en Granada: la tragedia de Federico García Lorca*, Madrid, Akal) y José Luis Vila-San-Juan (*García Lorca, asesinado: toda la verdad*, Barcelona, Planeta) quedó definitivamente difundido en España lo que desde hacía varios años se sabía fuera: que el autor de *Bodas de sangre* fue una víctima más entre miles de granadinos inocentes eliminados por una implacable máquina de terror y exterminio puesta en marcha con la intención de erradicar a todos los enemigos locales del Movimiento.

Ramón Ruiz Alonso sabía que, con la muerte del Caudillo, su situación iba a ser intolerable. Por ello decidió abandonar cuanto antes el país e irse a Las Vegas, donde vivían su hija Juli y su familia. Lo hizo en los primeros meses de 1976 y falleció allí al año siguiente, sin que su óbito tuviera resonancia alguna en la prensa española.[91] Sus restos, traídos desde Estados Unidos en 1982, yacen, sin inscripción, en la tumba de la familia Ruiz Penella en la sacramental madrileña de San Justo (ilustración 52).[92] «Tuve miedo a que alguien viera su nombre y la profanara», le explicó Emma Penella, en 2003, a Gabriel Pozo.[93]

Por una de las ironías que da la vida, la sepultura de Vicenta Lorca y sus hijas Isabel y Concha se encuentra a pocos metros en otro patio del mismo camposanto.

EPÍLOGO

¿No me encontraron?

Cuando se hundieron las formas puras
bajo el cri cri de las margaritas
comprendí que me habían asesinado.
Recorrieron los cafés y los cementerios y las iglesias.
Abrieron los toneles y los armarios.
Destrozaron tres esqueletos para arrancar sus dientes de oro.
Ya no me encontraron.
¿No me encontraron?
No. No me encontraron...

FEDERICO GARCÍA LORCA,
«Fábula y rueda de los tres amigos», *Poeta en Nueva York*

Setenta y dos años tras su asesinato a manos de los sublevados de Granada, Federico García Lorca es el desaparecido más famoso, más amado y más llorado del mundo. Parece mentira que no sepamos todavía dónde yacen sus restos. España, como Estado, no ha hecho aún los deberes con las víctimas del franquismo, a quienes representa tan cabalmente el inmolado poeta andaluz.

Solo hay un país con más fusilados en cunetas y fosas comunes que España: Camboya. Aquí superan los 115.000. Me parece una vergüenza. El PSOE, con catorce años en el poder (1982-

1996), decidió no tocar el asunto. Después de la fracasada intentona de Tejero, y respaldados por una mayoría astronómica, Felipe González y los suyos habrían podido elaborar la necesaria legislación, limpiar la nación de símbolos franquistas y luego impulsar la búsqueda y eventual exhumación de los sacrificados. Pero no se atrevieron: no era el momento, decían, había cosas más importantes que atender, era necesario evitar la confrontación, no provocar al ejército... Mejor aguardar, en fin, a que las aguas se calmasen.

Luego fue el turno del PP, del cual no se podía esperar nada en favor de las víctimas del franquismo. Escudándose detrás de la preconstitucional Ley de Amnistía de 1977, su respuesta fue, y ha seguido siendo desde entonces, la misma: no hay que «reabrir heridas». Es una magna calumnia.

Los socialistas no volvieron hasta 2004. Algo hicieron, pero poco y tarde, para enmendar la lamentable situación imperante. A finales de 2007 se aprobó, con el rechazo frontal del PP, la endeble Ley de la Memoria Histórica del Gobierno de Rodríguez Zapatero. Reelegido en 2008, el partido no impulsó con la necesaria energía la nueva norma, que encargaba a asociaciones privadas las exhumaciones. Se trataba, en palabras del abogado Fernando Magán, de una ley inútil «que no impone plazos en la ejecución de las tibias compensaciones que contempla, que deja en manos de los de siempre la retirada de los símbolos franquistas». De una ley que «ignora principios jurídicos superiores de carácter internacional, irrenunciables y que no prescriben nunca, suscritos y ratificados por el Estado Español y obligatoriamente vinculantes para el Gobierno de España». De una ley que ha resultado ser, en la práctica, «de punto final e impunidad para los crímenes franquistas, a diferencia de la derogación en Chile y Argentina». En resumen, de «una ofensa a la memoria histórica democrática y antifascista de España».

En cuanto a los restos de García Lorca y de los miles de víctimas granadinas del franquismo, Magán sentenció: «No tienen que ser buscados y exhumados por los arqueólogos a instancias de las familias, sino por orden del juez.»[1]

En 2011, en el Gobierno otra vez el Partido Popular, con mayoría absoluta, se suprimieron las pocas ayudas públicas otorgadas por el anterior Ejecutivo socialista. Mariano Rajoy, para más inri, se jactaría de no haber dedicado un solo euro al desarrollo de la ley.

Y así hasta hoy mismo.

El PSOE, en el momento de escribir estas líneas, ha asumido que el Estado Español no puede seguir faltando a su deber de recuperar los restos de las víctimas y de amparar a los familiares. El 5 de diciembre de 2017 registró en el Congreso de los Diputados una proposición de ley pidiendo la nulidad de los juicios del franquismo —algo no contemplado en la norma de 2007—, que permitiría a los afectados la restitución de su patrimonio. Los socialistas quieren que el Estado —y no como hasta ahora las asociaciones memorialistas privadas— sea el encargado de localizar las fosas y de efectuar las exhumaciones. La proposición de ley incluye sanciones a las instituciones que se nieguen a retirar símbolos franquistas, pide la retirada de los despojos de Franco del Valle de los Caídos y aboga por la creación de una «comisión de verdad» sobre la violación de los derechos humanos bajo el régimen anterior. La iniciativa, en palabras de Pedro Sánchez, significa «un auténtico compromiso con la reparación de la memoria histórica, que no es patrimonio de la derecha o de la izquierda, sino de los demócratas».[2]

Veremos si, a partir de los próximos comicios, España afronta por fin, con valentía, su máxima asignatura pendiente. Para decirlo con las recientes palabras de Jaime Romero, sobrino del sindicalista de la CNT Arsenio Martínez García, fusilado en 1936: «Mi ilusión es que un día podamos encontrar los restos de mi tío y cumplir con aquello que mi madre siempre había soñado: encontrar los restos de su hermano y poder darle una sepultura en condiciones, donde llevar flores y tener un recuerdo presente de aquel que fue una gran persona.»[3]

En cuanto al último paradero de Federico García Lorca, quizá será útil un breve resumen.

La Huerta de San Vicente

El principal propagador de la hipótesis de que los restos de García Lorca yacen en la Huerta de San Vicente, hoy Casa-Museo del poeta propiedad del Ayuntamiento de Granada, es el escritor y periodista Fernando Guijarro Arcas, autor del libro *García Lorca: lo desenterraron* (Almería, Editorial Círculo Rojo, 2016). Sin pruebas fehacientes, y con «testigos» que prohíben la revelación de sus nombres, Guijarro lleva años alegando que el cadáver fue sacado de la fosa de Alfacar dos días después del asesinato, en presencia de los padres, con el beneplácito del gobernador militar, González Espinosa —consciente del error cometido—, y vuelto a enterrar bajo el suelo de la finca familiar. Concretamente, «en la cochera que luego fue "cuarto del piano" de la Huerta de San Vicente, poniendo tiempo después encima el instrumento musical que el poeta tocaba».[4]

La familia de García Lorca ha negado repetidamente que el padre intentó, y mucho menos consiguió, recuperar los huesos. Vicenta Lorca, que regresó a Madrid desde Estados Unidos en 1954, tras la muerte de su marido, nunca quiso regresar a Granada. Falleció en 1959 sin hacerlo. Isabel García Lorca, la hermana del poeta, le contestó al escritor Gabriel Pozo cuando este le preguntó al respecto: «¿Crees que mi madre, si hubiera sabido el lugar cierto de su tumba, no habría ido a llevarle flores?»[5] Laura García-Lorca de los Ríos, hija de Francisco García Lorca y Laura de los Ríos y presidenta de la Fundación Federico García Lorca, ha afirmado en distintas ocasiones que no se recuperaron los restos de su tío. El 10 de mayo 2006 el periodista Rafa López, del diario granadino *Ideal*, recogió unas pertinentes declaraciones suyas. «Todo esto es un disparate que no tiene pies ni cabeza —enfatizó—. Federico está donde murió, nadie lo ha sacado de allí. Hay quien dice que en plena Guerra Civil mi abuelo consiguió, pagando a no sé quién, que se sacaran los restos de Federico, recién fusilado, figúrese. Es algo que cualquiera con sentido común concluye que es impensable. Y lo de Nerja es otra barbaridad: pensar que en pleno franquismo se pudieran sacar los restos es un disparate.»[6]

Con «lo de Nerja» se refería al rumor de que fueron vueltos a sepultar en el jardín de la casa que tiene la familia, desde antes de la Guerra Civil, en el pueblo malagueño.

Parece que los padres del poeta —por lo menos Federico García Rodríguez, si no Vicenta Lorca— se resistieron durante un tiempo, no sabemos cuánto, a creer que su hijo estuviera muerto. Incluso se ha aventurado la posibilidad de que los sublevados les hiciesen creer en la posibilidad de un canje futuro contra algún destacado preso de la zona «roja». Si fue así, razón de más para descartar que García Rodríguez, pagando una suma astronómica a los facciosos, lograra rescatar el cadáver de su hijo a los pocos días del fusilamiento, y sepultarlo de nuevo en la Huerta de San Vicente.

Si realmente los restos estuviesen allí —y nos parece imposible—, sería facilísimo, de todas maneras, y nada costoso, localizarlos con un georradar. Todavía, que se sepa, no se ha hecho nada en este sentido. Quizá valdría la pena, eliminando así otra persistente hipótesis sobre el último paradero del poeta, hipótesis desarrollada hasta límites rocambolescos por Manuel Ayllón en su novela *El caso Lorca. Fantasía de un misterio* (Madrid, Ediciones Doña Tecla, 2017), basada en gran parte, sin reconocerlo, en las elucubraciones de Fernando Guijarro.

¿Exhumaron enseguida al poeta los propios facciosos?

El capitán José María Nestares Cuéllar, que siguió como jefe del sector Víznar-Cogollos Vega hasta el final de la Guerra Civil, le aseguró a su hijo, el general Fernando Nestares García-Trevijano, que durante aquellos tres años no fue exhumado el poeta. No respondía de lo que hubiera podido ocurrir después.[7]

El investigador Agustín Penón casi llegó a la conclusión, sin embargo, allá por los años cincuenta del siglo pasado, de que, a pocos días del fusilamiento, las autoridades rebeldes granadinas trasladaron el cadáver a una cercana fosa común ocupada por treinta víctimas. Ello con el propósito de dificultar su futura identificación. La «información», que le transmitió su amiga Emilia Llanos, procedía de Antonio Gallego Burín, amigo del poeta, quien, como alcalde de Granada entre 1938 y 1951, hay que suponer al tanto de los hechos. Penón ya había escuchado esta versión de labios del hijo de Gallego Burín, Antonio Gallego Morell.[8]

Quizá fue así, pese a la aseveración de Nestares Cuéllar. Cuando *Ideal* publicó en 2008 las sensacionales declaraciones de Ernesto Antonio Molina Linares sobre el hallazgo, en 1986, de huesos humanos cerca del olivo de Alfacar (véanse pp. 221-223), añadió otra «revelación», debida a José Antonio Rodríguez Salas, alcalde del pueblo no lejano de Jun. Este alegaba que le había contado un ya fallecido vecino de Alfacar, Antonio García, apodado «El Matapelos», que no solo presenció el fusilamiento de Lorca, siendo adolescente, sino que, a los pocos días del mismo, el poeta fue desenterrado y trasladado a una fosa situada al lado del camino de Alfacar a Víznar, a algo más de cien metros de la sepultura original. Se ubicaba, según Rodríguez Salas, en una parcela privada aún sin edificar (ver ilustración 47).

El 8 de octubre de 2009 Rodríguez anunció en su blog que llevaba años redactando un libro titulado *El cuerpo perdido de Federico García Lorca* o *Federico y la Fuente Fría*, y que obraba en su poder mucha documentación al respecto. El blog incluía un vídeo grabado con su teléfono móvil en el cual indicaba el lugar exacto donde habrían sido vueltos a enterrar los restos del poeta: (*www.granadablogs.com/joseantoniorodriguezsalas*).

Estamos todavía esperando el libro prometido. Y no nos consta que ninguna investigación haya sido propuesta o llevada a cabo en el rodal señalado por el hipermediático alcalde de Jun. Es otra línea de investigación que pide a gritos ser acometida.

El parque García Lorca de Alfacar y Fuente Grande

¿Le mintió Manuel Castilla Blanco a Agustín Penón, en 1955 y 1956, y diez años después a quien esto escribe, al decir que enterró al poeta, al maestro Galindo González y a los banderilleros Cabezas y Galadí en el hoy Parque Federico García Lorca de Alfacar, cerca del olivo? Así lo afirmó en 2016, con rotundidad, el periodista Gabriel Pozo: «Manolillo *el Comunista* nos aseguró en el Bar Fernando del Realejo que el lugar de la fosa se lo había inventado cuando guio a Penón en 1955, y que siguió manteniendo la mentira a Gibson, y otros muchos hispanistas. Hasta que murió Franco: "Si yo no estaba en Víznar cuando fusilaron a Federico", aseguraba Manuel Castilla.»[9] Es posible que Castilla Blanco le dijera esto a Pozo, por las razones que fuesen, pero sigo convencido de que a Penón y a mí no nos engañó. Además, no me consta que repitiera lo mismo a «los muchos hispanistas» posteriores alegados por el periodista, que dudo que hubiera. De todas maneras, habrá que volver a buscar en el recinto: en los alrededores del olivo, debajo de la acequia colindante (el antiguo «barranquillo» señalado por Castilla como punto de orientación) y en el pinar situado a unos metros más allá, ya fuera del parque. También será preciso investigar la fuente monumental del parque, donde, según hemos comentado (p. 223), tal vez se volvieron a enterrar los huesos descubiertos cerca del olivo en 1986, y cuya ubicación se indicó entonces por una marca todavía localizable.

Un día habrá que inspeccionar, asimismo, el espacio recreativo abierto por el Ayuntamiento de Alfacar en el pinar situado justo enfrente del parque, al otro lado de la carretera. Allí pueden estar los restos de los fusilados cuya presencia llegaría a inquietar a los médicos de la vecindad por la posibilidad de contaminar el agua de la acequia de Aynadamar, que corre a dos pasos.

Muy cerca de este espacio está el feo bloque de apartamentos El Caracolar, levantado en los años cincuenta del siglo pasado y mencionado en el capítulo 9. Allí fue descubierto en 2014 un cráneo humano mientras el jardinero «realizaba las labores de eliminación de un tocón de árbol». La Guardia Civil fue alertada de inmediato y el cráneo se trasladó al Instituto de Medicina Legal de Granada. Desde entonces no hay noticias del mismo, ni se sabe si se buscaron los demás restos del difunto, que bien pudo haber sido víctima de la represión de 1936.[10]

No me sorprendió la noticia. Cinco años antes, el dueño de una terraza en la plaza de San Miguel Bajo de Granada me confió que sabía, como propietario de un chalet situado muy cerca de dicho edificio de apartamentos, justo frente al parque, que en aquella zona hubo fosas de la guerra. En una de ellas, insistió, el padre del poeta logró inhumarlo inmediatamente después del fusilamiento mediante el pago de 100.000 pesetas. Son las versiones orales, sin o con fundamento, que los investigadores hemos venido oyendo a lo largo de décadas, a menudo con desesperación.*

Será necesario inspeccionar también el rodal cercano, al otro lado de la carretera a Víznar, donde, como recogimos antes, se dice que hay fosas (p. 217).

En cuanto a la reciente búsqueda, incompleta e infructuosa, efectuada en el antiguo campo de entrenamiento, ubicado entre Fuente Grande y el barranco de Víznar, hemos criticado (pp. 216-217) que el equipo no tuviera en cuenta las sugerencias al respecto del mencionado Gabriel Pozo. Allí habrá que examinar, cuando llegue el momento, el extremo occidental del terreno donde, según el escritor, se encontraban los pozos a los cuales supuestamente se tiraron los cadáveres de Lorca y sus compañeros.

Los años cincuenta

El 7 de julio de 1957 Emilia Llanos le comunicó a Agustín Penón, entonces en Nueva York —donde trataba sin éxito de llevar a buen puerto su libro sobre el asesinato del poeta— una «noticia» que embrollaba aún más el asunto. Lo hizo entre líneas por si acaso fuera intervenida su misiva por las autoridades franquistas. Por ella sabemos que Penón había concebido el proyec-

---

* Lamento no haber apuntado el nombre del dueño de la terraza. El encuentro tuvo lugar en presencia de varios amigos míos, entre ellos el cantaor Curro del Albaicín y el director de RTVE Juan Sella, con quien yo trabajaba entonces en la preparación de un programa sobre Lorca para su espacio en La 2, *El escarabajo verde*.

to de comprar el «rodal» en Alfacar señalado por Manuel Castilla Blanco como lugar de la sepultura de Lorca. «Ya no nos
interesa adquirir los terrenos del olivo —le escribió Emilia—. El
que estaba allí ya no está. ¿Comprendes? Hace mucho tiempo se
supone que está en Madrid con la familia. Eso me ha contado
persona enterada. ¿Qué impresión te hace esta noticia? A mí, me
ha inquietado mucho. ¿Dónde está ahora?»[11]

¿Los restos de García Lorca en Madrid «con la familia»?
Unos días después Emilia subrayó: «Lo que te conté de nuestro
amigo parece ser cierto, la misma actitud de la familia es extraña,
no puedo decirte por carta quién me lo ha dicho, una alta persona. Sí, el sitio fue en los olivos, después lo cambiaron de sitio.»[12]

La «noticia» transmitida por Emilia Llanos —víctima «ya
hace tiempo», según le confiesa a Penón, de «una neurosis»— es
muy ambigua. La «alta persona» tan «enterada» le ha proporcionado pocos datos, al parecer, sobre lo quizás ocurrido. ¿Quién
era? Casi seguramente, se infiere, su amigo Antonio Gallego
Burín.

Otros rumores daban a entender —y siguen haciéndolo—
que los despojos del poeta fueron sacados por el régimen franquista durante los años cincuenta, quizás en relación con la publicación por la editorial Aguilar, a comienzos del verano de
1954, en un solo tomo lujoso, de la primera edición —a cargo del
casi diríamos heroico Arturo del Hoyo— de las *Obras completas* de Lorca. Iniciativa que contaba con el explícito beneplácito
de Franco, que se deduce quería mejorar con ella la imagen del
régimen. El censor había insistido, con todo, en la supresión de
algunos pasajes anticlericales de *Impresiones y paisajes* (1918),
libro inaugural del poeta, solo restituidos en la decimoctava edición de 1973.[13] En 1976 el libro póstumo del teniente general
Francisco Franco Salgado-Araujo, primo hermano del Caudillo
y jefe de su Casa Militar, *Mis conversaciones privadas con Franco*, arrojó algo de luz sobre la intervención personal del dictador
en la «reaparición» del poeta. El 5 de febrero de 1955 le preguntó
sobre el asunto de la muerte. Y contestó:

En efecto, era un gran poeta y se le fusiló en los primeros días en que estalló el Movimiento, cuando Granada estaba casi sitiada y en situación difícil. En esos momentos no se podía ejercer allí ningún control y las autoridades tenían que prever cualquier reacción en contra del Movimiento por elementos izquierdistas. Por esto fusilaron a los más caracterizados, y entre ellos a García Lorca. En la España nacional no había aún un gobierno establecido que pudiera ejercer de hecho el control y mando de toda la nación. Las autoridades estaban ocupadas por la guerra y defendiéndose de los ataques que podían venir del interior. Para juzgar aquel fusilamiento hay que ponerse en la época en que se efectuó y recordar el peligro que corría la guarnición de Granada, atacada e incomunicada del resto de la España nacional. Para probar mi imparcialidad, no obstante haber sido muy izquierdista García Lorca, autoricé que se editaran sus obras y que se hiciese el reclamo de las mismas.[14]

No consta que fuesen las palabras exactas del Caudillo (no era una grabación), pero queda claro que, entre sus íntimos, Franco no tenía problema alguno en admitir que el poeta fue fusilado por las «autoridades» granadinas sublevadas y no, como había dicho en su entrevista de 1937, aparecida en México y luego reproducida en España, por elementos incontrolados. Dar su autorización para las *Obras completas* de Aguilar era una decisión políticamente inteligente que poco tenía que ver con su «imparcialidad». Ante la opinión mundial podría ahora ufanarse, al contrario, de magnanimidad.

Sabemos por Arturo del Hoyo que el contrato con Aguilar se firmó el 19 de mayo de 1952, en vísperas de la vuelta a España de Vicenta Lorca, su hija Concha y los hijos de esta.[15]

Como es evidente, hubo una negociación con los herederos del poeta, encabezados, hay que suponerlo, por Francisco García Lorca, para que se permitiera la publicación de aquella costosa edición, que luego tendría numerosas reimpresiones y sería fuente de astronómicos ingresos para la familia. Según el propio

Arturo del Hoyo, las dos primeras tiradas fueron de 20.000 ejemplares cada una, la tercera y la cuarta de 30.000. Habría más de veinte. En cada una se irían añadiendo más materiales, más información y más bibliografía hasta que el tomo original se convirtió en dos, luego en tres. Se trataba de un extraordinario fenómeno editorial.[16]

Hay indicaciones de que José María Pemán medió entre Franco y los García Lorca para que se llegara a un acuerdo. Gabriel Pozo, sin aportar documentación al respecto, ha escrito: «El poeta favorito del régimen franquista y asesor personal del Caudillo, José María Pemán, fue encargado directamente por el jefe del Estado en 1955 [sic] para que consiguiera atraerse a la familia García Lorca hacia su causa. Su fin era doble: convertir a Federico en un caído más por Dios y por la Patria y desenterrarlo para trasladar sus restos al Valle de los Caídos.»[17] Se deduce que los contactos se iniciaron unos años antes, toda vez que el contrato se firmó, como acabamos de ver, en 1952. Quizá los diarios de Pemán, todavía inéditos, contienen información al respecto. Es otro hilo que habría que seguir.

¿Ofreció Franco realmente exhumar los restos de Lorca y enterrarlos en el Valle de los Caídos a cambio de permitir la publicación de las *Obras completas*, con la finalidad de evitar que un día, si se encontraba su último paradero en Granada, este se convirtiera en lugar de multitudinaria peregrinación «roja»? Si fue así, la propuesta se rechazó. Nunca aclararon públicamente el asunto, que sepamos, Francisco e Isabel García Lorca, tampoco Manuel Fernández-Montesinos García, hijo de Concha García Lorca y el malogrado alcalde de Granada. Sea como fuera, en la Granada de 1965 y 1966, se hablaba con insistencia de la visita de policías enviados desde Madrid unos años antes con la misión de descubrir «la verdad» sobre el caso Lorca. Miguel Rosales Camacho fue uno de los entrevistados. Nos dijo que llegó una comisión de la Dirección General de Seguridad cuyos componentes no sabían absolutamente nada de nada de lo ocurrido con el poeta.[18] Incluso se comentaba la llegada de un misterioso coche oficial cuyo objeto era llevarse los restos.[19]

Este aspecto del «caso Lorca» merece ser investigado con todo rigor, contando con el apoyo del Estado

Marcelle Auclair: un estorbo para el régimen

Marcelle Auclair llegó a constituir un considerable problema para el régimen de Franco. No se trataba de una escritora cualquiera: tenía mucho prestigio en Francia, era católica y autora de una importante biografía de Santa Teresa. Amiga de Lorca, admirada por el torero Ignacio Sánchez Mejías, con muchos contactos en España, quería aportar luz sobre las circunstancias que rodearon la muerte del poeta. A través de la embajada española en París pidió permiso al Ministerio de Gobernación para poder ver el expediente sobre el caso que, según su información, se conservaba allí. No había tal, pero el Ministerio, entonces dirigido por Camilo Alonso Vega, decidió abrir uno. El documento (Expediente de Ministerio de Gobernación, número 9, 1965) obra —u obraba— en el Archivo Histórico Nacional, y en 2015 fue dado a conocer, en parte, por la Cadena Ser. Incluía la correspondencia cruzada entre Alonso Vega y el ministro de Asuntos Exteriores, Fernando María Castiella, quienes decidieron no facilitar información alguna a Marcelle Auclair. «¡Peor es meneallo!», fue la recomendación del primero.[20]

Lo más interesante de esta documentación es la «Nota Informativa» sobre los «Antecedentes del poeta Federico García Lorca», redactada por la Jefatura Superior de Policía (3.ª Brigada Regional de Investigación Social), fechada en Granada el 9 de julio de 1965. No lleva firma. Va dirigida al Gobernador Civil de Granada, para su traslado a Madrid. Se basa en versiones orales, contiene errores de bulto y quizás hay la intención de silenciar ciertos hechos. Pero no deja lugar a dudas acerca del fusilamiento «oficial» del poeta, algo que en la España de Franco en absoluto se podía admitir públicamente. He aquí sus párrafos esenciales:

SANTORAL DEL DIA

MARTES, 18 DE AGOSTO

Santos Juan, Crispo, pbs.; Agapito, Hermas, Serapión, Polieno, Lauro, Julián, Floro, León, mrs.; Fermín, obispo; Clara de Montefalco, vg.; Elena, emperatriz.

IDEAL

AÑO V   Granada, martes 18 de agosto de 1936   NUM. 1.206

EL TIEMPO QUE HACE

DATOS DE CARTUJA

Temperaturas registradas en el día de ayer: Máxima, 36 grados, a las 15 horas; mínima, 16.2 grados, a las 5'30. A las 18.30, 14 grados. Presiones relativamente bajas. Tiempo probable: Vientos dominantes del tercer cuadrante y cielo despejado o casi despejado.

Redacción: Teléfono 1744   Tendillas de Santa Paula, 6   Administración: Teléfono 1747

Se confirma la unión de Cartagena al movimiento

Boletín del día

La noticia es cumbre. Y podemos ya darla como cierta. Cartagena se ha unido al movimiento nacional. Y ha triunfado. La Base Naval ha conseguido hacerse dueña de la situación. A última hora de la madrugada ha captado la emisora de Artillería, según decimos en el lugar correspondiente, las noticias de una emisora particular de Cartagena. El conducto, como se ve, no ofrece lugar a dudas. Pero hay más. Berlín ha dicho que recibió la noticia por los barcos italianos y alemanes. Roma lo ha confirmado también. Esto de los barcos es plenamente convincente. Lo mismo ocurrió en Valencia. Lo dijeron los barcos a Londres. Ni Sevilla ni nadie pudo tener noticias por otro conducto. Y, sin embargo, fue verdad, porque el Gobierno de Madrid no salvió los Regimientos valencianos y alicantinos. No hay que ponderar la importancia de la unión de Cartagena. Radio Club Portugués, en su habitual resumen, lo hace con gran acopio de datos y argumentos. La emisora de Lisboa dice que no ha podido confirmar directamente la noticia. La ha confirmado la de Artillería de Granada. Digamos aquí, por la proximidad geográfica, que Coruña ha comunicado la unión al movimiento de la Guardia civil de Alicante, que saltó a efectuar un servicio con las milicias. Coruña no dice más. Pero es posible que haya ocurrido algo parecido a lo de los guardias civiles de Jaén y de Murcia que llegaron a Granada. No es extraño. Es demasiado noble el prestigio de ese uniforme para alternar con ciertas compañías.

El frente de San Sebastián y Bilbao es el de mayor actividad. Andoain, a 14 kilómetros de San Sebastián, ha sido ocupado. Irún lo está también casi totalmente. Las estaciones marxistas dijeron que los fuertes de Guadalupe y San Marcos estaban haciendo intenso fuego de defensa de Irún. Después comunicaron que el fuego había cesado. Pero omitieron la causa: la toma de ellos por el Ejército. El alcalde y los concejales de Irún se han presentado en Tolosa y han reconocido explícitamente al Gobierno de Burgos. ¡Buenos previsores del porvenir! Casi toda la población de Fuenterrabía ha huido a Francia ante la proximidad del peligro. San Sebastián, en Bilbao, ha sido ocupado. Parece que esta ciudad se va a rendir antes de lo que se creía. Un detalle: París ha comunicado que una casa comercial francesa dice a Indalecio Prieto que le tenía preparado el avión pedido. Y Prieto contestó que se le llevaran a Bilbao. Por lo que afecta a Asturias, no hay cuidado. Aranda dice que no hay allí ningún conflicto y que la situación es satisfactoria. En Sevilla se han ocupado por el Ejército Navas de la Concepción y San Juan del Puerto. La conquista más importante ha sido la de Aznalcollar, el famoso pueblo trianero donde no hace mucho se registró un verdadero combate entre fascistas y marxistas.

Novedad internacional. Las noticias que teníamos sobre los propósitos de Madrid de solicitar la intervención mediadora de algunas potencias extranjeras han tenido confirmación. Uruguay ha enviado una nota a las Cancillerías hablando de eso. ¿Tendrá resultado? Podemos decir que no. Quepo de Llano y Mola han dicho que no habrá pacto ni nada. Lo único procedente es la rendición sin condiciones de quienes están ya definitivamente perdidos. El vencedor no pacta. Lo más que hace es poner condiciones. Y dudamos que los marxistas se merezcan este honor.

Ha sido cumplida sentencia contra el general Campins

En Sevilla, según comunicado de aquella Comandancia Militar

La «Hoja Oficial del Lunes» de Sevilla, publicada ayer, 17, inserta la siguiente nota de la Comandancia Militar:

«En las primeras horas de ayer quedó cumplida la sentencia de muerte dictada en juicio sumarísimo contra el general de la plaza de Granada señor Campins, que mandaba las fuerzas granadinas en los momentos iniciales del movimiento militar salvador de España.»

SUSCRÍBASE USTED A «IDEAL»

Se ha captado esta madrugada una estación particular de aquella ciudad. Berlín recibe la noticia de los barcos alemanes e italianos

ANDOAIN, A POCOS KILOMETROS DE SAN SEBASTIAN, OCUPADO. IRUN LO ESTA TAMBIEN CASI TOTALMENTE

Santurce, tomado. Parece que Bilbao se va a rendir antes de lo que se creía. Prieto tiene preparado un avión

Uruguay propone a las cancillerías la intervención como mediadores en España, para que termine la lucha. Lo ha pedido Madrid

La estación de Radio del cuartel de Artillería, dirigida por el señor López Font, ha captado a última hora de la madrugada las noticias de una emisora particular de Cartagena, que confirman plenamente la unión al movimiento militar de esta Base naval. La emisora decía que las fuerzas se habían hecho dueñas de la población. Las estaciones de Roma y Berlín también lo confirman.

SE APRIETA EL CERCO DE SAN SEBASTIAN

Una de las columnas que siguían a San Sebastián ha tomado el Monte Guadalupe, pueblo a poco más de media posición, puesto que se trata de una elevación que domina la ciudad. Según las partes facilitadas por las fuerzas que operan en aquel frente, San Sebastián no podrá resistir durante mucho tiempo.

OCUPACION DE ANDOAIN

LISBOA.—A la una de esta madrugada Radio Paredes dio la noticia de que las tropas nacionales habían ocupado Andoain, a catorce kilómetros de San Sebastián.

LOS CONCEJALES DE IRUN RECONOCEN A BURGOS

TOLOSA.—Se presentaron en esta

El entusiasmo popular de los granadinos se manifiesta en todo momento y con el menor pretexto. Durante el concierto de la Banda Municipal, el domingo por la noche, en el Campillo, el público hizo repetir un sinnúmero de veces los himnos de la Legión y Falange y todos saludaban y proferían gritos entusiásticos de ¡Viva España!

ciudad el alcalde y los concejales de Irún. Se sometieron a las autoridades militares y reconocieron al Gobierno de Burgos.

IRUN ESTA DOMINADO POR NUESTRAS TROPAS

LISBOA, 18 (1.30 m.).—Las noticias marxistas decían que las fuerzas de Guadalupe y San Marcos no cesaban en su fuego contra las tropas que avanzaban hacia Irún. Después dijeron que ese fuego cesó. Claro que no se añadían que cesó porque esos fuertes habían caído en poder de los nacionalistas, como es la realidad.

Con la posesión de esos fuertes Irún queda dominado totalmente por la columna del coronel Deogracias, que posee además los alrededores de la localidad. La parte de Irún que está en poder de los comunistas no tiene luz eléctrica.

LOS DE FUENTERRABIA SE MARCHAN A HENDAYA

BAYONA.—Noticias de esta ciudad dan cuenta de que los vecinos de Fuenterrabía han evacuado la ciudad ante el avance del Ejército. Han marchado a Hendaya. Se cree que en la misma semana están ocupada por las fuerzas nacionalistas.

BILBAO ESTA EN SITUACION CRITICA

LISBOA, 18 (1.30 m.).—Las noticias que se tienen de Bilbao acusan la crítica situación en que se encuentra la capital. La proximidad de las tropas nacionales se oculta cuidadosamente por las autoridades, que no cesan de pedir socorros a Madrid.

Han recogido los aparatos de radio y al que se le han dejado le han hecho la conminación de imponerles multas de 2.000 pesetas la primera vez, 4.000 la segunda y fusilarlo la tercera si capta alguna estación del Ejército.

Radio Coruña ha dicho que la Guardia civil de Alicante, que saltó con milicias de la ciudad, hizo fuego

CINCO MILITARES CONDENADOS A LA ULTIMA PENA

A uno le fué conmutada la pena por la de reclusión perpetua

En la madrugada de hoy se ha cumplido la sentencia de los Consejos de guerra de ayer, en que se condenó a pena de muerte a tres oficiales y dos suboficiales.

A uno de los oficiales se le ha conmutado la pena de muerte por la de reclusión perpetua.

contra ellas y se unió al movimiento militar.

HA SIDO OCUPADO SANTA AMALIA

LISBOA, 18 (1.30 m.).—La columna del comandante Castejón ha ocupado Santa Amalia, en donde habían hecho alguna resistencia los últimos elementos rebeldes de Extremadura.

OCUPACION DE DOS PUEBLOS

Fuerzas del Ejército y Falange han ocupado los pueblos de Navas de la Concepción y San Nicolás del Puerto, causando numerosas bajas a los rojos.

AZNALCOLLAR TAMBIEN EN POSESION DEL EJERCITO

Una columna de tropas salida de Sevilla, ocupó también el pueblo de Aznalcollar. En este lugar se había hecho fuertes algunos núcleos de mineros de Riotinto que, abandonaron grandes cantidades de explosivos huyendo hacia las minas.

URUGUAY QUIERE MEDIAR

MONTEVIDEO.—El Gobierno del Uruguay ha dirigido una nota a las Cancillerías sobre mediación para la guerra de España. El ministro de Negocios Extranjeros ha dicho que la acción mediadora podía centralizarse en Washington o en alguna otra capital americana. El texto de la nota del Uruguay se desconoce. Esto confirma lo que ya dijimos hace días de que el Gobierno de Madrid gestionaba la mediación de algunas potencias extranjeras.

PERPIGNAN.—Informan de Cataluña que la Generalidad cesaría en las hostilidades contra el Gobierno de Burgos, si éste estuviera dispuesto a respetar la autonomía catalana. Este telegrama es de la Agencia Havas.

PRIETO TIENE PREPARADO EL AVION

Radio París ha afirmado que una casa comercial francesa había enviado un «radio» a Prieto diciéndole que tenía preparado el avión que había pedido. Prieto contestó que lo llevasen a Bilbao donde tenía preparado el lugar para guardarlo.

NO HAY DIFICULTADES EN ASTURIAS

Según noticias facilitadas por el coronel Aranda al que mando, la situación de Asturias es totalmente satisfactoria. Las fuerzas de la ciudad realizan frecuentes salidas para castigar a algunos núcleos reducidos de marxistas. No hay ningún conflicto —dice el coronel Aranda—, pues los rojos están completamente desmoralizados. Siguen avanzando las columnas que salieron de Galicia al mando del general Cavalcanti, que han infligido duros castigos a los marxistas que se han encontrado a su paso.

BOMBARDEO SOBRE MARXISTAS

LISBOA.—Varios aviones de la base de Tablada han bombardeado una

33. La entrada al Palacio de Cuzco, en Víznar, cuartel general del capitán José María Nestares Cuéllar y sus fuerzas falangistas. (Fotografía de Ian Gibson, 1966.)

34. Fosa común en el barranco de Víznar, en 1966. (Fotografía de Ian Gibson.)

35. La Colonia, en Víznar, viejo molino convertido por los sublevados en improvisada prisión para los condenados a muerte. Aquí pasó García Lorca sus últimas horas. El edificio ya no existe pero sus restos y el terreno colindante han sido adquiridos por la Junta de Andalucía. (Fotografía de Ian Gibson, 1966.)

36. Posan delante de La Colonia de Víznar los masones traídos desde Granada el 24 de agosto de 1936 para trabajar como enterradores forzosos. En la fila de pie, el primero por la derecha es Antonio Mendoza de la Fuente, nuestro principal testigo del funcionamiento del siniestro sistema de asesinatos establecido en la zona por los rebeldes. En la primera fila, las dos jóvenes salvadas por el capitán Nestares: Alicia Comba (a la izquierda) y María Luisa Alcalde González. En medio, con la niña de la dueña del edificio, Manuel Castilla Blanco, el encargado de sepultar a García Lorca y sus compañeros de infortunio. Esta fotografía histórica fue guardada religiosamente por Castilla Blanco en su cartera casi hasta el final de sus días, en 1995, y regalada a su amigo Fernando García Noguerol. (Cortesía de Víctor Fernández.)

Año V. Número 1.208. Página 8. IDEAL Granada, jueves 20 de agosto de 1936

(Viene de la página 2).

vieran muy bien tomadas todas las posiciones en dicha capital y además no existiera la cantidad de terreno conquistado que existe entre esta población y Madrid.

IRUN CAERA HOY

Irún se encuentra totalmente cercado por las fuerzas nacionales y es casi seguro que en el día de hoy caiga en poder del Ejército.

UN SUPUESTO BOMBARDEO

Radio Valencia dice que aviones procedentes de su base habían bombardeado una columna compuesta por gran número de hombres a juzgar por los trescientos camiones en que marchaba, que se encontraba en el sur de Andalucía. Dice que esta columna era la que mandaba el teniente coronel Yagüe y que le había causado gran número de bajas.

Por su parte, Radio Portugal dice que esta noticia no es cierta puesto que Yagüe no está ni ha estado durante todo el movimiento en Andalucía, y agrega que lo que sí es probable es que se encuentre próximo a otro lugar.

Por esta noticia nos podemos dar cuenta de todas las que dan esas emisoras afectas al Gobierno de Madrid.

DOS DONATIVOS DE CINCUENTA MIL PESETAS

SEVILLA.—Se continúan recibiendo gran número de donativos con destino a las distintas suscripciones. En el día de hoy se han recibido tres importantes, uno de setenta y cinco mil pesetas y dos de cincuenta mil.

CORPORTAMIENTO HEROICO DE LA GUARNICION

El desembarco del capitán Bayo fué protegido por siete barcos, tres de ellos de guerra y cinco aviones. Al ser atacados los rojos por nuestras fuerzas, fuimos bombardeados, es cuando se vió el gran espíritu y entusiasmo de los españoles, pues a través de la metralla y al grito ¡Viva España! no cejaron hasta hacer huir a los pocos enemigos que quedaron en pie. No se nos hizo ni un herido ni un prisionero.

TOMA DE GUADALCANAL

SEVILLA.—Esta tarde, a las tres y media, fuerzas del Ejército penetraron en el pueblo de Guadalcanal, apoderándose de él, apenas sin resistencia. La canalla roja huyó cobardemente, pese a que las tropas hubieron de detenerse a la entrada del pueblo porque habían sido levantados los carriles ante el túnel emplazado cerca de la estación. Los rojos huyeron a la desbandada y las fuerzas reparada la avería, en la línea, prosiguieron su marcha. En las calles del pueblo el vecindario les hizo objeto de un gran recibimiento, oyéndose constantes aplausos y vítores.

TRES AVIONES ROJOS, DERRIBADOS

SEVILLA.—La aviación de Tablada se ha apuntado un nuevo título de gloria en su lucha con la aviación roja. Dijimos que habían sido derribados dos aviones rojos, pero no han sido dos, sino tres los que cayeron, aunque no se hayan apoderado nuestras trpas más que dos aparatos, porque el tercero aterrizó en tierra portuguesa.

El aparato que aterrizó en Portugal huyendo de nuestros aviones de caza y con importantes averías, ha sido intervenido y las autoridades portuguesas detuvieron al piloto.

Otro de los aparatos intentó, también, llegar a tierra portuguesa, pero no pudo hacerlo y aterrizó muy cerca de la frontera, por la parte de España. El piloto descendió del avión, se arrancó la guerrera y huyó a la vecina nación, corriendo desesperadamente.

El tercero de los aparatos cayó en un monte de las proximidades de Badajoz, donde está el piloto escondido. Se le busca activamente para sancionarlo como merece.

Los dos aparatos caídos en territorio español serán llevados a Sevilla.

MAS DE TREINTA MIL FUSILES RECOGIDOS EN BADAJOZ

SEVILLA, 19.—Las columnas de Badajoz llevan ya recogidos en la provincia más de treinta mil fusiles y otras armas de fuego.

EL ESPAÑOL QUE DONO SU FORTUNA

LISBOA. — «O Seculo» publica la noticia de que el español que donó toda su fortuna para el Gobierno de Burgos y se alistó, además, como voluntario en el Ejército, es un gran amigo de Portugal. Se llama don Manuel Emilio García Martínez Balandrón. Tiene veintiocho años y es natural de Santiago de Compostela, donde hizo sus estudios de Derecho. Está casado. El matrimonio tiene grandes simpatías y es muy conocido en Lisboa.

MILLAN ASTRAY, EN BURGOS

BURGOS. — Se encuentra en esta población el heroico general Millán Astray. Pronunció una alocución al público, que no dejaba de aclamarle con entusiasmo. Dijo que venía de América para unirse al movimiento salvador al grito de ¡A mí la Legión!

Manifestó el entusiasmo que había observado a su paso por los pueblos ya ocupados por las fuerzas del Ejército. Aseguró que el avance de las tropas se realiza exactamente de acuerdo a las previsiones del mando y conforme a los planes trazados.

Terminó diciendo: Españoles: pronto en todo el país se oirán los cánticos de la Legión, de los fascistas y los requetés y España entrará en una era de paz.

BOMBARDEAN EL MONASTERIO DE GUADALUPE

BURGOS.—Se reciben noticias de Cáceres dando cuenta de que algunos aviones rojos han arrojado bombas sobre el histórico Monasterio de Guadalupe. La misma Radio Castilla desmiente que haya sido fusilado el matador de toros Ortega, quien se encuentra en Gibraltar. Márquez ha podido huir a Portugal.

BOMBARDEO EN LA FRONTERA

DAVENTRY.—En la frontera francesa de Hendaya a Irún se oye un intenso bombardeo.

DIA DE ACTIVIDAD PARA LA AVIACION

BURGOS. — El parte oficial del cuartel general dice que ha sido el de ayer un día de gran actividad para la aviación nacional, que ha cumplido con toda fortuna los objetivos que le habían sido señalados.

En el Guadarrama hubo algunos ataques de las milicias marxistas, que fueron fácilmente rechazados con gran número de bajas para los socialistas.

En Guipúzcoa continúa la presión, cada día mayor, sobre San Sebastián e Irún.

Por el sur se va estrechando el cerco de Málaga.

EL PAPA RECIBE A REFUGIADOS ESPAÑOLES

Su Santidad el Papa ha recibido en Roma a más de 300 refugiados españoles, a los que dirigió la palabra, hablándoles de la importancia que tiene el actual movimiento para la civilización y el Catolicismo.

EL BOMBARDEO DE SAN SEBASTIAN

BERLIN. — En San Sebastián sigue la lucha. Fué bombardeada la ciudad desde mar y tierra. Parece que las baterías rojas han sufrido mucho daño, porque cesaron de disparar.

LOS CUENTOS DE MIEDO DE LOS ASESINOS

Unión Radio Madrid.—Dice que en Badajoz se obligó a los prisioneros marxistas a entrar en los chiqueros de la plaza de toros, y estando la plaza llena de público se les hacía salir al ruedo, donde eran ametrallados.

LA PACIFICACION DE EXTREMADURA

El Gobierno de Burgos ha participado que se han ocupado numerosos pueblos en la provincia de Extremadura, quedando en manos de las tropas un gran botín de armas y municiones.

Bilbao parece que está a punto de caer porque faltan tanto los víveres como las municiones.

* * *

La contestación alemana a la nota francesa referente a la no intervención en España ha producido gran satisfacción.

Los periódicos ingleses de matiz moderado opinan que tanto Italia como Alemania contestan muy acertadamente con ciertas reservas. Censuran la actitud del ministro del Interior francés.

INGLATERRA PROHIBE LA EXPORTACION DE ARMAS

El gobierno inglés ha decidido restablecer las leyes de 1931 relativas a la exportación de material bélico. Con la aplicación de esta ley se propone evitar que puedan ser vendidos a España aparatos de aviación, civiles o militares. Por tanto, el gobierno inglés ha tomado medidas unilaterales sobre este punto, sin acuerdo alguno con las demás potencias. Igualmente el gobierno de Bucarest ha decidido mantenerse completamente neutral en la contienda española. Prueba de ello es que un barco petrolero español surto en Constanza fué obligado a abandonar el puerto, dirigiéndose a Bakún.

La Prensa francesa comenta desfavorablemente las condiciones puestas por el gobierno alemán a la proposición francesa de neutralidad. A ello responde la Prensa alemana que el gobierno del Reich sólo se propone la aplicación de la neutralidad absoluta y universal, tal como ha sido propuesta por Italia. Ya es mucho, afirma el «Deutche Nachrichte», la respuesta alemana a la proposición francesa, y si en ella se establecen reservas éstas son plenamente justificadas; el Reich agrega que estas reservas tienden a evitar la injerencia del gobierno francés en los asuntos nacionales españoles.

NOTAS LEIDAS POR RADIO

La charla del señor Ruiz Alonso está dirigida al proletariado español. «Proletario español, escucha», se titula:

«Tú, que guardas desde niño un ideal en el fondo de tu alma y estás dispuesto a morir por él...

Tú, que viejo luchador, conoces de sobra las crueles amarguras de la vida y has pasado con honda tristeza los mejores días de tus años mozos...

Tú, que siempre gustaste se te hablara en lenguaje desnudo y crudo...

Tú, que has sufrido hambre y persecuciones porque te empeñaste en seguir a «leaders» charlatanes y traidores, que se ocultan siempre en la sombra y acechan el momento propicio para asaltar los Bancos y huir después, dejándote abandonado, mientras desgarran tus carnes las balas en los frentes de combate...

Escucha: Los canallas dirigentes marxistas te han sumido en la tiranía y te han condenado a la esclavitud.

Hombres hipócritas y mentirosos se llaman redentores tuyos, trepan sobre tus espaldas, y viven y medran a costa de tu sudor y a costa de tu trabajo honrado.

A costa tuya, y cubriéndose cobardemente en la capa de un compañerismo y camaradería prostituidos, te impusieron en las Casas del Pueblo cuotas que eran robadas a tu jornal, y se refocilaban y ejercían sobre ti un despotismo abyecto, aborrecible y criminal. Mientras tanto, tus hijos se morían de hambre con huelgas sistemáticas de carácter político...

Tenebrosos comités rojos, formados por los hampones y matones de oficio, te obligaron a sindicarte si no querías que el llanto y la miseria se adueñaran de tu hogar.

España se ha puesto en pie para que la alta prerrogativa de la Libertad Humana no fuera mancillada por la boca del primer chulo con pistola o la amenaza del primer bravo de callejón.

Indalecio Prieto, Largo Caballero, Fernando de los Ríos, Manuel Azaña, Casares Quiroga, Alejandro Otero... Yo os acuso ante todo el mundo.

Es más: Hasta ante las generaciones que en la nueva España han de levantar los altares en donde la Justicia ha de obtener culto sincero.

Proletario español, proletario amigo, proletario hermano que me escuchas, quizás más allá de nuestras Alpujarras, quizás más allá de los murallones de nuestra Alhambra, más allá de nuestro smares quizá... grita, grita conmigo hasta enronquecer:

Yo os acuso.

Yo os acuso de haber mancillado la bandera gloriosa del proletariado español y de haber envenenado—¡culebras!—las almas de los trabajadores.

Yo os acuso de haber envilecido los ideales altísimos de redención con la sangre de compañeros explotados, con las vidas de compañeros irredentos, pero con el orgullo de su hombría por encima de todo.

Proletario rebelde:

¡De rebeldía indómita, de rebeldía indomada, de rebeldía indomable!

¡ALZATE CONTRA ELLOS!

Tus «leaders»... son hipócritas, porque te engañaron.

Tus «leaders»... son farsantes, porque siempre vivieron sobre el tinglado de la farsa, mientras tú, ciego, dejabas jirones de tu vida en la lucha por el pan que tú ganabas con el sudor de tu frente y ellos se comían a placer.

Tus «leaders»... son criminales y bandidos, porque tiñeron sus manos en sangre inocente y llevaron el luto a infinidad de familias humildes y buenas.

Tus «leaders»... son un aborto de la Humanidad.

No hay. No puede haber madre española que sea capaz de parir esos monstruos que han hecho del crimen un sistema de lucha y del asesinato un sistema de vida.

¡NO ATACAN MAS QUE POR LA ESPALDA!

La declaración de guerra fué un asesinato por la espalda. Un tiro en la nuca del glorioso Calvo Sotelo. La pelea continúa con la misma pérfida táctica: Cae Dimas Madariaga asesinado por la espalda y a traición.

¡José Calvo Sotelo, Dimas Madariaga!

Por encima de las estrellas está vuestro trono.

Proletariado español: ¡En pie!

Obrerito soñador incauto, creyente aún en una utopía irrealizable: Estás a tiempo. Mañana será quizá un poco tarde.

Despierta y medita:

La Patria que te vió nacer...

Tu madre santa...

Tu mujer honrada y buena...

Tus hijos inocentes, candorosos y buenos...

Tú, que siempre gustaste, se te hablará en lenguaje desnudo y crudo: Escucha:

El acero de las espadas es duro y está reciamente templado.

Las gargantas de los traidores serán ahogadas en su misma sangre.

¡¡¡Pide paso la nueva España!!!

AYER LLEGO EL PRIMER AUTOMOVIL DE SEVILLA A GRANADA

VENIA OCUPADO POR CUATRO FALANGISTAS

No encontró el menor entorpecimiento en todo el camino

Ayer llegó a nuestra ciudad, poco antes de las ocho de la noche, el automóvil de la matrícula de Sevilla 13.375, que realizó el viaje desde aquella ciudad a Granada sin el menor entorpecimiento en la carretera, ni la menor anormalidad en todo el viaje.

Sus ocupantes, incluso el conductor, eran afiliados sevillanos de Falange Española, que nos manifestaron venían a nuestra ciudad a realizar un servicio. El conductor se llama don José Bermúdez Gómez y no es conductor ocasional, sino chófer de profesión y afiliado a F. E. Los ocupantes del vehículo son don Eugenio Aguirre, don Diego Ramírez Ramírez y don Antonio Díaz Romero.

LOS INGLESES QUE NECESITEN ALGO EN GRANADA DEBEN DIRIGIRSE AL CONSULADO PORTUGUES

El viceconsulado de Portugal en esta capital nos comunica ha recibido telegrama del ministro de Negocios Extranjeros portugués interesándole averigüe cuáles súbditos de S. M. británica se encuentran en necesidad de auxilio en esta capital o en su provincia para comunicar sus nombres y domicilio al embajador de Inglaterra en Lisboa, por mediación del dicho ministro de Negocios Extranjeros.

Se advierte, pues, a los súbditos de S. M. británica que se encuentren en necesidad remitan sus nombres y domicilios a este viceconsulado de Portugal (calle de Pavaneras, 5), para enviarlos al embajador de Inglaterra en Lisboa.

Suscripción para las fuerzas armadas

En la secretaría particular:

Don Juan Chamorro Sola, 25 pesetas; don Manuel Tapia Machado, 50; don Manuel Martínez Granero, 5; don Antonio Martínez Muñoz, 10; don José Martínez López, 10; don José Castro Alvarez, 10; don Eduardo Rojas Sánchez, 10; mayoristas de frutas y verduras, por los días 12, 13, 14, 15 y 17, 47,25; gremio de tablajeros, 37; don Blas Monsalve Ureña, 100; don Manuel López Reyes (sargento retirado de Ingenieros), 25; don José Martín Navarro, 10; don Francisco Reyes, 15; don Luis Serrano Alba, 54; don Joaquín López Rueda, 29; don Adolfo Rodríguez Nebreda, 10; don José Hurtado Alvarez, 10; don Evaristo del Río Amigo, 10; don Antonio Conde Lorenzo, 5; don Francisco García Echevarría, 10; don Francisco Lara Giménez, 10; don Miguel Amigo Gutiérrez, 5; don José Giménez Ibáñez, 2; don José Arjona Serrano, 10; don Jerónimo Garví Ruano, 25; don Francisco Muñoz Romero, 5; don Julio Vao Aguado, 10.

D. Germán del Castillo Palma, 5; personal de la Reforma Agraria, 158,20; don Rafael Casado Carzo, 1.000; don Rafael Casado Torreblanca, 1.000; don José Robles López, 26; don José Jiménez Ruiz, 5; don José Carrasco Pedrosa, 5; don Pedro Caraballo Contreras, 100; don Manuel Caballero, 6; doña Francisca Lachica Arquelladas, 10; don Francisco Peinado, 50; A. R. T., 5; don José María Ruiz Roldán, 25; don Manuel Quintana, 150; don José Román Ríos, 50; don Enrique Herrera Béjar, 500; don Manuel Tapia López, 10; practicantes de la Beneficencia provincial, 170; personal del Hospital de San Lázaro, 63,25; viuda de un militar, 5; kiosco de churros frente al cuartel de Infantería, 15; don José Díez de Rivera, 15; don Gonzalo Martín Barrales, 50; don Juan Marfil Romero, 5; doña Carmen Gómez Gálvez, 10; don Pablo Castillo Martín, 25; don Pablo Castillo Segovia, 25; don José Castillo Segovia, 25; importe venta reloj donado ayer, 7. Total hasta el día 301.068,45 pesetas.

Además, por don Eduardo López del Hierro ha sido entregado un alfiler de corbata con una perla grande para que una tercera parte de su precio de venta se destine a la aviación, y el resto a la suscripción del Ejército.

* * *

En el Hispano Americano:

Don José López Trigueros, en nombre de los ferroviarios de Granada, 171,65 pesetas; doña Dolores López de Hierro, 500; don José Rodríguez Santaella, 25; don Miguel Jiménez Lacal, 300; doña Juana Entrala Fernández, 100; doña Enriqueta Entrala Fernández, 100; doña Encarnación López, viuda de Ganivet, 500; M. E. A., 5; don Martín Ballesta Parra (segunda vez), 500. Total hasta el día, 76.496,35 pesetas.

* * *

En el Banco Español de Crédito:

Personal Almacenes «La Paz», 764,45 pesetas; don Antonio Jiménez Lacal, 500; don Agustín López de Hierro, 150; don José Fernández Cañete, 50; don Antonio Martínez Hita (segunda vez), 100; señorita Fernandita Rubio Morell, 25; don Antonio Blasco Díaz, 25; don Luis Rodríguez González, 25; don José L. de Guevara López, 25; don Antonio Mariscal Tirado, 10; don Manuel Cruz Sánchez, 5; don Manuel Sierra, 25; doña Purificación Jiménez Lacal, 500; viuda de Alfredo Pardo, 100; don Antonio Romero Bolívar, 250. Total hasta el día, 60.294,60 pesetas.

Otra vez habla Madrid de la rendición de Granada

Ayer, cuando escuchábamos Radio Tetuán en su emisión de las seis de la tarde, sobre las seis y media tuvimos que suspender la audición debido a las interferencias de que era objeto; al buscar otra estación tropezamos con una emisora de Madrid y nuestra atención se detuvo ante el anuncio de noticias del frente de Granada: por dos veces leyeron una nota que nos llenó de asombro e indignación. He aquí lo que de ella pudimos recoger:

«El sábado llegó, procedente de Alicante, un tren de víveres para las tres columnas que luchan en el frente de Granada, procediéndose inmediatamente a su distribución.

El mismo sábado se libró una gran batalla a veinte kilómetros de la capital, siendo derrotados los sediciosos, que huyeron completamente desmoralizados para resistir en el interior de la población.

En el frente de Granada operan tres columnas: la primera ha tomado Jeres del Marquesado, a unos veinte kilómetros de la capital; la segunda se encuentra en la montaña denominada «Dientes de la Vieja», a diez kilómetros; la tercera a unos cinco (de ésta no dijo dónde se encontraba).

Son muchos los desertores que de Granada llegan a nuestras filas, entre ellos Manuel Martínez Nieto, quien ha hecho un relato de la situación. Dice que las fuerzas leales al Gobierno tienen ocupados los pueblos de Santa Fe, Atarfe, Güéjar Sierra, Huétor Santillán, Maracena, Jeres del «Marquesito», La Zubia y otros. Luego cita los nombres de otros fugitivos, que no pudimos recoger porque los dió en una forma bastante rara.

Dijo haber manifestado éstos que hace unos días habían llegado en avión unos sesenta individuos vestidos de legionarios, que venían completamente engañados, por lo que al llegar al aeródromo de Armilla nuestros aviones (habla Madrid) prorrumpieron desde abajo en vítores a la República y al Frente Popular. La columna de Maroto también avanza victoriosa sobre Granada, por lo que la rendición de esta capital está próxima.

Añaden que escasean mucho los víveres, siendo la situación desesperada. Desmienten el bombardeo de la Alhambra, donde se han hecho fuertes los rebeldes, y dicen que donde cayeron algunas bombas de gran potencia fué en el Palacio de Carlos V; que en la capital la vida es trágica, entrando al trabajo un número ínfimo de obreros que lo hacen forzosamente porque los falangistas les obligan pistola en mano, siendo por ellos duramente castigados, fusilándolos si se resisten, como ha ocurrido en algunos casos; de noche Granada es un cementerio, pues sólo se permite circular a unos cuantos individuos que llevan un brazalete en el lado derecho que dice «¡Viva el fascio!».

* * *

Madrid sigue, como se ve, mintiendo canallescamente. Los lectores ya saben que todo lo transcrito es absolutamente falso.

37. Ramón Ruiz Alonso se encargó de que el texto de su violenta arenga en Radio Granada el 19 de agosto de 1936, ya muerto García Lorca, se publicara en el *Ideal* al día siguiente. (Cortesía de *Ideal*.)

SANTORAL DEL DIA

DATOS DE CARTUJA

Temperaturas registradas en el día de ayer: Máxima 35,8 grados, a las 14.15; mínima 17,8 grados, a las 6,15. Temperatura a las 18 horas, 30 grados. Presión normal. Tiempo probable: Vientos dominantes del tercer cuadrante. Buen tiempo.

IDEAL

AÑO V — Granada, sábado 22 de agosto de 1936 — NUM. 1.210

EL TIEMPO QUE HACE

DATOS DE CARTUJA

Temperaturas registradas en el día de ayer: máxima, 37,6 grados, a las 15.30; mínima, 18 grados, a las 5.30; temperatura a las 18 horas, 29 grados. Presión normal. Tiempo probable: Vientos de dirección del tercer cuadrante con algunas nubes de carácter tormentoso.

Redacción: Teléfono 1744 — Tendillas de Santa Paula, 6 — Administración: Teléfono 1747

La columna de Castejón se aproxima a Toledo

Boletín del día

Radio Jaca ha dado una noticia que reviste indudable importancia. Asegura que las fuerzas de la Guardia civil y de Asalto de Málaga se han unido al movimiento militar y están en sus cuarteles en espera de la llegada de las columnas que se dirigen hacia la ciudad. No podemos dar de esta noticia otra garantía que la que le presta la emisora que la facilita. Tampoco sabemos si las columnas que operan en la provincia de Málaga van, en efecto, a lanzarse sobre la capital o consideran, por el contrario, que Jaén y Almería son objetivos militares de mayor importancia por su posición estratégica. Es muy probable que el alto mando haya considerado que la toma de estas posiciones debe preceder al ataque sobre Málaga.

No se olvide que Málaga puede quedar aislada por tierra del resto de España con muy poco esfuerzo. En el conjunto de España, parece que, por ahora, el objetivo más inmediato es Guipúzcoa. Una emisora extranjera asegura que los nacionalistas vascos de San Sebastián, a la vista de los atropellos y de las violencias cometidas por los marxistas, han decidido entablar negociaciones con el Ejército sitiador. No tendría nada de extraño. Téngase en cuenta que si los nacionalistas vascos padecen la triste aberración de querer a todo trance la independencia de Vasconia—y eso les ha llevado a figurar junto a la Esquerra catalana—, en todo lo demás son fuerzas profundamente católicas y derechistas.

Hay un hecho que revela el cambio radical de táctica que se ha operado en el Gobierno de Madrid. La nueva no le da mejores resultados, pero el abandono de la antigua constituye una explícita confesión de fracaso. El general Miaja, siendo todavía ministro de la Guerra, hizo una incursión por el Sur con el encargo de reconquistar Andalucía. El empeño era superior a sus posibilidades y tuvo que regresar a Madrid. Ahora aparece por Valencia convertido en comandante militar de aquella plaza. Allí estará —si Madrid le sostiene— hasta que el Ejército considere oportuno arrancar la ciudad valenciana de las garras del marxismo.

Las noticias del día van en esta misma plana con caracteres bien visibles. Los marxistas han pretendido romper por el Norte el cerco que padecen. En el pecado llevaron la penitencia. Los muertos y el material que dejaron en el terreno es posible que les hagan comprender que la resistencia que pretenden es una auténtica quimera. Las fuerzas de Mola están tan bien situadas en el Guadarrama que pueden vencer sin grandes esfuerzos cualquier combate que allí se les presente. Ahora se ha recordado que, siendo el general Franco jefe de Estado Mayor, se hicieron unas maniobras militares en el Guadarrama, en las que se estudió perfectamente la sierra desde el punto de vista militar. Uno de los generales que acudieron a aquellas maniobras fué precisamente el general Mola. No es fácil que unos cabecillas indocumentados puedan desalojarle de allí con la cantidad de fuerzas de que dispone.

Dediquemos un recuerdo a Ramiro de Maeztu. Su nombre figura entre los asesinados. El autor glorioso de la «Defensa de la Hispanidad» ha derramado su sangre por las ideas que iluminaron la ruta de España por el camino de los siglos. Sus asesinos son los mismos que desde 1750—fecha en que Maeztu fijaba el comienzo de la desespañolización de España—vienen labrando la ruina de la patria. ¡Honor al escritor y al mártir que ha defendido la hispanidad con la pluma y con la sangre!

Ricardo Zamora, la figura deportiva de máximo prestigio en España, que ha muerto a manos de las hordas rojas que dominan Madrid. Su único pecado para estos asesinos habrá sido el colaborar en la sección deportiva del periódico «Ya». La fotografía muestra al gran deportista en unión de su esposa y de su hijo.

LEA Y SUSCRIBASE A «IDEAL»

Don Jacinto Benavente, el mundialmente conocido comediógrafo, que ha sido asesinado en Madrid por las turbas marxistas, que por destruir ya no vacilan ni ante el genio. Benavente nunca se había significado en política y sin embargo ha bastado que sea una personalidad de relieve para suprimirlo. ¡Después dicen que en Madrid no están mandande los comunistas!

Italia mantiene sus reservas

Prohibición de exportar armas inglesas a España

PARIS.—El embajador de Italia en París ha hecho entrega al ministro de Negocios Extranjeros de la respuesta de su Gobierno a la nota sobre los asuntos de España. El texto dice así:

«Señor embajador: Recibida la contestación de mi Gobierno sobre los asuntos de España, y de acuerdo con las conversaciones que hemos sostenido sobre el particular, tengo el honor de comunicarle que el Gobierno de mi nación prohibe la exportación a España de material de guerra, y estamos de acuerdo en cuanto a la absoluta neutralidad en aquel conflicto, siempre que esta misma actitud sea guardada por los demás países que, como Alemania, Inglaterra, Francia, etc., firman el pacto. Mi Gobierno, mientras tanto, sigue manteniendo las reservas que han sido comunicadas al Gobierno francés.»

ANUNCIAN UN MANIFIESTO DE PETAIN

TETUAN.—Comunican desde París que el pundonoroso general Petain tiene preparado un manifiesto al pueblo francés en el que le dice que si el Gobierno de su país no rectifica rápida y eficazmente la conducta que viene siguiendo, conducta que lleva a la ruina a Francia, se verá en la necesidad de levantarse en armas contra el mismo.

Ya sabemos—continúa—, de seguir así, a dónde vamos. El ejemplo lo tenemos en la vecina nación de España, donde el marxismo ha intentado terminar para siempre con ella. No lo consentiré y por eso hago este llamamiento a los patriotas franceses y al Gobierno en evitación de que se derrame sangre.

PROHIBICION DE EXPORTAR ARMAS INGLESAS

TETUAN. — El Gobierno británico ha dispuesto que queda terminantemente prohibida la exportación de armas, municiones y toda clase de material de guerra a España. Igualmente no consentirá que ningún piloto de su país se aliste para servir en España.

Agrega que esta medida está dispuesto a que no sea violada, para lo que vigilará estrechamente á todos y que aquellos que, no obstante, persistan en enviar esta clase de materiales serán sometidos a fuertes sanciones.

Ya ha pasado Trujillo. La columna de Yagüe va por otro camino

Se asegura que los nacionalistas vascos de San Sebastián quieren pactar con el Ejército

Fuerzas marxistas, mandadas por García Alvarez, sufren una derrota en el Guadarrama. Abandonaron gran cantidad de material

En los tres últimos días, dice Radio Fantasma, han sido destruídas todas las iglesias de Madrid, excepto la Catedral

ENTRE LOS ASESINADOS FIGURA RAMIRO DE MAEZTU

TETUAN.—Castejón avanza considerablemente, habiendo pasado Trujillo, sin otra dificultad que la voladura de puentes y carreteras, hechos que realizan los rojos en sus aparatosas huidas. Destacamentos de Ingenieros arreglan estos desperfectos y organizan las vías de comunicación rápidamente, para que el avance de estas columnas se interrumpa lo menos posible.

La columna de Castejón se aproxima sin dificultad a Toledo.

La columna de Yagüe va también para Madrid por otro camino.

SE REFUGIAN EN UN TUNEL Y LOS COPAN

Como ya es sabido, fuerzas del Ejército ocuparon hace días Guadalcanal. Dice el jefe de esta columna que se tomó casi sin resistencia, toda vez que lo srojos, cuando divisaron la columna que avanzaba sobre el lugar, presos de gran pánico se refugiaron en un túnel, donde fueron copados, de tal manera que casi todos fueron muertos o heridos por nuestras fuerzas.

DERROTA MARXISTA EN EL GUADARRAMA

LISBOA.—El periódico «O Seculo» publica una información, fechada en Valladolid, en la que se dice que unas fuerzas marxistas, al mando de García Alvarez, intentaron romper el cerco que los nacionalistas tienen puesto a Madrid por el norte y el oeste. En la tentativa fueron cogidos por los fuegos cruzados de los nacionalistas y las baterías bombardearon intensamente a los marxistas. La Infantería y el Tercio cayeron sobre ellos, obligándoles a huir después de dejar abandonados 200 individuos entre muertos y heridos, seis piezas de artillería un cañón y otros objetos. García Alvarez huyó gravemente herido, según se asegura.

Las fuerzas de Mola desde hace dos días están colocadas de tal manera que pueden vencer fácilmente cualquier ataque de que sean objeto.

GARCIA ALVAREZ, DERROTALO

VALLADOLID. — Da cuenta de que un contingente de fuerzas marxistas mandadas por el general García Alvarez pretendió romper ayer uno de los frentes del Guadarrama. Las fuerzas nacionalistas esperaban el ataque que fué rechazado, ocasionando a los marxistas cerca de doscientos muertos y cogiéndoles mucho material de guerra. Resultó gravemente herido el citado general.

RAMIRO DE MAEZTU, ASESINADO

Radio Fantasma ha dicho que en estos tres últimos días han sido destruídas todas las iglesias de Madrid, excepto la Catedral.

Asegura que entre los asesinados por los marxistas figura también el insigne escritor Ramiro de Maeztu. El mejor homenaje, agrega, que se le podría tributar era poner de texto su gran obra «Defensa de la Hispanidad».

MADRID CONFIESA QUE NO PUEDE ATACAR

LISBOA.—Radio Falange dice que ha captado una comunicación entre Madrid y Barcelona en la que Madrid decía que era imposible atacar a los nacionalistas en el Guadarrama.

QUEMAS DE IGLESIAS Y ASESINATOS

CORUÑA.—A consecuencia de las proclamas lanzadas sobre Madrid conminando a los obreros a entrar en razón y rendirse, en Barcelona se han dado órdenes para que sean quemadas todas las iglesias que aún queden.

De Hendaya han comunicado que ha sido bombardeado el acorazado «España». La noticia es absolutamente falsa puesto que el mismo buque la ha desmentido.

El «Almirante Cervera» captó un radio de Gijón a Indalecio Prieto en el que le pedían refuerzos. Prieto contestó que los pidieran a Bilbao.

Berlín ha captado una orden de Moscú a Valencia para que sean asesinados todos los sacerdotes que queden y todas las personas consideradas como sospechosas de facistas.

MIAJA, DESTINADO A VALENCIA

LISBOA.—El general Miaja, el que se propuso reconquistar Andalucía, ha sido nombrado, según un telegrama de la Agencia Havas, comandante militar de Valencia.

Con ello queda completamente abandonado aquel proyecto.

ANTUÑA, MUERTO EN COMBATE

LISBOA.—En Oviedo ha sido derrotada una columna. En el combate murió el jefe de ella, el conocido Antuña, que fué lugarteniente de González Peña en la revolución de octubre del año 34.

Madrid ha dicho que el barco «Almirante Cervera» ha sido alcanzado por unos disparos y se encuentra con averías. Esto es absolutamente falso. Para demostrarlo baste decir que Madrid ha dicho que los disparos se le hicieron desde San Sebastián, y el barco se encuentra en aguas de Gijón.

LOS MARROQUIES DERROTAN A LOS MARXISTAS

LISBOA.—En la región de Navalperal se trabó un combate. La iniciativa fué de las fuerzas nacionalistas. En él tomaron parte por primera vez en este frente fuerzas marroquíes. Los marxistas, derrotados, huyeron a la desbandada.

VIVERES A MADRID

Madrid, a falta de otras noticias más interesantes, dijo que habían lle-

38. *Ideal*, 22 de agosto de 1936, anuncia, en primera plana, el bulo del asesinato por los «rojos» de Jacinto Benavente, Ramiro de Maeztu y el popular futbolista Ricardo Zamora. (Cortesía de *Ideal*.)

SANTORAL DEL DIA

IV Domingo XII de Pentecostés
Santos Benicio, cf.; Quiríaco, obispo; Máximo, pb.; Arquelao, dc.

IDEAL

AÑO V   Granada, domingo 23 de agosto de 1936   NÚM. 1.211

EL TIEMPO QUE HACE

DATOS DE CARTUJA
Temperaturas registradas en el día de ayer: Máxima, 39,6 grados a las 13,45 horas. Mínima, 17,4 a las 6 horas. Temperatura a las 18 horas, 39,8. Presiones relativamente bajas. Tiempo probable: Vientos del tercer cuadrante, buen tiempo y cielo con algunas nubes.

Redacción: Teléfono 1744   Tendillas de Santa Paula, 6   Administración: Teléfono 1747

Un gran avance de las columnas del Sur hacia Madrid

Boletín del día

Hay que cantar para ahuyentar el miedo. Y a Madrid se le están acabando ya hasta los alientos. A la Puerta del Sol han acudido en manifestación varios miles de marxistas. Iban a Gobernación a pedir que se les dieran noticias exactas del movimiento militar. A nadie se ocultarán los caracteres de protesta que el hecho tiene contra los engaños de que el Gobierno viene haciendo víctimas a sus gentes. Y estas gentes engañadas, por lo visto, se han dado cuenta de su situación. Los manifestantes de la Puerta del Sol iban a decir que ellos estaban en la seguridad de que no habían pasado por el Estrecho ningunas fuerzas de África. Así se les venía afirmando reiteradamente. Y sin embargo, los milicianos que volvían del frente aseguraban haber sido derrotados por el Tercio y los Regulares. Para deshacer el equívoco organizaron la manifestación. La noticia la ha dado nada menos que la agencia Havas, cuya significación ya hemos advertido reiteradas veces.

Y el caso es que el ministerio de la Guerra, en su resumen oficial de la jornada, lo publicamos en otro lugar, lo confirma. Confirmación indirecta, desde luego. Porque todo el preámbulo era una arenga a las milicias para que perdieran el miedo al Tercio y a los Regulares. Llegó a decir nada menos que ahora se iba a demostrar que ese hombre — hombre a hombre no era nada. Y como Madrid no puede hablar sin mentir con un descaro y un cinismo que no encuentra precedentes, decía que esas fuerzas marroquíes habían sido aniquiladas en Madrid, en Extremadura, en Andalucía y en todas partes donde se habían presentado. Con estas infames falsedades quieren ese ceminado seguir llevando a los pobres engañados al matadero. Pero la realidad puede más que los engaños. Y no será ya mucho el entusiasmo de los milicianos cuando oficialmente se les ha recordado que tienen que ir al frente en vez de patrullar por Madrid. Y con pistolas a retaguardia. Para que no haya deserciones. Por eso la incomunicación en la capital y el frente del Guadarrama es absoluta. Bajo ningún pretexto puede nadie entrar ni salir de la ciudad. En otro lugar se puede leer el relato que hace en Bayona a la Agencia Havas una personalidad que huyó de Madrid. Es natural que eso ocurra. Si no fuera por ese engaño constante, se hundiría que cada uno hubiera procurado ponerse desde ahora, bien recaudo para que no le cogiera el Ejército a su entrada en la capital. Pero no olvidemos que eso lo harían quienes no tienen ni pueden tener aviones preparados para la fuga.

Que las fuerzas marroquíes han sido derrotadas en todas partes. No serán de esa opinión, desde luego, los escasos marxistas supervivientes del combate de Guadalupe. Supieron que en Guadalupe había pocas municiones. Y atacaron. Pero llegó por retaguardia la columna de Castejón y quedaron los marxistas entre dos fuegos. No hay que hablar de que fueron deshechos por completo. Se habla de dos mil muertos. Y un periodista de la de Madrid para allá y que presenció la desbandada de los pocos que habían logrado escapar con vida, nos da detalles de ella. El material cogido fué enorme: diez y seis camiones, seis coches, diez y seis ametralladoras y todo lo demás que ustedes verán y que no queremos repetir aquí. Con un enemigo en derrota, el campo queda libre para Madrid. Pero pasando por las cadetes de Toledo que aún resisten y la aviación les ha comunicado la proximidad de las columnas. Yagüe fué ayer a Salamanca para conferenciar con el general Mola. Últimos preparativos del ataque.

Lo primero que se va a cerrar es San Sebastián. Oviedo ha comunicado a última hora de la madrugada que ha sido tomado Zarauz. No se puede desconocer lo que eso significa. Y confirma lo de las gestiones de los nacionalistas vascos para la paz.

Basta ir a Madrid para ver por encima de sus falsedades que ya le falta el tarreto para mentir. El marxismo es un negocio en liquidación. La victoria es nuestra. Es sólo cuestión de días. Lo acaba de decir el general Mola.

PARA ANUNCIOS Y SUSCRIPCIOES: Teléfono 1747

VICTIMAS DE LA BARBARIE ROJA

Otro eximio artista ha caído bajo la mano criminal marxista. José Zuloaga, el ceramista admirado en el mundo, que sucumbe bajo la barbarie roja infiltrada en hombres españoles que han olvidado su patria y han perdido hasta el sentimiento artístico, innato en a raza hispana.

Don Pedro Muñoz Seca, el más popular y fecundo de los comediógrafos por las hordas marxistas que tienen puesto especial interés, por lo visto, en suprimir a todos los hombres que representan nuestra intelectualidad y nuestro arte.

Triunfo rotundo de Castejón en Guadalupe.

Atacó por retaguardia a los marxistas cuando estaban combatiendo con el destacamento de Guadalupe y los deshizo por completo

UN PERIODISTA PRESENCIO LA DESBANDADA DE LOS POCOS QUE QUEDARON CON VIDA

ZARAUZ HA SIDO OCUPADO. CON ELLO QUEDA AISLADO SAN SEBASTIAN

MOLA Y YAGUE CONFERENCIAN EN SALAMANCA

De Gibraltar comunican que la aviación incendió en Málaga depósitos y almacenes

BURGOS.--La emisora Castilla dió cuenta anoche de la derrota sufrida por las fuerzas marxistas mandadas por el capitán Ulibarri en el pueblo de Guadalupe.

En Guadalupe se hacía fuerte un destacamento de fuerzas nacionalistas en espera de la llegada de la columna del comandante Castejón. El jefe de dicho destacamento cometió la imprudencia de comunicar a Sevilla la escasez de municiones. El aviso telefónico fué interceptado por la columna marxista que se dispuso a atacar rápidamente a las fuerzas situadas en Guadalupe. Estas se habían refugiado en el Monasterio para resistir así mejor.

Los marxistas se arrojaron al ataque, pero inopinadamente llegaron las fuerzas del comandante Castejón, que hicieron en los marxistas un estrago enorme. Según noticias posteriores, se sabe que sufrieron unas dos mil bajas. La desmoralización fué absoluta. Los soldados y jefes huyeron a la desbandada camino de Talavera de la Reina persiguiendo de cerca por la columna del comandante Castejón. Fueron tomados al enemigo numerosos pertrechos de guerra, entre ellos dieciséis camiones, dieciséis ametralladoras, coches y muchas municiones.

EN GUADALUPE TRIUNFA EL EJERCITO

LISBOA, 22. — El corresponsal de Havas en Badajoz ha enviado un comunicado muy significativo. Relata un viaje al frente realizado ayer. El corresponsal y el operador de «Movietones» partieron para Talavera de la Reina, a donde llegaron después de un accidentado viaje. Continuaron hacia Guadalupe, donde estaba combatiendo.

Mucho antes de llegar ya advirtieron las dificultades que se iban a presentar. Tres kilómetros antes de Guadalupe encontraron a los milicianos rojos atrincherados batiéndose en retirada. El automóvil no pudo avanzar más, pues la carretera está bajo el fuego del Ejército, que no cesa de hostigarles. Hay que retroceder. Se encuentran grupos dispersos que retroceden para rehacerse. Algunos salen para buscar refuerzos en la retaguardia.

Aparece el teniente Inocencio Fernández, que intenta enérgicamente organizar la defensa. Logra reunir un pequeño grupo, el teniente Fernández cae herido y los milicianos se dispersan nuevamente. En el coche del corresponsal suben tres guardias de Asalto y un teniente que quieren ir a buscar refuerzos. Una descarga mata a uno de los guardias nuevos y otro cae herido. El automóvil emprende una carrera veloz, endiablada, para salir fuera del fuego de los militares.

Este es el relato del corresponsal de la Agencia Havas, afecta al Gobierno de Madrid; a través de él se advierte la gran derrota sufrida por la columna que salió de Madrid para el frente de Extremadura. Esa retirada de que habla el corresponsal no puede ser más que una huida desordenada; los grupos que retroceden para rehacerse lo que hacían era escaparse como podían, aisladamente y sin propósito de ofrecer resistencia alguna.

Radio Portugal hace después un estudio de la situación actual de las tropas que avanzan sobre Madrid. Una vez dominada la sierra de Guadalupe, sólo tienen ya un obstáculo que es el puente de San Vicente, por el río Tíber. Pasado esto, estará libre el camino hasta Talavera de la Reina. Los rojos están exclusivamente a la defensiva, pues, de lo contrario, una columna que ataca en corta las comunicaciones a su espalda, como ha ocurrido en Guadalupe y Toledo, en donde han destruido el puente de Villuercas.

Se cree que por la carretera directa desde Avila a Talavera también avanzan fuerzas nacionalistas. Estos tampoco pueden encontrar dificultades, pues sólo hay el puente de Alnaraz, fácilmente vadeable si lo han destruido.

OVIEDO.--A las dos y media de esta madrugada esta emisora comunica que el Ejército había tomado Zarauz, quedando así totalmente aislada y en riesgo de inminente caída la ciudad de San Sebastián.

MOLA Y YAGUE CONFERENCIAN

LISBOA. — En Salamanca estuvieron conferenciando el general Mola y el teniente coronel Yagüe. Después de la entrevista el general regresó a Burgos y Yagüe a su columna.

En Salamanca se encuentra detenido en espera de ser juzgado por un Consejo de guerra el ex ministro Villalobos.

En la provincia de Badajoz los legionarios están haciendo una operación de limpieza. Después las fuerzas de Falange se encargan de seguir custodiando los pueblos. A cargo de Falange y de los paisanos armados está quedando gran parte de Badajoz, mientras que las columnas han salido camino de Madrid y sólo queda lo necesario para la defensa de la provincia.

DECLARACIONES DE VARELA Y MOLA

LISBOA.--Un periodista portugués ha celebrado una entrevista con el general Varela. Dice que para la toma de Antequera dividió sus tropas en tres columnas, compuestas por los Regulares, el Tercio y el Ejército. Entraron en la población casi sin resis-

El industrial don Manuel Guzmán ofreció ayer un agasajo a toda la fuerza armada de Granada, al que asistieron grupos de todos los Cuerpos militares y de Orden público. Un aspecto de la terraza, en donde fueron obsequiados con una magnífica merienda.

39. *Ideal*, 23 de agosto de 1936, sigue con sus falsedades. Ahora les ha tocado el turno a Ignacio Zuloaga y Pedro Muñoz Seca. (Cortesía de *Ideal*.)

40. El olivo de Alfacar —a partir de 1986 dentro del Parque Federico García Lorca—, cerca del cual Manuel Castilla Blanco aseguraba haber enterrado al poeta, al maestro Dióscoro Galindo González y a los banderilleros anarquistas Francisco Galadí Melgar y Joaquín Arcollas Cabezas. A su derecha se aprecia el «barranquillo» señalado por Castilla Blanco como infalible punto de referencia orientativo. La fotografía fue sacada por Agustín Penón en 1955, diecinueve años después del crimen. (Cortesía de William Layton, 1990.)

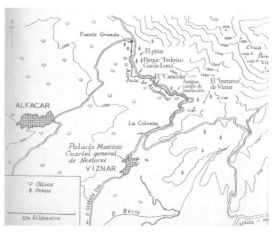

41. El parque de Alfacar en 2010, visto desde el olivo. Entre el plinto y el primer ciprés, creyó haber localizado fosas, con su georradar, Luis Avial. (Fotografía de Ian Gibson.)

42. Los colindantes municipios granadinos de Alfacar y Víznar y los lugares clave relacionados con los fusilamientos. (Cortesía de Alcalá Grupo Editorial.)

43. Así quedó en 1986 el «barranquillo» señalado como punto de referencia por el enterrador Manuel Castilla Blanco, «El Comunista». (Fotografía de Ian Gibson, 2014.)

44. Fuente Grande en 1955, a la derecha, fotografiada por Agustín Penón. Al fondo, marcado con una flecha, el olivo señalado por Manuel Castilla Blanco. (Cortesía de William Layton, 1990.)

DIARIO REGIONAL DE ANDALUCÍA

Núm. 24.885 Año LXXVII
Lunes 20 de octubre de 2008
Precio 1,10 euros
Director Eduardo Peralta de Ana

IDEAL

EL TIEMPO HOY
Mañana
Tarde
Noche

GRANADA

ACTUALIDAD 26 Y 27
Los críticos del PP vuelven a poner en cuestión el liderazgo de Rajoy por los bandazos en la estrategia del partido

GRANADA 7
El fiscal reabre la 'Operación Japón' contra Lorente y JJ Romero en base a unas declaraciones de García Royo

MUNDO 53
Colin Powell anuncia su apoyo a Obama mientras las continuas deserciones hunden a McCain

Los empresarios exigen explicaciones al PSOE sobre el retraso en la autovía

El anuncio hecho en Almería sobre la **demora de dos años de la A-7**, que no estará acabada hasta 2012 por problemas en el terreno, **indigna al PP y deja atónitos a los empresarios**

Los empresarios de la Costa se han quedado atónitos ante la noticia de que la Autovía del Mediterráneo se retrasará aún dos años más de lo previsto. Es por ello que exigen que los socialistas den la cara y expliquen las causas de la demora. El PP está indignado y lanzará una ofensiva en el Parlamento por este tema.   PÁG 8

─[LUNESDEPORTES]──────────

DESAFÍO. Un atleta en silla de ruedas, junto a los demás participantes en la carrera de ayer. / RAMÓN L. PÉREZ

Los atletas **toman Granada** PÁGS 46 Y 47

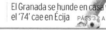

El Granada se hunde en casa y el '74' cae en Écija PÁGS 32 A 37

Diputación trasladó huesos de donde fue enterrado Lorca

Los restos fueron encontrados por los obreros que hicieron el Parque
PÁGS 2 Y 3

Holanda acude en ayuda del grupo ING y le inyecta 10.000 millones

Con 85 millones de clientes y 130.000 empleados, ING es uno de los 20 principales bancos del mundo en capitalización bursátil.   PÁG 55

45. *Ideal*, 20 de octubre de 2008, revela que se encontraron huesos humanos cerca del olivo de Alfacar, cuando veintidós años antes, en 1986, se vallaba el recinto del Parque Federico García Lorca. (Cortesía de *Ideal*.)

lanoticia

La Diputación movió huesos en la zona donde fue fusilado Lorca al hacer el parque en 1986

Los restos fueron encontrados por los obreros **junto al olivo** donde se cree que pudo enterrarse al poeta

Los cadáveres fueron trasladados a otra zona, según el entonces vicepresidente segundo de la institución

RAFA LÓPEZ Y QUICO CHIRINO
GRANADA

El juez Baltasar Garzón puede tener más dificultades de las previstas para localizar el lugar exacto en el que fueron sepultados Federico García Lorca y las otras tres personas que fueron fusiladas junto a él. Hay varias versiones acerca de dónde se produjo el enterramiento, pues los investigadores y testigos lo sitúan en puntos distintos aunque bastante próximos. Garzón ha ordenado la apertura de la fosa común y ha fijado dos lugares posibles de su emplazamiento: junto al olivo donde se produjeron los asesinatos y en el paraje conocido como El Caracolar, ubicado a unos 400 metros en dirección a Víznar. Sin embargo, un nuevo dato puede alterar este escenario: cuando la Diputación construyó el parque de Alfacar, los obreros se toparon con cadáveres justo al lado del citado olivo y los trasladaron en sacos a otro lugar. Esta circunstancia podría alterar todas las teorías existentes, pues abre la posibilidad de que la fosa de Lorca esté vacía. O, simplemente, que ya no exista.

Para entender esta historia hay que remontarse a los años 80. La Diputación de Granada, presidida en aquel entonces por José Sánchez Faba, promovió la construcción del parque Federico García Lorca en Alfacar como muestra de homenaje al poeta. Dadas las circunstancias singulares de la muerte del escritor de Fuente Vaqueros, la corporación provincial tomó dos decisiones: de un lado, crear una especie de comisión de expertos para intentar determinar dónde podía yacer Lorca, y de

El proyecto, idea de Sánchez Faba, fue concluido por Juan Hurtado

otro, convocar un concurso de ideas sobre el citado proyecto.

El criterio adoptado fue el de apostar por un parque sencillo que respetara en lo máximo posible las características del lugar; es decir, una intervención blanda que no supusiera una agresión al paisaje ni a las miles de personas que fueron acribilladas y enterradas en aquella zona.

Fallo del jurado

Sánchez Faba presidía todavía la Diputación cuando en marzo de 1981 fue dado a conocer el fallo del jurado nombrado al efecto: el proyecto premiado fue el llamado 'Ainadamar', que seguía la orientación que había sido trazada: construir un parque sencillo apoyándose en todo lo posible en la flora y las condiciones naturales del lugar.

Cinco años después, en abril de 1986, el parque fue inaugurado y «entregado al pueblo de Granada», según palabras de entonces.

Para ese momento, Sánchez Faba ya no presidía la Diputación,

de modo que la inauguración corrió a cargo de su sucesor, Juan Hurtado. Las obras se habían desarrollado bajo el mandato de éste y duraron aproximadamente un año y medio. El acto de apertura contó con una participación masiva.

Hallazgo

Pero durante el desarrollo de los trabajos de construcción del parque se produjeron hechos que pueden ser relevantes. Según ha podido saber IDEAL, la cuadrilla de trabajadores que se encargaba de la ejecución del proyecto de obras se topó con cadáveres al excavar para hacer las mismas.

El entonces vicepresidente segundo de la Diputación de Granada, Ernesto Molina, ha confirmado tales hechos a este diario y añade que «la decisión que se tomó fue la de trasladar los huesos a otro lugar».

Ernesto Molina manifiesta que «se sabía que al hacer allí el parque era posible que a lo largo de las obras aparecieran restos, y así ocurrió».

Según su relato, los huesos que se desenterraron en aquel entonces fueron llevados a otro lugar para poder seguir las obras. Eso sí, matizó que tales restos se colocaron dentro de los límites del parque Federico García Lorca, de forma que quedaran preservados al estar en el interior del recinto.

Estos mismos hechos han sido confirmados a IDEAL por José Antonio Rodríguez, quien a lo largo de dieciocho años fue la mano derecha de Juan de Loxa en el Patronato Provincial Federico García Lorca, dirigido por la Diputación de Granada, y que actualmente es alcalde de Jun. «Los huesos aparecieron junto al olivo donde fue fusilado Federico, por lo que la fosa podría ser la suya, pero

EXPECTACIÓN. A la inauguración del parque Federico García Lorca asistieron cientos de personas en homenaje al poeta y a las víctimas. Juan

46. *Ideal*, 20 de octubre de 2008, p. 2, recoge las sensacionales declaraciones de Ernesto Antonio Molina Linares, vicepresidente segundo de la Diputación Provincial de Granada en 1986, cuando se vallaba el Parque Federico García Lorca en Alfacar. (Cortesía de *Ideal*.)

eso por ahora no se puede asegurar», dice.

Según este relato, la aparición de los restos fue como consecuencia de la apertura de zanjas para construir el muro perimetral del parque, situado justo al lado del olivo. Rodríguez indica que la aparición de los cadáveres hizo a los responsables de la obra replantearse la continuación del muro ante la posibilidad de que se toparan todavía con más restos. Por ese motivo, y así se puede apreciar a simple vista en el lugar de los hechos, se interrumpió la altura del muro y en su lugar se colocó una alambrada.

«Hay una orden de Garzón de exhumar la fosa y perfectamente podemos encontrarnos con que ahí no aparezca nadie. Eso me preocupa, porque hay levantada una expectación muy grande con esta exhumación y nos...

El muro se paralizó y en su lugar se colocó una alambrada

Hurtado presidió el acto. /IDEAL

podemos encontrar con que no haya nada», dice el actual alcalde de Jun, quien apunta que no obstante los restos están dentro del parque.

Controlado

Así lo confirma Ernesto Molina, quien declara que la localización de los huesos que se trasladaron de sitio está bien controlada, por lo que, llegado el caso, podría exhumarse esa segunda fosa en caso de que los restos de los fusilados con Lorca no aparezcan en los lugares previstos.

Por lo tanto, concluye Molina, este cambio de lugar de los cadáveres no tiene por qué perjudicar la investigación que ha puesto en marcha el juez Baltasar Garzón.

El testimonio de José Antonio Rodríguez indica que la aparición de los restos se produjo al final de la construcción del parque, pues la colocación del muro se dejó para la última fase de las obras.

«No podemos saber a ciencia cierta si se trata de Lorca o no, pero eso se podría comprobar», sentencia.

El propio José Antonio Rodríguez habló del asunto del movimiento de huesos por parte de la Diputación con la ex alcaldesa de Alfacar Carmen Vélez. «Ella decía que lo importante es que los huesos estuviesen a salvo», sentencia Rodríguez.

Dado que hablamos de hace relativamente pocos años, hay testigos suficientes, y vivos, de estos hechos, por lo que en este caso no se produciría la dificultad de señalar el lugar exacto de la fosa, como ocurre con la tumba original.

'El Matapelos' estaba ahí

José Antonio Rodríguez explica que tuvo conocimiento de los hechos, mucho tiempo después de que ocurrieran, precisamente a través de Antonio García, apodado 'El Matapelos', quien vivía muy cerca del lugar y gustaba de frecuentar la obra para seguir su evolución.

Esta misma persona, recientemente fallecida, mantuvo a lo largo de toda su vida que, siendo todavía adolescente, presenció el fusilamiento de Lorca, por lo cual estuvo a punto de ser acribillado a balazos él mismo.

'El Matapelos' aportó otro dato: Lorca fue desenterrado a los pocos días de su muerte por los franquistas y trasladado una fosa cercana, situada en la avenida de los Mártires, a algo más de cien metros de la fosa original. Este lugar es hoy una parcela privada en la que no se ha edificado.

■ rafalopez@ideal.es

Hasta que se haga el jardín-monumento al poeta

La Diputación cercará la zona donde se cree se hallan los restos de García Lorca

El misterioso expediente de la carpeta verde

Fuentes internas aseguran que los **documentos de las obras están guardados** en Fuente Vaqueros

Q. CH. Y R. L. GRANADA

«Muchas cosas han pasado hasta que hoy podemos ofrecerle al poeta esta verdadera manifestación popular». Fueron las palabras con las que el entonces presidente de la Diputación, Juan Hurtado, inauguró el parque García Lorca el 27 de abril de 1986.

Tantas cosas... El fusilamiento del poeta en el verano del 36 y cuarenta años de Dictadura. Tras la muerte de Franco, la figura de Federico se convierte en Granada en un símbolo de libertad, de media hora de libertad en aquel primer homenaje del '5 a las 5' en Fuente Vaqueros en junio de 1976. Tres años después la Diputación montó una comisión para determinar a través de investigadores y expertos dónde descansaban los restos del poeta.

Las conclusiones finales fijaron que, en un 95%, García Lorca estaba enterrado en el pozo conocido como Cerro de los Torices, muy cerca de la Fuente Gran-

de. A raíz de esos datos la institución provincial compró 9.000 metros cuadrados en la zona para construir un gran parque. Las bases del concurso público se aprobaron el 30 de septiembre de 1980. Sería una gran obra, aunque por aquellos entonces un proyecto con el que se marchaban se acometía por menos de 30 millones de pesetas.

A los pocos días la Diputación cercó el entorno que rodeaba al famoso olivo después de que amaneciera ligeramente excavado un pequeño cuadrado próximo a la zona donde presumiblemente se hallan los restos de Lorca. No era nada misterioso, unas mujeres habían cogido algo de tierra para llevar unas macetas.

Lo relevante es que, al menos desde ese año, la Diputación conocía y había asumido oficialmente que el terreno en el que iba a trabajar pisaba una fosa común. Motivo por el que resulta inexplicable que —como asegura un alto cargo de la institución en

aquellos años- se removieran huesos al construir el parque.

Según fuentes internas de la institución provincial, el expediente de las obras del parque se guardó durante años -y allí debe seguir- en la Casa Museo de Fuente Vaqueros. Archivado en una carpeta verde.

Es lógico que se conserve. Dentro están los mandamientos de pago, los informes y los proyectos que se manejaron para construir el jardín del poeta. Las mismas fuentes, no hay ni por asomo ninguna referencia directa al supuesto movimiento de huesos. Hasta es posible que en aquel momento no se le diera mayor relevancia. Pero sí puede figurar documentación que haga alusión a algún modificado de las obras cuando ya estaban en marcha.

Una fuente más con tintes misteriosos que hay que sumar a cuantas circulan sobre la fosa del genial poeta granadino.

■ quicochirino@ideal.es

El parque García Lorca, entregado al pueblo de Granada

A las doce del mediodía de ayer se inauguró oficialmente el parque Federico García Lorca que, con una extensión aproximada de unos diez mil metros cuadrados, ha sido abierto al pueblo de Granada y muy especialmente al de Vítor y Alfacar.

Fue el presidente de la Diputación Provincial de Granada, Juan Hurtado Gallardo quién, con unas breves palabras, hizo la presentación pública del parque afirmando que «muchas cosas

han pasado hasta que, hoy, podemos ofrecerle al poeta esta verdadera manifestación popular. El mérito en sí es exclusivamente de esta Corporación provincial, que ha atendido y realizado el proyecto, sino que el verdadero mérito lo tiene el pueblo que ha impulsado la realización de este parque haciendo que se mantenga vivo el recuerdo de Federico García Lorca».

(Página 7)

En el acto estuvieron presentes cientos de personas que abarrotaron los pocos metros útiles de esparcimiento que recoge este parque.

47. *Ideal*, 20 de octubre de 2008, p. 3. Siguen las declaraciones de Ernesto Antonio Molina Linares. Y aparece en escena «El Matapelos». (Cortesía de *Ideal*.)

48. El maestro Dióscoro Galindo González con sus alumnos en Santiponce (Sevilla), antes de su traslado a Granada. (Cortesía de su hijo, Antonio Galindo Monje.)

49. Certificación de defunción del maestro Dióscoro Galindo González.

50. Manuel Castilla Blanco, ya en época posfranquista. (Cortesía de Víctor Fernández.)

51. La tumba del ex masón Antonio Mendoza de la Fuente en el cementerio de San José de Granada, patio de San Gregorio, sección 35, bóveda 15. (Fotografía de Ian Gibson.)

52. Las cenizas de Ramón Ruiz Alonso reposan, sin que figure su nombre, en la tumba de la familia Ruiz Penella en la sacramental de San Justo, Madrid. (Fotografía de Ian Gibson, 2014.)

53. Tumba de Manuel Castilla Blanco en el cementerio de San José de Granada, patio de San Ramón, sección 3.ª, nicho 75. (Cortesía de Juan Antonio Díaz López.)

C   N° 290582   A

CERTIFICACIÓN LITERAL DEL ACTA DE DEFUNCION

libre 208.-
cho 163.-
úm 542.-
rocedencia del
xumento en su
nv   --

Don Enrique Jimenez-Herrera Bejar.-
                              (Nombre y apellidos)
Juez Municipal   del numero uno de Granada.-

provincia de   idem.   . y Encargado de su Registro civil

CERTIFICO: Que el acta al margen reseñada literalmente dice así:

FEDERICO GARCIA LORCA.- Registro Civil de Granada.- Juzgado Municipal núm. 1.-
En la Ciudad de Granada a las doce y media del día veinte y uno de Abril de
mil novecientos cuarenta, ante D. Enrique Jimenez-Herrera Bejar, Juez Municipal
y D. Nicolas Mª Lopez Diaz de la Guardia Secretario, se procede a inscribir la
defunción de D. Federico Garcia Lorca, hijo legitimo de D. Federico Garcia Ro-
driguez y de Dª Vicenta Lorca Romero, soltero, de 38 años de edad, natural de
Fuente Vaqueros y vecino de esta capital en callejones de Gracia, Huerta S.
Vicente el cual falleció en el mes de Agosto de 1936 a consecuencia de heridas
producidas por hecho de guerra, siendo encontrado su cadaver el dia veinte del
mismo mes en la carretera de Viznar a Alfacar.- Esta inscripción se practica
en virtud de auto dictado por el Sr. Juez de Instrucción de este Distrito en
armonia con lo dispuesto en el decreto de 8 de Noviembre de 1936 y orden de
10 del mismo mes y lo dictaminado por el Exmo. Sr. Fiscal de esta Audiencia;
habiendola presenciado como testigos D. Miguel Jimenez Bocanegra y D. Juan de
Dios Moya Villanova, de esta vecindad.- Leida este acta se estampó el sello
del Juzgado y la firmaron el Sr. Juez y los testigos certifico.- Enrique Ji-
merrera Bejar.- M. Jimenez.- Juan de D. Moya V.- Nicolas Mª Lopez.- Rubricados.
Hy un sello.- -

54. Certificación de defunción de García Lorca, «el cual falleció en el
mes de Agosto de 1936 a consecuencia de heridas producidas por
hecho de guerra».

En el Cuartel de Falange, instalado en la calle de San Jerónimo, se hallaba el Jefe de Bandera don *Miguel Rosales Camacho* cuando en él se presentaron el Diputado obrerista por la C.E.D.A., don *Ramón Ruiz Alonso*, don *Juan Trescastro*, don *Federico Martín Lagos* y algún otro que no ha podido precisarse, con una orden de detención dimanante del Gobierno Civil contra FEDERICO GARCÍA LORCA, para cuyo cumplimiento requirieron al Sr. Rosales Camacho, al objeto de que este les franqueara su domicilio, al que se dirigieron en compañía de este, quien advirtió al llegar al mismo que había sido rodeado con gran aparato de Milicias y Guardias de Asalto que tomaron todas las bocacalles y tejados próximos.

Llevada a efecto la detención de FEDERICO GARCÍA LORCA en el expresado domicilio, se le condujo a los calabozos del Gobierno Civil de esta provincia y seguidamente se interesaron por él, pretendiendo su libertad, el entonces Jefe Local de Falange *José Díaz Pla*, los referidos *hermanos Rosales Camacho*, el Jefe de Milicias de Falange *Cecilio Cirre Jiménez* y otros antiguos falangistas, quienes se entrevistaron con don Miguel [sic] Valdés Guzmán, Comandante de Intervenciones Militares que a la sazón era el Gobernador Civil de la provincia y, aunque no consiguieran la libertad, obtuvieron la impresión de que ya no corría peligro la vida de FEDERICO GARCÍA LORCA.

A partir de ese momento, los datos que pudieron adquirirse son muy confusos y solo se ha podido precisar que dicho detenido fue sacado del Gobierno Civil por fuerzas dependientes del mismo y conducido en un coche al término de VÍZNAR (Granada) y en las inmediaciones del lugar conocido por «Fuente Grande», y en unión de otro detenido cuyas circunstancias personales se desconocen, fue pasado por las armas, después de haber confesado, según se tiene entendido; siendo enterrado en aquel paraje, muy a flor de tierra, en un barranco situado a unos dos kilómetros a la derecha de dicha «Fuente Grande», en un lugar que se hace muy difícil de localizar.[21]

Los ministros de Franco ya lo sabían (si es que no estuvieran previamente al tanto): el poeta fue encarcelado en el Gobierno Civil de Granada y sacado de allí, para ser fusilado en Víznar, «por fuerzas dependientes del mismo». Por algo Alonso Vega le comunicó a Castiella el 21 de julio de 1965 que le inquietaba la petición de Marcelle Auclair y «desenterrar [¡sic!] con este motivo tan desdichado asunto».[22]

Y una posdata: si realmente el régimen de Franco hubiera cambiado de sitio los restos del poeta durante los años cincuenta, cabe deducir que el informe citado se habría referido a ello. Pero no hay alusión alguna a tal acontecimiento.

El barranco de Víznar

En todo este marasmo hay algo seguro y demostrado, porque ya se han efectuado catas que confirman el testimonio del masón Antonio Mendoza de la Fuente: en el barranco de Víznar yacen cientos de víctimas de la máquina de muerte que operaba en la zona durante la Guerra Civil. La noticia de que, en 2018, se va a proceder a exhumar los restos de los allí sepultados, de acuerdo con la nueva Ley de Memoria Histórica de Andalucía, es muy positiva.

«La memoria y el lamento de miles de granadinos y granadinas van a tener su eco y amparo en una norma con rango de ley para dar cauce a sus exigencias de conocimiento de la verdad, justicia, dignidad y reparación», ha asegurado Gregorio Cámara, diputado del PSOE en el Congreso por la provincia de Granada.[23]

Con ello, los investigadores, tan a menudo obligados a depender solo de testimonios orales contradictorios, o de documentación poco fidedigna, podremos manejar por una vez datos y hechos comprobados.

Entretanto, Federico García Rodríguez, el padre del poeta, sigue solo en su tumba de Nueva York. Al subir en Bilbao, en agosto de 1940, al *Marqués de Comillas*, que le iba a llevar con los suyos a Estados Unidos, su yerno le oyó decir, «erguido contra la barandilla»: «No quiero volver a este *jodío* país en toda mi vida.» Murió cinco años después sin haberlo hecho.[24] Si el Estado español decide afrontar pronto, por fin, la vergüenza de las cunetas del franquismo y honrar a las víctimas, el regreso a su tierra del patriarca de los García de Fuente Vaqueros —si la familia estuviera de acuerdo, claro— sería un gesto magnánimo de potente simbolismo.*

* Federico García Rodríguez está enterrado en el Gate of Heaven Cementery (Hawthorne, Westchester County, Nueva York), sección 47, lote 128, tumba 4. Tenía 86 años.

APÉNDICES

Apéndice 1

Documentos (1929-1936) desmintiendo el pretendido apoliticismo de García Lorca

1. Comunicación dirigida a José Ortega Gasset en 1929 por un grupo de escritores, entre ellos García Lorca, con la respuesta del pensador. Texto incluido en Ortega y Gasset, *Obras completas*, Madrid, *Revista de Occidente*, 1969, tomo XI, pp. 102-106.

Señor Don...

Poco tiempo hace, surgió entre nosotros, unos cuantos escritores, la idea de organizar un grupo de carácter político, de la más amplia ideología dentro del horizonte de la libertad, y de tono y significación distintivamente intelectuales. El proyecto se realizó pronto y el núcleo inicial se ha construido con gran rapidez. Ahora solo falta propagarle, ramificarle en todas las direcciones hispánicas de la geografía y el espíritu.

Tal es el objeto de esta carta que consignamos a nuestros amigos de Madrid y de provincias.

Creemos que se impone con urgencia la necesidad de que los intelectuales españoles, muy particularmente los intelectuales jóvenes, definan sus diversas actitudes políticas y salgan de ese apoliticismo, de ese apartamiento —no pocas veces reprochable— que les ha llevado a desentenderse de los más hondos problemas de la vida española. La política no es un ejercicio que se pueda desprender de los demás de la inteligencia, ni una reducida especialidad de profesionales. Es un objeto esencial del pensamiento y una parcela importantísima en el área de la cultura.

Por eso nosotros propugnamos una definición de actitudes, credos, convicciones y tendencias. Y convocamos por nuestra parte a todos los hombres «nuevos» de España, cuya sensibilidad liberal sintonice con la nuestra, para que de la colectiva afirmación que hoy hacemos nazca un partido fuerte y desinteresado. Un grupo de genérico y resuelto liberalismo. Pero novel verdaderamente, en sus apetencias y en su marcha por los cauces futuros. Por lo tanto: un grupo que no adquiera con los viejos partidos históricos otro compromiso que el de la mutua ayuda en los problemas comunes, ni alce otra bandera que la del pensar libre y moderno, dentro de la soberanía fundamental del derecho.

Nos reservamos, desde luego, una previsora y extensa autonomía, que al garantir nuestra libertad de acción nos asegure aquella independencia y soltura de movimientos que consideramos indispensables para el éxito de la tarea emprendida.

Desde el comienzo de nuestras gestiones constitutivas, se manifestó, con unánime decisión, la de ponernos en contacto con una de las figuras de mayor relieve y prestigio en la presente vida española. Coincidimos todos en estimar que, si había en España un hombre de excepcional mentalidad, pulcra historia, sin contaminaciones, con ningún pasado político, y eficaz ideología porvenirista, ese hombre era José Ortega y Gasset. Intelectualmente adictos a Ortega y Gasset, queríamos como previo fundamento de nuestra empresa, conocer su opinión; solicitar su dirección y apoyo, y reclamar su indispensable consejo.

Puestos al habla con Ortega y enterado de nuestros deseos nos honró con las siguientes palabras que con fidelidad reproducimos:

Amigos míos: Recibo con sumo placer la noticia de que se resuelven ustedes a movilizar una parte de su energía hacia la política. Como en esta materia no estimo nada las generalizaciones y los aspavientos, comenzaré por decirles que no creo en todo tiempo obligatorio a todos los hombres ocuparse de política. Hay épocas en que ni es obligación ni siquiera es posible. Pero hay otras en que, con toda evidencia, se advierte el deber para todo participante en una sociedad soberana de intervenir enérgicamente en la vida pública. Son, entre otras, aquellas sazones, magníficas, en que un pueblo necesita fabricarse un nuevo Estado, modelar nuevas instituciones, articular, según nuevo esquema, el Poder público. No hay duda de que España ha entrado de lleno en una de estas ocasiones, y por eso me regocija verles a ustedes prontos a tomar sobre sí la misión que la fecha impone. Es una tarea espléndida. Nuestra nación ha llegado a un momento feliz en su interno desarrollo: por vez primera desde hace centurias, va a ser posible un ensayo en grande de reorganización nacional. Hasta lo malo ha sido bueno y, contra su voluntad, sirvió a la madurez de la coyuntura. Cuanto depende de las circunstancias es inmejorable. Ahora se va a ver si lo que depende de los hombres, de su capacidad intelectual y moral, está, como suele decirse, a la altura de las circunstancias.

En las palabras que me hacen ustedes llegar me piden «dirección, apoyo y consejo». Yo he de dedicar a ustedes estas dos últimas cosas con toda la abundancia que deseen y yo posea. Añado a ellas mi simpatía, mi adhesión y mi compañerismo. Lo que no puedo ofrecerles es mi dirección. Tal vez siempre, pero de cierto en el más inmediato porvenir, he de mantenerme taxativa y formalmente libre de toda carga directiva. La razón no es de orden subjetivo, sino oriunda de la situación misma en que va a entrar nuestra vida pública. Lo

que viene no es una etapa en que pueda rodarse políticamente sobre carriles preestablecidos, sino todo lo contrario. Hay
que inventarlo todo: los grandes temas, las ideas jurídicas, los
gálibos de las instituciones, los sentimientos motores y hasta
el vocabulario. Llevo veinte años meditando sobre las cosas
de España y esperando esta hora, precisamente esta hora ma-
ravillosa. Más que nunca necesito ahora esa «soltura de movimientos» a que ustedes hacen muy cuerdamente alusión. El
que dirige queda ligado por la responsabilidad de su magis-
tratura. Además, creo que en política la dirección no es título
que se concede premeditadamente, sino que resulta del ejercicio mismo. El llamado a dirigir es verdaderamente el llamado cuando ya dirigía de hecho. Lancémonos ahora a actuar:
la acción misma, organizándose espontáneamente, ungirá al
director nato.

Lo que importa es que en los primeros pasos acierten ustedes, y ya que me piden ustedes consejo me apresuraré a
adelantar los más urgentes:

1.º La situación presente de la vida española exige que un
grupo de hombres nuevos seccione radicalmente toda comunicación y continuidad con el pasado de la política nacional
en todas sus formas y modos.

2.º Consecuencia de lo anterior es que no pacte con la
tradicional división en derechas e izquierdas, división que,
ejecutada en tiempos pasados, se refiere a cuestiones viejas, y
aceptada hoy retrotraerá inexorablemente la política a las posiciones antiguas.

3.º Que la base de la política futura ha de ser el liberalismo, y por tanto, hemos de ser liberales; pero en forma distinta de los pretéritos. Y esta forma distinta puede resumirse así:
seamos tan liberales que lo seamos como quien respira o
como quien lo lleva en la masa de la sangre. Esto quiere decir
que no tiene sentido definirse por el liberalismo, como si cre-
yésemos que era este algo discutible. El que otros lo discutan
no es razón para que nosotros admitamos la discusión o, si la
admitimos, para que nos enorgullezcamos de ello y lo pon-

gamos en el blasón. A despecho de anécdotas transitorias, el europeo de 1929 es liberal de nacimiento. Evitemos ser parvenus del liberalismo. Lo que ha perjudicado a este ha sido admitir especialistas de él.

Otro punto, a mi juicio esencial, es que este grupo sienta el orgullo de no adoptar posiciones reactivas. Llamo así a toda calificación política que se den ustedes como reacción frente a las actitudes de los enemigos. Esto es condenarse al fracaso porque es renunciar a tener propia sustancia, y vivir en un parasitismo negativo. No admitan ustedes la existencia de enemigos, que sean ellos quienes se tomen el trabajo de considerarlos a ustedes como tales. Paralelamente, eviten ustedes confundir a sus amigos con España. Política es actuar sobre los que no son nuestros amigos y ni piensan ni sienten como nosotros. Porque no tuvo esto en cuenta ningún grupo, la política nacional y el Estado han sufrido tan grave colapso.

Si es cierto lo que arriba aventuro, y cuanto viene pasando en nuestra vida pública procede últimamente de que la nación ha crecido, resultará ineludible que los nuevos políticos se decidan a pensar en grande. Hace falta gente magnánima y de cabeza clara, enérgica en sus ideas y en sus actos, pero muy sobria en patetismos. Costa quería que en España se gobernase con tristeza. Discrepemos de él resueltamente e intentemos hacer política y hasta gobernar alegremente. No hay pretexto para otra cosa. En el huerto español todos los frutos están ya madurando.

Estas palabras firmes y alentadoras, nos dan la pauta a seguir en el actual momento y en lo sucesivo, sintetizando de perfecta manera nuestro criterio, al cual nunca le faltará como guía y orientación el consejo de José Ortega y Gasset. Ni que decir tiene, que la obra que vamos a emprender no traspasará, al menos por ahora, las lícitas fronteras del proselitismo ideológico y suasorio. Único procedimiento viable y a la postre el más eficaz para el triunfo.

Aspiramos a ensanchar nuestro grupo, agrandarlo en

Madrid y provincias: procurar los medios para estar en contacto con tantas voluntades dispersas como hay en España; hacer que esas voluntades se unan y obtengan cohesión, fuerza. En una palabra: deseamos articular a la juventud española —aludimos siempre a la verdadera juventud que se determina, no tanto por la fe de bautismo, cuanto por vitalidad de la substancia gris— de suerte que ella testimonie de sí misma y procure, dentro de sus posibilidades, actuar con la energía que presta al ánimo la convicción de no saberse solo.

Madrid, abril de 1929

Genaro Artiles, F. Ayala, José P. Bances, Corpus Barga, Manuel Chaves Nogales, José Díaz Fernández, Antonio Espina, **Federico García Lorca,** *Fernando González, Benjamín Jarnés, Ángel Lázaro, José López Rubio, José Lorenzo, Antonio Obregón Chorot, Francisco Pina, Antonio Rodríguez de León, Cipriano Rivas Cherif, Esteban Salazar y Chapela, Pedro Salinas, Ramón J. Sender, Eduardo Ugarte, Fernando Vela, José Venegas, Luis G. de Valdeavellano, Francisco Vighi.* Adhesiones: *Antonio Espina,* Calle de Alonso Cano, 13, Madrid; o a nombre y domicilio de cualquiera de los firmantes.

2. Manifiesto de la Asociación de Amigos de la Unión Soviética (mayo de 1933). Se reproduce el texto publicado por Arrarás (ed.), *Historia de la Cruzada Española,* II, pp. 180-181.

Quince años tiene ya de existencia la República obrera rusa. Durante ellos, con esfuerzos inauditos, se ha venido levantando en aquel inmediato territorio el acontecimiento económico y social más formidable del mundo moderno. Este acontecimiento crea en todos los países un ambiente más o menos difuso, pero manifiesto, de curiosidad, de simpatía y de expectación. De él participan todos los hombres atentos a los problemas del presente y a las perspectivas del porvenir, los intelectuales y los técnicos, las grandes masas trabajadoras. Todo el mundo ansía saber la verdad de lo que pasa en aquel país en construcción. Sobre esta gran página de la Historia humana se exacerban las pasiones políticas. Hasta hoy, en nuestro país no se había intentado todavía un esfuerzo serio para situarse ante estos hechos con plenas garantías de veracidad.

En casi todos los países del mundo (Francia, Inglaterra, Alemania, Estados Unidos, Japón, etc.) funcionan ya Asociaciones de Amigos de la Unión Soviética, cuyo cometido es poner claridad en el tumulto de las opiniones contradictorias, pasionales, y no pocas veces interesadas, sobre la U.R.S.S. España no podía seguir manteniéndose aislada de este gran movimiento internacional. Era necesario recoger todo ese ambiente difuso de curiosidad y de simpatía hacia la Unión Soviética, organizarlo y darle una base de documentación seria y actual; estudiar y exponer a la luz del día, sin ocultar ni desfigurar nada, los éxitos, las dificultades, los problemas de esta magnífica experiencia que supone para el mundo la construcción de una sociedad nueva. La Asociación de Amigos de la Unión Soviética, situándose por entero al margen de los partidos y por encima de las tendencias y formaciones políticas, aspira a reunir a cuantos creen que el mundo no puede colocarse hoy de espaldas a lo que pasa en Rusia. Nuestra Asociación no tendrá más programa ni más bandera que decir y ayudar a conocer la verdad sobre la U.R.S.S., combatiendo con las armas de la verdad la mentira, la calumnia y la deformación.

Para conseguirlo, la Asociación de Amigos de la Unión Soviética organizará en toda España conferencias documentales sobre la U.R.S.S., proyecciones de películas de tipo informativo, exposiciones con gráficos, fotografías, etc.; publicará libros y materiales estadísticos; dará a conocer las conquistas y los problemas del socialismo en la Unión Soviética; organizará delegaciones obreras a aquel país; facilitará la organización de viajes de estudios; editará una revista ilustrada de actualidad consagrada a la vida en la U.R.S.S.; organizará sesiones de radio para recibir las emisiones soviéticas de conciertos y conferencias informativas en español; encauzará el intercambio de correspondencias y de relaciones entre obreros, técnicos e intelectuales de ambos países, etc.

Para el desarrollo eficaz de todas estas actividades nuestra Asociación necesita contar en toda España con la adhesión individual o colectiva de representantes de todas las clases y de todas las tendencias políticas. No se trata de crear un grupo más, sino de recoger un amplio movimiento de opinión carente hasta hoy de órgano adecuado y de plasmar el anhelo de miles y miles de españoles que no pueden considerar ajena a sus preocupaciones humanas ni a los destinos del mundo la lucha por la sociedad nueva que ciento cincuenta millones de hombres están librando en el país de los Soviets.

> *Luis Lacasa*, arquitecto. – *R. Díaz Sarasola*, médico. – *José María Dorronsoro*, ingeniero. – *Diego Hidalgo*, notario. – *A. Novoa Santos*, médico. – *G. Marañón*, médico. – *Eduardo Ortega y Gasset*, abogado. – *Pío Baroja*, escritor. – *Eduardo Barriobero*, abogado. – *Luis Jiménez de Asúa*, catedrático. – *Victoria Kent*, abogado. – *Ramón J. Sender*, periodista. – *F. Sánchez Román*, catedrático. – *Jacinto Benavente*, escritor. – *Victorio Macho*, escultor. – *Juan Madinaveitia*, médico. – *José Maluquer*, ingeniero. – *Ramón del Valle-Inclán*, escritor. – *M. Rodríguez Suárez*, arquitecto. – *J. Negrín*, catedrático. – *Augusto Barcia*, abogado. – *M. Sánchez Roca*, periodista. – *Luis de Tapia*, escritor. – *Roberto Castrovido*, periodista. – *Teófilo Hernando*, catedrático. – *José María López Mezquita*, pintor. – *Marcelino Pascua*, médico. – *J. Planell*, médico. – *Ángel Garma*, médico. – *Eduardo Ugarte*, escritor. – *Santiago E. de la Mora*, arquitecto. – *Pedro de Répide*, escritor. – *Manuel Machado*, escritor. – *Blanco Soler*, arquitecto. – *R. Sáinz de la Maza*, músico. – *F. G. Mercadal*, arquitecto.

– *Concha Espina*, escritora. – *R. Aníbal Álvarez*, arquitecto. – *Carmen Monné de Baroja*. – *Fernando Cárdenas*,
ingeniero. – *Luis Bagaría*, dibujante. – *J. Díaz Fernández*,
escritor. – *J. Vahamonde*, arquitecto. – *Luis Calandre*,
médico. – *José Antonio Balbontín*, abogado. – *María Martínez Sierra*, publicista. – *Ricardo Baroja*, pintor. – *Adolfo
Vázquez Humasqué*, ingeniero. – *Pilar Coello*. – *Fernando de Castro*, médico. – **Federico García Lorca**, escritor.
– *Carlos Montilla*, ingeniero. – *Juan Cristóbal*, escultor. –
Cristóbal de Castro, publicista. – *S. Zuazo*, arquitecto. –
Enrique Balenchana, ingeniero. – *María Rodríguez, viuda de Galán*. – *Juan de la Encina*, crítico de arte. – *T. Pérez
Rubio*, pintor. – *Javier Zorrilla*, ingeniero. – *Carolina Ca-
rabias, viuda de García Hernández*. – *José Capuz*, escultor. – *Julián Zugazagoitia*, periodista. – *Luis Salinas*, abogado. – *J. Gordón Ordás*, veterinario. – *Clara Campoamor*,
abogado. – *Pío del Río*, histólogo. – *J. Costero*, catedrático. – *R. Salazar Alonso*, abogado. – *L. Vázquez López*,
médico. – *Luis Bello*, periodista. – *W. Roces*, catedrático.
– *J. Sánchez Covisa*, catedrático. – *Cristóbal Ruiz*, pintor.
– *Víctor Masriera*, profesor. – *Joaquín Arderius*, escritor.
– *Rodolfo Llopis*, profesor. – *N. Piñoles*, pintor. – *R. Gi-
ménez-Sile*, editor. – *Agustín Viñuales*, catedrático. – *Rodrigo Soriano*, diputado. – *Victoria Zárate*, profesora. –
Ezequiel Endériz, periodista. – *Isidoro Acevedo*, escritor.
– *Salvador Sediles*, diputado. – *Francisco Galán*, periodis-
ta. – *Amaro Rosal*, empleado de Banca. – *Carmen Do-
rronsoro*. – *Francisco Mateo*, periodista. – *Rosario del
Olmo*, periodista. – *Julián Castedo*, pintor. – *María Ánge-
la del Olmo*, actriz. – *Antonio Buendía*, abogado.

3. Manifiesto sobre la Alemania de Hitler. Publicado en el
adelanto de la revista *Octubre*, Madrid, 1 de mayo de 1933.*

---

* Reproducido fotográficamente en Inglada, pp. 74-75.

En favor de nuestros camaradas
Protestamos contra la barbarie fascista que
encarcela a los escritores alemanes

Hay que denunciar a cada momento que en la Alemania de nuestros días están sucediendo las cosas más atroces que puedan imaginarse. La burguesía y el capitalismo, en alianza inseparable, hacia una muerte próxima, han organizado un imperio de terror y han destruido en un momento los contactos elementales con las normas de civilidad y de humanidad que se creían conquistadas y seguras.

A la burguesía, en trance de pánico, ya no le importa nada la civilización, la cultura, las leyes, las normas y los progresos políticos. Ya ni siquiera le importan las apariencias. Irritada, desenmascarada, impotente para seguir disfrutando de la hegemonía de clase, está haciendo el último esfuerzo desesperado para conservar su posición y sostener al capitalismo, a costa de lo que sea: de la regresión, de la barbarie, de cortar, de momento, la línea ascensional de la historia, de sojuzgar las conciencias, de tergiversar los hechos, de amordazar a los escritores, de encadenar, en fin, al proletariado en una servidumbre medieval.

El miedo a la acción decisiva del proletariado revolucionario ha hecho reaccionar a la burguesía en un movimiento de defensa, instaurando una dictadura odiosa. Momentáneamente, el proletariado ha perdido y la reacción ha triunfado. Hitler está en el poder. La antigua grandeza imperialista está en el poder. El capitalismo reforzado está en el poder. Toda la reacción unida prepara la guerra y todos los imperialismos juntos preparan la intervención armada contra la U.R.S.S., para destruir la patria del proletariado, que significa una denuncia permanente contra la sociedad capitalista.

En esta ofensiva de la barbarie contra las fuerzas progresivas de la historia, han caído en primera línea los obreros más conscientes de la revolución. Las cárceles alemanas están llenas de luchadores proletarios. La Policía, al servicio del salvajismo, comete cada día nuevos crímenes. Se maltrata, se persigue, se mata impunemente a obreros e intelectuales. El asesinato del viejo editor Ullstein, cuyos detalles no ha comentado la prensa española, constituye uno de los episodios más repugnantes y bestiales de esta ofensiva de la reacción alemana.

Pero el proletariado no está solo en la lucha. Al lado suyo, con la conciencia de su misión y la claridad de concepto sobre el proceso histórico, muchos camaradas escritores han unido su suerte al movimiento fecundo del proletariado. Y Hitler ha caído rápidamente sobre ellos con una saña y una precipitación sospechosa. Perseguidos, detenidos arbitrariamente, acusados de falsos delitos, allí están en las cárceles y calabozos inmundos nuestros camaradas escritores Renn, Kisch, Lehmann, Ossietzky, Gerlach, etc., sin haber cometido más delito que defender al proletariado y unirse a él en marcha hacia una nueva cultura.

¿Qué significa este especial empeño de la dictadura de Hitler de encarcelar a los escritores más representativos de una nueva Alemania? Bien claro está: significa el odio y el miedo que las viejas gentes de la reacción tienen hacia el movimiento cultural y literario de Alemania que iba paralelo con la marcha de la revolución. Significa el deseo de ahogar las voces más claras en acusaciones ante la conciencia del mundo. Significa, en fin, la resolución premeditada de prohibir toda la literatura denunciadora, acusadora del capitalismo y la burguesía, y sustituirla por una literatura mercenaria de exaltación a la guerra, al imperialismo, a la esclavitud y a la colaboración de clases.

Nosotros, escritores y artistas españoles, al mismo tiempo que protestamos contra la barbarie del fascismo, mandamos a nuestros camaradas alemanes perseguidos, encarcelados y maltratados, nuestro saludo, nuestra solidaridad y nuestras comunes palabras de fe en la causa del proletariado y de la revolución.

Madrid, 1.° de mayo de 1933

Federico García Lorca, César M. Arconada, Ramón J. Sender, Wenceslao Roces, Luis Lacasa, Manuel A. Ortiz, Hernando Viñes, Juan Vicéns, Alberto [Sánchez], Luis Pérez Mínguez, Arturo Serrano Plaja, Xavier Abril, Rafael Alberti, César Vallejo, Rosario del Olmo, Julián Castedo, Rodolfo Halffter, María Luisa Vicéns, Pedro Garfias, Emilio Delgado, María T. León, Armando Bazán, José E. Herrera, Manuel Altolaguirre, Concha Méndez, Francisco R. Luna, Luis Buñuel, Eduardo Ugarte. (Siguen más firmas.)

4. La Falange se mete con La Barraca. Texto publicado en *F.E.*, Madrid, 5 de julio de 1934, p. 11.

Teatro universitario. Teatro de estudiantes. Obra joven que lleva por los pueblos y aldeas el rancio sabor de nuestro teatro clásico. Los estudiantes del Sindicato Español Universitario te saludan y te desean albricias en la obra de renovación cultural que te está encomendada.

Que te está encomendada, pero que no cumples.

Estudiantes de La Barraca: vosotros habéis de llevar a lo más profundo del pueblo la cultura y el bienestar del espíritu. Vuestro deber ante ese pueblo hambriento que os escucha es darle un ejemplo de sacrificio. Un ejemplo de sacrificio, estudiante, no un ejemplo de libertinaje y de derroche de un dinero que no es tuyo, que pertenece enteramente al pueblo que te escucha.

No traiciones al campesino que oye en ti los sublimes versos de Calderón, burlándote de su expresión candorosa, mostrando ante él unas costumbres corrompidas, propias de países extranjeros.

No asombres sus ojos ingenuos paseando ante él una promiscuidad vergonzosa. Estudiante: tú eres joven. Tu deber es sacrificarte ante ellos; tu deber es no quedarte con lo que se te da para que lo entregues al pueblo. Tu deber, antes sería viajar ayunando, que lavándote las manos en agua mineral.

El SEU te llama a sus filas; a ti y a La Barraca. A ti, como joven; a La Barraca, como misión pedagógica que ha de ser conducida tan solo por los que ansíen una Patria nueva; los que laboren por un porvenir de Imperio; no por los que se mueven en las aguas turbias y cenagosas de un marxismo judío.

5. El *ABC* de Sevilla critica La Barraca, en plena guerra, 6 de junio de 1937, p. 9.

El caso [sic] *de Tespis*

El día 23 del corriente inaugurará su temporada en Civitavecchia el Carro de Tespis, lírico, que este año visitará cincuenta localidades en treinta y nueve provincias, dando setenta y ocho representaciones. Inaugurará estas con *Aida* y entre las obras de repertorio cuenta con *Rigoletto* y con *Gioconda*.

Funcionarán además otros dos *carros* de prosa, pero no darán comienzo a sus actuaciones hasta el primero de julio. Cada uno de ellos dará sesenta y dos representaciones en cuarenta y seis ciudades de dieciséis provincias diferentes y ofrecerán la novedad de que en vez de llevar compañías propias aprovechará otras ya formadas, como garantía de acierto en la representación.

Nos trae esto a la memoria la famosa Barraca comunistoide del judaizante Fernando de los Ríos, que con aviesa finalidad de propaganda sectaria recorría los pueblos y las aldeas españolas durante la era bochornosa de los cinco años, bajo la apariencia de ser difusora del arte y hasta valiéndose del anzuelo de los clásicos para pescar incautos.

Para que todo fuese torcido en La Barraca, Cipriano,* azañista, lo era, hasta su propio título. El galicursi ministro de Ronda en lugar de atender a la genealogía clásica del *Carro*

---

* El director de teatro y cuñado de Azaña, Cipriano Rivas Cherif, otra de las personas odiadas por las derechas.

de la Farsa o la literatura del *Carro de las Cortes de la Muerte* prefirió el otro, no en su acepción de la barraca valenciana que para nada intervenía en el asunto, sino en la de la clásica barraca de los circos y de los teatros ambulantes franceses.

Y es que el oído del remilgado personajillo, acostumbrado al *flamenco*, no se pegaba al castellano, pese a sus ínfulas de profesor en la materia.*

Eso sí: en La Barraca fueron despilfarrados los caudales del «Ministerio de los Despilfarros», nombre por el que era conocido el de Instrucción Pública.

Será cosa de examinarlos algún día. Aquel Centro de Investigaciones Históricas; aquellos Patronatos; aquel Instituto del Libro; aquellas Escuelas del Hogar y del Magisterio y aquella Junta para Ampliación de Estudios, se habían convertido en los abrevaderos de los flamantes profesores y alumnos, procedentes de la Institución Libre, vivero de judíos y de masones.

Con el presupuesto del Ministerio del Trabajo se atendía a la morralla ignara de socialistoides.

El de Instrucción, en cambio, era más ubérrimo, suculento y substancioso, puesto que los afortunados *enchufistas* pertenecían a la clase de los médicos, de los maestros, de los artistas y de los intelectuales que era preciso atraer a toda costa al consumismo.

6. Declaración sobre el proceso contra don Manuel Azaña. Texto incluido en Azaña, *Mi rebelión en Barcelona*, 1935.

A la opinión pública

Queremos, los firmantes de este escrito, confiar a nuestros compatriotas, de manera respetuosa y cordial, la preocupación y la amargura que nos inspira el caso de don Manuel

---

* Se trata, claro, de Fernando de los Ríos.

Azaña. Con él tenemos mayores o menores concomitancias ideológicas, pero no somos sus correligionarios políticos ni estamos ligados a él por intereses de ninguna especie.

Lo que contra el señor Azaña se hace quizá no tenga precedente en nuestra historia, y si lo tiene, de fijo valdrá más no recordarlo. No se ejercita en su contra una oposición, sino una persecución. No se le critica, sino que se le denosta, se le calumnia y se le amenaza. No se aspira a vencerle, sino a aniquilarle. Para vejarle se han agotado todos los dicterios. Se le presenta como un enemigo de su patria, como el causante de todas sus desdichas, como un ser monstruoso e indigno de vivir.

Y todos sabemos —incluso sus más apasionados detractores— que eso no es cierto; que el ideario y la conducta del señor Azaña son absolutamente opuestos a los sucesos luctuosos que recientemente han afligido al país; que ha seguido en el poder y en la oposición una política de publicidad, honestidad y limpieza, y que constituye un valor moral y mental al que cualquiera puede negar la conformidad, pero nadie debe regatear el respeto.

Sus aciertos y sus yerros son cosas aparte y cada cual puede estimarlos como guste. La persecución judicial de que se le quiere hacer objeto también es problema distinto, pues nadie osará atravesarse ante la justicia, mientras esta no demuestre que sirve a las pasiones antes que a las leyes. De suerte que no pretendemos recabar un asentimiento que sería imposible y absurdo ni entorpecer una acción depuradora, aunque se ejercite en términos de rigor inusitados y sorprendentes.

Nuestra protesta va encaminada simplemente contra los modos de ataque, llegados a tan ciego encono que no parecen propios para lograr una obra de severidad (incomprensible para nosotros), sino para cohibir la acción serena de los órganos del Estado, para provocar una revuelta obcecada o para armar el brazo de un asesino.

Comprendemos lo mucho que ciega la pasión política,

pero también creemos que una gran parte de los que se suman a la campaña lo hacen por inconsciencia, por desconocimiento de la verdad, y por contagio.

Y como en caso de tanta gravedad para la persona atacada y para el decoro político no basta con que unos cuantos salven su responsabilidad personal, guareciéndose en la intimidad de su conciencia, hemos querido difundir este documento en el que, con mesura y ecuanimidad, defendemos más que al señor Azaña, a la civilidad española.

> *Juan Adsuara*, escultor; *Hilario Alonso*, meteorólogo; *C. Arnal*, periodista; *«Azorín»*, escritor; *Luis Bagaría*, dibujante; *Francisco de las Barras*, catedrático de la Universidad Central; *doctor Manuel Bastos*, médico; *Leopoldo Bejarano*, periodista; *José Bergamín*, escritor; *Ignacio Bolívar*, catedrático y académico; *Odón de Buen*, catedrático; *Manuel Busquets*, industrial; *doctor Luis Calandre*, médico; *Arturo Calzada*, arquitecto; *Carlos Capdevila*, escritor; *Américo Castro*, catedrático de la Universidad Central; *José Clará*, escultor; *Miguel Crespi Jaume*, catedrático de la Universidad Central; *Juan Cristóbal*, escultor; *Manuel Chaves Nogales*, periodista; *Juan de la Encina*, escritor; *Antonio Espina*, escritor; *Óscar Esplá*, compositor; *Enrique Fajardo («Fabián Vidal»)*, escritor; *León Felipe*, escritor; *Félix Feliú («Apa»)*, dibujante; *Antonio Garda Banús*, catedrático de universidad; **Federico García Lorca**, escritor; *Fernando García Mercadal*, arquitecto; *José García Mercadal*, escritor; *Pedro Garfias*, escritor; *viuda de Giner de los Ríos*, escritora; *Gloria Giner de los Ríos*, profesora de Normal; *Julio Gómez*, compositor; *Juan González Olmedilla*, periodista; *Eusebio Gorbea*, escritor; *Antonio Hermosilla*, periodista; *doctor Teófilo Hernando*, catedrático de la Universidad Central y académico; *Juan Ramón Jiménez*, escritor; *Luis Lacasa*, arquitecto; *doctor Gonzalo R. Lafora*, médico; *Ángel Lázaro*, escritor; *José M. López Mezquita*, pintor; *Juan Ma-*

dinaveitia, médico; *doctor Gregorio Marañón*, catedrático de la Universidad Central y académico; *doctor Manuel Márquez*, catedrático de la Universidad Central y académico; *Jesús Martí*, arquitecto; *Eduardo Marquina*, escritor; *Paulino Masip*, escritor; *Emeterio Mazorriaga*, catedrático de la Universidad Central; *Enrique Moles*, catedrático de la Universidad Central y académico; *Francisco Molina*, periodista; *Carlos Mosquera*, arquitecto; *Martín Navarro*, catedrático; *Elisa Morales de Giner de los Ríos*; *Matilde Muñoz*, escritora; *Manuel Núñez Arenas*, catedrático; *Antonio de Obregón*, escritor; *Isabel de Palencia*, escritora; *Cástor Patino*, periodista; *Miguel Pérez Ferrero*, escritor; *Timoteo Pérez Rubio*, pintor; *Augusto Pi y Suñer*, catedrático de universidad; *Alejandro Plana*, escritor; *Jesús Pous y Pagés*, escritor; *doctor Pío del Río Hortega*, histólogo; *José Rioja Martín*, catedrático de la Universidad Central; *Fernando de los Ríos*, presidente del Ateneo de Madrid y catedrático de la Universidad Central; *doctor Aurelio Romeo*, médico; *Antonio Sacristán Zabala*, catedrático; *José María de Sagarra*, escritor; *Adolfo Salazar*, escritor; *Manuel Sánchez Arcas*, arquitecto; *Felipe Sánchez Román*, catedrático de la Universidad Central; *Diego San José*, escritor; *Luis de Tapia*, escritor; *doctor Manuel Tapia Martín*, médico; *doctor José Francisco Tello*, catedrático de la Universidad Central y académico; *Ramón del Valle-Inclán*, escritor; *Francisco Vera*, escritor; *Miguel Viladrich*, pintor; *Francisco Villanueva*, periodista; *Joaquín Xirau*, catedrático de universidad; *Antonio Zozaya*, escritor; *Antonio de Zulueta*, catedrático de la Universidad Central; *doctor Carlos García Peláez*, médico; *Alejandro Casona*, escritor.

7. Manifiesto en apoyo del pueblo de Etiopía. Publicado en *Diario de Madrid*, 9 de noviembre de 1935, p. 3.

Los intelectuales y la paz

«Los pueblos que presencien impasibles la ruina de Etiopía siembran la suya propia.»

Un movimiento internacional actúa, con vigor creciente, en apoyo moral del pueblo de Etiopía y en protesta contra la vejación que le amenaza. España, por su papel preponderante en la creación del Derecho internacional, por su tradición liberal y jurídica, por las declaraciones condenatorias de la guerra que constan en su Constitución y por necesidad decorosa de responder a una invocación de humanidad, no puede ser indiferente a aquella iniciativa. La presente proclama es un llamamiento a los hombres de buena voluntad.

El adelanto de los tiempos, las conquistas de la ciencia y las terroríficas enseñanzas de la última guerra mundial parecían garantizar que en materia de política internacional se había llegado cuando menos a una conclusión indiscutible: que ningún pueblo podría entrometerse con las armas en la política interior de otros, a menos que este la utilizase para fines agresivos o que los propios nacionales pidieran ser emancipados de una tiranía.

Con asombro e indignación contemplamos que se quiere romper ahora esta norma y agredir al país etíope sin razón alguna, pretextando que no se debe tolerar un grado de civilización inferior. Nunca sería esta razón suficiente para una invasión violenta y atropelladora. Mucho menos puede serlo cuando el pueblo que la intenta no lo hace en nombre de la libertad, que él ha destruido y negado a todos sus ciudadanos, sino invocando una necesidad de expansión que, por lo visto, no sabe obtener sino a costa ajena.

Tal actitud es intolerable. Nadie tiene derecho a enriquecerse con daño de otro ni a destruir vidas, bienes e instituciones por el gusto de ejercer una política imperialista, arbitraria y dominadora, ni a destruir con su espada una situación de cultura, de derecho y de paz que surgió como reparación de la última guerra y con la aspiración de que no hubiese otra.

Los pueblos que presencien impasibles la ruina de Etiopía siembran la suya propia, porque con idéntico motivo con que hoy se atropella a la nación africana se atropellará mañana a cualquiera de cualquier continente. Bastará para ello que el invasor se repute más fuerte que el invadido y que los demás Estados lo presencien con egoísta indiferencia.

¡Españoles! Poner hoy vuestra fuerza moral al lado de Abisinia es defender nuestro propio porvenir, que no debe estar vinculado más que a la razón, al derecho y a la paz. Abandonar al débil e inocente es una conducta infame. Permitir silenciosos un retroceso de la civilización encarnada en Ginebra es degradarse. Dejar que una vez más, sin razón alguna, absolutamente ninguna, corra la sangre humana, se hundan la economía y la cultura, sean destruidos pueblos, quede nuevamente mancillada la Historia, es torpe, cruel y cobarde.

Invitamos a nuestros compatriotas para prestar apoyo a Etiopía y a cualesquiera pueblos que puedan, en el presente o en el porvenir, ver desconocidos sus derechos a la vida y a la libertad.

Madrid, 6 de noviembre de 1935

Teófilo Hernando, Antonio Machado, Fernando de los Ríos, Ángel Ossorio y Gallardo, Roberto Castrovido, Álvaro de Albornoz, Rafael de Buen, Luis Jiménez de Asúa, **Federico García Lorca.**

8. Homenaje popular a María Teresa León y Rafael Alberti. Texto dado a conocer en *La Libertad*, Madrid, 8 de febrero de 1936, p. 9.

El retorno a España, después de largo viaje por Europa y América, de María Teresa León y Rafael Alberti es un hecho que no debe pasar desapercibido. María Teresa León y Alberti han llevado a los pueblos de América que visitaron el aliento de lo más avanzado de la intelectualidad y de la sociedad española. En este sentido su viaje tiene un hondo valor de aproximación —a la que tan vanamente se invoca en los soporíferos actos de fraternidad hispanoamericana— con aquellos pueblos.

María Teresa León y Rafael Alberti han convivido por unos meses con la juventud intelectual y las densas capas laboriosas que aspiran a mejorar de condición. A estas zonas se han dirigido y a ellas dieron a conocer los sazonados frutos de su labor literaria. De América regresa Alberti con un magnífico libro de poemas, editado en Méjico y escrito a lo largo de la ruta, y otra serie de poemas, aún inéditos, en los que vibran todo el espíritu de la América que Alberti siente, la popular y progresiva, y el caluroso ataque a lo que Alberti combate en América, en España o cualquier otro país.

Un grupo de amigos y admiradores de María Teresa León y Alberti ha pensado reunirse con ellos en una comida cordial. Queremos que sea la cordialidad lo único que brille en este acto esencialmente popular.

La comida tendrá lugar mañana, a las tres de la tarde, en el Café Nacional, Toledo, 19, después de los mítines del Frente Popular. Las invitaciones, al precio de 6 pesetas, se podrán obtener en el Ateneo de Madrid, Lyceum Club Femenino, San Marcos, 41; Izquierda Republicana, Mayor, 6, y Café Nacional.

*Antonio Machado, Guillermo de Torre, Julio Álvarez del Vayo, Luis Araquistáin, Rosa Chacel, Concha Méndez, León Felipe, José Bergamín, Ramón J. Sender, **Federico García Lorca**, Magda Donato, Salvador Bartolozzi, Jesús Hernández, Luis Lacasa, Luis Cernuda, Juan Vicéns, Alberto [Sánchez], José Díaz, Dolores Ibárruri, César M. Arconada, Manuel Altolaguirre, Arturo Serrano Plaja, Miguel Prieto, Luis Buñuel, Timoteo Pérez Rubio, Isaac Pacheco, Miguel Pérez Ferrero, Francisco Galán, Luis Salinas, Gustavo Pittaluga, Federación Universitaria Hispano-Americana, Biblioteca Cultural Ferroviaria del Norte, Sindicato Unitario Ferroviario.*

9. Crónica del homenaje a María Teresa León y Rafael Alberti. Texto publicado en *Mundo Obrero*, Madrid, 11 de febrero de 1936, p. 5.

Para festejar el regreso a Madrid de María Teresa León, la vibrante escritora, y del gran poeta Rafael Alberti, que acaban de realizar un dilatado viaje por Rusia y algunas Repúblicas americanas, el domingo se reunió en torno a ellos más de un centenar de amigos, en cálido homenaje cordial de bienvenida.

Después del almuerzo, que se celebró en un típico café, se leyeron numerosas adhesiones, y el señor Benito ofreció el acto en unas ingeniosas frases de humor. En nombre de la Biblioteca Popular de Chamberí, Elisa Risco pronunció un emocionado discurso de felicitación a los agasajados y de llamamiento a los escritores presentes para que presten mayor atención a las mencionadas instituciones culturales. Las valientes e inteligentes palabras de la camarada Elisa Risco produjeron gran impresión y motivaron una cálida ovación. A continuación, el intelectual mejicano Andrés Iduarte, después de un breve saludo, leyó unas cuartillas.

El ya ilustre poeta Federico García Lorca pronunció unas ingeniosas frases de salutación a los recién llegados y dio lectura a un enérgico manifiesto de la intelectualidad española representada que, una vez firmado, será enviado a los poderes públicos.

Después hizo uso de la palabra el camarada socialista Ogier Preteceille y, a continuación, nuestro camarada Navarro Ballesteros, que, en representación del Partido Comunista, se adhirió al acto y significó la simpatía y el afecto entrañable con que vemos la actuación de María Teresa León y Rafael Alberti, que representan la España culta e intelectual amiga y educadora para los proletarios.

Una gran ovación saludó a María Teresa León cuando se levantó a hablar para agradecer el agasajo y excitar a los escritores presentes a enviar los libros y solicitar las críticas a las bibliotecas populares representadas por Elisa Risco.

Finalmente, Rafael Alberti se disculpó de hablar «para no hacer un discurso bárbaro», como anteriormente había dicho García Lorca, y, en cambio, dio lectura a unos admirables poemas inspirados durante su viaje a América, que fueron aplaudidísimos, especialmente uno en el que presenta a los blancos y los negros abrazándose para luchar unidos contra los opresores. Después, recitó también unos versos «del siglo XVII», que produjeron estruendosas carcajadas y ovaciones, especialmente el inspirado en la frase de Lope: «qué bien que baila don Gil».

La Redacción de *Mundo Obrero*, representada en el acto por varios camaradas, se adhiere con toda cordialidad y cariño al justo homenaje tributado ayer a los jóvenes intelectuales María Teresa León y Rafael Alberti.

S. DE LA CRUZ

10. El manifiesto de la Unión Universal por la Paz. Publicado en *El Sol*, Madrid, 23 de febrero de 1936, p. 4.

Respondiendo a la iniciativa y a un llamamiento de Lord Robert Cecil, se constituyó en España, a principios del presente mes de febrero, la Mesa permanente española de la Unión Universal por la Paz. Se trata de incorporar nuestro país al amplio movimiento surgido en todos los pueblos que gozan de sus libertades en favor de una eficaz coordinación de los esfuerzos para evitar una nueva guerra.

Constituida esta Mesa por los señores don Ángel Ossorio, don Manuel Azaña, don Teófilo Hernando, don Antonio Machado y don Julio Álvarez del Vayo, se redactó un manifiesto, cuyo texto no ha sido hecho público hasta ahora a causa del ambiente de intensa pasión creado por la campaña electoral.

He aquí el manifiesto:

Cada vez se acentúa más el peligro de guerra. El conflicto

italo-abisinio ha confirmado la tesis de la indivisibilidad de la paz. Apenas rota en un continente, la inseguridad y el recelo la amenazan por todas partes.

Defenderla no supone simplemente maldecir de la guerra y cruzarse de brazos. Hay que organizar la paz, poniendo a su servicio cuantas voluntades detesten la guerra. Encontrar el modo de que su voz llegue a los Gobiernos en forma que no pueda ser desconocida.

A ello tiende la movilización que se está llevando a cabo en todos los sitios de las fuerzas de paz, con miras a la celebración en Londres, hacia el mes de septiembre, de un gran Congreso mundial.

Merced en gran parte al influjo de la opinión pública británica reflejada en el plebiscito organizado en Inglaterra por Lord Robert Cecil, ciertas concesiones al espíritu de violencia internacional tropezaron con el voto decisivo de la repulsa popular.

Porque no basta pronunciarse por la paz, sino por una paz justa, y no cabría contrasentido más monstruoso que traducir el anhelo pacifista en un premio a la agresión.

Tampoco basta decir que se está al lado de la Sociedad de Naciones. Es preciso poner a la institución ginebrina en condiciones de realizar su función, para que las obligaciones derivadas del Pacto se hagan más precisas y eficaces, y no se vacile o retroceda en la aplicación de aquellas sanciones indispensables para hacer imposible la guerra.

Al tomar la iniciativa, en nombre del Comité Español de la Liga Pro Paz Mundial, de interesar a la opinión pública española en dicha acción de conjunto, recordamos la obligación singular que recae en un país que, fiel a la tradición pacifista de su pueblo, ha llevado el Pacto de la Sociedad de Naciones a su Constitución, y que, por razones conocidas, puede hacer oír su voz, enteramente desinteresada, en defensa del orden internacional.

Alcanza este llamamiento a los hombres de ideas y tendencias más diversas, con tal de que coincidan, no solo en el deseo de paz, sino en un sentimiento de justicia y de solidaridad contra quien la perturbe. Dense cuenta todos de que la pretensión de desinteresarse de esta causa común, de permanecer al margen o de afectar una neutralidad inhibitoria, es solo un modo de contribuir a la guerra.

Madrid, 4 de febrero de 1936

Ángel Ossorio, Teófilo Hernando, Manuel Azaña, Antonio Machado, Julio Álvarez del Vayo.

Han expresado su adhesión fervorosa, al ser puesto en conocimiento suyo el texto que antecede, numerosas y destacadas personalidades pertenecientes a muy diversos sectores de la vida cultural española, entre los cuales figuran los siguientes señores:

Manuel Álvarez Ude, catedrático; *Luis Araquistáin,* diputado; *«Azorín»,* escritor; *Balenchana,* ingeniero; *Francisco Barnés,* catedrático; *Alejandro R. Casona,* escritor; *Rosalía Martín de Casona; Francisco de Cossío,* periodista; *Óscar Esplá,* compositor; *Ángel Ferrant,* escultor; **Federico García Lorca,** escritor; *Luis Jiménez de Asúa,* catedrático; *Julio Just,* diputado; *Victoria Kent,* abogada; *Gonzalo R. Lafora,* médico; *José Luis Lorente,* abogado; *Juan Madinaveitia,* médico; *Manuel Márquez,* catedrático; *José M. López Mezquita,* pintor; *Carlos Montilla,* ingeniero; *Edmundo Ogier Preteceille,* periodista; *L. Nicolau d'Olwer,* ex ministro; *Isabel de Palencia,* periodista; *Marcelino Pascua,* médico; *Antonio Prieto Vives,* ingeniero de Caminos; *Luis Quintanilla,* pintor; *Isidoro Rodrigáñez,* ingeniero de Minas; *Antonio Sacristán y Colas,* catedrático; *Felipe Sánchez Román,* catedrático; *Pedro Sangro y Ros de Olano,* catedrático; *Joaquín Sunyer,* pintor; *José L. Vahamonde,* arquitecto; *Manuel Varela Rodío,* médico.

11. Mitin de solidaridad con los antifascistas de Brasil, organizado por Socorro Rojo Internacional. Texto publicado en *El Socialista*, Madrid, 29 de marzo de 1936, p. 6.

En la Casa del Pueblo

El SRI celebró anoche un importante acto
de solidaridad con los antiimperialistas americanos

Organizado por el SRI se celebró el sábado, en la Casa del Pueblo, un importante mitin de solidaridad con los antifascistas del Brasil y de todo el mundo, principalmente con el camarada Luis Carlos Prestes, símbolo del antiimperialismo americano.

Presidió el camarada Esteban Vega, del Comité Nacional del SRI, que explicó el objeto del acto y presentó a los oradores, haciendo una semblanza de Prestes y el movimiento antiimperialista americano, proponiendo la creación de un Comité de Amigos de los Antiimperialistas de América y del mundo entero.

Habló luego Emilio Delgado, por el Partido Comunista de Puerto Rico, que se congratuló del triunfo del Bloque Popular español, que ellos consideran como suyo, y dijo que en muchos países de habla española se están creando Bloques Populares. Examinó la situación de tiranía en que se encuentra el pueblo brasileño, señalando las aspiraciones del pueblo portorriqueño, que no lucha contra sus hermanos de Norteamérica, sino contra el imperialismo yanqui. Terminó con vivas a la libertad de Prestes y a la España popular.

Se leyó una adhesión del Comité Pro Thaelmann, y después habló Enamorado Cuesta, nacionalista portorriqueño, que mostró la adhesión de su partido a la España que lucha por la libertad, ocupándose después del movimiento nacionalista portorriqueño, al que califica de revolucionario auténtico. Pero —dijo— no debe suscitar suspicacias nuestro nombre. No se trata de un movimiento nacionalista al estilo de los países fascistas, sino que queremos la revolución social, que termine con la explotación de las masas oprimidas.

Propugnó por la revolución social en la América Latina; pero dijo que la actualidad plantea el problema de la soberanía nacional, el problema político, concentrando el ataque contra el imperialismo yanqui. Solicitó ayuda de la España democrática y proletaria para con los revolucionarios cubanos, portorriqueños y, en fin, de toda la América revolucionaria.

Refirióse a los asesinatos de revolucionarios en el Brasil, y añadió que si los revolucionarios del mundo entero abandonaran en estos instantes a sus hermanos brasileños, contraerán una grave responsabilidad. Se adhirió al hermoso triunfo de las izquierdas españolas, y terminó con atinados párrafos, afirmando que el pueblo portorriqueño realizará su revolución por encima de todos los que a ello se opongan.

Usó después de la palabra el pintor camarada García Maroto, que combatía duramente al imperialismo yanqui y a todos los dictadores americanos. Habló de la crisis del capitalismo americano y terminó haciendo un llamamiento a la solidaridad de todos los antiimperialistas del mundo con sus hermanos del Brasil y de los pueblos americanos.

A continuación, el gran poeta García Lorca recitó entre aplausos entusiastas de la muchedumbre varias poesías antillanas y americanas de poetas revolucionarios y algunas suyas de ambiente americano.

A continuación, habló la compañera María Lejárraga, que comenzó haciendo un canto a la solidaridad internacional, diciendo que en este júbilo del pueblo español, en este amanecer de libertad que empieza a abrirse, es preciso formular nuestra protesta contra las persecuciones y los tormentos en América. «Tenemos —dijo— que gritar para que se salven; tenemos que enviar nuestra protesta para ver si nuestra voz detiene la mano del verdugo y el tirano.»

En sentidas frases hizo una semblanza de la conmoción en que se debate el mundo como consecuencia de las contradicciones del régimen capitalista, demostrando cómo el progreso es utilizado, no para la prosperidad de los pueblos, sino para aplastar a los que luchan por su redención y su libertad.

Ensalzó la figura de Prestes y las de los luchadores antiimperialistas. «En la visión de los sufrimientos futuros —terminó— encontramos la fuerza para luchar en los momentos actuales. ¡Abajo el imperialismo! ¡Abajo el fascismo! ¡A conquistar lo único para lo que merece la pena vivir: la felicidad!»

Seguidamente, el poeta revolucionario Rafael Alberti recitó diversas poesías, siendo calurosamente aplaudido.

Tanto García Lorca como Alberti tuvieron que recitar otras poesías ante el requerimiento entusiasta del público.

Acto seguido, María Teresa León hizo uso de la palabra con gran acierto, poniendo de manifiesto cómo los países sudamericanos han estado siempre prisioneros del imperialismo. Comentó la revolución brasileña, como consecuencia de la cual se hallan encarcelados 17.000 trabajadores, ensalzando la figura del camarada Prestes, del que hizo una atinada biografía.

En un análisis minucioso de la situación económica del Brasil llegó a la conclusión de que el dinero yanqui es el que rige la política brasileña, porque tiene en sus manos el poder económico. Dijo que es preciso luchar por salvar la vida de Prestes; pero si muriera —añade—, debemos decir que Carlos Prestes murió fusilado por el imperialismo yanqui, entregando su sangre por la causa revolucionaria del proletariado. El Brasil exige de nosotros en estos momentos que le prestemos solidaridad, contestando a América con nuestra solidaridad como pago a la deuda que con ella tenemos contraída, porque el primer imperialismo que se le impuso fue el de España. (Aplausos.) Por eso podemos llamarlos hermanos, ya que todos decimos ¡Viva la Revolución social! en el mismo idioma. (Grandes aplausos.)

Habló finalmente nuestro camarada José Ochoa, por el Partido Comunista. Examinó la importancia de los Frentes

populares, que en el Brasil tienen el nombre de Alianza Nacional Libertadora, cuyo presidente es Prestes. Refirióse a la
agudización de la lucha de clases en América y en el mundo
entero, y después de un análisis de la lucha, que actualmente
se desarrolla en Brasil, analizó el panorama sindical de ese
país.

Destacó la importancia del Brasil en la revolución americana, diciendo que por su extensión puede ser en América el
guía del proletariado, como lo fue Rusia en Europa. Examinó
el colonialismo a que se tiene sometido a los pueblos sudamericanos, y después analizó la figura cumbre de Luis Carlos
Prestes, en su calidad de militante revolucionario y miembro
del Comité Ejecutivo de la Internacional Comunista.

Sacó atinadas deducciones sobre la lucha en los países
americanos, y después de comparada con la mantenida en España, hizo un llamamiento a la solidaridad de todo el proletariado en defensa de Luis Carlos Prestes y todos los antiimperialistas.

Todos los oradores fueron calurosamente ovacionados,
terminándose el acto en medio de gran entusiasmo, después
de ser aprobadas unas interesantes conclusiones de protesta
que han de ser presentadas a las Embajadas de los países fascistas, y en especial a la del Brasil.

Según el diario *El Liberal* la velada se terminó «cantándose
La Internacional y otros himnos proletarios».[*]

12. Manifiesto por la libertad de Prestes y contra la represión en Puerto Rico. Publicado en *Mundo Obrero*, Madrid,
31 de marzo de 1936, p. 6.

*Los escritores y artistas españoles piden la libertad de Prestes,
y protestan contra la represión yanqui en Puerto Rico*

[*] *El Liberal*, Madrid, 26 de marzo de 1936, p. 9.

Los escritores y artistas españoles que suscriben hacen constar su protesta más enérgica ante el anunciado fusilamiento del líder de la revolución brasileña, Luis Carlos Prestes, y contra la represión de las fuerzas armadas del imperialismo norteamericano en Puerto Rico, que han aplicado la «ley de fugas» a seis jóvenes nacionalistas y se proponen condenar a penas severísimas a numerosos líderes de la independencia portorriqueña. Al mismo tiempo, enviamos un saludo fraternal y nos solidarizamos con los dos pueblos hermanos que luchan frente a sus opresores nativos y extranjeros, y pedimos la inmediata liberación de todos los presos políticos de ambos países.

Luis Araquistáin, **Federico García Lorca,** *Gonzalo de Reparaz, Rafael Alberti, César M. Arconada, Ramón J. Sender, Rodolfo Llopis, Emilio Prados, Manuel Altolaguirre, Luis Cernuda, Arturo Serrano Plaja, María Teresa León, Miguel Hernández, Margarita Nelken, Rosario del Olmo, Concha Méndez, Rosa Chacel, Victoria Zárate, Manolita Renau, F. Carmona Nenclares, Carlos de Baraibar, J. Pérez Doménech, Miguel Pérez Ferrero, Alfredo Cabello, Joaquín Arderius, José Díaz Fernández, Alberto [Sánchez], E. Barral, Miguel Prieto, Darío Carmona, Luis Quintanilla, Ramón Puyol, Garrán, Mateos, Luna, Renau, Juanino Renau, Delia del Carril, Maroto, Lacasa, José de Benito, Burgos Lecea, Amo Algara, Pla y Beltrán, Villatoro, César Falcón, X. Abril, J. Gil Albert, R. Fonseca, A. Puértolas, Ángel Gaos, Sánchez Vázquez, A. Lagunilla, Maimón Mohal, Juan Vicéns, Alfredo Cabello, A. Bazán, Masferrer, L. Fersen, Sánchez Bohórquez, Eusebio Luengo, Rafael Dieste, Benito Cebrián, Carlos Montilla, E. Ugarte, Juan Falces, E. Pena, P. M. Yusti, M. Romá, L. Moraes, J. Ramos, A. Ramos. P. Molpeceres, P. Bellido, Nistal, Izquierdo Ortega, A. Molina, J. Alonso. (Siguen numerosas firmas.)*

13. «Grupo de Amigos de América Latina». Texto publicado en *La Voz*, Madrid, 30 de abril de 1936, p. 2.

Integrado por María Teresa León, **Federico García Lorca**, Rafael Alberti, María Martínez Sierra, José Díaz, Arturo Serrano Plaja, Isidoro Acevedo, Gabriel Maroto, Esteban Vega y Emilio Delgado, se ha constituido en Madrid un Grupo de Amigos de la América Latina, que llevará generosa solidaridad a los hombres y mujeres de aquellas Repúblicas hermanas que, luchando contra los imperialismos y por las conquistas de las libertades democráticas, son presos, torturados y perseguidos, cual es el caso de Luis Carlos Prestes, el heroico luchador brasileño, querido entrañablemente por las masas populares de su país y de Sudamérica, que se encuentra en gravísimo peligro de ser ejecutado por el Gobierno reaccionario de Getulio Vargas.

Las adhesiones al Grupo pueden enviarse a María Teresa León, Marqués de Urquijo, 45, Madrid.

14. «Comité de Amigos de Portugal». Texto publicado en *El Socialista*, Madrid, 6 de mayo de 1936, p. 4.

Recientemente ha quedado constituido este Comité en Madrid, integrado por Antonio Zozaya, Roberto Castrovido, Ramón J. Sender, Rosario del Olmo, Luis Araquistáin, J. Álvarez del Vayo, Luis Bagaría, R. Puyol, P. del Río Hortega, César Arconada, **Federico García Lorca**, C. Rivas Cherif, Clara Campoamor, Victoria Kent, Pérez Doménech, M. Fontdevila, Antonio de Lezama, Antonio Machado, Juan García Morales, G. G. Maroto, Miguel Ravassa, Darío Carmona, Pedro de Répide, Isidoro Acevedo, Luis de Tapia, Julia Álvarez, Dolores Ibárruri, Isaac Abeitúa, Odón de Buen, Del Arco, Mario Miranda, Rodolfo Llopis, María Teresa León y Eduardo Ortega y Gasset, presidente.

Este Comité se propone popularizar en España los métodos brutales de represión de la dictadura fascista de Salazar en Portugal, organizando una campaña de protesta entre las masas populares españolas, así como la ayuda en todas sus formas a las víctimas del fascismo portugués.

Las adhesiones y donativos deben dirigirse a nombre de Eduardo Ortega y Gasset, Calle de Pi y Margall, 9, piso C, número 17.

15. «Carta a la madre de Luis Carlos Prestes». Publicada en un suelto de la revista ¡*Ayuda!*, Madrid, marzo de 1936.

Señora:

El grupo de «Amigos de América Latina» siguió en todo momento con enorme interés el desenvolvimiento de la lucha liberadora planteada en el Brasil, de la que su hijo es el caudillo.

Al llegar usted a nuestro país tenemos la satisfacción de asegurarle que nadie será indiferente y que la amistad hacia América que nuestro grupo representa sabrá demostrarle en todo momento su atención y vigilancia.

Al ponernos respetuosamente a su disposición, lo hacemos con la certeza de que su estancia entre nosotros será eficaz y beneficiosa para la vida de su hijo, de la que tanto necesita el pueblo brasileño.

Le reiteramos de nuevo nuestra adhesión y simpatía.

Federico García Lorca, María Martínez Sierra, Arturo Serrano Plaja, F. Santamaría, Mariano García Hortal, Gabriel Maroto, Esteban Vega, Julio Álvarez del Vayo, Luis Araquistáin, Julio César Lombardía, Julia Álvarez Resano, María Teresa León, J. L. Pando Bouza, Conie Hidalgo de Cisneros, Gustavo Durán, Concha Méndez, Enrique Lumon, Enamorado Cuesta, José Bergamín, Joaquín Arderius, Luis Salinas, Rafael Alberti, José Díaz, Isidoro Acevedo, Emilio Delgado, etcétera.

16. «Un llamamiento de los Amigos de América Latina con ocasión de la visita a España de la madre del luchador brasileño». Texto publicado en *Heraldo de Madrid*, 21 de mayo de 1936, p. 3.

Queremos que nuestra voz sea escuchada y atendida por todos los españoles para quienes los países de América no les sean ajenos, para quienes el sufrimiento humano siga siendo respetable, para quienes comprendan la lucha de las democracias contra las tiranías.

En el Brasil, la expresión política ha sido anulada. Los profesores de la Universidad, los estudiantes libres, los escritores, los trabajadores de la ciudad y del campo, han visto atropellados sus derechos en un inmenso país casi inexplorable, donde unas cuantas familias han cedido la explotación de su fabulosa riqueza al capital extranjero; por esto la liberación nacional era la obligación de los verdaderos patriotas brasileños. Luis Carlos Prestes resumía esta aspiración; sus sacrificios continuados desde que salió de la Escuela Militar, su fabulosa vida en la selva brasileña al frente de su columna libertadora y su conducta intachable le han puesto a la cabeza del verdadero pueblo, que no quiere morir en las manos de la tiranía de los nuestros y de la explotación de los de fuera.

En América los libertadores aún no han terminado su tarea; siguen naciendo los Bolívar, los San Martín, los Hidalgo, etc. Luis Carlos Prestes es su continuador. El problema de independencia económica nacional se sigue planteando para aquellos países. Siempre que aparece, el hombre se echa sobre sus hombros la responsabilidad histórica de oponerse a los invasores y tiene que sufrir la persecución, el encarcelamiento y la amenaza de muerte.

Luis Carlos Prestes vive este caso. Doña Leocadia Prestes ha llegado a España con la esperanza de que nuestra República, reconquistada por el sacrificio popular, sabrá comprender mejor que ninguna otra nación el peligro que amenaza a su hijo.

Cuando el dolor humano se resume y expresa con tanta intensidad, nadie se puede sentir indiferente. Nosotros, respondiendo a ese llamamiento de angustia que la madre de Luis Carlos Prestes hace al pueblo español, pedimos a nuestra vez que todos, ya sea como individuos o como organizaciones, se solidaricen con esta campaña por la libertad de un caudillo americano. Que esta madre que confía en nosotros vea y sienta en los diferentes actos que se celebren la presencia de una España nueva y distinta, para quien ningún problema de justicia pueda ser indiferente.

Federico García Lorca, Rafael Alberti, María Teresa León, María Martínez Sierra, Isidoro Acevedo, Arturo Serrano Plaja, Gabriel Maroto, Esteban Vega, Emilio Delgado, José Díaz, Julio César Lombardía.

17. «Convocatoria de un banquete ofrecido a tres escritores franceses». Publicada en *El Sol*, Madrid, 20 de mayo de 1936, p. 8.

La llegada a España de los ilustres escritores franceses H. R. Lenormand, André Malraux y Jean Cassou significa para los intelectuales españoles el contacto con lo mejor del pensamiento francés. El triunfo del Frente Popular en nuestro país y en el suyo ha permitido esta visita, que nosotros queremos aprovechar para reunir en torno de ellos a cuantos políticos, artistas, escritores e intelectuales sientan simpatía por su obra literaria y por lo que estos escritores representan en Francia.

*Antonio Machado, Juan Ramón Jiménez, Ricardo Baeza, Teófilo Hernando, Pío del Río Hortega, Luis Araquistáin, Jacinto Grau, **Federico García Lorca**, María Teresa León, Wenceslao Roces, Sánchez Arcas, José Bergamín, Antonio Espina, Santiago Esteban de la Mora, Julio*

Álvarez del Vayo, Ramón J. Sender, Óscar Esplá, Manuel Altolaguirre, César M. Arconada, Juan de la Encina, Rafael Alberti, Miguel Pérez Ferrero, Luis Lacasa, Arturo Serrano Plaja.

18. Probablemente el último manifiesto firmado por García Lorca. Publicado en *Heraldo de Madrid*, 4 de julio de 1936, p. 15.

*El Comité Español de Amigos de Portugal se dirige
a Oliveira Salazar protestando de la política que desarrolla*

El Comité de Amigos de Portugal ha formulado una enérgica protesta a nombre de los derechos y sentimientos que constituyen la conquista más preciada de la civilización: el derecho a la libertad de análisis y de crítica y el sentimiento de defensa y amparo de la dignidad humana.

«Esos derechos y sentimientos nobilísimos —dice la protesta—, en los que se determina la armoniosa compenetración del hombre con su propia razón de existir son heridos dentro de Portugal y también fuera, ya que ningún hombre de sensibilidad sana, cualquiera que sea su nacionalidad ni su raza, puede dejar de sentirse ofendido por hechos y circunstancias como los que determinaron la muerte en presidio de Armando Ramos, Américo Gomes, Manuel Tomé y otros cuya memoria vive en las masas trabajadoras del Mundo, no puede dejar también de vivir en ustedes y no solo por las anotaciones de los ficheros de la represión.»

Y dice después el mensaje: «Callan los escritores y los hombres de pensamiento de Portugal que no pueden eludir la coacción brutal de sus armas, Sr. Salazar. Pero otros portugueses hacen desde fuera de su país el mejor homenaje a su propio patriotismo y a su ciudadanía, llamando a nuestra conciencia y a la de todos los hombres libres del Mundo en favor de los hogares portugueses deshechos, de los millares de conciudadanos presos en condiciones inhumanas, de centenares de hombres inermes, cuyo martirio se renueva cada día, y de millones de seres humanos, la gran masa del pueblo portugués, a la que se trata de envilecer en la esclavitud y la miseria.

»Señor Salazar: Defenderse por medio del terror es hundirse cada día más en la dificultad, en la imposibilidad. Llenando de trabajadores y de hombres de izquierda las cárceles de Portugal, Azores y Timor no consigue destruir las causas del malestar, los motivos de la protesta popular, porque esas causas y motivos están en usted mismo y en su política. Sacrificando a los trabajadores más conscientes, más representativos, no aniquila los sectores populares, de donde ellos reciben alientos, estímulo y de los que son expresión directa. Alejando de su patria a los hombres de pensamiento, continuadores de la gloriosa tradición cultural portuguesa, no logra usted alejar el espíritu cívico del pueblo ni enfriar la pasión democrática, llena de ansias creadoras, del país.»

Termina el documento con otras expresivas manifestaciones de protesta. Lo suscriben:

Unión General de Trabajadores, Partido Comunista de España, Agrupación Socialista Madrileña, Juventud Unificada, Federación Española de Trabajadores de la Enseñanza, Federación Nacional del Transporte, Federación Española de Trabajadores del Crédito y de las Finanzas, Federación Española de Artes Blancas Alimenticias, Federación de Agentes de Comercio y de la Industria de España, Federación Tabaquera Española, Federación Obrera de Hostelería, Izquierda Federal, Comité Central de Parados de Madrid (26.000 afiliados), Agrupación de Mujeres contra la Guerra y el Fascismo (Madrid), Agrupación de Mujeres contra la Guerra y el Fascismo (El Ferrol), Juventud Socialista de Solís, Agrupación Socialista de Castañedo, Célula 3, radio 9, Juventud Socialista Unificada (99 afiliados). Trabajadores de la Tierra de Paracuellos de Jarama, Ramón J. Sender, Francisco Largo

*Caballero (diputado), Luis Araquistáin (diputado), Julio Álvarez del Vayo (diputado), Antonio Ramos Oliveira, Eduardo Ortega y Gasset, Eduardo Zamacois, Isidoro Acevedo, Luis Bagaría, Roberto Castrovido, Antonio Zozaya, José Díaz Fernández, Margarita Nelken (diputado), Trabal (diputado), J. Comorera (diputado), Fernando Valera (diputado), José Antonio Uribe (diputado), Jesús Hernández (diputado), Victoria Kent (diputado), Vicente Uribe (diputado), José Díaz Ramos (diputado), Enrique de Francisco (diputado), Pío del Río Hortega, **Federico García Lorca**, Cipriano Rivas Cherif, Gonzalo R. Lafora, Clara Campoamor, Manuel Fontdevila, Antonio de Lezama, Antonio Machado, Alejandro Casona, Juan García Morales, Pedro de Répide, Salvador Bartolozzi, Isaac Abeitúa, Odón de Buen, Vicente Marco Miranda (diputado), Rodolfo Llopis (diputado), Dolores Ibárruri (la Pasionaria), Gabriel García Maroto, Julia Álvarez Resano (diputado), Jorge Miguel Ravassa, Luis Lacasa, Antonio Serrano Plaja, Antonio de Hoyos y Vinent, José Venegas, F. Carmona Nenclares, Rosario del Olmo, María Dolores Bargalló, César Falcón, Rafael Alberti, María Teresa León, César M. Arconada, Leocadia Prestes, Lydia Prestes, Benito Cebrián, Javier Abril, doctor Antonio de Carbalho, Federico Molero, Gustavo Durán, Criado y Romero, Luis de Tapia...*

(Siguen muchos centenares de firmas más, recogidas en toda España.)

Apéndice 2

Transcripción de las declaraciones de Ramón Ruiz Alonso a Ian Gibson, grabadas a ocultas en su despacho del Instituto Balmes de Madrid (calle Medinaceli), 20 de marzo de 1967. La grabación es a veces defectuosa, señalándose las lagunas entre corchetes. A veces, entre estos, resumimos el contenido.

Yo le voy a hablar a usted con toda sinceridad, como si me fuera a morir. Ahora, llegará un momento en que yo ya no pueda hablar, no por ocultar nada sino porque de verdad no sé. Yo le voy a hablar a usted honradamente, ya digo, como si me fuera a morir, como si estuviera delante de Dios. Yo soy católico, apostólico y romano. Entonces yo, como si me fuera a juzgar ante Dios Nuestro Señor, le voy a hablar a usted con esta confianza.

Lo ocurrido fue lo siguiente. No me pregunte usted fechas exactamente, ni horas exactamente, porque honradamente no lo recuerdo —si es el 16, el 17, no lo sé exactamente—. Entonces mire usted, un buen día... yo, entre otras misiones que tenía en Granada, estaba adscrito al Gobierno Civil. Entonces iba todos los días allí y me comunicaban sus gestiones. Yo había sido diputado a Cortes, y en la guerra tengo un historial de guerra, pero como Dios manda, encuadrado en mandos militares obedeciendo órdenes. Entonces un buen día fui al Gobierno Civil y el gobernador no estaba en el Gobierno Civil. El gobernador estaba exactamente visitando las trincheras del frente de Jaén.* Bueno. Hacía las veces de gobernador cuando el gobernador se ausentaba un teniente coronel de la Guardia Civil que se apellidaba Velasco. Bueno. Entonces este señor me dice:

—Mire usted, Ruiz Alonso, hay una misión delicada que cumplir. Resulta que en la calle tal número tal se encuentra el señor García Lorca.

Entonces en Granada, por aquella época, en aquellas cir-

* Equivocación. Según el *Ideal* del lunes 17 de agosto de 1936, Valdés pasó todo el día anterior en Lanjarón y volvió a las diez menos cuarto de la noche al Gobierno Civil («El señor Valdés regresó a las diez menos cuarto de la noche, satisfechísimo de las pruebas de españolidad y virilidad que ha encontrado en otros pueblos»).

cunstancias, en aquellos momentos, había contra este poeta
—¡que esté en gloria!, ¡que esté en gloria!— pues, cierta re-
pulsión, porque claro, pues en fin, se aprovechaban de sus
obras en la Casa del Pueblo para [...].* Bueno. Entonces me
dijo:

—Mire usted, este señor tiene que venir aquí al Gobierno
Civil. El gobernador ha dicho que, cuando él venga, quiere
que se encuentre aquí. Pero hay un interés enorme, grandísi-
mo, en que este señor venga aquí sin que nadie le toque, sin
que nadie le roce, y entonces, pues, el gobernador me ha dicho que tiene que venir acompañado de una persona de prestigio que es usted.

Evidentemente (aunque esto, ¡no lo interprete usted
como orgullo, como soberbia, como inmodestia! No, yo soy
muy sencillo, «al pan pan y al vino vino», las cosas como
son), sí, efectivamente, yo gozaba en Granada de bastante
prestigio, por mi moralidad, por mi trabajo, por lo que había
yo trabajado en general, en toda la provincia, era diputado a
Cortes... yo era obrero linotipista en el periódico *Ideal*. Entonces, pues claro, pues tenía, sí, cierto prestigio. Cuando yo
marchaba a casa de...** [me dice]:

—Puede usted tomar, pues, en fin, la protección que ne-
cesite.

[Contesté]:

—Yo, ninguna. A mí me basta con mi apellido.

Al ir por la calle Duquesa (porque entonces el Gobierno
Civil no estaba donde está ahora, estaba en la calle Duquesa)
tenía que pasar forzosamente por delante de la Comisaría.
Entonces un señor, policía, estaba en el balcón de arriba, y al
pasar me dice:

* Grabación defectuosa. Aquí Ruiz Alonso nos aseguró que en la
Casa del Pueblo de Granada habían puesto en escena una versión
«revolucionaria» de *Bodas de sangre* titulada *Bodas de dinamita*. Parece
del todo impensable.

** Aquí Ruiz Alonso suprimió el nombre «Rosales» para luego
resaltarlo con más énfasis.

—¿Dónde vas, Ramón?
Le dije:
—A la calle de tal, número tal.
Dice:
—Ah, sí, a la casa de...
Bueno, yo me quedé un poco sorprendido, porque, pues, claro, la casa «de...» era, sencillamente, la casa del jefe provincial de Falange... de Rosales, el jefe provincial de Falange. Yo me quedé sorprendido, porque en mi cabeza, en aquellos momentos, no cabía que dentro de la casa del jefe provincial de Falange estuviera este señor [...] y digo [para mí] que no voy a casa de... [...] y entonces me voy al cuartel de Falange.
—¿Dónde está el jefe provincial?
Y le llamo y le digo:
—Yo tengo esta misión que cumplir [...] que está en tu casa. Tú me dirás si está o no está. Tú me dices que no está y yo me voy y digo: «Resulta que la casa que ustedes me han dicho, pues, es la casa de... Yo he ido a este señor —cosa lógica entre nosotros que vaya allí— y me ha dicho que allí no está—. Y se acabó. Y ahora usted toma las medidas que sean.»
Entonces me dice:
—Mira Ramón, no te voy a engañar. Pues... ¡sí está! ¿Qué hacemos?
—No lo sé.
—¿Tú crees —me dice— que le van a hacer algo?
—Pues, hijo, yo creo que no.
—Porque, claro, si a mí me dicen que basta una persona de prestigio que lo acompañe para garantizar... pues entonces no hay inconveniente alguno.
Le digo:
—De todas formas, a mí se me ocurre una cosa. Vete tú a tu casa. Allí, en consejo de familia, os reunís, tanteáis lo que sea; yo espero aquí y tú me llamas y me dices lo que sea.
—Muy bien.
Al cabo de equis tiempo viene:
—Pues, mira, Ramón, pues, hemos acordado, pues, pues

que sí, pues que la familia dice, pues, en fin, pues que sí [...].
¿Pero cómo se han enterado de que estaba allí?

—No lo sé. No sé. Bueno, pues vámonos.

Allí estaban terminando de merendar, con chocolate. Yo
personalmente al señor García Lorca —que en paz descanse—
no le conocía, él a mí tampoco me conocía, pero me conocía a
mí mucho de oídas, como yo a él [...]. Nos presentaron.

—¿Cómo está usted? ¿Qué tal?

[Le dije]:

—Bueno, mire usted, ¿qué le parece?

—Pues aquí la familia dice que lo mejor es que sí, que
vaya. [¿Pero qué me quieren?]

—No lo sé. Lo único que sé es que a mí me han dicho que
garantizan a este personal, usted, que usted llegará allí, pues,
sano y salvo y que no... de modo que yo no tengo otra misión
[...] ¿Quiere usted acordar?

—Pues mire usted, pues sí, pues sí.

—Muy bien, muy bien, pues vámonos.

De allí vamos al Gobierno Civil. Subiendo las escaleras
no pude evitar que alguien, alguien, con un mosquetón [...] le
intentara dar con la culata, pero yo me puse [a gritar «¡Qué!
¿Estando yo?»]... Es una anécdota [que demuestra] cómo en
todo momento se cumplió la misión; le hablo de mí, lo que
sobre mi conciencia yo tenía ordenado. Lo llevé a su despacho; me acompañaba el jefe provincial, fuimos los tres: Rosales, el señor este García Lorca —que en paz descanse— y yo,
los tres al Gobierno, y —y además es lógico como él había
sido tan amable, había sido amigo íntimo de él—; bueno, y
entonces, cuando estaban en el Gobierno Civil, yo fui al gobernador, vamos, al teniente coronel Velasco que hacía las
veces del gobernador civil:

—Mire usted, mi teniente coronel, este señor que ustedes
me han encomendado y me han avisado que hay que encontrar y tal, pues mi misión está cumplida. Este señor está allí
con el señor Rosales; donde estaba él era en casa del señor
Rosales.

—Sí, sí, ya lo sabía.

—¿Quiere usted algo más de mí?

—No, nada más que felicitarle por lo bien que ha terminado usted la misión.

—Pues muchas gracias. Adiós.

Entonces me voy al despacho donde estaban los otros señores.

[Les digo]:

—Le he dicho al gobernador interino, en fin, que están ustedes aquí. Me ha dicho que esperen, que ya no hay nada que hacer hasta que no venga el coronel [*sic*] Valdés, el gobernador, que está en el frente... Doy mi misión por terminada. ¿Necesitan algo de mí?

El señor García Lorca me ofreció, pues, unos pitillos.

—¿Quiere usted?

—No, yo no fumo.

Pero, en fin, llamé a un ordenanza y le digo que necesitaba un caldo de gallina [...].*

—¿En algo más le puedo ser útil?

[Me dijo el señor García Lorca]:

—No señor, nada más que darle a usted las gracias y me permite usted que le abrace por lo bien que me ha atendido y me ha traído aquí de la casa de Rosales. Nunca le agradeceré bastante su comportamiento ni cómo ha...

—Bueno, pues, si no les puedo ser útil [...].

Volví al teniente coronel.

—Yo me marcho. ¿Desea usted...?

—No, no, no, nada. Hasta mañana.

—Hasta mañana.

¿Qué hora sería? No lo sé. Las 5 de la tarde, las 6 de la tarde, las 7 de la tarde. No lo sé. Aproximadamente. Yo fui a mi casa.

Volví a la mañana siguiente. Yo fui al Gobierno Civil, como todas las mañanas y como todas las tardes —era mi

---

* Apodo de una marca de cigarrillos, al parecer.

misión— y entonces allí me informaron de que ese señor allí
ya no estaba.

Yo le juro a usted delante de Dios que ya no sé más. He
oído..., me dijeron..., supongo..., parece ser que...; con la
mano puesta sobre los Evangelios no puedo decir otra cosa,
porque no la sé. Eso es todo, y le juro a usted como si ahora
mismo [me viera] delante de un crucifijo, que esta es toda,
toda, toda la verdad, como si yo, como le dije a usted antes,
me fuese a presentar ahora delante de Dios.

Yo le dejé en manos del jefe provincial de Falange, señor
Rosales, en el despacho: esto es toda mi actuación desde el
principio hasta el final. Ahora, me preguntará usted —y aunque no me lo pregunte me adelanto yo—: «¿Usted aprueba o
condena?», y le digo esto: «Como católico, como ser humano, tengo que condenar y reprobar lo que con este hombre se
hizo. Por católico y por humano, reprobarlo con toda mi
alma, porque para mí no hay ni blancos ni rojos en este aspecto moral. La vida de un hombre, para mí, vale tanto la de
un rojo, como la de un amarillo, o como la de un verde, o
como la de un azul. Todos somos seres humanos hechos a
imagen y semejanza de Dios, y el alma del señor García Lorca, por lo menos, en el peor de los casos, puede valer exactamente lo que la mía, en el peor de los casos, puede valer exactamente lo que la mía, en el peor de los casos.

Posiblemente, a lo mejor, puede valer más.

Esto es hablarle a usted con toda sinceridad, con toda nobleza, y puede usted tener la seguridad de que ahora, por lo
que respecta a mí, conoce usted absolutamente todo.

Fue una *performance* magnífica, que jamás me hubiera podido esperar. Para Ruiz Alonso y los demás era yo un perfecto
desconocido. Me había plantado en su puerta sin presentación
de nadie. No estaba en la obligación de hacerme declaración alguna. Y me hizo la que he transcrito. No podía creer mi suerte.

Apéndice 3

Carta sin fecha de un granadino anónimo recibida por Luis Rosales a raíz, según parece, de la entrevista que le hiciera Joaquín Soler Serrano en el programa *A Fondo* de RTVE (1977). En el curso de la misma Rosales dijo que, cuando hizo su declaración en el Gobierno Civil de Granada la noche del 16 de agosto de 1936, hubo «cien personas» en la sala, algunas de las cuales seguramente vivían todavía y podrían dar fe de lo ocurrido. Fue lo que provocó la repelente misiva que sigue, fotocopia de la cual nos regaló amistosamente el poeta. Hemos corregido su malísima ortografía y falta de puntuación.

Sr. Don Luis Rosales Camacho,
Madrid.

Muy Sr. Mío: He oído sus palabras televisadas sobre la denuncia del POETA GRAN POETA POR SU TRÁGICA MUERTE, la que yo como todo Español lamentamos, y sentimos, si en lugar de caer García Lorca hubiera muerto Vd. y vivido su tragedia, que repito sentimos enormemente, hoy, el GRAN POETA, el hombre bueno y excepcional, sería Vd. comentado por él, pero ha caído Lorca, y Vd. como hombre como español y como poeta, es Vd. una puñetera , y quiere explotar la muerte de García Lorca, ya que la suya es hasta ridícula y pobretona. Hablemos Sr. Rosales claro, repitiendo nuestro pesar por Lorca. Este Poeta, hoy Gran Poeta gracias a su trágica muerte, ya bastante movida mundialmente, fue, creo que Vd. lo sabe mejor que yo, por ser por lo menos entonces de la misma calaña, un maricón, que a través de su homosexualidad, tuvo la desgracia, no como político, pues él no lo era, al principio, de hacer amistad con el asqueroso en todos los conceptos de Ruiz Carnero, entonces Director del DEFENSOR DE GRANADA, por añadidura comunista, también se unió en estrecha amistad, por mariconería, con los hermanos

García Carrillo, Pepe y Paco, todos maricas, estas reuniones de tipo homosexual fueron la perdición de García Lorca, si este poeta, en vez de hacerse amigo buscando la mariconería, a la que creo estaba Vd. incluido, hubiera entablado amistad con homosexuales de derechas la cosa hubiera variado. García Lorca, Poeta, GRAN POETA POR SU TRÁGICA MUERTE, no era político, sí amigo, por maricón, con todas estas gentes de izquierdas y maricones, que es lo que él buscaba, y le gustaba. Lamentamos su muerte, como lamentamos la de José Antonio, Calvo Sotelo, Víctor Pradera, y tanto y tanto que valían muchísimo más que el tan llorado Poeta granadino, dejemos descansar a los muertos y Vd. siga haciendo el payaso como poeta, pues de poesía, yo que soy un profano en esa materia, estoy por encima de Vd. Fue lástima que Vd. no fuera fusilado, hoy si así hubiera ocurrido sería Vd. uno de los primeros poetas de España, y todos cantarían, y romperían sus plumas en alabanza a su gran poesía. Es Vd. una mierda puesta al sol y deje en su tumba quietecito a García Lorca.

Yo, yo Sr. Rosales, estoy bien enterado de todo lo pasado, pudo evitarse su muerte, el primero en alegrarse sería yo, pero tenga la seguridad, que todo fue lamentable, era una guerra marxista, y como en todas las guerras no se puede matizar mucho a la hora de la verdad, el comandante Valdés salvó a Granada del comunismo, como Queipo de Llano a toda Andalucía, y Franco a toda España. Veremos ahora que la historia se repite, Dios quiera se salve nuevamente España, como en aquella época, quien resulta ese GRAN POETA, Mártir del culo, como Vd., pero Vd. mucho más hijo de puta que los que le rodean, consiga, ya es tarde, hacerse un poeta, pero con su pluma, no a través de una muerte, lamentable, pero casi lógica en una revolución. Que conste que nunca fui amigo, persona, ni político, de este mucho menos, ni de Ruiz Alonso, al cual repudio, ni de los otros Srs. que Vd. indica. Paz a los muertos, y gane, si es capaz, un puesto que hasta hoy no ha conseguido en la poesía española.

Uno de esos CIEN GRANADINOS[S] QUE VD / PIDE/

En su familia solo hubo un buen Falangista, que sigue siéndolo PEPINIQUE [*sic*]. García Lorca murió, por su mariconería, al lado de los enemigos de España. Nuevamente lamentable, pero inevitable (D.C.E.P.), como tantos miles cayeron al servicio de Dios y de su Patria, España, Sr. Rosales *cuántas mesas redondas tendríamos que reunir*. Hoy se pasean por España, entre otros, el mayor criminal, el que fusiló a tanto y a tanto GARCÍA LORCA, y a tanto y a tanto muchísimos mejores miles de veces que Lorca.* PAZ A LOS MUERTOS.

Apéndice 4

Texto de la sentencia dictada contra César Torres Martínez, Gobernador Civil de Granada, el 1 de agosto de 1936, con documentos posteriores relacionados con ella.

Don FRANCISCO BAS LÓPEZ, soldado de Infantería y secretario del Juzgado de Ejecutorias, número seis, del que es titular el teniente de la misma arma don Francisco Núñez Álvarez de Luna.

CERTIFICO: Que la causa número 33 seguida contra César Torres Martínez aparece en las actuaciones del siguiente tenor literal. – Excmo. Sr. Don Rafael Ruiz de Algar y Barrego, Capitán de Artillería y juez instructor del presente procedimiento, en cumplimiento de lo prescrito en el artícu-

---

* Alusión clarividente a Santiago Carrillo y la matanza de Paracuellos.

lo 532 del Código de Justicia Militar, emite el siguiente dictamen. – Se inició el siguiente dictamen el día 27 de julio de 1936, a virtud de parte formulado por el Excmo. Gobernador Civil de esta provincia Don José Valdés. – El oficio del Juez Instructor ordena instruir diligencias contra el procesado César Torres Martínez. Declara el encartado negando los primeros hechos que se le imputan, el Excmo. Sr. Gobernador Civil Don César Torres Martínez, quien afirma ordenó a las fuerzas que custodiaban el Gobierno Civil lo defendieran contra las fuerzas que lo ocuparon. – Que consta declaración de las Autoridades confirmando los cargos anteriores y ampliando los cargos que se resumen en el auto de procesamiento. – Declaran los testigos presenciales Guardias de Seguridad Aurelio Nieva y Nicolás Martín, de Asalto Nicolás Bullejos, cabo, y Francisco Pozo, guardia; agente de vigilancia, Rogelio Roda, y falangista, Antonio Carballo, Amador Fernández y José Martínez Cañábate, de cuyas declaraciones se infiere que el procesado con anterioridad a la declaración del Estado de Guerra y con elementos integrantes del Comité del Frente Popular, han estado preparando un amplio Movimiento Subversivo en esta Ciudad y provincia, utilizando prerrogativas y medios que los cargos públicos que desempeñaba y su carácter de dirigente político le permitían para lo cual, han proporcionado armas a todos los elementos marxistas de esta Capital y su provincia dándoles órdenes para que pudieran oponerse al mismo, y con posterioridad a la declaración del Estado de Guerra y con conocimiento del mismo hallándose reunidos y preparados dentro del edificio del Gobierno Civil, reiteró estas órdenes de subversión a los elementos marxistas y excitaron repetidas veces a las fuerzas de orden público que custodiaban dicho edificio a hacer fuego sin contemplaciones a las fuerzas del Ejército que marchaban a ocuparlo e incluso intentaron disparar contra las fuerzas impidiéndolo la actitud del teniente de Asalto Sr. Fajardo que mandaba las de Orden Público que custodiaban el edificio. El procesado Don César Torres Martínez admite algunos cargos. Como en lo actuado resultan indicios racionales suficientes para estimar presunto culpable al encartado se decretó su procesamiento y prisión siendo notificado y enterado de sus derechos de cuyo acuerdo se dio oportuna cuenta. – El Juez que suscribe estima por todo lo expuesto que se han practicado las diligencias propias del sumario y tiene el honor de elevar lo actuado a los efectos del artículo 532 y 533 del Código de Justicia Militar. – Granada a 31 de julio de 1936. – El Instructor, Rafael Ruiz. – Rubricado. – Sentencia: A 1.º de agosto de 1936, reunido el Consejo de Guerra de Oficiales Generales en juicio sumarísimo para ver y fallar la causa número 47 del presente año contra el inculpado César Torres Martínez por el supuesto delito de rebelión militar, provocación, inducción e instigación, según la instrucción y resultado de la misma, presente el mencionado inculpado así como la representación del Ministerio Fiscal y la defensa. – Resultando: Que el procesado César Torres Martínez durante los días que precedieron a la declaración en esta ciudad del Estado de Guerra y muy especialmente de la semana anterior a esta fecha como elemento integrante del comité del llamado Frente Popular venía preparando un amplio movimiento subversivo como preparación del que estaba preparado en toda España tendente en implantar en nuestra ciudad y por medio del terror las doctrinas ruso-marxistas más avanzadas, de igual modo que entidades similares de otras provincias lo estaban intentando en todos momentos, para lo cual y valiéndose de las prerrogativas y medios que les confieren los cargos públicos que algunos de los procesados detentaban, su carácter de dirigente político en posición del mando civil, proporcionaron armas a todos los elementos marxistas de la provincia, transmitiéndoles órdenes de exterminar a cuantos elementos armados, fuerzas públicas y de orden pudieran oponerse al indicado movimiento, llegando a organizar con elementos extremistas una columna, previamente armados para marchar sobre Córdoba y Jaén, cuya columna por haberse declarado el Estado de

Guerra en esta Plaza, y teniendo en constante estado de agitación tanto en la Plaza como en bastantes pueblos de la provincia ocasionando bastante número de bajas. – El mencionado procesado en unión de otros excitaba a la Policía Gubernativa a que hiciera fuego contra el Ejército y demás milicias armadas. El procesado Virgilio Castilla salió hacia la escalera de dicha dependencia siendo detenido y desarmado penetrando las fuerzas y procediendo a la detención de los que allí se encontraban rodeando y asesorando al Gobernador Civil de entonces César Torres, el que actuaba en cumplimiento de las órdenes que recibía constantemente del Ministerio de la Gobernación en Madrid tanto telefónicas como por radio, dirigía la operación de la columna, y se preparaba a cumplimentar la orden que acababa de recibir del expresado Ministro, de llamar a los mineros de Alquife que vinieran a la ciudad con cuanta dinamita pudieran traerse, orden que le comunicó el citado Ministro. – CONSIDERANDO: Que respecto de la apreciación de circunstancias modificativas de la responsabilidad criminal es de estimar que no concurren en ninguno de los procesados excepto en César Torres Martínez, en el que se estima la concurrencia de las circunstancias atenuantes 12 del artículo 8 del Código Penal Común aplicable al caso por disposición expresa del 172 del de Justicia Militar y con arreglo al prudente arbitrio que para su aplicación procede el consejo el artículo 173 de este cuerpo de Leyes Militares. – CONSIDERANDO: Que en méritos a lo que consta en las anteriores consideraciones, procede condenar al procesado César Torres Martínez como autor del delito de rebelión con la concurrencia de la atenuante de obediencia debida a la pena de reclusión militar perpetua. – Vistos los preceptos que se citan los demás relativos al caso y demás de general aplicación. – FALLAMOS: Que debemos condenar y condenamos al procesado César Torres Martínez, como autor de un delito de rebelión, apreciada que le ha sido una atenuante, a la pena de reclusión militar perpetua; notifíquese la presente resolución al Sr. Fiscal y defensores de la causa, así como también a los que por la misma se condenan, para lo que será entregada al Instructor y elévese la misma a la Superioridad por si estima procedente su aprobación, haciendo constar que ha sido tomada por unanimidad. – Así por esta Nuestra Sentencia lo pronunciamos, mandamos y firmamos. – Hay siete firmas ilegibles rubricadas. – Comisión de examen de penas en Granada: La Comisión de Examen de Penas de Granada con fecha 25 de julio de 1940 estima que debe mantenerse la pena que el rematado viene extinguiendo y que será la de reclusión militar perpetua. – El presidente Rafael Lacal, El Vocal. – Ilegibles rubricados. – Hay un sello en tinta violeta que dice Comisión de Examen de Penas. Granada. – Informe de la Autoridad Judicial. – Visto el anterior acuerdo y conforme con el mismo acuerdo que se eleva al Excmo. Sr. Ministro. – Granada a 11 de julio de 1940. El Auditor Francisco Rico. – Rubricado. – Certificado de resolución definitiva (O. C. de 23 de enero de 1940 D. O. n.º 21); César Torres Martínez de 31 años casado abogado, fue condenado en Consejo de Guerra celebrado el 1.º de agosto de 1936 en la Plaza de Granada a la pena de reclusión militar perpetua con las accesorias correspondientes. – Esta Comisión Central, de conformidad con el parecer expuesto por la provincial, eleva a su vez la propuesta en el sentido de que la pena a imponer debe ser la de reclusión perpetua con las accesorias de la pena primitiva. – Por todo lo cual esta Comisión Central certifica de Orden del Excmo. Sr. Ministro del Ejército remitiendo Certificado al Iltmo. Sr. Auditor de Granada, en cumplimiento de lo prescrito en cumplimiento de la instrucción 7.ª de la orden comunicada de 7 de febrero de 1940 entendiéndose que tanto el inmediato acuse de recibo como la cuenta de la total ejecución de la sentencia definitiva debe comunicarse a esta Comisión Central por obrar en la misma todos los antecedentes del asunto. – Madrid 10 de mayo de 1941. – El Auditor Presidente, El Vocal Militar, el Vocal Judicial. – Ilegibles rubricados. – Hay un sello en tinta violeta que dice Ministerio del Ejército Junta Central de Examen de Penas. –

23 División Estado Mayor Telegrama Postal. Sección Justicia Negociado Secretaría número 50, 938. – Granada a 30 de diciembre de 1943. – El General Jefe de la 23 División. Por el Ministerio del Ejército Sección Justicia en escrito de 16 del actual me dice lo siguiente: «De orden comunicada por el Sr. Ministro, tengo el honor de comunicar a V. E., que Su Excelencia el Jefe del Estado, por una resolución de fecha 15 de los corrientes, se ha dignado conmutar por doce años y un día de reclusión menor con accesorias de inhabilitación absoluta durante la condena, responsabilidad civil y abono de prisión preventiva, la pena de treinta años de reclusión mayor impuesta al penado César Torres Martínez en virtud de sentencia dictada por Consejo de Guerra reunido en esta Plaza el día 1.º de agosto de 1936, como autor de un delito de adhesión a la rebelión. Lo que de su orden participo a V. S. para su conocimiento y demás efectos con la libertad del sentenciado; rogándole manifieste a este departamento la diligencia de ejecución derivadas para constancia en antecedentes. Lo que traslado a V. S. para que inmediatamente proceda a la ejecución de lo que se ordena dándome cuenta con toda urgencia de las diligencias practicadas para dar conocimiento de ellas a la Superioridad. – Trasládese de Orden de S. E. El Teniente Coronel de Estado Mayor. – Javier Gonzálvez. – Rubricado. – Hay un sello en tinta violeta que dice: 23 División Estado Mayor.

Lo inserto concuerda fielmente a la letra con su original a que me remito y para que conste firmo el presente con el V.º B.º del Sr. Juez en Granada, a trece de enero de mil novecientos cuarenta y cuatro.

V.º B.º
El Juez Militar
Francisco Núñez Álvarez

El Secretario
Francisco Bas López

Apéndice 5

Otras referencias de autores islámicos a Aynadamar, la actual Fuente Grande de Alfacar.*

Ibn al-Jatīb (1313-1374). Se trata del más importante historiador islámico granadino, visir bajo Mahoma V y maestro del poeta Ibn Zamrak (cuyas odas adornan las paredes de la Alhambra). Ibn al-Jatīb poseía un palacio en Aynadamar. Veamos primero su descripción en prosa del lugar:

> En cuanto a la Fuente de las Lágrimas, se inclina hacia la Fuente del Sur** y se sitúa en las faldas del monte Alfacar. Tiene una gran abundancia de agua que se lleva por una acequia al lado del camino, y disfruta de una situación maravillosa con huertos deliciosos y jardines incomparables, un clima benigno y agua muy dulce, además de unas vistas panorámicas espléndidas. En un paisaje verdecido por mirtos se encuentran allí palacios bien protegidos, mezquitas donde acude multitud de gente y edificios altos y fortificados. Los ricos perezosos se han congregado allí a costa de los hombres eruditos y sabios que antes habitaban el lugar, y han invertido grandes caudales en sus propiedades. Los funcionarios de la Corte han competido unos con otros en comprar fincas, hasta el punto que el paraje ha llegado a tener fama mundial de encontrar la belleza allí una imagen tan perfecta de sí misma que Aynadamar se menciona frecuentemente en la poesía y su nombre se halla a menudo en labios de los elocuentes que viven allí o visitan el lugar.

* Nuestra profunda gratitud al distinguido arabista James Dickie, que no solo nos buscó la información y los textos contenidos en este apéndice sino que los vertió al inglés y al español.

** El escritor se refiere, casi seguramente, a la hoy conocida como Fuente Chica de Alfacar.

Después de esta descripción elogiosa de Aynadamar, Ibn al-Jatīb reproduce versos de dos poemas suyos:

1.

¡Ay, Aynadamar, cuántas lágrimas vertidas como perlas durante nuestra amistad podrías restaurar! Cuando por la noche tus brisas soplan frías y húmedas, me agita una pasión ardiente por ti.

2.

Si Aynadamar fuera un verdadero ojo,* entonces [...].**
No ha parado nunca de ser carrera para los caballos de la orgía y del placer, ni sus céspedes blandos de formar un pasto abundante.
[Es tan brillante que] las mismas Pléyades quisieran vivir allí; el Can quiere ensalzarlo [por su abundancia aun durante la canícula] y al-Mu protegerlo.***

El alfaquí Abū-l-Qāsim ibn Qūtīya. Versos de tres poemas citados por Ibn al-Jatīb:

1.

Pasé la noche en Aynadamar donde sus prados me festejaron y sus casas me colmaron de amor.
Cuando sopla el levante me trae el aroma [de Aynadamar] y evoca la fantasma de la amada perdida.

---

   * «Ayn significa a la vez ojo y manantial en árabe» (nota de James Dickie).
   ** «Errores de los escribas hacen incomprensible este párrafo» (nota de James Dickie).
   *** «»Al-Mu» es una estrella o constelación y para identificarla abría que consultar los tratados astronómicos» (nota de James Dickie).

2.

Era una noche de unión amorosa en Aynadamar cuando
sus estrellas, entre todas las demás, presagiaban la buena fortuna y en la cual se podía contemplar la belleza que desplega-
ba su misterio y la larga sombra de las esperanzas sobre las
montañas.

Allí pasamos la noche, y había flores en el jardín de las
mejillas y mejillas entre las rosas del jardín, y nuestras man-
zanas eran rojas y nuestras granadas llenas entre los senos;

y una pasión ardiente y una bella mujer aprendieron de
nuestros hígados* los límites y la extensión del amor.

3.

Sin duda alguna, Aynadamar encanta los ojos de quien lo
contempla, así que da libertad a tus ojos para gozar de su
[?]...**

Y descansa allí, si deseas amar, pues en sus colinas pacen
vacas agrestes;

y aprieta allí la mano del narciso en salutación, besando
las mejillas de la amistad entre flores;

y paséalas [las vacas] libremente en los valles y en los
montículos donde apagarán la sed de tus ideas.

Tal fuente es un vino madurado por el mismo Tiempo, así
que no tengas miedo, al beber de ella, que a ti te abrumen los
vaivenes de nuestros días. Ella podría hablarte de Cosroes y
hasta de Sasán, que vivió antes,*** e informarte de una viña
mortal hecha inmortal.

* «Entre los árabes el hígado se considera como sede del amor»
(nota de James Dickie).

** «Errores de los escribas hacen incomprensible este párrafo» (nota
de James Dickie).

*** Sasán, que dio nombre a la dinastía *sasánida* del imperio neopersa
fundado en 226. Cosroes I (531-597) fue el monarca más poderoso del
mismo.

SIGLAS

Arrarás (ed.): *Historia de la Cruzada Española*, director literario Joaquín Arrarás, vol. III, tomo XI, Madrid, Ediciones Españolas, 1941.

OC: García Lorca, *Obras completas*, edición de Miguel García-Posada, Barcelona, Galaxia Gutenberg / Círculo de Lectores, 4 tomos, 1996.

NOTAS

Prólogo

1. Pozo Felguera, «La tumba de Lorca, según los falangistas».
2. Molina Fajardo, *Los últimos días de García Lorca*, p. 279.
3. *Ibíd.*, p. 144.
4. Introducción de la viuda de Molina Fajardo, Ángeles González, e hijos a la edición Almuzara del libro, p. 12.
5. *Ibíd.*

1. García Lorca y la Segunda República

1. García Lorca, [«Un poeta en Nueva York»], recital ofrecido en Madrid el 16 de marzo de 1932; *OC*, III, pp. 163-173, la cita en p. 165.
2. *Ibíd.*, p. 632.
3. «El Curioso Parlanchín» [pseudónimo de Emilio Roig de Leuchsenring], «Habladurías. Federico García Lorca, poeta ipotrocasmo», *Carteles*, La Habana, XV, núm. 17 (27 de abril de 1930), pp. 30 y 46-47; la cita en p. 30.
4. Entrevista de García Lorca con José María Salaverría, titulada «El carro de la farándula», *La Vanguardia*, Barcelona, 1 de diciembre de 1932; *OC*, III, pp. 396-400, la cita en p. 398.
5. Sáenz de la Calzada, p. 125.
6. *Ibíd.*, p. 43.

7. *Ibíd.*, p. 79.

8. Jackson, p. 125.

9. «Una hazaña de los nazis, traducidos al madrileño. Tres sujetos pertenecientes a las JONS asaltan el local de la Asociación de Amigos de la Unión Soviética», *Heraldo de Madrid*, 14 de julio de 1933, p. 13. Véase también Ledesma Ramos, pp. 101-103.

10. «Un mitin de la Juventud de Acción Popular», *El Defensor de Granada*, 17 de abril de 1934, p. 1.

11. «No hay crisis teatral», *El Duende*, Madrid, 10 de febrero de 1934, p. 15.

12. Jackson, pp. 142-144; la cita en p. 144.

13. La fecha, que no figura en el libro de Azaña, la proporciona Jackson, pp. 166-167.

14. Entrevista de García Lorca con Alardo Prats, titulada «Los artistas en el ambiente de nuestro tiempo», *El Sol*, Madrid, 15 de diciembre de 1934; *OC*, III, pp. 541-546, la cita en p. 545.

15. «El poeta García Lorca habla del teatro y de la vocación artística», *El Defensor de Granada*, 21 de diciembre de 1934.

16. Gibson, *Vida, pasión y muerte de Federico García Lorca*, p. 602.

17. *El Debate*, Madrid, 3 de enero de 1935, p. 6.

18. Sobre el estreno de *Yerma* y la reacción de los críticos, véanse Olmos García; Gibson, *Vida, pasión y muerte de Federico García Lorca*, pp. 602-605; y Mario Hernández, «Cronología y estreno de *Yerma*».

19. «Banquete a Antonio Espina», *Diario de Madrid*, 18 de noviembre de 1935, p. 7: «A los postres el Sr. Venegas leyó las adhesiones de Luis Companys y demás compañeros del Gobierno de la Generalidad, Martínez Barrio, Francisco Villanueva, viuda de Serval, Manuel Fontdevila, Casona, Hermosilla, Palanco, Marañón, Massa, Ruiz de Velasco, Vida y Moya, Fernando Vela, Ribas, José Lorenzo, Candamo, Domenchina, Victoria Kent, Tenreiro, Blanco-Fombona, Francisco Agustín, Besteiro, Jiménez de Asúa, Gómez de la Serna, Margarita Xirgu, Somoza Silva, Ciges Aparicio, Rivas Cherif, Federico García Lorca y otros.»

20. Laffranque, «Bases cronológicas», p. 452.

21. El manifiesto se publicó después en *Heraldo de Madrid*, 25 de diciembre de 1935, p. 4; *La Libertad*, Madrid, 26 de diciembre de 1935, p. 1; y *Renovación*, Barcelona, 28 de diciembre de 1935, p. 1.

22. Otero Seco, «Una conversación inédita con Federico García Lorca», *Mundo Gráfico*, Madrid, 14 de febrero de 1937; *OC*, III, pp. 625-627, esta cita en p. 625.

23. *El Sol*, Madrid, 15 de febrero de 1936, p. 8: *La Libertad*, Madrid, 15 de febrero de 1936, p. 4; *Heraldo de Madrid*, 18 de febrero de 1926, p. 9; *Ahora*, Madrid, 15 de febrero de 1936, p. 24: *La Voz*, Madrid, 15 de febrero de 1936, p. 5; *Mundo Obrero*, Madrid, 15 de febrero de 1936, p. 5 (Valle-Inclán es «el gran amigo del pueblo, de los perseguidos, de los presos, de los revolucionarios, y que por serlo así, lo era también de la Unión Soviética»).

24. «En Madrid hay un club infantil», *Ahora*, Madrid, 16 de febrero de 1936.

25. Lacasa, «Recuerdo y trayectoria de Federico García Lorca»; véase también *Ahora*, Madrid, 12 de febrero de 1936, p. [27].

26. *Mundo Obrero*, Madrid, 15 de febrero de 1936, p. 1. Reproducido fotográficamente en Inglada, p. [102].

27. Suero, «Los últimos días con Federico García Lorca. El hogar del poeta», en *España levanta el puño*.

28. Ximénez de Sandoval, p. 514.

29. Gibson, *En busca de José Antonio*, pp. 215-221.

30. Suero, *España levanta el puño*, pp. 173-176.

31. María Teresa León, «Doña Vicenta y su hijo» y *Memoria de la melancolía*, pp. 198-200.

32. Esteban Vega, «Federico García Lorca en el XX aniversario de su muerte».

33. «Los escritores y artistas españoles piden la libertad de Luis Carlos Prestes», *La Voz*, Madrid, 1 de abril de 1936, p. 2.

34. Entrevista del poeta con Felipe Morales, titulada «Conversaciones literarias. Al habla con Federico García Lorca», *La Voz*, Madrid, 7 de abril de 1936; *OC*, III, pp. 628-633, la cita en pp. 631-632.

35. *¡Ayuda!*, Madrid, 1 de mayo de 1936, p. 5.

36. *La Libertad*, Madrid, 23 de mayo de 1936, p. 9; *Claridad*, Madrid, 23 de mayo de 1936, p. 5.

37. Torre, pp. 69-71. Según consta en la p. 77, el texto se redactó en 1938.

38. Declaraciones al autor de José Luis Cano, Madrid, 11 de junio de 1980.

39. Guerrero Ruiz, p. 466. Isabel García Lorca no recordaba haber pronunciado estas palabras. «Federico se llevó siempre bien con Neruda», nos aseguró en Madrid, 14 de noviembre de 1978.

40. Entrevista de García Lorca con Luis Bagaría, titulada «Diálogos de un caricaturista salvaje», *El Sol*, Madrid, 10 de junio de 1936; *OC*, III, pp. 634-639, la cita en p. 635.

41. Declaraciones al autor de Miguel Rosales Camacho, Granada, 1966.

42. Entrevista del poeta con Rodolfo Gil Benumeya, titulada «Estampa de García Lorca», en *La Gaceta Literaria*, Madrid, 15 de enero de 1931; *OC*, III, pp. 377-380, la cita en p. 378.

43. Entrevista de García Lorca con Luis Bagaría, titulada «Diálogos de un caricaturista salvaje», *El Sol*, Madrid, 10 de junio de 1936; *OC*, III, pp. 634-639, la cita en p. 637.

44. Carta del poeta a Adolfo Salazar, reproducida por Mario Hernández en el número extraordinario en homenaje a García Lorca de la revista *Trece de Nieve*, Madrid, 2.ª época, núm. 1-2 (diciembre de 1976), p. 51; García Lorca, *Epistolario completo*, pp. 823-824.

45. Comentario de Mario Hernández a la carta de Salazar, véase nota anterior.

46. *Heraldo de Madrid*, 22 de junio de 1936, p. 2.

47. Molina Fajardo publica una fotografía del cartel en *Los últimos días de García Lorca*, núm. [6].

48. Neville, p. 2.

49. Sobre el compromiso social de García Lorca, reflejado en la totalidad de su obra, el mejor estudio sigue siendo el ensayo de la gran hispanista Marie Laffranque, «Puertas abiertas y cerradas en la poesía y el teatro de García Lorca».

50. Machado, *Prosas completas*, pp. 2191-2192.

2. Últimas semanas en Madrid y la vuelta a Granada

1. Carta del poeta a Adolfo Salazar reproducida por Mario Hernández en el número extraordinario en homenaje a García Lorca de la revista *Trece de Nieve*, Madrid, 2.ª época, núm. 1-2 (diciembre de 1976), p. 51; *Epistolario completo*, pp. 823-824.
2. Schneider, p. 72.
3. Entrevista del poeta con Felipe Morales, titulada «Conversaciones literarias. Al habla con Federico García Lorca», *La Voz*, Madrid, 7 de abril de 1936; *OC*, III, pp. 628-633, la cita en p. 633.
4. Gibson, *Vida, pasión y muerte de Federico García Lorca*, pp. 638, 640-641.
5. Rodríguez Espinosa, p. 110.
6. *Heraldo de Madrid*, «Sección de rumores», 29 de mayo de 1936, p. 9.
7. Morla Lynch (1958), pp. 491-492; (2008), pp. 537-538.
8. Auclair (1972), pp. 322-323.
9. Testimonio de Santiago Ontañón, grabado por nosotros en cinta magnetofónica, Madrid, 12 de junio de 1980.
10. Auclair (1972), pp. 324-325.
11. Buñuel, *Mi último suspiro*, p. 200.
12. Auclair (1972), pp. 324-325.
13. Alonso, *Poetas españoles contemporáneos*, pp. 160-161.
14. Alonso, «Federico en mi recuerdo», p. 23.
15. Morla Lynch, pp. 493-494.
16. Cernuda, «Federico García Lorca (Recuerdo)».
17. Martínez Nadal, «El último día de Federico García Lorca en Madrid».
18. *Ibíd.*
19. Rodríguez Espinosa, p. 110.
20. Declaraciones al autor de Laura de los Ríos e Isabel García Lorca, Madrid, septiembre de 1978.
21. Gil-Albert, p. 250.
22. Martínez Nadal, «El último día de Federico García Lorca en Madrid».
23. Pozo, *Lorca, el último paseo*, p. 115; una fotografía de la lista se

incluye en Caballero, *Las últimas trece horas de García Lorca*, ilustración núm. [41].

24. Penón, *Diario de una búsqueda lorquiana*, p.178.

25. Carta inédita de Juan Larrea a Mario Hernández, 10 de febrero de 1978.

26. Francisco García Lorca, p. xxvi.

27. *Ideal*, Granada, 16 de julio de 1936, p. 6.

28. Declaración de Miguel Cerón al autor, Granada, 1966. Contó la misma escena a Eduardo Molina Fajardo, con alguna variante, en 1969 (*Los últimos días de García Lorca*, p. 93).

29. Declaración al autor de José Fernández Castro, presente en la lectura, Granada, 11 de febrero de 1987.

30. Penón, *Diario de una búsqueda lorquiana*, p. 160.

3. Granada bajo el Frente Popular. La conspiración

1. *Heraldo de Madrid*, 7 de febrero de 1936, p. 5.

2. *El Defensor de Granada*, 17 de febrero de 1936, p. 4.

3. *Ibíd.*, 19 de febrero de 1936, p. 4.

4. *Ibíd.*, 17, 18, 19 de febrero de 1936, *passim*.

5. Para el debate en las Cortes sobre las elecciones granadinas, véase Tusell, II, pp. 13-151.

6. Brenan, *El laberinto español*, p. 225.

7. *Ibíd.*, pp. 225-226.

8. *Ideal*, Granada, 21 de febrero de 1936; *El Defensor de Granada*, 22 de febrero de 1936.

9. *El Defensor de Granada*, 21 de febrero de 1936.

10. *Ibíd.*, 9 de marzo de 1936.

11. *Ibíd.*, 10 de marzo de 1936.

12. Tomamos las cifras de Arrarás (ed.), p. 272.

13. *El Defensor de Granada*, 12 de marzo de 1936.

14. Arrarás (ed.), p. 280.

15. Gollonet y Morales, pp. 41-43.

16. *Ibíd.*, p. 47.

17. *Ibíd.*, pp. 47-48.

18. *Ibíd.*, p. 37.

19. Payne, *Falange*, p. 100.

20. Southworth, «The Falange: An Analysis of Spain's Fascist Heritage», p. 9.

21. Payne, *Falange*, p. 95.

22. Arrarás (ed.), p. 272: «Los cuatro sufren encarcelamiento y Primo de Rivera quiere que, por el triunfo electoral, consigan su libertad.»

23. Gil Robles, p. 558.

24. Arrarás (ed.), p. 272.

25. Gollonet y Morales, pp. 47-53, *passim*; Arrarás (ed.), p. 274.

26. Declaraciones al autor de César Torres Martínez, Vigo, 15 de octubre de 1978.

27. El 17 de junio *La Voz* de Madrid comentaba en primera plana la huelga de los basureros granadinos bajo el título: «La CNT granadina acusa de caciques a los socialistas.» El diario habla del «grave peligro para el vecindario, pues se forman en las calles grandes montones de basura que despiden un olor insoportable».

28. *Ideal*, Granada, 11 de julio de 1936; *El Defensor de Granada*, misma fecha.

29. Declaraciones al autor de César Torres Martínez, Vigo, 15 de octubre de 1978.

30. *Ideal*, Granada, 1 de julio de 1936, p. 1.

31. Declaraciones al autor de José Rosales Camacho, grabadas en cinta magnetofónica, Granada, 26 de agosto de 1978.

32. Arrarás (ed.), p. 275.

33. *Ibíd.*

34. Gollonet y Morales, p. 99.

35. Arrarás (ed.), p. 275.

36. Breve biografía de Valdés publicada en *Ideal*, Granada, 25 de julio de 1936.

37. *Ibíd.*

38. En la *Gaceta de Madrid*, con fecha 23 de julio de 1936, p. 790, aparecía la siguiente nota oficial (una copia de ella tuvo la amabilidad de transmitirnos hace años el llorado escritor y amigo Daniel Sueiro):

«Ilmo. Sr.: En vista del certificado facultativo expedido por el Tribunal Médico militar de la plaza de Granada, como consecuencia del reconocimiento sufrido por el Comisario de Guerra de segunda clase del Cuerpo de Intervención civil de Guerra D. José Valdés Guzmán, con destino en Intervención de los servicios de Guerra de dicha plaza, y accediendo a lo solicitado por el interesado.

»Este Ministerio ha resuelto concederle dos meses de licencia por enfermo para Padul (Granada), con arreglo a las instrucciones aprobadas por Orden circular del Ministerio de la Guerra de 5 de junio de 1905.

»Lo comunico a V.I. para su conocimiento y cumplimiento. Madrid, 14 de julio de 1936.»

39. Auclair (1972), p. 341; Vila-San-Juan, *García Lorca, asesinado: toda la verdad*, p. 258.

40. Declaraciones al autor de Narciso Perales, grabadas en cinta magnetofónica, Madrid, 23 de septiembre de 1978.

41. Detalles y cita de Auclair (1972), pp. 386-390 («El caso de Luis Rosales»).

42. Declaraciones al autor de José Rosales Camacho, Granada, 1977.

43. Gollonet y Morales, pp. 102-103.

44. Arrarás (ed.), p. 276.

45. *Ibíd.*

46. *Ibíd.*

47. Detalles de la carrera de Campins en *Noticiero Granadino*, 11 de julio de 1936, p. 1.

48. Detalles de los efectivos de los regimientos granadinos en Arrarás (ed.), p. 276.

49. Gollonet y Morales, p. 37.

50. *El Defensor de Granada*, 11 de marzo de 1936; Gollonet y Morales, p. 37.

51. Gollonet y Morales, p. 208.

52. *Ibíd., passim.*

4. Granada en manos de los sublevados

1. Gibson, *Vida, pasión y muerte de Federico García Lorca*, pp. 670-671.
2. Thomas, I, pp. 229-243.
3. *Ibíd.*, p. 243.
4. *Ibíd.*, p. 244.
5. *Ibíd.*, pp. 243-244.
6. *Ibíd.*, pp. 245-247.
7. Declaraciones al autor de Eduardo Rodríguez Valdivieso, Granada, 30 de julio de 1980.
8. *Ideal*, Granada, 19 de julio de 1936, p. 2.
9. Arrarás (ed.), p. 183.
10. Thomas, pp. 247-248.
11. Gollonet y Morales, p. 80.
12. Testimonio de César Torres Martínez, grabado por nosotros en cinta magnetofónica, Vigo, 15 de octubre de 1977.
13. *Ibíd.*
14. *Ibíd.*
15. *Ibíd.*
16. *Ibíd.*
17. *Ideal*, Granada, 19 de julio de 1936, p. 2.
18. Arrarás (ed.), p. 284.
19. *Ibíd.*, p. 279.
20. Testimonio del doctor José Rodríguez Contreras, grabado por nosotros en cinta magnetofónica, Granada, 23 de agosto de 1978.
21. Arrarás (ed.), pp. 280-282.
22. *Ibíd.*
23. *Ibíd.*
24. *Ibíd.*
25. *Ibíd.*
26. Gollonet y Morales, pp. 105-106.
27. Arrarás (ed.), pp. 280-282.
28. Testimonio de César Torres Martínez, grabado por nosotros en cinta magnetofónica, Vigo, 15 de octubre de 1977.
29. *Ibíd.*

30. *Ibíd.*

31. Publicado en *Ideal*, Granada, 21 de julio de 1936, p. 1.

32. Gollonet y Morales, p. 112.

33. Arrarás (ed.), p. 286.

34. Gollonet y Morales, pp. 112-113.

35. Arrarás (ed.), p. 284.

36. *Ideal*, Granada, 21 de julio de 1936, p. 2.

37. Gollonet y Morales, p. 113.

38. *Ibíd.*, p. 112.

39. *Ibíd.*, pp. 120-121; Arrarás (ed.), p. 285.

40. Gollonet y Morales, p. 113.

41. Testimonio de César Torres Martínez, grabado por nosotros en cinta magnetofónica, Vigo, 15 de octubre de 1977.

42. Gollonet y Morales, pp. 113-114.

43. *Ibíd.*

44. *Ibíd.*, p. 114.

45. Testimonio de César Torres Martínez, grabado por nosotros en cinta magnetofónica, Vigo, 15 de octubre de 1977.

46. Gollonet y Morales, pp. 115-116.

47. *Ibíd.*

48. *Ideal*, Granada, 21 de julio de 1936, p. 4.

49. *Ibíd.*, p. 2.

50. Gollonet y Morales, p. 117.

51. Arráras (ed.), p. 288.

52. *Ideal*, Granada, 21 de julio de 1936, p. 4.

53. Gollonet y Morales, p. 123; *Ideal*, Granada, 22 de julio de 1936; Arráras (ed.), p. 288.

54. Barrios, pp. 233-234.

55. *Ideal*, Granada, 22 de julio de 1936, p. 1.

56. *Ibíd.*, p. 4.

57. *Ibíd.*

58. *Ibíd.*, 23 de julio de 1936, p. 4.

59. *Ibíd.*, 24 de julio de 1936, p. 3.

5. El Terror

1. Gollonet y Morales, p. 138.
2. *Ideal*, Granada, 26 de julio de 1936, p. 1; Arrarás (ed.), p. 289.
3. *Ideal*, Granada, 30 de julio de 1936, p. 3; Gollonet y Morales, pp. 138-139.
4. Gollonet y Morales, pp. 138-140.
5. *Ibíd.*, pp. 140-141.
6. Arrarás (ed.), pp. 187-288; Gil Bracero, pp. 16, 18, 31.
7. Arrarás (ed.), p. 284.
8. Testimonio de César Torres Martínez, grabado por nosotros en cinta magnetofónica, Vigo, 15 de octubre de 1977.
9. Gollonet y Morales, pp. 127-128, 130.
10. *Ibíd.*, p. 130.
11. Arrarás (ed.), p. 273.
12. Molina Fajardo, *Los últimos días de García Lorca*, pp. 46-47.
13. Couffon, «*Le Crime a eu lieu à Grenade...*», p. 89.
14. Declaraciones al autor del doctor Rafael Jofré García, Granada, 1966.
15. Arrarás (ed.), p. 276.
16. *Ibíd.*, p. 289; Gollonet y Morales, p. 165.
17. Arrarás (ed.), p. 289.
18. *Ibíd.*
19. *Ideal*, Granada, 6 de septiembre de 1936, p. 5; Gollonet y Morales, pp. 167-168.
20. Testimonio de César Torres Martínez, grabado por nosotros en cinta magnetofónica, Vigo, 15 de octubre de 1977.
21. *Ibíd.*
22. Declaraciones al autor de Antonio Pérez Funes, Granada, 1965.
23. Testimonio de César Torres Martínez, grabado por nosotros en cinta magnetofónica, Vigo, 15 de octubre de 1977.
24. *Ibíd.*
25. Para el fusilamiento de García Labella y Rubio Callejón, véase Molina Fajardo, *Los últimos días de García Lorca*, p. 58; «El gobernador civil visitó los pueblos de la Sierra de Víznar», *Ideal*, Granada, 24 de agosto de 1936, p. 3.

26. Testimonio de Maximiliano Martín Fernández en Molina Fajardo, *Los últimos días de García Lorca*, p. 153.
27. Testimonio de César Torres Martínez, grabado por nosotros en cinta magnetofónica, Vigo, 15 de octubre de 1977.
28. *Ibíd.*
29. Editorial del diario católico granadino *La Verdad*, 5 de septiembre de 1936, p. 1.
30. Neville, p. 6.
31. *Ibíd.*
32. Nicholson, p. 33.
33. Gibson, *El asesinato de García Lorca* (2005), pp. 430-431.
34. Nicholson, p. 82.
35. Neville, p. 6.
36. Testimonio que recogimos en 1966 de un miembro de los Españoles Patriotas a quien obligaron un día a participar en una ejecución.
37. Testimonio de José García Arquelladas, grabado por nosotros en cinta magnetofónica, Granada, 25 de agosto de 1978. Otros testigos de la conversación: José Castilla Gonzalo, médico forense, vicerrector de la Universidad de Málaga, hijo de Virgilio Castilla —presidente de la Diputación Providencial de Granada—, fusilado el 2 de agosto de 1936, y el escultor Cayetano Aníbal.
38. Brenan, «Granada» *(The Face of Spain)*, p. 130.
39. Gil Bracero, pp. 3-12 («Terror en Granada durante la Guerra Civil»).
40. Gibson, *El asesinato de García Lorca* (2005), pp. 430-434.
41. Molina Fajardo, *Los últimos días de García Lorca*, pp. 404-421.
42. Declaraciones al autor de José Garcia Carrillo, Granada, 1966. Íntimo del poeta y de Ruiz Carnero, García Carrillo compartió cárcel con este, escapándose casi por milagro de la muerte.
43. Testimonio del abogado y militar Fernando López Nebrera, presente en la ejecución de Santa Cruz, recogido por Molina Fajardo, *Los últimos días de García Lorca*, pp. 122-123.
44. Partida de defunción de Virgilio Castilla facilitada amablemente por su hijo, José Castilla Gonzalo.
45. Brenan, «Granada» *(The Face of Spain)*, p. 132.

6. En La Huerta de San Vicente

1. Declaraciones al autor de Aurora de la Cuesta, Granada, 8 de agosto de 1987.
2. Nació en Padul el 11 de marzo de 1913, según la hoja del padrón del Ayuntamiento de Granada, sección de Estadística, correspondiente a la calle de San Antón, número 39, 31 de diciembre de 1935 (Archivo Municipal de Granada, Palacio de los Córdova).
3. Declaraciones al autor de Angelina Cordobilla González, grabadas en cinta magnetofónica, Granada, 1966.
4. Declaraciones al autor de Eduardo Rodríguez Valdivieso, Granada, 30 de julio de 1980; Gil Bracero, p. 18.
5. Pliego de descargo de Luis Rosales reproducido por Eduardo Molina Fajardo, *Los últimos días de García Lorca*, pp. 347-348.
6. *Ibíd.*
7. Declaraciones al autor de Alfredo Rodríguez Orgaz, Madrid, 9 de octubre de 1978.
8. La página de *Ideal* se reproduce fotográficamente en Molina Fajardo, *Los últimos días de García Lorca*, p. 308.
9. Testimonio de José María Nestares Cuéllar recogido por Molina Fajardo, *Los últimos días de García Lorca*, p. 264.
10. Arrarás (ed.), p. 289; *Ideal*, Granada, 4 de agosto de 1936, pp. 1, 3, 4.
11. Testimonio de José García Carrillo recogido en 1955 por Penón, *Diario de una búsqueda lorquiana*, pp. 60-61.
12. Nota reproducida fotográficamente por Molina Fajardo, *Los últimos días de García Lorca*, p. 310.
13. Carta amablemente puesta a nuestra disposición por Manuel Fernández-Montesinos, hijo del alcalde fusilado.
14. Caballero y Góngora, *passim*.
15. *Ibíd.*, pp. 88-89; Caballero Pérez, *Las trece últimas horas en la vida de García Lorca*, p. 19.
16. Conversación nuestra con Benigno Vaquero Cid, Pinos Puente (Granada), 17 de agosto de 1986.
17. Ramos Espejo, *El 5 a las cinco con Federico García Lorca*, p. 192.

18. Testimonio de Isabel Roldán García, grabado por nosotros, Chinchón (Madrid), 22 de septiembre de 1978.

19. Declaraciones al autor de Angelina Cordobilla González, grabadas en cinta magnetofónica, Granada, 1966.

20. Castro, «Manuel Fernández-Montesinos, diputado por Granada..», p. 6.

21. Declaraciones al autor de Carmen Perea Ruiz, Valderrubio, 22 de agosto de 1989.

22. Testimonio de Isabel Roldán García, grabado por nosotros, Chinchón (Madrid), 22 de septiembre de 1978.

23. Declaraciones al autor de Encarnación Santugini Díaz, Granada, 1975.

24. *Ideal*, Granada, 10 de agosto de 1936, p. 4.

25. Declaraciones al autor de Ángel Saldaña, Madrid, 27 de mayo de 1966.

26. Declaraciones al autor de Eduardo Rodríguez Valdivieso, Granada, 30 de julio de 1980.

27. Declaraciones al autor de Luis Rosales Camacho, grabadas en cinta magnetofónica, Cercedilla (Madrid), 2 de septiembre de 1966.

28. Molina Fajardo, *Los últimos días de García Lorca*, p. 179.

29. Penón, *Diario de una búsqueda lorquiana*, p. 68.

30. Molina Fajardo, *Los últimos días de García Lorca*, p. 34; Eulalia-Dolores de la Higuera, «Habla el chófer de García Lorca».

7. García Lorca con los Rosales

1. Declaraciones de Luis Rosales Camacho al autor, Madrid, 6 de octubre de 1978.

2. Testimonio de Luis Rosales Camacho, grabado por nosotros en cinta magnetofónica, Madrid, 22 de octubre de 1978; para la fecha de su nombramiento como jefe del sector de Motril, véase Caballero Pérez, *Las trece últimas horas de García Lorca*, p. 115.

3. Declaraciones al autor de José Rosales Camacho, Granada, 1966.

4. Ediciones Acervo, Barcelona, 1977.
5. Testimonio de Luis Rosales Camacho, grabado por nosotros en cinta magnetofónica, Madrid, 22 de octubre de 1978.
6. *Ibíd.*
7. Molina Fajardo, *Los últimos días de García Lorca*, pp. 171-172.
8. Testimonio de Luis Rosales Camacho, grabado por nosotros en cinta magnetofónica, Madrid, 22 de octubre de 1978.
9. Testimonio de Esperanza Rosales Camacho, grabado por nosotros en cinta magnetofónica, Madrid, 7 de noviembre de 1978.
10. Declaraciones al autor de Angelina Cordobilla González, Granada, 1966 y, especialmente, de Francisca García González, prima del poeta (Almuñécar, 29 de julio de 1980).
11. Antonio de la Villa, «Un evadido de Granada cuenta el fusilamiento de García Lorca».
12. «Casida III De los ramos», *OC*, I, pp. 601-602.
13. Testimonio de Clotilde García Picossi, grabado por nosotros en cinta magnetofónica, Huerta del Tamarit, Granada, 17 de agosto de 1978.
14. Testimonio de Luis Rosales Camacho, grabado por nosotros en cinta magnetofónica, Madrid, 22 de octubre de 1978.
15. *Ibíd.*
16. *Ibíd.*
17. Molina Fajardo, *Los últimos días de García Lorca*, p. 183.
18. *Ibíd.*, p. 216.
19. *Ibíd.*, p. 99.
20. Testimonio de Luis Rosales Camacho, grabado por nosotros en cinta magnetofónica, Madrid, 22 de octubre de 1978.
21. Declaraciones al autor de Manuel Contreras Chena, Madrid, 26 de octubre de 1978, y de Manuel López Banús, Fuengirola, 8 de diciembre de 1979.
22. Testimonios de Luis y Esperanza Rosales Camacho, grabados por nosotros en cinta magnetofónica, Madrid, 7 de noviembre de 1978.
23. Conversación nuestra, grabada en magnetófono, con Luis y Esperanza Rosales Camacho, Madrid, 7 de noviembre de 1978; sendas conversaciones nuestras con Manuel Contreras Chena,

Madrid, 26 de octubre de 1978, y Manuel López Banús, Fuengirola, 8 de diciembre de 1979; sobre López Font, véase también Molina Fajardo, *Los últimos días de García Lorca*, p. 96 (testimonio de Luis Jiménez Pérez).

24. Caballero Pérez, *Las últimas trece horas de García Lorca*, pp. 78-79.

25. Couffon, «*Le Crime a eu lieu à Grenade...*», p. 99.

26. Testimonios de Luis y Esperanza Rosales Camacho, grabados por nosotros en cinta magnetofónica, Madrid, 7 de noviembre de 1978.

27. *Ibíd.*

28. Testimonio de Luis Rosales Camacho, grabado por nosotros en cinta magnetofónica, Madrid, 22 de octubre de 1978.

29. Declaraciones de Luis Rosales Camacho, grabadas por nosotros en cinta magnetofónica, Cercedilla (Madrid), 2 de septiembre de 1966.

30. Testimonio de Luis Rosales Camacho en Molina Fajardo, *Los últimos días de García Lorca*, p. 277.

31. Conversación nuestra con Antonio Jiménez Blanco, testigo de la llegada del grupo a casa de Miguel Rosales para llevarse a Lorca, Madrid, 24 de marzo de 1986; me había ya contado casi exactamente lo mismo, de forma independiente, José Mercado Ureña, Málaga, 4 de junio de 1985.

32. Gerardo Rosales Jaldo, hijo de Gerardo Rosales Camacho y autor de la novela *El silencio de los Rosales*, en el documental de Emilio Ruiz Barrachina, *El mar dejó de moverse* (detalles en bibliografía, p. 427).

33. Declaraciones de Esperanza Rosales Camacho a Agustín Penón, Madrid, 2 de junio de 1956 (Penón, *Diario de una búsqueda lorquiana*, pp. 303-305). Esperanza Rosales las confirmó en una conversación con nosotros, Madrid, 7 de noviembre de 1978.

34. Entrevista nuestra con el ex guardia de Asalto, Granada, 1971. Fue testigo de la misma el doctor José Rodríguez Contreras, que nos había puesto en contacto con él. Entrevistado por Molina Fajardo en 1970, Rodríguez Contreras añadió más detalles sobre el personaje (*Los últimos días de García Lorca*, p. 209).

Según el padrón municipal de 1935, Casas Fernández tenía entonces 47 años y había nacido en Baza en 1889 (padrón municipal, diciembre de 1935, hoja 15946).

35. Molina Fajardo, *Los últimos días de García Lorca*, p. 231.
36. Estos datos proceden del importantísimo documento exculpatorio de Luis Rosales Camacho localizado y publicado por Molina Fajardo, *Los últimos días de García Lorca*, pp. 347-348, y reproducido por nosotros en el siguiente capítulo.
37. Testimonio de Isabel Roldán García, grabado por nosotros en cinta magnetofónica, Chinchón (Madrid), 22 de septiembre de 1978.
38. Declaraciones al autor de Angelina Cordobilla González, grabadas en cinta magnetofónica, Granada, 1966.
39. Declaraciones al autor de Luis Rosales Camacho, grabadas en cinta magnetofónica, Cercedilla (Madrid), 2 de septiembre de 1966.
40. Testimonio de Esperanza Rosales Camacho, grabado por nosotros en cinta magnetofónica, Madrid, 7 de noviembre de 1978.
41. Testimonio de Isabel Roldán García grabado por nosotros en cinta magnetofónica, Chinchón (Madrid), 22 de septiembre de 1978.
42. Testimonio de Clotilde García Picossi, grabado por nosotros en cinta magnetofónica, Huerta del Tamarit, Granada, 17 de agosto de 1978.
43. *Ibíd.* Angelina Cordobilla González ya nos había transmitido, en 1966, la misma información.

8. El poeta en el Gobierno Civil de Granada

1. Gibson, *El hombre que delató a García Lorca*, pp. 13-25.
2. Pozo, *García Lorca, el último paseo*, pp. 40-41.
3. Sánchez Diana, p. 161, nota 19.
4. Gibson, *El hombre que delató a García Lorca*, pp. 77-79.
5. Detalles en Gibson, *El hombre que delató a García Lorca*.
6. *Ibíd.*, pp. 74-77.

7. Pozo Felguera, *García Lorca, el último paseo*, pp. 79-87, 96.

8. Vila-San-Juan, *García Lorca, asesinado: toda la verdad*, p. 115, y testimonio de José Rosales Camacho, grabado por nosotros en cinta magnetofónica, Granada, 26 de agosto de 1978.

9. Ruiz Alonso, pp. 123-124.

10. Gibson, *El hombre que delató a García Lorca*, pp. 147-148; testimonio de Ramón Ruiz Alonso en Molina Fajardo, *Los últimos días de García Lorca*, p. 194.

11. Auclair (1968), p. 390.

12. Molina Fajardo, *Los últimos días de García Lorca*, pp. 223-224.

13. *Ibíd.*, p. 228.

14. *Ibíd.*, p. 109.

15. Entrevista nuestra con Esperanza Rosales Camacho, Madrid, 7 de noviembre de 1978; conversaciones nuestras con Miguel Rosales Camacho, Granada, 1966.

16. Ruiz Alonso, p. 134.

17. Pozo Felguera, *García Lorca, el último paseo*, pp. 147, 314; testimonio de José Rosales Camacho, grabado por nosotros en cinta magnetofónica, Granada, 26 de agosto de 1978.

18. Testimonio de Luis Rosales Camacho, recogido por nosotros en cinta magnetofónica, Cercedilla (Madrid), 2 de septiembre de 1966.

19. Molina Fajardo, *Los últimos días de García Lorca*, p. 42.

20. Para Martín Lagos, véanse Molina Fajardo, *Los últimos días de García Lorca*, pp. 41 y nota, 48, 76, 188, y Caballero Pérez, *Las trece últimas horas en la vida de García Lorca*, pp. 100-105. El primer investigador en señalar la participación de Trescastro y García-Alix en la detención de Lorca fue Claude Couffon. Los describe como «acólitos» de Ruiz Alonso, sin añadir más detalles («*Le Crime a eu lieu à Grenade...*», p. 107).

21. Molina Fajardo, *Los últimos días de García Lorca*, pp. l6-198.

22. *Ideal*, Granada, 4 de mayo de 1935.

23. *El Defensor de Granada*, 28 de abril de 1936, p. 3 («La proclamación de candidatos para la elección parcial de diputados a Cortes por Granada»). Véase, además, Molina Fajardo, *Los últimos días de García Lorca*, p. 197.

24. Molina Fajardo, *Los últimos días de García Lorca*, p. 323.

25. *Ibíd.*, p. 326.

26. *Ibíd.*, pp. 196-199.

27. *Ideal*, Granada, 22 de noviembre de 1933, p. 1; para la fecha y lugar de nacimiento de Trescastro, así como para su actividad política a principios de siglo, véase Caballero y Góngora, pp. 154-155, 168-169.

28. Gibson, *El hombre que delató a García Lorca*, p. 55.

29. Declaración de Luis Rosales a Agustín Penón, 30 de mayo de 1956 (Penón, *Diario de una búsqueda lorquiana*, p. 200); declaraciones de Esperanza Rosales Camacho, grabadas por nosotros en cinta magnetofónica, Madrid, 7 de noviembre de 1978.

30. Penón, *Diario de una búsqueda lorquiana*, p. 46.

31. Declaraciones al autor de Miguel Rosales Camacho, Granada, 1966.

32. Entrevista nuestra con Luis Rosales Camacho, grabada en cinta magnetofónica, Cercedilla (Madrid), 2 de septiembre de 1966.

33. Para la matrícula, Molina Fajardo, *Los últimos días de García Lorca*, p. 41.

34. Declaración de José Rosales Camacho al abogado granadino Antonio Jiménez Blanco en 1971, reproducida íntegra por Vila-San-Juan, *García Lorca, asesinado: toda la verdad*, pp.190-193.

35. Conversación nuestra con Miguel Rosales Camacho, Granada, 1966.

36. Penón, *Diario de una búsqueda lorquiana*, pp. 213-214.

37. Entrevista nuestra con Ramón Ruiz Alonso, grabada en cinta magnetofónica, Madrid, 20 de marzo de 1967.

38. Conversación nuestra con José Rodríguez Contreras, Granada, 23 de agosto de 1978.

39. Testimonio de Eduardo Carretero, grabado por nosotros en Chinchón (Madrid), 22 de septiembre de 1978.

40. Testimonio de Manuel Maldonado recogido por Molina Fajardo, *Los últimos días de García Lorca*, p. 200.

41. Entrevista nuestra con Esperanza Rosales Camacho, grabada en cinta magnetofónica, Madrid, 7 de noviembre de 1978.

42. *Ibíd.*

43. Testimonio de Miguel Rosales en Molina Fajardo, *Los últimos días de García Lorca*, p. 187.

44. Dato facilitado por Luis Rosales Camacho a Agustín Penón, Madrid, 30 de mayo de 1956. Véase Penón, *Diario de una búsqueda lorquiana*, p. 201.

45. Conversación nuestra con Luis Rosales Camacho, Madrid, 29 de mayo de 1986.

46. Penón, *Diario de una búsqueda lorquiana*, pp. 48-49.

47. Declaraciones de Esperanza Rosales Camacho, grabadas por nosotros en cinta magnetofónica, Madrid, 7 de noviembre de 1978.

48. Conversación nuestra con Miguel López Escribano, Granada, 29 de septiembre de 1980. Según el padrón municipal de diciembre de 1935 (hoja 15504), López Escribano nació el 18 de enero de 1921.

49. Conversación nuestra con Miguel Rosales Camacho, Granada, 1966.

50. Entrevista nuestra con Esperanza Rosales Camacho, grabada en cinta magnetofónica, Madrid, 7 de noviembre de 1978.

51. Entrevista nuestra con Ramón Ruiz Alonso, grabada en cinta magnetofónica, Madrid, 20 de marzo de 1967.

52. «El gobernador, entusiásticamente recibido por el pueblo de Lanjarón», *Ideal*, Granada, 17 de agosto de 1936, p. 5; fotografía de la página en Caballero Pérez, *Las trece últimas horas en la vida de García Lorca*, núm. [6].

53. Aquí concuerdan los testimonios de Ruiz Alonso y los hermanos Rosales. Además, los confirma el reportaje de *Ideal* referido en la nota anterior. Velasco Simarro, según *Ideal*, 1 de enero de 1935, p. 4, nació en Madrid en 1874 y llegó a Granada en 1930. Para más detalles sobre su carrera y su actuación en Granada, véase Caballero Pérez, *Las últimas trece horas de García Lorca*, pp. 39-68.

54. Conversación nuestra con Miguel Rosales Camacho, Granada, 1966. Según el estrecho colaborador de Valdés, Carlos Jiménez Vílchez, el nombre real de «Italo Balbo» era Alfonso Torres (Molina Fajardo, *Los últimos días de García Lorca*, p. 234).

55. Conversaciones nuestras con Miguel y Gerardo Rosales Camacho, Granada, 1966.

56. Entrevista nuestra con Ramón Ruiz Alonso, grabada en cinta magnetofónica, Madrid, 20 de marzo de 1967.

57. Testimonio de Esperanza Rosales Camacho, grabado por nosotros en cinta magnetofónica, Madrid, 7 de noviembre de 1978.

58. Penón, *Diario de una búsqueda lorquiana*, pp. 201-202.

59. Entrevista nuestra con Luis Rosales Camacho, grabada en cinta magnetofónica, Cercedilla (Madrid), 2 de septiembre de 1966.

60. Entrevista nuestra con Cecilio Cirre, Granada, septiembre de 1966.

61. Declaraciones de Ramón Ruiz Alonso, grabada por nosotros en cinta magnetofónica, Madrid, 20 de marzo de 1967.

62. Entrevista nuestra con Luis Rosales Camacho, grabada en cinta magnetofónica, Cercedilla (Madrid), 2 de septiembre de 1966.

63. Penón, *Diario de una búsqueda lorquiana*, p. 33.

64. Testimonio de Leopoldo Martínez Castro recogido por Molina Fajardo, *Los últimos días de García Lorca*, p. 220.

65. Vila-San-Juan, *García Lorca, asesinado: toda la verdad*, pp. 191-193.

66. Molina Fajardo, *Los últimos días de García Lorca*, p. 217.

67. Carta de Manuel Jiménez de Parga a José Luis Vila-San-Juan, fechada el 26 de septiembre de 1973, reproducida en el libro de este, *García Lorca, asesinado: toda la verdad*, pp. 249-252. Esta cita, p. 250.

68. *Ibíd.*, pp. 48, nota 28, 262, 289-290.

69. Los testigos fueron el hijo de José Rosales Camacho, José Carlos, y María Teresa Leal Carrillo.

70. Entrevista nuestra con José Rodríguez Contreras, Granada, 1966.

71. Entrevista nuestra con Luis Rosales Camacho, Madrid, 6 de octubre de 1978.

72. Pozo Felguera, *García Lorca, el último paseo*, pp. 327-328.

73. Molina Fajardo, *Los últimos días de García Lorca*, p. 217; Vila-

San-Juan, *García Lorca, asesinado: toda la verdad*, pp. 150-152.

74. Vila-San-Juan, *García Lorca, asesinado: toda la verdad*, p. 143.
75. Molina Fajardo, *Los últimos días de García Lorca*, pp. 44-45.
76. *Ibíd.*, p. 249.
77. *Ibíd.*, pp. 246-248.
78. Información, procedente de Luis Rosales Camacho, recogida primero por Couffon («*Le Crime a eu lieu à Grenade...*», p. 108). Me la confirmó el propio Luis Rosales. Véase también Molina Fajardo, *Los últimos días de García Lorca*, p. 46 y nota.
79. Testimonio de Vicente Lara Jiménez recogido por Molina Fajardo, *Los últimos días de García Lorca*, pp. 242-243.
80. Vila-San-Juan, *García Lorca, asesinado: toda la verdad*, p. 152; entrevista nuestra con José Rosales, grabada en cinta magnetofónica, Granada, 26 de agosto de 1978.
81. Testimonio de Luis Rosales Camacho en Molina Fajardo, *Los últimos días de García Lorca*, pp. 177, 181.
82. Conversación nuestra con Luis Rosales Camacho, grabada en cinta magnetofónica, Cercedilla (Madrid), 2 de septiembre de 1966.
83. Molina Fajardo, *Los últimos días de García Lorca*, p. 347.
84. Entrevista de Penón con Angelina Cordobilla en Padul (Granada), el 29 de mayo de 1955 (Penón, *Diario de una búsqueda lorquiana*, pp. 84-91).
85. Entrevista nuestra con Angelina Cordobilla, grabada en cinta magnetofónica, Granada, verano de 1966.
86. Declaraciones al autor de César Torres Martínez, Vigo, 15 de octubre de 1977; de Antonio Pérez Funes, Granada, 1965.
87. Ramos Espejo, «Los últimos días de Federico García Lorca», pp. 27-28.
88. Molina Fajardo, *Los últimos días de García Lorca*, p. 43.
89. Entrevista nuestra con José Rosales, grabada en cinta magnetofónica, Granada, 26 de agosto de 1978.
90. Testimonio de Francisco Abellán Gómez en Molina Fajardo, *Los últimos días de García Lorca*, p. 143.
91. «Otra vez "rinden" Granada», *Ideal*, Granada, 8 de agosto de

1936, comentario reproducido fotográficamente por Molina Fajardo, *Los últimos días de García Lorca*, p. 310; Caballero Pérez, *Las trece últimas horas en la vida de García Lorca*, p. 82; «Donativos recibidos en la Emisora de Artillería», *Ideal*, Granada, 15 de agosto de 1936, p. 7.

92. Esta información nos fue facilitada desde Granada por María Luisa Mesa Martín, sobrina de Antonio Mesa del Castillo, el 16 de enero de 1996 y ratificada por ella, igualmente por teléfono, el 11 de octubre de 2006.

93. Molina Fajardo, *Los últimos días de García Lorca*, pp. 193-194; Pozo Felguera, *Lorca, el último paseo*, pp. 326-327.

94. «Cesa en el Gobierno Civil el señor Valdés, para reintegrarse a su cargo militar», *Ideal*, Granada, 22 de abril de 1937.

95. Antonio Robles, «Por Dios y por España. José Valdés Guzmán», *Ideal*, Granada, 7 de marzo de 1939.

96. Conversaciones nuestras con Antonio Galindo Monje, hijo de Dióscoro Galindo González, Madrid, 1977-1978.

97. Documento que amablemente nos facilitó en su momento Antonio Galindo Monje.

98. Entrevista, grabada por nosotros en cinta magnetofónica, con Ricardo Rodríguez Jiménez, Granada, 28 de julio de 1980.

99. Testimonio de José María Nestares Cuéllar en Molina Fajardo, *Los últimos días de García Lorca*, p. 61.

100. Gollonet y Morales, pp. 101-102; Arrarás (ed.), p. 280.

101. Declaración al autor de Antonio Jiménez Blanco, Granada, 3 de mayo de 1985.

102. Molina Fajardo, *Los últimos días de García Lorca*, p. 266.

9. Aynadamar, «La Fuente de las Lágrimas»

1. Molina Fajardo, *Los últimos días de García Lorca*, pp. 51-52.
2. Se publica una fotografía de la placa en Federico Molina Fajardo, *García Lorca y Víznar*, p. 301.
3. Molina Fajardo, *Los últimos días de García Lorca*, p. 263.
4. García Lorca, *OC*, III, p. 79.

5. Declaraciones al autor de Antonio Mendoza de la Fuente, Granada, 1965-1966.

6. Las fechas de ejecución constan en el libro de entierros del cementerio de Granada, véase Molina Fajardo, *Los últimos días de García Lorca*, pp. 409, 415.

7. Declaraciones al autor de Manuel Castilla Blanco, Granada, 1966; más detalles en Molina Fajardo, *Los últimos días de García Lorca*, pp. 60, 66.

8. Testimonio de Antonio Mendoza de la Fuente recogido por Molina Fajardo, *Los últimos días de García Lorca*, p. 258.

9. Declaraciones al autor de Antonio Mendoza de la Fuente, Granada, 1965-1966; para Alicia Comba, véase Molina Fajardo, *Los últimos días de García Lorca*, pp. 60, 157, 159, 164; para María Luisa Alcalde González, *ibíd.*, pp. 59-60, 210, 257.

10. Conversaciones del autor con Antonio Mendoza de la Fuente, Granada, 1965-1966; Molina Fajardo, *Los últimos días de García Lorca*, pp. 54, 245, 260, 263, 286; conversaciones nuestras con William y Mercedes Davenhill, Granada, 1965-1966.

11. Testimonio del masón Antonio Mendoza de la Fuente recogido por Molina Fajardo, *Los últimos días de García Lorca*, p. 258.

12. Conversaciones nuestras con Antonio Mendoza de la Fuente, Granada, 1965-1966; testimonio del mismo en Molina Fajardo, *Los últimos días de García Lorca*, pp. 254-261.

13. Para los asesinos de La Colonia, véanse también Molina Fajardo, *Los últimos días de García Lorca*, pp. 55-56, y Caballero Pérez, *Las once últimas horas de la vida de García Lorca*, pp. 175-207.

14. Molina Fajardo, *Los últimos días de García Lorca*, p. 282.

15. Declaraciones al autor de José Jover Tripaldi, Granada, 13 de abril de 1984.

16. Penón, *Diario de una búsqueda lorquiana*, pp. 53-56.

17. Penón entrevistó repetidas veces a Jover Tripaldi en Granada y Víznar en 1955 (*Diario de una búsqueda lorquiana, passim*); Jover Tripaldi confirmó estos detalles en la conversación que tuvimos con él en Granada el 13 de abril de 1984.

18. Caballero Pérez, p. 173.

19. Véase nuestra ilustración número 49.

20. Brenan, *The Face of Spain*, p. 145.

21. Sánchez Marcos, *passim*.

22. Conversación nuestra con José Rodríguez Contreras, Granada, 1966.

23. Declaraciones al autor de Antonio Mendoza de la Fuente, Granada, 1965-1966.

24. Gibson, *La fosa de Lorca*, p. 161; Pozo Felguera, *Lorca, el último paseo*, p. 356, nota 252.

25. Molina Fajardo, *Los últimos días de García Lorca*, pp. 263, 265.

26. *Ibíd.*, p. 265, croquis reproducido en la p. 377.

27. Navarro Chueca, «En busca de la fosa de Federico García Lorca» e «Intervención arqueológica en los Llanos de Corbera, Peñón Colorado, Alfacar (Granada). Informe final (provisional)», p. 18; Rodríguez Aguilera, «Arqueología y la fosa de Lorca».

28. Pozo, «Habilitan un redil para el ganado en una zona donde puede estar la fosa de Lorca»; para una reflexión crítica acerca de las «coordenadas» de Pozo, véase Gibson, *La fosa de Lorca*, pp. 207-210.

29. Pozo, «Y cuando el arqueólogo despertó... el cadáver de Lorca todavía estaba allí».

30. Ha abundado en la hipótesis de El Caracolar como lugar de enterramiento del poeta Francisco González Arroyo, de la Universidad de Granada. Véase Gibson, *La fosa de Lorca: crónica de un despropósito*, pp. 32-33, 63, 98-99, 211, 214.

31. Gibson, *La fosa de Lorca: crónica de un despropósito*, pp. 19-22.

32. Penón, *Diario de una búsqueda lorquiana*, pp. 172-173.

33. *Ibíd.*

34. Molina Fajardo, *Los últimos días de García Lorca*, p. 270.

35. Caballero Pérez, *Las últimas trece horas de la vida de García Lorca*, pp. 35, 180-189.

36. *Ibíd.*, pp. 175-207.

37. Detalles que nos proporcionó amablemente, el 7 de noviembre de 1984, por teléfono, la hija de Navarro Pardo, la señora de Benito Jaramillo. Según ella, su padre dejó escrita una descripción, todavía hoy por desgracia inédita, de la muerte del poeta.

38. Conversación nuestra con José Rodríguez Contreras, Granada, 1966.

39. Vega Díaz, «Muerto cayó Federico...».

40. Declaraciones al autor de Manuel Castilla Blanco, Granada-Víznar-Alfacar, 1966-1967.

41. Declaraciones de Manuel Castilla Blanco, grabadas por nosotros en cinta magnetofónica, Alfacar, 24 de agosto de 1978.

42. Documento reproducido en Molina Fajardo, *Los últimos días de García Lorca*, pp. 378-379.

43. Documento reproducido en Molina Fajardo, *Los últimos días de García Lorca*, pp. 380-382. La referencia a Castilla, p. 380. Entrevistas nuestras con Antonio Mendoza de la Fuente, Granada, 1966-1967.

44. Detalles en Gibson, *La fosa de Lorca*, pp. 45-52.

45. *Ibíd., passim;* Carrión Méndez, *Informe preliminar N.º 2 de las excavaciones arqueológicas de las fosas de Alfacar (Granada).*

46. Información del periodista de *Ideal* Quico Chirino, que me transmitió en su momento mi amigo Víctor Fernández (conversación telefónica con este último, 28 de noviembre de 2016).

47. Federico Molina Fajardo, *García Lorca y Víznar*, pp. 219-220.

48. Fernández, «Los huesos de Lorca junto a la fuente fría».

49. Gibson, *La fosa de Lorca*, p. 137.

50. Navagero, p. 50.

51. Respuesta del Real Observatorio de Greenwich a nuestra consulta, 19 de octubre de 1986.

52. García Lorca, *OC*, I, p. 158.

53. «Sueño» fue incluido en *Libro de poemas* (1921), *OC*, I, p. 110.

54. *OC*, I, p. 108.

55. Dámaso Alonso, *Oscura Noticia y Hombre de Dios*, Madrid, Austral, 1959, p. 64.

56. Relato de lo ocurrido que amablemente nos facilitó en su momento Antonio Galindo Monje.

57. Entrevista nuestra con Ángel Saldaña, Madrid, 27 de mayo de 1966.

58. Molina Fajardo, *Los últimos días de García Lorca*, p. 93.

59. El testimonio de Gabriel Morcillo fue recogido por el médico y escritor granadino Manuel Orozco, quien nos lo transmitió en 1967.

60. Titos Martínez, p. 122.

61. *Ibíd.*, p. 117.
62. Sorel, p. 122.
63. Entrevista nuestra con Rafael Rodríguez Contreras, Granada, 1967.
64. Gibson, *Vida, pasión y muerte de Federico García Lorca*, p. 80.
65. Entrevista nuestra con Miguel Cerón Rubio, Granada, 1967.
66. Caballero Pérez, *Las últimas trece horas en la vida de García Lorca*, pp.105-112.
67. Penón, *Diario de una búsqueda lorquiana*, pp. 98-99; Penón, *Miedo, olvido y fantasía* (2001), p. 264.
68. Laffranque, «Lorca, treinta años después. 1936-1966»; testimonio de Luis Jiménez Pérez recogido por Molina Fajardo, *Los últimos días de García Lorca*, p. 95.
69. Testimonio de Isabel Roldán García, grabado por nosotros en cinta magnetofónica, Chinchón (Madrid), 22 de septiembre de 1978.
70. Mora Guarnido, pp. 199-201.
71. Testimonio de Isabel Roldán García, grabado por nosotros en cinta magnetofónica, Chinchón (Madrid), 22 de septiembre de 1978.
72. Entrevista nuestra con Angelina Cordobilla González, grabada en cinta magnetofónica, Granada, verano de 1966.
73. Testimonio de Carlos Jiménez Vílchez recogido por Molina Fajardo, *Los últimos días de García Lorca*, p. 232. Para su fusilamiento, *ibíd.*, p. 283.
74. Testimonio de Francisco Murillo Gámiz en Molina Fajardo, *Los últimos días de García Lorca*, pp. 173-174.
75. Eulalia-Dolores de la Higuera, «Habla el chófer de García Lorca».
76. Testimonio de José María Nestares Cuéllar en Molina Fajardo, *Los últimos días de García Lorca*, p. 266.
77. Entrevista nuestra con Manuel Marín Forero, Madrid, 26 de septiembre de 1978.
78. Documentación en Molina Fajardo, *Los últimos días de García Lorca*, pp. 394-401.
79. Copia mecanografiada del documento en Penón, *Miedo, olvido y fantasía* (2001), p. 410.
80. Creemos que el primero en reproducir fotográficamente una

copia de la Certificación Literal del Acta de Defunción del poeta fue el italiano Enzo Cobelli, en su libro *García Lorca*, Mantua, Editrice La Gonzaghiana, 1959. La volvimos a reproducir, con el permiso del autor, en nuestro libro *La represión nacionalista de Granada en 1936 y la muerte de Federico García Lorca* (1971), desde donde se copiaría infinidad de veces.

10. Secuelas inmediatas. Prensa y propaganda

1. *El Correo de Sevilla*, 19 de agosto de 1936, p. 7.
2. *Ideal*, Granada, 21 de agosto de 1936, p. 2.
3. Testimonio de Luis Rosales Camacho, grabado por nosotros en cinta magnetofónica, Cercedilla (Madrid), 2 de septiembre de 1966.
4. *Ideal*, Granada, 19 de agosto de 1936, p. 6.
5. *Ibíd.*, 20 de agosto de 1936, p.4.
6. Auclair (1968), pp. 442-443.
7. «El presidente de la FUE de Granada confirma el fusilamiento de García Lorca», *Claridad*, Madrid, 2 de octubre de 1936, p. 2.
8. Entrevista nuestra con Cecilio Cirre, Granada, 1966.
9. Declaraciones de Ramón Ruiz Alonso grabadas por nosotros en cinta magnetofónica, Madrid, 20 de marzo de 1967.
10. *Ideal*, Granada, 20 de agosto de 1936, p. 8.
11. *Ibíd.*, 19 de agosto de 1936, p. 10, col. 2.
12. *ABC*, Sevilla, 9 de diciembre de 1936, p. 11.
13. Pozo Felguera, *Lorca, el último paseo*, pp. 15-16.
14. Testimonio de José Rosales Camacho, grabado por nosotros en cinta magnetofónica, Granada, 26 de agosto de 1978.
15. Entrevista nuestra con Manuel Torres López, Granada, 28 de julio de 1966.
16. Se reproduce la carta de Fernández Almagro en nuestro libro *El hombre que delató a García Lorca*, pp. 303-308.
17. Un fragmento de la carta —de la cual se conserva una copia en la Casa de los Tiros de Granada— fue reproducido en el catálogo de la exposición *Federico García Lorca y Granada* (Grana-

da, 1998), p. 272. El documento completo ha sido publicado por Víctor Fernández en *La Razón*, Barcelona (ver bibliografía). Le agradezco a este amigo una fotocopia del mismo.

18. Declaraciones de Ramón Ruiz Alonso al autor, Madrid, 1966.

19. Molina Fajardo, *Los últimos días de García Lorca*, p. 196.

20. Ridruejo, *Casi unas memorias*, pp. 133-134.

21. «La estancia de Ruiz Alonso en Santiago», *Faro de Vigo*, 20 de abril de 1937, p. 2.

22. Gibson, *El hombre que delató a García Lorca*, pp. 206-215.

23. *El Diario de Albacete*, 30 de agosto de 1936, p. 1.

24. «Una noticia increíble», *La Voz*, Madrid, 1 de septiembre de 1936, p. 3.

25. Morla Lynch (1958), p. 496.

26. *El Liberal*, Madrid, 2 de septiembre de 1936, p. 3.

27. Gil de Escarlata, «En el frente de Guadix. Se confirma la muerte del gran poeta Federico García Lorca, a manos de los fascistas», *El Liberal*, Murcia, 5 de septiembre de 1936, p. 3.

28. *Heraldo de Madrid*, 8 de septiembre de 1936, p. 5.

29. Por ejemplo, *La Voz*, Madrid, 8 de septiembre de 1936, p. 1 («La barbarie. Se ha confirmado la ejecución del gran poeta García Lorca»); *El Liberal*, Madrid, 9 de septiembre de 1936, p. 1 («Vuelve a asegurarse que el gran poeta García Lorca fue asesinado por los traidores»).

30. *El Sol*, Madrid, 9 de septiembre de 1936, p.1.

31. «Sobre el monstruoso asesinato de Federico García Lorca. ¡Qué infamia!», *El Liberal*, Madrid, 11 de septiembre de 1936, p. 3.

32. *El Liberal*, Madrid, 12 de septiembre de 1936, p. 6; 13 de septiembre de 1936, p. 5.

33. *Ibíd.*, 10 de septiembre de 1936, p. 3.

34. *El Sindicalista*, Madrid, 19 de septiembre de 1936, p. 1; reproducido en *El Liberal*, Madrid, 20 de septiembre de 1936, p. 5.

35. *La Provincia*, Huelva, 10 de septiembre de 1936, p. 2.

36. *Odiel*, Huelva, 10 de septiembre de 1936, p. 1.

37. Rivas Cherif, «Poesía y drama del gran Federico. La muerte y la pasión de García Lorca», 13 de enero de 1957.

38. *El Diario de Huelva*, 19 de septiembre de 1936, p. 10.

39. *La Provincia*, Huelva, 19 de septiembre de 1936, p. 2.

40. *Diario de Burgos*, 19 de septiembre de 1936.

41. *El Castellano*, Burgos, 19 de septiembre de 1936.

42. «Crimen consumado. Desgraciadamente, se confirma el asesi-nato de García Lorca», *La Libertad*, Madrid, p. 3, col. 7.

43. Ayllón, p. 378.

44. *El Liberal*, Madrid, 29 de septiembre de 1936, p. 2.

45. *Ibíd.*, 10 de septiembre de 1936, p 3; *Heraldo de Madrid*, mis-mo día, p. 6.

46. *ABC*, Sevilla, 27 de septiembre de 1936, p. 4.

47. «Un importante documento sobre la insurrección. El Colegio de Abogados de Madrid expone los casos de barbarie fascista que se han registrado en las poblaciones ocupadas por los fas-cistas», *Heraldo de Madrid*, 30 de septiembre de 1936, p. 5. El documento fue publicado también, el 2 de octubre, en *Solida-ridad Obrera*, Madrid. Lo reproduce de allí, fotográficamen-te, Vila-San-Juan, *García Lorca, asesinado: toda la verdad*, pp. [214-215].

48. *Claridad*, Madrid, 2 de octubre de 1936, p. 2.

49. «Un llamamiento a los patriotas granadinos», *Heraldo de Ma-drid*, 30 de septiembre de 1936, p. 4.

50. *El Sol*, Madrid, 14 de octubre de 1936, p. 1.

51. *Ibíd.*, 15 de octubre de 1936, p. 4.

52. Víctor Fernández, «Luis Hurtado. La pasión oculta de Lorca».

53. Lo reproduce fotográficamente Molina Fajardo, *Los últimos días de García Lorca*, frente a la p. 273.

54. Molina Fajardo, *ibíd.*, pp. 385-386, documento 65, reproduce el interesante comunicado al respecto del artículo de Hurtado Álvarez que el gobernador militar de Granada acaba de recibir del juez instructor del Juzgado Militar de Antequera, pidiendo información sobre la muerte del poeta. Lo trasladó al Gobier-no Civil alegando que en la Comandancia Militar «no hay an-tecedentes del citado poeta»; véanse también las declaraciones sobre el asunto a Molina Fajardo, en 1976, del hijo de Valdés, Francisco Valdés Escobar (*ibíd.*, p. 134).

55. S.B. [Antonio Sánchez-Barbudo], «La muerte de García Lorca comentada por sus asesinos», *Hora de España*, Valencia, núm. 5 (mayo de 1937), pp. 71-72.

56. Vidal Corella, «El crimen fue en Granada».

57. Por ejemplo, *ABC*, Madrid, 17 de septiembre de 1937, p. 7 («Un testigo personal relata cómo asesinaron los facciosos al inmortal García Lorca»); *Claridad*, Madrid, 17 de septiembre de 1936, p. 4 («El asesinato de García Lorca. "Allí quedó el poeta insepulto, frente a Granada." Relato de un testigo presencial»).

58. Sáenz, «Consideraciones sobre civilización occidental a propósito de Federico García Lorca», *Repertorio Americano*, San José de Costa Rica, 18 de diciembre de 1937.

59. J. Rubia Barcia, «Cómo murió García Lorca», *Nuestra España*, La Habana, núm. 2 (1939), pp. 67-72; *España Libre*, Brooklyn, 1 de marzo de 1940, p. 1.

60. En el Apéndice C de nuestro libro *La represión nacionalista de Granada en 1936 y la muerte de Federico García Lorca* reprodujimos y analizamos ambos reportajes.

61. Ricardo Sáenz Hayes, «Para *La Prensa* hizo el general Franco importantes declaraciones», *La Prensa*, México, 26 de noviembre de 1937.

62. Molina Fajardo reproduce el apartado del texto relativo a Lorca en *Los últimos días de García Lorca*, p. 386.

63. Francisco Franco, *Palabras del Caudillo*, pp. 439-441.

64. Brenan, *The Face of Spain*, p. 137.

65. Chávez Camacho, «La verdad sobre España. Ramón Serrano Suñer, el hombre más discutido de España».

66. «Sobre la muerte del poeta García Lorca. Aclaración del ex ministro español de Asuntos Exteriores, señor Serrano Suñer», *El Universal Gráfico*, México, 3 de mayo de 1948, pp. 1 y 14.

67. Pemán, «García Lorca».

68. Brenan, *«La Vérité sur la mort de Lorca»*.

69. Salgado-Araujo, p. 78.

70. Conversación nuestra con Ramón Ruiz Alonso, Madrid, 1967.

71. Vázquez Ocaña, p. 381.

72. *Ibíd.*

73. García Serrano, *Bailando hasta la Cruz del Sur*, pp. 330-331.

74. García Serrano, «Nota para Madame Auclair».

75. Vila-San-Juan, *García Lorca, asesinado: toda la verdad*, p. 32.

76. *La Estafeta Literaria*, Madrid, núm. 314 (27 de marzo de 1956), p. 36.

77. *Crónica de la guerra española. No apta para irreconciliables*, Buenos Aires, Editorial Codex, número 10, octubre de 1966.

78. *Ibíd.*, p. 227.

79. *ABC*, Madrid, 6 de noviembre de 1966, p. 2.

80. Entrevistas nuestras con Ramón Ruiz Alonso, grabadas en magnetófono, Madrid, marzo de 1967; Molina Fajardo, *Los últimos días de García Lorca*, p. 191; Pozo Felguera, *Lorca, el último paseo*, p. 324.

81. Apostúa, «Jornada española», *Ya*, Madrid, 24 de marzo de 1972, p. 5.

82. Gibello, «García Lorca y Luis Apostúa».

83. «¿Qué pretenden?», *Arriba*, Madrid, 25 de marzo de 1972, p. 3.

84. Apostúa, «Jornada española», *Ya*, Madrid, 25 de marzo de 1972, p. 5.

85. «Esto pretendemos», *Ya*, Madrid, 26 de marzo de 1972.

86. Gibello, «La verdad ocultada», *El Alcázar*, Madrid, 27 de marzo de 1972, p. 3.

87. Emilio Romero, «La guinda», *Pueblo*, Madrid, 27 de marzo de 1972.

88. *ABC*, Madrid, 29 de marzo de 1972, p. 41.

89. Manolo Alcalá, «Luis Rosales recuerda los últimos días de Federico García Lorca», *Informaciones*, Madrid, 17 de agosto de 1972, pp. 12-13.

90. Tico Medina, «Introducción a la muerte de Federico García Lorca», *Los domingos de ABC*, Madrid, 20 de agosto de 1972, pp. 19-21.

91. Gibson, *El hombre que delató a García Lorca*, pp. 259-260, 166.

92. Fernández, «El hombre que se llevó a la tumba el secreto de Lorca», p. 70.

93. Pozo Felguera, *Lorca, el último paseo*, p. 332.

Epílogo

1. Fernando Magán, «García Lorca y la Ley de la Memoria Histórica», *Ideal*, Granada, 20 de agosto de 2008.
2. Cristina Vázquez, «El PSOE propone anular las sentencias del franquismo», *El País*, Madrid, 5 de diciembre 2017, p. 24.
3. Carmen López, «El silencio que tapa la verdad», *Amnistía Internacional*, Madrid, núm. 136 (invierno 2017), pp. 20-21.
4. María Alba, «El último misterio sobre García Lorca», *Tiempo*, Madrid, 28 de noviembre de 2008; Guijarro, p. 332.
5. Pozo Felguera, «La tumba de Lorca, según los falangistas».
6. Citamos de Guijarro, p. 320; véase también Pozo Felguera, «Y cuando el arqueólogo despertó...».
7. Pozo Felguera, «La tumba de Lorca, según los falangistas».
8. Penón (2001), pp. 447-448.
9. Pozo Felguera, «Habilitan un redil para el ganado en una zona donde puede estar la fosa de Lorca».
10. A. Mansilla, «Un jardinero halla un cráneo en una urbanización de Alfacar», *Ideal*, Granada, 16 de enero de 2014, p. 6.
11. Osorio, *El enigma de una muerte*, p. 176.
12. *Ibíd.*, p. 184.
13. Del Hoyo, «Un poeta reunido», *ABC*, Madrid, 17 de agosto de 1986, p. 45.
14. Franco Salgado-Araujo, p. 78.
15. Del Hoyo, «Un poeta reunido», *ABC*, Madrid, 17 de agosto de 1986, p. 45.
16. *Ibíd.*
17. Pozo Felguera, «Orson Welles y Charlton Heston planearon una película sobre Lorca».
18. Conversaciones nuestras con Miguel Rosales Camacho, Granada, 1965-1966.
19. Comunicación telefónica de la escritora granadina Antonina Rodrigo, 13 de septiembre de 2008.
20. Ministerio de Cultura, Archivo Histórico Nacional, Sección de Federico García Lorca, signatura 3309.
21. *Ibíd.*
22. *Ibíd.*

23. «PSOE pide al Gobierno de Rajoy "un nuevo impulso" a la Ley de Memoria siguiendo la línea de Andalucía», *Europa Press*, Madrid, 22 de agosto de 2017.
24. Fernández-Montesinos, *Lo que en nosotros vive*, p. 15.

BIBLIOGRAFÍA

1. **Referencias en la prensa española y extranjera al cerco republicano a Granada, la represión fascista de la ciudad y el asesinato de Lorca, ordenadas cronológicamente, 1936-1940.**

«Cinco mil kilos de bombas sobre Granada», *Claridad*, Madrid, 11 de agosto de 1936, pp. 1, 5.

Davidson, D. A. y Robert Neville, «Granada's Ordeal Under White Terror», *Chicago Daily Tribune*, 17 de agosto de 1936, p. 2.

Allen, Jay, «White Terror Grips Granada; Draw Lots to Name Victims», *Chicago Daily Tribune*, 18 de agosto de 1936, p. 2.

Neville, Robert, «Mass Executions and Air Raids in Spain Related in Neville Diary. Granada Incidents of Civil War Are Described by Herald Tribune Bridge Editor; Victims of Firing Squad Hauled Alive to Cemetery», *New York Herald Tribune*, 30 de agosto de 1936, pp. 1 y 6.

«¿Ha sido asesinado García Lorca?», *El Diario de Albacete*, 30 de agosto de 1936, p. 1.

«Por orden de Cascajo. Se dice que García Lorca ha sido asesinado en Córdoba», *Informaciones*, Madrid, 31 de agosto de 1936, p. 6.

«¿Han asesinado a García Lorca?», *ABC*, Madrid, 1 de septiembre de 1936, p. 16.

«Una noticia increíble. Federico García Lorca», *La Voz*, Madrid, 1 de septiembre de 1936, p. 2.

«¿Ha sido fusilado el gran poeta García Lorca?», *Heraldo de Madrid*, 1 de septiembre de 1936, p. 3.

«¿Pero será posible? ¿Federico García Lorca, el inmenso poeta, asesinado por los facciosos?», *El Liberal*, Madrid, 2 de septiembre de 1936, p. 3.

«Llegan a Iznalloz muchos evadidos de Granada y pueblos en que los traidores fusilan a mujeres y niños», *La Voz*, Madrid, 2 de septiembre de 1936, p. 4.

«Mientras se estrecha el cerco sobre Granada», *ABC*, Madrid, 3 de septiembre de 1936, p. 7.

«Los fascistas han fusilado a Federico García Lorca», *Solidaridad Obrera*, Barcelona, 5 de septiembre de 1936, p. 2.

Escarlata, Gil de, «En el frente de Guadix. Se confirma la muerte del gran poeta Federico García Lorca, a manos de los fascistas», *El Liberal*, Murcia, 5 de septiembre de 1936, p. 3.

Gil Belmonte, L., «En el frente de Guadix. Un amigo del conocido socialista granadino señor Fernández-Montesinos, asesinado vilmente por los traidores, afirma que también han dado muerte los facciosos al gran poeta de fama universal Federico García Lorca», *Heraldo de Madrid*, 8 de septiembre de 1936, p. 5.

Rivera, Carlos, «Tres golpes de sangre tuvo... García Lorca», *Informaciones*, Madrid, 8 de septiembre de 1936, p. 3.

«Se confirma el asesinato de Federico García Lorca», *El Sindicalista*, Madrid, 8 de septiembre de 1936, p. 4.

«Se confirma el asesinato de Federico García Lorca», *ABC*, Madrid, 8 de septiembre de 1936, p. 9.

«La barbarie. Se ha confirmado la ejecución del gran poeta García Lorca», *La Voz*, Madrid, 8 de septiembre de 1936, p. 1.

«La barbarie fascista. Federico García Lorca, el más genial poeta de nuestro tiempo, ha sido asesinado en Granada. Según noticia publicada en la Prensa de anoche, parece confirmarse el asesinato de Federico García Lorca», *La Libertad*, Madrid, 9 de septiembre de 1936, p. 6.

«Ante el próximo avance sobre Granada», *ABC*, Madrid, 9 de septiembre de 1936, p. 12.

«Sobre el supuesto asesinato de Federico García Lorca», *El Sol*, Madrid, 9 de septiembre de 1936, p. 1.

«Se confirma el asesinato de García Lorca por los fascistas», *La Batalla*, Barcelona, 9 de septiembre de 1936, p. 5.

«Suma de la barbarie. El sacrificio, por los pretorianos, de un poeta del pueblo», *El Socialista*, Madrid, 9 de septiembre de 1936, p. 1.

«La ejecutoria de los bárbaros. Al asesinar a García Lorca pretendían matar al pensamiento», *Mundo Obrero*, Madrid, 9 de septiembre de 1936, p. 1.

«Vuelve a asegurarse que el gran poeta García Lorca fue asesinado por los traidores», *El Liberal*, Madrid, 9 de septiembre de 1936, p. 1.

«¿Ha sido fusilado por los traidores el gran poeta popular Federico García Lorca?», *Milicia Popular*, Madrid, 9 de septiembre de 1936, p. 3.

«El vil asesinato de García Lorca. Se confirma el monstruoso crimen», *El Liberal*, Madrid, 10 de septiembre de 1936, p. 3.

«Se ha confirmado que los generales analfabetos han asesinado al gran poeta García Lorca», *La Batalla*, Barcelona, 10 de septiembre de 1936, p. 8.

«Sobre el asesinato de García Lorca», *ABC*, Madrid, 10 de septiembre de 1936, p. 9.

«La Barraca y el asesinato de García Lorca», *ibíd.*, p. 14.

«Duelo por la muerte de Federico García Lorca. Una nota de la "Barraca"», *La Voz*, Madrid, 10 de septiembre de 1936, p. 3.

«Ante la noticia del asesinato de García Lorca. Un comunicado de la Asociación de Amigos de la Unión Soviética», *Heraldo de Madrid*, 10 de septiembre de 1936, p. 6.

«Emisoras intervenidas por los rojos», *La Provincia*, Huelva, 10 de septiembre de 1936, p. 2.

«Ya se matan entre ellos. ¿Ha sido asesinado Federico García Lorca?», *Odiel*, Huelva, 10 de septiembre de 1936, p. 1.

Luis de Tapìa, «Coplas del día. ¿Fusilado?...», *La Libertad*, Madrid, 10 de septiembre de 1936, p. 1.

«Teatro Universitario La Barraca», *ibíd.*, p. 2. [Protesta por el asesinato del poeta firmada, en representación de los actores de la farándula estudiantil, por María del Carmen García Lasgoity.]

«Protesta por el asesinato de García Lorca. Asociación de Amigos de la Unión Soviética», *ibíd.*, p. 3.

Rodríguez Espinosa, Antonio, «Sobre el monstruoso asesinato de Federico García Lorca. ¡Qué infamia!», *El Liberal*, Madrid, 11 de septiembre de 1936, p. 3.

Vidal, Antonio, «Desde Guadix, Cuartel General del frente de Granada. Los fascistas emplean en Granada procedimientos criminales...», *Solidaridad Obrera*, Barcelona, 11 de septiembre de 1936, p. 2.

Endériz, Ezequiel, «La máscara y el rostro. Hay que identificar los cadáveres "ilustres"», *Solidaridad Obrera*, Barcelona, 11 de septiembre de 1936, p. 2.

«Ante la muerte de García Lorca. Los Amigos de la Unión Soviética y La Barraca condenan el vil asesinato del gran poeta», *El Sol*, Madrid, 11 de septiembre de 1936, p. 2.

«A propósito de una ofensa a la memoria de García Lorca» [se refiere al artículo precedente], *La Batalla*, Barcelona, 12 de septiembre de 1936, p. 6.

Referencia a la muerte del poeta en *The Times*, Londres, 12 de septiembre de 1936, p. 11, col. 1.

«La protesta de los autores por el asesinato de García Lorca», *El Liberal*, Madrid, 12 de septiembre de 1936, p. 6.

«Los autores y compositores españoles ante el asesinato de García Lorca», *La Libertad*, Madrid, 12 de septiembre de 1936, p. 4.

«Dolor por la muerte de García Lorca», *ABC*, Madrid, 13 de septiembre de 1936, p. 11.

«El festival de homenaje a García Lorca», *La Batalla*, Barcelona, 13 de septiembre de 1936, p. 6.

Entrevista con el ministro de Instrucción Pública, Jesús Hernández Tomás, en el curso de la cual expresa su dolor por el asesinato del poeta, *El Sol*, Madrid, 13 de septiembre de 1936, p. 3 («La muerte de García Lorca»); palabras reproducidas el mismo día en *La Libertad*, Madrid, p. 4.

«Condenación de los autores españoles por el asesinato de García Lorca», *El Liberal*, Madrid, 13 de septiembre de 1936, p. 5.

«El bárbaro asesinato de García Lorca. Se formará una Milicia de escritores y artistas que asistirá a la toma de Granada para rescatar su cadáver. Numerosos testimonios de protesta», *Hoja Oficial del Lunes*, Madrid, 13 de septiembre de 1936, p. 2.

Referencia a la muerte del poeta en *The Times*, Londres, 14 de septiembre de 1936, p. 12, col. 4.

«Puerto Rico y su protesta por la muerte de García Lorca», *ABC*, Madrid, 15 de septiembre de 1936, p. 14.

«Los autores españoles protestan ante el mundo contra el asesinato de García Lorca», *El Sol*, Madrid, 15 de septiembre de 1936, p. 3.

Castrovido, Roberto, «El poeta de Mariana Pineda», *El Liberal*, Madrid, 16 de septiembre de 1936, p. 4.

Ferragut, Juan, «El fusilamiento de un gran poeta del pueblo. Federico García Lorca», *Mundo Obrero*, Madrid, 16 de septiembre de 1936, p. 11.

«¡Criminales! En Granada, por cada bomba que arrojan nuestros aviones, son fusilados diez hombres de izquierda», *Solidaridad Obrera*, Barcelona, 16 de septiembre de 1936, p. 15.

«Romancero de la Guerra Civil. A Federico García Lorca», *El Mono Azul*, Madrid, núm. 4 (17 de septiembre de 1936), p. 4. [La revista de la Alianza de Intelectuales Antifascistas, dirigida por Rafael Alberti y María Teresa León, se resistía todavía a aceptar que hubiera sido asesinado el poeta, pero el conmovedor romance de Emilio Prados, «Llegada», dedicado a Lorca, resultaría ser quizá la primera elegía inspirada por el trágico suceso.]

«En Barcelona ha sido fusilado el poeta Federico García Lorca», *El Diario de Huelva*, 19 de septiembre de 1936, p. 10.

«García Lorca ha sido fusilado», *Diario de Burgos*, 19 de septiembre de 1936.

«En Barcelona. Federico García Lorca, fusilado. Otros fusilamientos», *La Provincia*, Huelva, 19 de septiembre de 1936, p. 2.

«Nuestro homenaje a García Lorca», *¡Ayuda!*, Madrid, 19 de septiembre de 1936, p. 1.

«Jacinto Benavente hace constar su protesta por el asesinato de García Lorca», *El Sindicalista*, Madrid, 19 de septiembre de 1936, p. 1.

«Jacinto Benavente hace constar su protesta por el asesinato de García Lorca», *El Liberal*, Madrid, 20 de septiembre de 1936, p. 5.

«El poeta García Lorca fusilado con los obreros», *El Castellano*, Burgos, 21 de septiembre de 1936.

«Rivas Cherif tiene la impresión de que no ha muerto García Lorca», *Heraldo de Madrid*, 21 de septiembre de 1936, p. 5.

«Los facciosos han fusilado a los masones de Granada después de hacerles cavar sus tumbas», *La Voz*, Madrid, 22 de septiembre de 1936, p. 2.

«En Granada han sido fusilados todos los masones», *ABC*, Madrid, 23 de septiembre de 1936, p. 9.

Referencia a la muerte del poeta en *The Times*, Londres, 23 de septiembre de 1936, p. 12, col. 5.

«Crimen consumado. Desgraciadamente, se confirma el asesinato de García Lorca», *La Libertad*, Madrid, 23 de septiembre de 1936, p. 3.

«La traición a Federico García Lorca. Fue delatado por la criada de la casa donde se refugiaba», *El Liberal*, Murcia, 25 de septiembre de 1936, p. 4.

Villa, Antonio de la, «Un evadido de Granada cuenta el fusilamiento de García Lorca», *Estampa*, Madrid, 26 de septiembre de 1936.

Sánchez del Arco, M., «Detención del duque de Canalejas. Benavente. García Lorca», *ABC*, Sevilla, 27 de septiembre de 1936, p. 4.

«Honremos la memoria de Federico García Lorca», *Hoja Oficial del Lunes*, Madrid, 27 de septiembre de 1936, p. 6.

«La Alianza de Intelectuales celebra un gran acto de afirmación cultural antifascista. José Bergamín no cree en la muerte de García Lorca, pero sí en el fusilamiento de Unamuno», *Heraldo de Madrid*, 28 de septiembre de 1936, p. 5.

«El fusilamiento del poeta García Lorca», *El Día*, Alicante, 29 de septiembre de 1936, p. 4.

Castrovido, Roberto, «Dulce esperanza: ¿Vive el poeta García Lorca?», *El Liberal*, Madrid, 29 de septiembre de 1936, pp. 1 y 2.

«Los grandes crímenes del fascismo en Granada. En Granada son asesinados catedráticos, médicos, abogados y centenares de trabajadores, sin formación de causa. Interesante relato de dos testigos presenciales huidos hace pocos días de la capital», *Solidaridad Obrera*, Barcelona, 29 de septiembre de 1936, p. 4.

«Un importante documento sobre la insurrección. El Colegio de Abogados de Madrid expone los casos de barbarie fascista que se han registrado en las poblaciones ocupadas por los facciosos», *Heraldo de Madrid*, 30 de septiembre de 1936, p. 5.

«Un llamamiento a los patriotas granadinos» [para la formación del batallón Mariana Pineda], *Heraldo de Madrid*, 30 de septiembre de 1936, p. 4.

«Detalles del asesinato de García Lorca. La odisea de un evadido de Granada», *ABC*, Madrid, 1 de octubre de 1936, p. 9.

«La barbarie fascista. Un evadido de Granada confirma el fusilamiento del poeta García Lorca», *La Libertad*, Madrid, 2 de octubre de 1936, p. 2.

«Nuevos detalles del fusilamiento de García Lorca», *El Sol*, Madrid, 2 de octubre de 1936, p. 3.

«El presidente de la FUE de Granada confirma el fusilamiento de García Lorca», *Claridad*, Madrid, 2 de octubre de 1936, p. 2.

«Un evadido de Granada confirma el asesinato por los fascistas del gran poeta García Lorca», *Heraldo de Madrid*, 2 de octubre de 1936, p. 3.

«Un grupo escolar llevará el nombre de García Lorca», *ABC*, Madrid, 3 de octubre de 1936, p. 12.

«La subversión de Granada. El relato de un evadido de la capital andaluza confirma el asesinato de Federico García Lorca», *Hoja Oficial del Lunes*, Madrid, 4 de octubre de 1936, p. 6.

«El batallón Mariana Pineda hace un llamamiento a los patriotas granadinos», *Hoja Oficial del Lunes*, Madrid, 4 de octubre de 1936, p. 6.

Referencia a la muerte del poeta en *The Times*, Londres, 5 de octubre de 1936, p. 11, col. 4.

«Un mitin del Socorro Rojo Internacional» [Isidoro Acevedo, del SRI, se refiere a la muerte de Lorca], *Heraldo de Madrid*, 5 de octubre de 1936, p. 2.

«Después del crimen. Wells pregunta por García Lorca, y el gobernador militar rebelde de Granada contesta que ignora su paradero», *La Libertad*, Madrid, 14 de octubre de 1936, p. 1.

«Una gestión de Wells. El gobernador faccioso de Granada dice que ignora el paradero de García Lorca», *El Sol*, Madrid, 14 de octubre de 1936, p. 1.

«Granada bajo el terror. Los sicarios fascistas han perpetrado más de cinco mil asesinatos. Las mujeres, víctimas preferidas de sus ensañamientos», *Claridad*, Madrid, 14 de octubre de 1936, p. 4.

«La muerte de Federico García Lorca. El insigne Wells pide noticias de nuestro gran poeta nacional», *La Libertad*, Madrid, 15 de octubre de 1936, p. 6.

«Ante el asesinato del gran poeta español Federico García Lorca», *El Sol*, Madrid, 15 de octubre de 1936, p. 4.

Machado, Antonio, «El crimen fue en Granada: a Federico García Lorca», *¡Ayuda!*, Madrid, 17 de octubre de 1936, p. 3. La elegía se reprodujo enseguida en muchos periódicos y revistas de la zona republicana.

Trend, J. B. [«Federico García Lorca»], carta sobre la muerte del poeta, *Times Literary Supplement*, Londres, 17 de octubre de 1936, p. 839.

«El terror blanco. Los fascistas granadinos ejecutan a numerosos niños», *Heraldo de Madrid*, 25 de octubre de 1936, p. 4.

«El terror fascista. En Granada han sido fusiladas muchas personas», *La Libertad*, Madrid, 26 de octubre de 1936, p. 2.

«Un grupo de intelectuales argentinos protesta por el asesinato de García Lorca en Granada», *Heraldo de Madrid*, 30 de octubre de 1936, p. 4.

Torres Rioseco, A., «El asesinato de García Lorca», *Repertorio Americano*, San José de Costa Rica, 7 de noviembre de 1936, pp. 268-269.

«En los frentes de Andalucía. Más de mil cuatrocientos antifascistas fusilados en Granada», *ABC*, Madrid, 10 de noviembre de 1936, p. 10.

«En la Granada infernal de los fascistas. Ochenta y noventa fusilamientos diarios, martirios, envenenamientos, violaciones... Allí se ha dado cita toda la crueldad de una guerra emprendida contra un pueblo», *Claridad*, Madrid, 10 de noviembre de 1936, p. 7.

«Nuevo acto de cruel salvajismo en Granada», *ABC*, Madrid, 19 de diciembre de 1936, p. 4.

Hurtado Álvarez, Luis, «A la España Imperial le han asesinado su mejor poeta», *Unidad*, San Sebastián, 11 de marzo de 1937, p. 1; *Antorcha*, Antequera, 28 de marzo de 1937, p. 4; *La Falange*, Segovia, 2 de abril de 1937; *Arriba España*, Pamplona [titulado «Duelo por Federico García Lorca»], 2 de abril de 1937.

Machado, Antonio, «Carta a David Vigodsky», *Hora de España*, Valencia, núm. 4 (abril de 1937), pp. 5-10.

Merry del Val, The Marquis de, «Spain: Six of One and Half a Dozen of the Other», *The Nineteenth Century*, Londres, mayo de 1937, pp. 355-371.

Quintanar, Marqués de, «Los inocentes poetas», *ABC*, Sevilla, 27 de mayo de 1937, pp. 3-4.

S. B. [Antonio Sánchez Barbudo], «La muerte de García Lorca

comentada por sus asesinos», *Hora de España*, Valencia, núm. 5 (mayo de 1937), pp. 71-72. Una crítica del artículo de Hurtado Álvarez, véase arriba.

Ríos, Fernando de los, referencia a la muerte del poeta en una conferencia reproducida por *Hora de España*, Valencia, núm. 8 (agosto de 1937), pp. 25-29.

El Bachiller Alcañices, «ABC en Chile. Puerta Cerrada», *ABC*, Sevilla, 31 de agosto de 1937, p. 4.

Vidal Corella, Vicente, «"El crimen fue en Granada." "Yo he visto asesinar a García Lorca..." "Federico fue cazado a tiros por la Guardia Civil cuando defendía, antes de morir, la verdad de nuestra lucha" relata un testigo de aquel crimen", *Adelante*, Valencia, 15 de septiembre de 1937, p. 1.

«Un testigo presencial relata cómo asesinaron los facciosos al inmortal García Lorca. "Se levantó, sangrando... Con ojos terribles miró a todos, que retrocedieron espantados"», *ABC*, Madrid, 17 de septiembre de 1937, p. 7.

«El asesinato de García Lorca. "Allí quedó el poeta insepulto, frente a su Granada." Relato de un testigo presencial», *Claridad*, Madrid, 17 de septiembre de 1937, p. 4.

«Como su amigo el Camborio. Pasión y muerte de Federico García Lorca», *Solidaridad Obrera*, Barcelona, 21 de septiembre de 1937, p. 6.

Ríos, Fernando de los, «Fusilaron a F. García Lorca porque él representaba el pensamiento español...», discurso pronunciado en el homenaje a Lorca organizado por la Sociedad Hispana de Nueva York, *La Prensa*, Nueva York, 11 de octubre de 1937.

Sáenz Hayes, Ricardo, «Para *La Prensa* hizo el general Franco importantes declaraciones», *La Prensa*, Buenos Aires, 26 de noviembre de 1937.

Sáenz, Vicente, «Consideraciones sobre civilización occidental a propósito de Federico García Lorca», *Repertorio Americano*, San José de Costa Rica, 18 de diciembre de 1937.

El Bachiller Alcañices, «ABC en Chile. Destrucción de la mentira», *ABC*, Sevilla, 6 de enero de 1938. [Se trata de las declaraciones de Franco a Sáenz Hayes (véase arriba) sobre la muerte de Lorca.]

Sáenz Hayes, Ricardo, «Importantes declaraciones del Generalísimo a "La Prensa" de Buenos Aires», *El Diario Vasco*, San Sebastián, 20 de enero de 1938, p. 6. El apartado donde Franco alude a la muerte de Lorca se titula «El destino de los intelectuales de la Revolución Española».

González Carbalho, José, *Vida, obra y muerte de Federico García Lorca (escrita para ser leída en un acto recordatorio)*, Santiago de Chile, Ercilla, 1938.

«García Lorca fue muerto por miembros del partido "Acción Católica"», *La Prensa*, Nueva York, 27 de julio de 1938.

«Se conocen nuevos detalles sobre el asesinato del poeta Federico García Lorca. Pudo ser salvado de la saña destructora fascista el manuscrito inédito de un magistral drama del poeta, titulado "La casa de Bernarda Alba"», *La Vanguardia*, Barcelona, 28 de julio de 1938, p. 1.

Campbell, Roy, *Flowering Rifle: A Poem from the Battlefield of Spain*, Londres, Longmans, Green and Company, 1939.

Martínez Nadal, Rafael, Introducción a *Poems. F. García Lorca*, con traducciones inglesas de Stephen Spender y J. L. Gili, Londres, Dolphin, 1939.

Rubia Barcia, J., «Cómo murió García Lorca», *Nuestra España*, La Habana, núm. 2; reproducido en *España Libre*, Brooklyn, 1 de marzo de 1940, p. 2.

2. Referencias posteriores, ordenadas alfabéticamente.

Agustí, Ignacio, *Ganas de hablar*, Barcelona, Planeta, 1974.

Albe [R. Joostens], *Andalusisch Dagboek*, Herk-de-Stad, Bélgica Drukkerij-Uitgeverij Brems, s. f. [casi seguramente de 1958}: el autor habló con Miguel y Luis Rosales y con su tía, Luisa Camacho.

Alberti, Rafael, *Imagen primera de...*, Buenos Aires, Losada, 1945.

Alguacil González, Julio, «Mi testimonio sobre lo ocurrido en la muerte de Federico García Lorca en agosto de 1936», texto enviado desde Madrid al director del diario *Ideal*, de Granada, y publicado allí el 19 enero de 1983 bajo el titular «Valdés atribuyó al gobernador militar de Granada, Antonio González Espinosa, la orden de detención y fusilamiento de Federico García Lorca».

Alonso, Dámaso, *Poetas españoles contemporáneos*, Madrid, Gredos, Madrid, 3.ª ed. aumentada, 1978.

—, «Federico en mi recuerdo», en García Lorca, *Llanto por Ignacio Sánchez Mejías*, edición facsímil del manuscrito original, Institución Cultural de Cantabria/Diputación Regional de Cantabria, 1982, pp. 7-13.

Anónimo, «La mort de Lorca», *L'Express*, París, 24 de agosto de 1956, p. 17 (publicación, por vez primera, de algunas frases de la partida de defunción de Lorca).

—, «Le Figaro Littéraire confiesa: "¡En fin, la verdad sobre la muerte de García Lorca!" "No fue la política el móvil"», *La Estafeta Literaria*, Madrid, 13 de octubre de 1956, p. 1 (sobre el artículo de Schonberg, véase abajo).

—, «Dramma in Andalucia: Ecco la morte di Garcia Lorca», *Epoca*, Milán, 2 de julio de 1961, pp. 34-39.

—, «Nuestro entrañable Federico García Lorca, el poeta en Nueva York...», *La Estafeta Literaria*, Madrid, núm. 314 (27 marzo 1965), p. 36.

—, «¿Qué pretenden?», *Arriba*, Madrid, 25 de marzo de 1972, p. 3.

—, «Esto pretendemos», *Ya*, Madrid, 26 de marzo de 1972.

—, «En torno a la muerte de García Lorca», *Sábado Gráfico*, Madrid, 21 de octubre de 1972.

—, «"No maté a García Lorca ni estuve jamás en Víznar" afirma Perete», *Ideal*, Granada, 27 de noviembre de 1976.

Apostúa, Luis, «Jornada española», *Ya*, Madrid, 24 de marzo de 1972, p. 5.

—, «Jornada española», *Ya*, Madrid, 25 de marzo de 1972, p. 5.

Arrarás, Joaquín (ed.), *Historia de la Cruzada Española*, director literario, Joaquín Arrarás, vol. III, tomo XI, Madrid, Ediciones Españolas, 1941.

Atienza Rivero, Emilio, «Las coordenadas históricas del destino de Federico García Lorca», *Tiempo de Historia*, Madrid, noviembre de 1978, pp. 26-39.

Aub, Max, *La gallina ciega*, México, Joaquín Mortiz, 1971.

Auclair, Marcelle, *Enfances et mort de García Lorca*, París, Seuil, 1968; *Vida y muerte de García Lorca*, México, Era, 1972.

Ayllón, Manuel, *El caso Lorca. Fantasía de un misterio*, Madrid, Doña Tecla Editorial, 2017.

Barricart, Adolfo C., «García Lorca, víctima del caciquismo granadino», *Reporter*, Barcelona, 9-16 agosto de 1977, pp. 20-23.

Barrios, Manuel, *El último virrey*, Barcelona, Argos Vergara, 1978.

Belamich, André, «Sur la mort de Lorca et ses causes», en *Lorca*, París, Gallimard, 1962, pp. 254-258.

Bergamín, José, introducción a su edición de Lorca, *Poeta en Nueva York*, México, Séneca y Nueva York, W. W. Norton, 1940.

Borrás, Tomás, *Ramiro Ledesma Ramos*, Madrid, Editora Nacional, 1971.

Brenan, Gerald, «Granada», capítulo 6 de *The Face of Spain*, Londres, The Turnstile Press, 1950, pp. 122-148.

—, «Dolor de España. En busca de la tumba del poeta», *El Socialista*, París, 5 de octubre de 1950 (traducción del capítulo 6 de *The Face of Spain*).

—, «La vérité sur la mort de Lorca», *Les Nouvelles Littéraires*, París, 31 de mayo de 1951 (traducción del capítulo 6 de *The Face of Spain*).

—, *El laberinto español*, París, Ruedo Ibérico, 1962.

Buñuel, Luis, *Mi último suspiro*, Barcelona, Destino, 2012.

Caballero [Pérez], Miguel y Pilar Góngora Ayala, *La verdad sobre el asesinato de García Lorca. Historia de una familia*, prólogo de Ian Gibson, Madrid, Ibersaf, 2007. Incluye un DVD del documental de Emilio Ruiz Barrachina, *El mar dejó de moverse*.

Caballero Pérez, Miguel, *Las trece últimas horas en la vida de García Lorca*, prólogo de Emilio Ruiz Barrachina, Madrid, La Esfera de los Libros, 2011.

Cabanellas, Guillermo, *La guerra de los mil días. Nacimiento, vida y muerte de la II República Española*, Buenos Aires, Grijalbo, dos tomos, 1973.

Camacho Montoya, Guillermo, «Por qué y cómo murió García Lorca», *El Siglo*, Bogotá, 15 de noviembre de 1947.

Cano, José Luis, [«Desde Madrid, José Luis Cano nos envía este artículo en que recuerda los 25 años de la muerte de Federico García Lorca. En él demuestra que el poeta nunca fue neutral en política, aunque, tampoco, hombre de partido. Días antes de su fusilamiento, afirmó: "Yo nunca seré político. Soy revolucionario, porque no hay verdadero poeta que no sea revolucionario"»], *Gaceta del Fondo de Cultura Económica*, México, VIII, núm. 84, agosto de 1961.

—, «Últimos meses de Federico García Lorca», *Asomante*, Puerto Rico, XVIII (1962), pp. 88-93.

Carrión Méndez, Francisco, *Informe preliminar n.º 2 de las excavaciones arqueológicas de las fosas de Alfacar (Granada)*, Universidad de Granada, diciembre de 2009.

Casado, Marisa, «García Lorca. Revelaciones sobre su muerte», *Gaceta Ilustrada*, Madrid, 6 de junio de 1976, pp. 56-59.

Castro, Eduardo, *Muerte en Granada: la tragedia de Federico García Lorca*, Madrid, Akal, 1975.

—, «Manuel Fernández-Montesinos, diputado por Granada y sobrino de Lorca. "Todavía queda gente que debe saber lo que pasó con mi tío"», *El País Semanal*, Madrid, 30 de julio de 1978, pp. 6-8.

Celaya, Gabriel, «Un recuerdo de Federico García Lorca», *Realidad. Revista de Cultura y Política*, Roma, núm. 9, abril de 1966.

Cernuda, Luis, «Federico García Lorca (Recuerdo)», *Hora de España*, Barcelona, núm. XVIII (junio de 1938), pp. 13-20. Reproducido en Luis Cernuda, *Prosa completa*, edición a cargo de Derek Harris y Luis Maristany, Barcelona, Barral, 1975, pp. 1334-1341.

Cobelli, Enzo, *García Lorca*, Mantua, Editrice La Gonzaghiana, 1959, 2.ª ed., pp. 64-81.

Couffon, Claude, «Ce que fut la mort de Federico García Lorca», *Le Figaro Littéraire*, París, núm. 278 (18 agosto 1951), p. 5.

—, *El crimen fue en Granada*, Universidad de Quito, Ecuador, 1953 (versión ampliada del artículo de *Le Figaro Littéraire*).

—, «*Le crime a eu lieu à Grenade...*», en *À Grenade, sur les pas de García Lorca*, Seghers, París, 1962. La versión definitiva (pp. 59-123) de la investigación del hispanista francés sobre el asesinato del poeta.

—, «*El crimen fue en Granada*», *Granada y García Lorca*, traducido por Bernardo Kordon, Buenos Aires, Losada, 1967. Versión española del libro anterior.

Crónica de la guerra española. No apta para irreconciliables, Buenos Aires, Editorial Codex, núm. 10 (octubre 1966), pp. 222-225, 227, 237-238.

Crow, John A., «The Death of García Lorca», *Modern Language Forum*, Los Ángeles, XXV (1940), pp. 177-187.

Chabrol, Jean-Pierre, «Grenade a retrouvé les assassins de Lorca», *Les Lettres Françaises*, París, 18 de octubre de 1956.

Chávez Camacho, Armando, «La verdad sobre España. Ramón Serrano Súñer, el hombre más discutido de España. "Nuestra guerra fue más feroz que la revolución rusa." Absurda mixtura de consejero y pariente», *El Universal Gráfico*, México, 2 de enero de 1948, pp. 1 y 13.

—, *Misión de prensa en España*, México, Jus, 1948 (reproduce el artículo de *El Universal Gráfico* y la respuesta de Serrano Súñer).

Dalí, Salvador, «La morte di García Lorca», *Il Popolo*, ¿Roma?, 1 de julio de 1954, p. 3.

Eisenberg, Daniel, «Una visita con Jean-Louis Schonberg», en *Textos y documentos lorquianos*, editado por el compilador, Tallahassee, Florida State University, 1975, pp. 37-50.

Fernández, Víctor, «La carta que cuenta el asesinato de Lorca», *La Razón*, Barcelona, 4 de junio de 2007, p. 49.

—, «El hombre que se llevó a la tumba el secreto de Lorca», *ibíd.*, 20 de diciembre de 2009, pp. 70-71.

—, «Los huesos de Lorca junto a la fuente fría», *ibíd.*, 3 de septiembre de 2012.

—, «Luis Hurtado. La pasión oculta de Lorca», *ibíd.*, 23 de julio de 2017, pp. 76-77.

—, «Lorca, el anarquista estafador que llevó al poeta a juicio», *ibíd.*, 19 de diciembre de 2017, pp. 54-55.

Fernández, Victoria, «José Roldán revela que en la madrugada del 19 de agosto de 1936 llevó a Víznar un indulto que hubiera podido salvar la vida de Lorca», *Ideal*, Granada, 11 de septiembre de 1983.

Fernández Castro, José, «Hojas de mis memorias. ¿Pudo perderse "La casa de Bernarda Alba"?», *Ideal*, Granada, 2 de enero de 1985, p. 3.

Fernández-Montesinos, Manuel, entrevista con Eduardo Castro, «Manuel Fernández-Montesinos, diputado por Granada y sobrino de Lorca. "Todavía queda gente que debe saber lo que pasó con mi tío"», *El País Semanal*, Madrid, 30 de julio de 1978, pp. 6-8.

—, *Lo que en nosotros vive*, Barcelona, Tusquets, 2008.

Franco, Enrique, «El día que Falla se fue de Granada. En torno a Hermenegildo Lanz», *El País*, Madrid, «Arte y Pensamiento», 23 de julio de 1978, p. IX.

Franco, Francisco, *Palabras del Caudillo. 19 de abril de 1937 – 7 de diciembre de 1942*, Madrid, Editora Nacional, 1943, pp. 439-441.

Gallego Burín, Antonio, *Granada, guía artística e histórica de la ciudad* [1946], edición actualizada por Francisco Javier Gallego Roca, Granada, Comares, 1987.

García Calero, Jesús, «Primera imagen de la fosa de Lorca. El geo-radar con más experiencia en memoria histórica ha escaneado el lugar donde el poeta fue enterrado: una fosa de 6 × 2 metros y 0,9 de profundidad, con 3 concavidades», *ABC*, Madrid, 7 de octubre de 2009, pp. 59-61.

—, «Alguien excavó la fosa de Federico García Lorca poco después de su asesinato», *ibíd.*, 8 de octubre de 2009, pp. 63-64.

García Lorca, Francisco, entrevista con Max Aub sobre la muerte de su hermano, reproducida con inexactitudes por Aub en *La gallina ciega*, México, Joaquín Mortiz, 1971, pp. 243-246.

—, *Federico y su mundo*, edición y prólogo de Mario Hernández, Madrid, Alianza, 2.ª ed., 1981 (esta, a diferencia de la primera, de 1980, tiene índice onomástico).

García Serrano, Rafael, *Bailando hacia la Cruz del Sur*, Madrid, Gráficas Cíes, 1953.

—, «Nota para Mme. Auclair», *ABC*, Madrid, 7 de mayo de 1965.

Gibello, Antonio, «García Lorca y Luis Apostúa», *El Alcázar*, Madrid, 24 de marzo de 1972, p. 2.

—, «La verdad ocultada», *El Alcázar*, Madrid, 27 de marzo de 1972, p. 3.

Gibson, Ian, *La represión nacionalista de Granada en 1936 y la muerte de Federico García Lorca*, París, Ruedo Ibérico, 1971.

—, «The Murder of a Genius», *The Guardian*, Londres, 17 de abril de 1972, p. 8.

—, *The Death of Lorca*, Londres, W. H. Allen y Chicago, J. Philip O'Hara, Chicago, 1973.

—, «La muerte de García Lorca. Carta abierta a José Luis Vila-San-Juan por su libro "García Lorca, asesinado: toda la verdad"», *Triunfo*, Madrid, 31 de mayo de 1975, pp. 38-39.

—, «Gibson a Vila-San-Juan. La muerte de García Lorca», *Triunfo*, Madrid, 28 de junio de 1975, pp. 34-35.

—, Entrevista de Ian Gibson con Antonio Saraqueta, *Blanco y Negro*, Madrid, 12 de julio de 1975, p. 6.

—, «Lorca y el tren de Granada», *Triunfo*, Madrid, 8 de abril de 1978, pp. 26-27.

—, *Granada en 1936 y el asesinato de Federico García Lorca*, Barcelona, Crítica, 1979.

—, *En busca de José Antonio*, Barcelona, Planeta, 1989.

—, «Aparece un documento inédito de Luis Rosales sobre la detención y el asesinato de su amigo Lorca», *El País*, Madrid, 16 de enero de 1983, p. 33.

—, *Federico García Lorca. I. De Fuente Vaqueros a Nueva York (1898-1929)*, Barcelona, Grijalbo, 1985.

—, *La noche en que mataron a Calvo Sotelo*, Barcelona, Plaza y Janés, 1986.

—, *Queipo de Llano. Sevilla, verano de 1936 (con las charlas radiofónicas completas)*, Barcelona, Grijalbo, 1986.

—, *Federico García Lorca. II. De Nueva York a Fuente Grande (1929-1936)*, Barcelona, Grijalbo, 1987.

—, *El asesinato de García Lorca*, Madrid, Punto de Lectura, 2005.

—, *Paracuellos: cómo fue. La verdad objetiva sobre la matanza de presos en Madrid en 1936*, Madrid, Temas de Hoy, edición revisada, 2005.

—, «El Estado debe buscar de una vez a Federico García Lorca», *El País*, Madrid, 30 de diciembre de 2009.

—, *La fosa de Lorca: crónica de un despropósito*, Alcalá la Real, Alcalá Grupo Editorial, 2010.

—, *Cuatro poetas en guerra* (2007), Barcelona, Planeta, 2010.

—, *El hombre que delató a García Lorca. Ramón Ruiz Alonso y el asesinato del poeta* (2007), Barcelona, DeBolsillo, edición revisada y corregida, 2016.

—, *Vida, pasión y muerte de Federico García Lorca*, Barcelona, DeBolsillo, edición corregida y revisada, 2016.

Gil-Albert, Juan, *Memorabilia (1934-1939)*, en *Obras completas en prosa*, Valencia, Instituto Alfonso el Magnánimo/ Diputación Provincial de Valencia, tomo 2, 1982.

Gil Bracero, Rafael, «Informe sobre Alfacar», preparado para la Junta de Andalucía con vistas a la excavación en el parque Federico García Lorca de Alfacar (Granada). Copia sin fecha [2009] que tuvo la amabilidad de enviarnos en su momento el autor.

Gil Robles, José María, *No fue posible la paz*, Barcelona, Planeta, 1978.

Giménez Caballero, Ernesto, «Conmemoración de García Lorca en el Paraguay», *La Tribuna*, Asunción, Paraguay, 4 de diciembre de 1966.

Gollonet y Megías, Ángel y José Morales López, *Rojo y azul en Granada*, Granada, Prieto, 1937.

Gómez Burón, Joaquín, «Al pie de un olivo próximo a Víznar.

Aquí enterraron a García Lorca», *Personas*, Madrid, 11 de abril de 1976, pp. 34-38.

Granell, E. F., «Lorca, víctima marcada por la Falange», *España Libre*, Nueva York, marzo-abril de 1972.

Guerrero Ruiz, Juan, *Juan Ramón de viva voz*, Madrid, Ínsula, 1961.

Guijarro Arcas, Fernando, «¿Dónde está Federico?», *Tierras del Sur*, Sevilla, agosto de 1978, pp. 4-7.

—, *García Lorca: lo desenterraron*, Almería, Editorial Círculo Rojo, 2016.

Hernández, Mario, «Cronología y estreno de *Yerma, poema trágico*, de García Lorca», *Revista de Archivos, Bibliotecas y Museos*, Madrid, xxxii (1979), pp. 289-315.

Higuera Rojas, Eulalia-Dolores de la, «Habla el chófer de García Lorca ["Paco de Loja"]», *Gentes*, Madrid, 24 de abril de 1977, pp. 30-33.

—, *Mujeres en la vida de García Lorca*, Editora Nacional / Diputación de Granada, 1980.

Inglada, Rafael, *Federico García Lorca. Manifiestos, adhesiones y homenajes (1916-1936)*, prólogo de Ian Gibson, Diputación de Granada / Patronato Cultural Federico García Lorca / Museo-Casa Natal Federico García Lorca, Fuente Vaqueros, 2015.

Jackson, Gabriel, *La República española y la Guerra Civil 1931-1939*, Barcelona, Crítica [1967]; citamos de la edición de 1976.

Jiménez, Serafín, «Un episodio inédito de la Guerra Civil. García Lorca no pudo ser liberado por las locuras de un militar republicano», *Blanco y Negro*, Madrid, 10-16 de enero de 1979, pp. 24-27.

Lacasa, Luis, «Recuerdo y trayectoria de Federico García Lorca», *Literatura Soviética*, Moscú, núm. 9 (1946), pp. 38-46.

Laffranque, Marie, «Lorca, treinta años después, 1936-1966», *Le Socialiste*, París, 19 de agosto de 1966.

—, *Lorca*, Seghers («Théâtre de Tous les Temps»), París, 1966.

—, *Les idées esthétiques de Federico García Lorca*, Centre de Recherches Hispaniques, París, 1967.

—, «Puertas abiertas y cerradas en la poesía y el teatro de García

Lorca», en *Federico García Lorca*, edición de Ildefonso-Manuel Gil, Madrid, Taurus ("El Escritor y la Crítica"), 1973, pp. 249-269.

—, «Bases cronológicas para el estudio de Federico García Lorca», *ibíd.*, pp. 411-459.

—, «Lorca et la guerre d'Espagne», en *Les écrivains et la guerre d'Espagne*, París, Panthéon Press (Les Dossiers H), 1975, pp. 125-136.

Lanzas, Roberto [seudónimo de Ramiro Ledesma Ramos], *¿Fascismo en España? (Sus orígenes, su desarrollo, sus hombres)*, Madrid, Ediciones de La Conquista del Estado, Talleres gráficos de Ernesto Giménez, 1935.

Largo Caballero, Francisco, *Mis recuerdos. Cartas a un amigo*, México, Ediciones Unidas, 1976.

Lechner, J., *El compromiso en la poesía española del siglo XX*, 2 tomos, Universidad de Leyden, 1968.

León, María Teresa, «Doña Vicenta y su hijo», *El Nacional*, Caracas, 14 de mayo de 1959.

—, *Memoria de la melancolía*, Buenos Aires, Losada, 1970, pp. 198-200.

López, Rafa y Quico Chirino, «La Diputación movió huesos en la zona donde fue fusilado Lorca al hacer el parque en 1986. Los restos fueron encontrados por los obreros junto al olivo donde se cree que pudo enterrarse al poeta. Los cadáveres fueron trasladados a otra zona, según el entonces vicepresidente segundo de la institución», *Ideal*, Granada, 20 de octubre de 2008.

López Castellón, Enrique, «La muerte de García Lorca», en *Grandes enigmas históricos españoles*, Madrid, Círculo de Amigos de la Historia, 1979, pp. 7-108.

Lorenz, Günter, *Federico García Lorca*, Karlsruhe, Stahlberg, pp. 133-168.

M. A., «A morte de García Lorca», *Brotéria*, Lisboa, noviembre de 1956, pp. 480-481.

Machado, Antonio, *Prosas completas*, edición de Oreste Macrí, Madrid, Espasa-Calpe / Fundación Antonio Machado, 1989.

Madrid, Juan, «El indulto de García Lorca. La increíble historia del granadino Pepe Roldán», *Cambio-16*, Madrid, núm. 614 (5 septiembre 1983), pp. 72-74.

Martínez Barrio, Diego, *Memorias*, Barcelona, Planeta, 1983.

Martínez Nadal, Rafael, «El último día de Federico García Lorca en Madrid», *Residencia. Revista de la Residencia de Estudiantes*, México, número conmemorativo (diciembre de 1963), pp. 58-61. Reproducido por Martínez Nadal como prólogo a su edición de *El público* de García Lorca, Barcelona, Seix Barral, 1978, pp. 13-21.

Medina, Tico, entrevista a Luis Rosales, «Introducción a la muerte de Federico García Lorca», *Los domingos de ABC*, Madrid, 20 de agosto de 1972, pp. 12-21.

Molina Fajardo, Eduardo, *Los últimos días de García Lorca*, Barcelona, Plaza y Janés, 1983.

Molina Fajardo, Federico, *García Lorca y Víznar. Memorias del general Nestares*, Granada, Ultramarina, 2012.

Monleón, José, «La muerte de Federico García Lorca», *Triunfo*, Madrid, 1 de marzo de 1975, pp. 25-29.

—, «¿Toda la verdad?», *Triunfo*, Madrid, 31 de mayo de 1975, p. 40.

—, «Sobre el "cinismo histórico" y la carta de Vila-San-Juan», *Triunfo*, Madrid, 12 de julio de 1975, p. 23.

Mora Guarnido, José, «La muerte en la madrugada» y «Los perros en el cementerio», capítulos XVI y XVIII de *Federico García Lorca y su mundo. Testimonio para una biografía*, Buenos Aires, Losada, 1958, pp. 196-208 y 216-238. El libro ha sido reproducido en edición facsímil, con prólogo de Mario Hernández e índice onomástico, Granada, Fundación Caja de Ahorros, 1998.

Moreiro, José María, «El día que mataron a Lorca», *Hoja del Lunes*, Madrid, 29 de agosto de 1983.

Morla Lynch, Carlos, *En España con Federico García Lorca (Páginas de un diario íntimo. 1928-1936)*, Aguilar, Madrid, 1958, pp. 491-498; nueva edición ampliada, con prólogo de Sergio Macías Brevis, Sevilla, Renacimiento («Biblioteca de la Memoria»), 2008.

Muñiz-Romero, Carlos, «A vueltas con una muerte en clave», *Razón y Fe*, Madrid, núm. 901 (febrero 1973), pp. 139-145.

Muñoz, José Antonio, «Lorca, H.G. Wells y la burra del panadero», *Ideal*, Granada, 17 de octubre de 2017.

Navagero, Andrea, *Viaje por España (1524-1526)*, Madrid, Turner, 1983.

Navarro Chueca, Javier, «Intervención arqueológica en Los Llanos de Corbera, Peñón Colorado, Alfacar, Granada. Informe final (provisional)», *SCRIBD* (revista digital), 10 de febrero de 2017.

—, «En busca de la fosa de Federico García Lorca», *Bez, lo que debes saber* (revista digital), 14 de febrero de 2017.

Naveros, José Miguel, «García Lorca y Falla. Cuarenta años de un fusilamiento y cien de un nacimiento», *Historia 16*, Madrid , septiembre de 1976, pp. 138-140.

Neville, Edgar, «La obra de Federico, bien nacional», *ABC*, Madrid, 6 de noviembre de 1966, p. 2.

Nicholson, Helen (Baroness de Zglinitzki), *Death in the Morning*, Londres, Loval Dickson, 1937.

Olmos García, Francisco, «"Yerma" o la lucha de la mujer española», *Tiempo de Historia*, Madrid, núm. 29 (abril 1977), pp. 80-89.

Ortiz de Villajos, Cándido G., *Crónica de Granada en 1937. II Año Triunfal*, Granada, 1938.

Osorio, Marta, *El enigma de una muerte. Crónica comentada de la correspondencia entre Agustín Penón y Emilia Llanos, Granada-Madrid, 1955-56, Granada-Nueva York, 1956-58*, Granada, Editorial Comares, 2015.

Otero Seco, Antonio, «Así murió Federico García Lorca», *Iberia*, Burdeos, V (mayo 1947), pp. 8-10.

Paselli, Luigi, «García Lorca "apolítico" (1931-1936)», *Nova Antologia*, Florencia, núm. 2.148 (octubre-diciembre 1983), pp. 288-312.

Payne, Stanley G., *Falange: A History of Spanish Fascism*, Oxford University Press, 1962.

—, *Politics and the Military in Modern Spain*, Stanford University Press and Oxford, 1967, pp. 416-417 y notas, pp. 526-527.

Pemán, José María, «García Lorca», *ABC*, Madrid, 5 de diciembre de 1948.

—, «Las razones de la sinrazón», *ibíd.*, 23 de septiembre de 1972.

Penón, Agustín, *Diario de una búsqueda lorquiana*, edición y prólogo de Ian Gibson, Barcelona, Plaza & Janés, 1990.

—, *Miedo, olvido y fantasía. Crónica de la investigación de Agustín Penón sobre Federico García Lorca, Granada-Madrid (1955-1956)*. Edición, estructuración, reconstrucción, transcripción y versión al español de los textos: Marta Osorio. Granada, Comares, 2001. La segunda edición, de 2009, añade un índice onomástico.

Pérez Vera, María del Carmen, «Aclaraciones a Vila-San-Juan», carta acerca del catolicismo de su padre, el abogado socialista Antonio Pérez Funes, *Triunfo*, Madrid, 16 de agosto de 1975, pp. 34-35.

Pierini, Franco, «Incontro a Spoleto con la sorella di Federico. Quella notte a Granada. Conchita García Lorca ha raccontato per la prima volta ciò che avvenne quando alia famiglia vennero a dire: "lo hanno portato via"», *L'Europeo*, ¿Roma?, 17 de julio de 1960, pp. 74-76.

Porro, Alessandro, «Las últimas horas de García Lorca» [entrevista con Concha García Lorca], *Tiempo*, Bogotá, 4 de diciembre de 1960.

Pozo Felguera, Gabriel, *Lorca, el último paseo*, Granada, Ultramarina, 2009.

—, «La tumba de Lorca, según los falangistas», *diariodesevilla.es*, 15 de agosto de 2010; también en *Granada Hoy*, misma fecha, pp. 6-7.

—, «¿Fue enterrado en otro lugar?», *Granada Hoy*, 15 de agosto de 2010, p. 8.

—, «Orson Welles y Charlton Heston planearon una película sobre Lorca», *Granadahoy.com*, 17 de agosto de 2010.

—, «Habilitan un redil para el ganado en una zona donde puede estar la fosa de Lorca», *El Independiente de Granada*, 2 de noviembre de 2016.

—, «Y cuando el arqueólogo despertó... el cadáver de Lorca todavía estaba allí», *El Independiente de Granada*, 17 de febrero de 2017.

Preston, Paul, *La destrucción de la democracia en España. Reacción, reforma y revolución en la Segunda República*, Madrid, Turner, 1978.

Ramos Espejo, Antonio, «Los últimos días de Federico García Lorca. El testimonio de Angelina», *Triunfo*, Madrid, 17 de mayo de 1975, pp. 27-28.

—, «En Valderrubio, Granada. La casa de Bernarda Alba», *Triunfo*, Madrid, 6.ª serie, núm. 4 (febrero 1981), pp. 58-63.

—, «El capitán Rojas en la muerte de García Lorca», *Diario de Granada*, 16 de febrero 1984, pp. 16-17.

—, *El 5 a las cinco con Federico*, Sevilla, Editoriales Andaluzas, 1986.

Ridruejo, Dionisio, carta de protesta al ministro de Información y Turismo, Gabriel Arias Salgado, por el comentario al artículo de Schonberg publicado en *La Estafeta Literaria* (véase arriba, Anónimo), 22 de octubre de 1956. Reproducida por Vázquez Ocaña (véase abajo), pp. 381-382.

—, *Casi unas memorias*, edición al cuidado de César Armando Gómez, Barcelona, Planeta, 1976, pp. 133 y 134.

Río, Ángel del, *Federico García Lorca. Vida y obra*, Nueva York, Hispanic Institute in the United States, 1941, pp. 23-24.

Rivas Cherif, Cipriano, «Poesía y drama del gran Federico. La muerte y la pasión de García Lorca», *Excelsior*, México, 6, 13 y 27 enero de 1957. En los dos primeros artículos se reproduce una conversación entre Rivas Cherif y Luis Rosales en la cual este da su versión de cómo murió García Lorca.

Rodrigo, Antonina, *García Lorca en Cataluña*, Barcelona, Planeta, 1975.

Rodríguez Aguilera, Ángel, «Arqueología y la fosa de Lorca», *Ideal*, Granada, 23 de febrero de 2017, p. 27.

Rodríguez Espinosa, Antonio, «Souvenirs d'un vieil ami», fragmentos de las memorias inéditas del primer maestro de García Lorca, traducidos por Marie Laffranque y publicados en su *Federico García Lorca*, París, Seghers («Théâtre de Tous les Temps»), pp. 107-110.

Rodríguez Valdivieso, Eduardo, «Horas en la Huerta de San Vicente. Una dolorosa mirada a los últimos días de Federico García Lorca», *El País*, Madrid («Babelia»), 26 de agosto de 1995, p. 8.

Romero, Emilio, «La guinda», *Pueblo*, Madrid, 27 de marzo de 1972.

Rosales [Jaldo], Gerardo, *El silencio de los Rosales*, Barcelona, Planeta, 2002.

Rosales Camacho, Luis, *El contenido del corazón*, Madrid, Ediciones Cultura Hispánica, 1969.

—, entrevista con René Arteaga, «Eran 50 o 60 "patriotas" los que fueron por García Lorca», *Excelsior*, México, 23 de enero de 1972.

—, «Carta de Luis Rosales», *ABC*, Madrid (29 marzo 1972), p. 14.

—, entrevista con Manolo Alcalá, «Luis Rosales recuerda los últimos días de Federico García Lorca», *Informaciones*, Madrid, 17 de agosto de 1972, pp. 12-13.

—, entrevista con Tico Medina, «Introducción a la muerte de Federico García Lorca», *ABC*, Madrid, 20 de agosto de 1972, pp. 17-21.

—, entrevista con Félix Grande, «Luis Rosales: "Yo no invento nada, vivo"», *El País*, Madrid, «Arte y Pensamiento», 17 de septiembre de 1978, pp. I, VI-VII.

—, entrevista con Ian Gibson, «Los últimos días de García Lorca: Luis Rosales aclara su actuación y la de su familia», *Triunfo*, Madrid, 24 de febrero de 1979, pp. 40-43.

—, entrevista con Antonio Ramos Espejo, «Luis Rosales: ¿Por qué han desaparecido los documentos sobre la muerte de Federico García Lorca?», *Ideal*, Granada, 24 octubre 1979, p. 12.

—, entrevista con Miguel Fernández-Brasero, «"Me jugué la

vida por García Lorca". Luis Rosales, con la llaga sangran-
te», *Informaciones*, Madrid, 10 de septiembre de 1982.

Rubio Cabeza, Manuel, «Dos asesinatos: el de Ramiro de
Maeztu y el de Federico García Lorca», en *Los intelectuales
españoles y el 18 de julio*, Barcelona, Acervo, pp. 96-110.

Ruiz Alonso, Ramón, *Corporativismo*, prólogo de Gil Robles,
Salamanca, 1937.

Ruiz Baena, Eduardo, *El Vado de los Sonidos, crónica de una inspiración*, Valderrubio (Granada), Asociación Carpe Diem, 2017.

Sáenz de la Calzada, *«La Barraca». Teatro universitario*, Madrid, *Revista de Occidente*, 1976, p. 125.

Saint-Paulien, «Sur la vie et la mort de Federico García Lorca»,
Cahiers des Amis de Robert Brasillach, Lausanne, núm. 10
(navidad 1964), pp. 7-10. El artículo se reprodujo, titulado
«"Comparer la mort de García Lorca à celle de Brasillach
constitue un blasphème" (Saint-Paulien)», en *Rivarol*, París,
14 de enero de 1964.

Salaya, Guillén, «Aquellos muchachos de las JONS», *Arriba*,
Madrid, 21 de octubre 1939, p. 3.

Salgado-Araujo, teniente general, *Mis conversaciones privadas
con Franco*, Planeta, Barcelona, 1976.

Sánchez Diana, José María, *Ramiro Ledesma Ramos. Biografía
política*, Madrid, Editora Nacional, 1975.

Sánchez Marcos, Iván (coord.), Proyecto indagación, localización
y delimitación de las fosas comunes de Víznar (Granada),
Junta de Andalucía, Dirección General de Memoria Democrática (Sevilla) y Ayuntamiento de Víznar (Granada), 2013.

Schneider, Luis Mario, *García Lorca y México*, Universidad Nacional Autónoma de México, México D.F., 1998.

Schonberg, Jean-Louis [pseudónimo de Louis Stinglhamber-
Schonberg], «Enfin, la vérité sur la mort de Lorca! Un assassinat, certes, mais dont la politique n'a pas été le mobile», *Le
Figaro Littéraire*, París, núm. 545 (29 de septiembre de 1954),
pp. 1, 5- 6.

—, y Claude Couffon, [«Enfin, la vérité sur la mort de Lorca:
une lettre de M. Claude Couffon et la réponse de M. J.-L.

Schonberg»], *Le Figaro Littéraire*, París, 23 de octubre de 1954, pp. 1, 5-6.

—, «Víznar», capítulo 6 de *Federico García Lorca. L'homme-L'oeuvre*, Plon, París, pp. 101-122.

—, *Federico García Lorca. El hombre. La obra*, México, Compañía General de Ediciones, 1950. Añade algunos detalles a la edición original francesa.

—, *À la recherche de Lorca*, Neuchâtel, À la Baconnière, 1966. Se trata de una reelaboración de la edición original francesa.

Serrano Suñer, Ramón [«Sobre la muerte del poeta García Lorca»], carta a Armando Chávez Camacho (véase arriba), *El Universal Gráfico*, México, 3 de mayo de 1948.

Sorel, Andrés, *Yo, García Lorca*, Madrid, Zero, 1977.

—, «Como García Lorca, miles de personas fueron asesinadas por los fascistas. Granada: las matanzas no se olvidan», *Interviú*, Barcelona, 1-7 diciembre de 1977, pp. 32-35.

Southworth, Herbert Rutledge, «Campbell et García Lorca», en *Le mythe de la croisade de Franco*, París, Ruedo Ibérico, 1964, pp. 119-122 y notas.

—, «The Falange: An Analysis of Spain's Fascist Heritage», en *Spain in Crisis. The Evolution and Decline of the Franco Regime*, edición de Paul Preston, Hassocks, Sussex, Inglaterra, The Harvester Press, 1976, pp. 1-22.

Suanes, Héctor, *Llanto por Federico García Lorca. La detención y la muerte del poeta en Granada y los más bellos poemas escritos a su memoria*, Buenos Aires, Ediciones del Libertador, 1976.

Sueiro, Daniel, «En los escenarios de los últimos días de Lorca», *Triunfo*, Madrid, 7 de febrero de 1976, pp. 34-38.

Suero, Pablo, *España levanta el puño*, Buenos Aires, 1936.

Titos Martínez, Manuel, *Verano del 36 en Granada. Un testimonio inédito sobre el comienzo de la guerra civil y la muerte de García Lorca*, Granada, Editorial Atrio, 2005.

Thomas, Hugh, *La Guerra Civil española*, Barcelona, Grijalbo, 2 tomos, 1978.

Torre, Guillermo de, *Tríptico del sacrificio. Unamuno, García Lorca, Machado*, Buenos Aires, 2.ª ed., 1960.

Tusell, Javier, *Las elecciones del Frente Popular*, Madrid, Cuadernos para el Diálogo, 2 tomos, Madrid, 1971.

Vaquero, Benigno, «Más sobre la muerte de García Lorca», *Diario de Granada*, 23 de enero de 1983, p. 29.

—, «¿Por qué mataron a García Lorca?», artículo inédito, fechado 17 de septiembre de 1998 (copia regalada por el autor a Ian Gibson).

Vázquez Ocaña, Fernando, «La muerte fue en Granada, en su Granada», capítulo XV de *García Lorca. Vida, cántico y muerte*, México, Grijalbo, pp. 364-389.

Vega Díaz, Francisco, «»Muerto cayó Federico.» Un testigo presencial relata una versión inédita del asesinato del poeta», *El País*, Madrid, 19 de agosto de 1990.

Vega, Esteban, «Federico García Lorca en el XX aniversario de su muerte», *Novedades*, México, 16 de septiembre de 1956.

Vila-San-Juan, José Luis, «¿Quién mató a Federico García Lorca?», capítulo 6 de *¿Así fue? Enigmas de la guerra civil española*, Barcelona, Nauta, 1972, pp. 104-118; el capítulo fue reproducido en *Sábado Gráfico*, Madrid, núm. 790 (22 julio 1972), pp. 67-71.

—, *García Lorca, asesinado: toda la verdad*, Barcelona, Planeta, 1975.

—, respuestas a sendos artículos de Gibson y Monleón sobre su libro (véanse arriba), *Triunfo*, Madrid (14 junio), p. 13.

Ximénez de Sandoval, Felipe, *José Antonio (Biografía apasionada)*, Barcelona, Juventud, 1941.

Zarzo Hernández, Manuel [Perete], [«No fue Perete»], carta en la cual el ex novillero Perete niega haber participado en la muerte de Lorca, *Historia 16*, Madrid, noviembre de 1976 (véase arriba, "Anónimo").

3. Ediciones de Lorca citadas

Obras completas, edición de Miguel García-Posada, Barcelona, Galaxia Gutenberg / Círculo de Lectores, 4 tomos, 1996. Sigla en las notas: *OC*, I, II, etc.

Epistolario completo, al cuidado de Andrew A. Anderson y Christopher Maurer, Madrid, Cátedra (Crítica y Estudios Literarios), 1997.

4. Documentales

El mar dejó de moverse, documental de Emilio Ruiz Barrachina, Ircania Producciones, S.L., 2006. Se incluye con el libro de Miguel Caballero y Pilar Góngora, *La verdad sobre el asesinato de García Lorca. Historia de una familia* (véase arriba).
La maleta de Penón, TVE *(Documentos TV)*, emitido por primera vez el 3 de mayo de 2009. Guion: Carmen Tinoco. Realización Miguel Santos. Una producción de Sagrera Audiovisual para TVE.

ÍNDICE ONOMÁSTICO
Y DE PUBLICACIONES